GOLDMANN

Buch

Warum haben so viele Frauen das Gefühl, daß Männer nie mit ihnen reden, sondern immer nur dozieren und kritisieren?
Warum haben so viele Männer das Gefühl, daß Frauen immer nur an ihnen herumnörgeln und nie zur Sache kommen?
Dieses Buch belegt mit verblüffenden Erkenntnissen aus der Kommunikationswissenschaft, warum Frauen und Männer so häufig aneinander vorbeireden. Und es bietet einen völlig neuen Ansatz für einen Friedensvertrag im Krieg der Geschlechter.

Autorin

Dr. Deborah Tannen ist Professorin für Linguistik an der Georgetown University.

Von Deborah Tannen ist im Goldmann Verlag außerdem erschienen:
Das hab' ich nicht gesagt! 12407

Deborah Tannen

Du kannst mich einfach nicht verstehen

Warum Männer und Frauen aneinander vorbeireden

Aus dem Amerikanischen von Maren Klostermann

GOLDMANN VERLAG

Umwelthinweis:
Alle bedruckten Materialien dieses Taschenbuches sind chlorfrei und umweltschonend.

Der Goldmann Verlag
ist ein Unternehmen der Verlagsgruppe Bertelsmann

Vollständige Taschenbuchausgabe Januar 1993
Wilhelm Goldmann Verlag, München

Originalverlag: William Morrow and Company, Inc., New York
Originaltitel: You just don't understand. Women and Men in Conversation
Umschlaggestaltung: Design Team, München
Umschlagfoto: Pretzl, München
Druck: Presse-Druck Augsburg
Verlagsnummer: 12349
SS · Herstellung: Ludwig Weidenbeck/sc
Made in Germany
ISBN 3-442-12349-6

7 9 10 8 6

Meinem Vater und meiner Mutter
für ihre Liebe und Unterstützung

Inhalt

Danksagung

Vorwort

I	Andere Worte, andere Welten	19
II	Asymmetrien: wenn Männer und Frauen aneinander vorbeireden	48
III	»Leg die Zeitung weg und unterhalte dich mit mir!«: Beziehungssprache und Berichtssprache	76
IV	Klatsch	101
V	»Ich werd's dir erklären«: dozieren und zuhören	131
VI	Gemeinsam und gegeneinander: Sprechweisen im Streit	161
VII	Wer unterbricht wen?: von Dominanz und Kontrolle	206
VIII	Wehe, du machst das!	238
IX	»Sieh mich an, wenn ich mit dir spreche!«: Wortwechsel in wechselndem Alter	271
X	Mit der Asymmetrie leben: Kommunikationswege öffnen	311

Anmerkungen 333

Bibliographie 344

Register 353

Danksagung

Es läßt sich kaum in Worten ausdrücken, wieviel ich meinen großzügigen Kollegen verdanke, die das Manuskript dieses Buches gelesen und durch ihre Anregungen verbessert haben. Für die Zeit und Aufmerksamkeit, die sie mir schenkten, danke ich A. L. Becker, Penelope Eckert, Ralph Fasold, Michael Geis, Karl Goldstein, Robin Lakoff, Neal Norrick, Susan Philips, Naomi Tannen, Barrie Thorne und David Wise.

Robin Lakoff bin ich schon seit längerem zu besonderem Dank verpflichtet. Die Pionierin auf dem Gebiet linguistischer Forschung zu Geschlecht und Sprache hat mir und einer ganzen Generation von Wissenschaftlern einen neuen und bahnbrechenden Weg eröffnet, der sich inzwischen in unzähligen Richtungen verzweigt hat. Ihr Linguistikseminar, an dem ich 1973 teilnahm, hat wesentlich zu meinem Entschluß, Linguistin zu werden, beigetragen und mich bewogen, meine Ausbildung an der University of California, Berkeley, zu machen, wo sie zu meinen Lehrern zählte. Sie ist mir noch immer eine großzügige und hilfsbereite Freundin und eine vorbildliche Wissenschaftlerin, die bei ihrer theoretischen Forschung den Praxisbezug niemals verliert.

Mein besonderer Dank gilt auch Ralph Fasold. Seine Unterstützung, seine Anregungen und die geistigen Herausforderungen, die er mir stellte, waren eine unschätzbare Hilfe für mich. In den lebhaften Diskussionen über meine Arbeit, in die er mich immer wieder verwickelte, hat er mir neue Perspektiven eröffnet und mit Beispielen und eigenen Beobachtungen – wie auch mit wertvollen Computerratschlägen – viel zu diesem Buch beigetragen. Ich bin der University of Georgetown dankbar, daß sie mir einen so vollkommenen Kollegen und Freund zur Seite gestellt hat.

In Georgetown danke ich auch James Alatis, dem Dekan der

School of Languages and Linguistics; meinen Kollegen am soziolinguistischen Fachbereich und den Studenten, die sich meine Theorien anhörten und viel zu ihrer Entstehung beigetragen haben.

Viele andere haben wertvolle Beiträge geleistet, indem sie Manuskriptauszüge lasen und kommentierten, Beispiele aus eigener Erfahrung beisteuerten oder Ideen mit mir diskutierten. Obwohl ich sie zusammen aufführe, bin ich mir des individuellen Beitrags jedes einzelnen dankbar bewußt: Katherine Abramovitz, Steve Barish, Niko Besnier, Tom Brazaitis, Bruce Brigham, Marjorie Brigham, Penelope Brown, Jocelyn Burton, Caroline Celce-Murcia, Andrew Cohen, Bronwyn Davies, Bambi Evans-Murray, Paul Friedrich, Allen Furbeck, Jim Garofallou, John Goldsmith, Paul Goldstein, Marjorie Harness Goodwin, John Guarnaschelli, Annie Hawkinson, Ray Hays, Paul Hopper, Deborah James, Christina Kakava, Judith Katz-Schwartz, Carolyn Kinney, Mark Kohut, Helen Kotsonis, Addie Macovski, Joseph Mahay, Alan Marc, Rachel Myerowitz, Susie Napper, Myriam Nastase, Mandana Navid-Tabrizi, Rebekah Perks, Molly Peterson, PuaPua Ponafala, Dennis Preston, Lucy Ray, Dan Read, Chuck Richardson, Celia Roberts, Joanna Robin, Elif Rosenfeld, Cynthia Roy, Pamela Saunders, Deborah Schiffrin, Gail Schricker, Tom Schricker, Amy Sheldon, Wendy Smith, Kyong Sook Song, Carola Sprengel, Jana Staton, Torothy Tannen, Eli Tannen, Gary Weaver, Bob Webb, Etsuko Yamada und Haru Yamada.

Ich danke Bruce Dorval, der mir Gelegenheit gab, seine Videoaufnahmen und die Umschriften von Gesprächen zwischen Freunden auszuwerten, und mir Auszüge davon zur Verfügung stellte. Ich danke auch Suzanne Gluck, die der Wunschvorstellung von einer Agentin in jeder Weise entspricht und den Mitarbeitern des William Morrow Verlages, vor allem aber meiner Lektorin, Maria Guarnaschelli, die von Anfang an leidenschaftlich an mein Buch geglaubt und sich mit grenzenloser Begeisterung und Energie dafür eingesetzt hat.

Meinem Mann – Dank für alles.

Vorwort

Das Leben jedes Menschen besteht aus einer Aneinanderreihung von Gesprächen. Die Analyse von Alltagsgesprächen und ihrer Auswirkungen auf zwischenmenschliche Beziehungen bildet den Schwerpunkt meiner soziolinguistischen Arbeit. In diesem Buch höre ich Männern und Frauen zu. Ich gebe sinnlos scheinenden Mißverständnissen, die in unseren Beziehungen herumspuken, einen Sinn und zeige, daß ein Mann und eine Frau dieselbe Unterhaltung häufig ganz anders auffassen, sogar, wenn es offenbar gar nicht zu Mißverständnissen kommt. Ich erkläre, warum aufrichtige Verständigungsversuche so oft scheitern, und wie wir die damit verbundenen Frustrationen verhindern oder verringern können.

In meinem Buch *That's Not What I Meant!* habe ich gezeigt, daß Menschen unterschiedliche Gesprächsstile haben. Wenn zum Beispiel Sprecher, die aus unterschiedlichen Regionen des Landes stammen oder einer anderen Klasse oder ethnischen Gruppe angehören, sich unterhalten, werden ihre Worte wahrscheinlich nicht genauso verstanden werden, wie sie gemeint waren. Aber niemand erwartet von uns, daß wir unser Leben mit Leuten aus anderen Regionen des Landes oder mit Angehörigen anderer ethnischer Gruppen verbringen, auch wenn viele von uns sich dafür entscheiden. Man *erwartet*, daß wir uns mit Angehörigen des anderen Geschlechts zusammentun, und manche tun das für eine lange Zeit, wenn nicht sogar ein Leben lang. Und während viele von uns (obwohl immer weniger) große Teile ihres Lebens verbringen können, ohne in engeren Kontakt mit Leuten aus ganz anderen Kulturkreisen zu kommen, können nur wenige – nicht einmal jene, die ohne Partner leben oder vorrangig gleichgeschlechtliche Beziehungen eingehen – engen Kontakt zu Angehörigen des anderen Geschlechts vermeiden, seien es nun Verwandte, Arbeitskollegen oder sogar Freunde.

That's Not What I Meant! hatte zehn Kapitel, von denen eins sich mit geschlechtsspezifischen Unterschieden im Gesprächsstil beschäftigte. Doch als ich Anfragen für Interviews, Zeitungsartikel und Vorträge erhielt, wurde darin zu 90 Prozent der Wunsch geäußert, daß ich über 10 Prozent des Buches referieren solle – über jenes Kapitel, das sich mit den Mann-Frau-Unterschieden beschäftigte. Alle wollten mehr darüber wissen, wie Geschlecht und Gesprächsstil zusammenhängen.

Auch ich wollte mehr darüber herausfinden. Tatsächlich beruhte mein Entschluß, Linguistin zu werden, hauptsächlich auf einem von Robin Lakoff abgehaltenen Seminar, in dem es auch um ihre Forschungen zum Thema Sprache und Geschlecht ging. Meine erste größere linguistische Arbeit beschäftigte sich mit der Frage, inwiefern Indirektheit mit dem Geschlecht und kulturellen Unterschieden zusammenhängt, und ich war relativ gut vertraut mit anderen Forschungsergebnissen zu diesem Thema. Doch obwohl ich immer in den Randbezirken geschlechtsspezifischer Forschung beheimatet war, hatte ich den Sprung in den inneren Kreis noch nicht gewagt, zum Teil, weil es ein so kontroverses Gebiet ist.

Wann immer ich über Unterschiede im Gesprächsstil von Männern und Frauen spreche oder schreibe, fliegen die Fetzen. Die meisten Leute verkünden, daß das, was ich sage, zutreffend sei, daß es ihren eigenen Erfahrungen entspreche und sie erkläre. Sie sind erleichtert, zu erfahren, daß das, was ihnen Kummer machte, ein allgemeines Problem ist und daß weder bei ihnen selbst noch bei ihren Partnern oder in ihren Beziehungen irgend etwas fürchterlich falsch läuft. Sie konnten das Gesprächsverhalten ihrer Partner, das sie persönlichen Unzulänglichkeiten zugeschrieben hatten, als Ausdruck eines anderen Systems sehen. Und sie konnten ihre eigene Sprechweise, für die ihre Partner sie seit Jahren kritisierten, als in sich schlüssig und vernünftig verteidigen.

Doch obwohl die meisten Leute finden, daß meine Ausführungen zu geschlechtsspezifischen Sprechweisen ihre persönlichen Erfahrungen erklären – und eifrig eigene Beispiele beisteuern, um das zu beweisen –, reagieren manche auch sehr heftig, sobald die Rede auf geschlechtsspezifisches Verhalten kommt. Einige geraten schon bei der geringsten Andeutung, daß Männer und Frauen verschieden sein könnten, in Rage. Und diese Reaktion kommt sowohl bei Männern als auch bei Frauen vor.

Manche Männer fassen jede Aussage zum Mann-Frau-Thema, die von einer Frau kommt, als Vorwurf auf – als ob man insgeheim mit dem Finger auf sie deuten und »Ihr Männer!« kreischen würde. Sie haben das Gefühl, zum Objekt gemacht, wenn nicht gar verleumdet zu werden, nur weil man über sie spricht.

Aber es sind nicht nur die Männer, die an Aussagen zum Mann-Frau-Thema Anstoß nehmen. Manche Frauen fürchten – zu Recht –, daß jede Beobachtung geschlechtsspezifischer Unterschiede als Beweis dafür genommen wird, daß es die Frauen sind, die anders sind – anders als der Standard, der sich in allen Bereichen danach definiert, wie der Mann ist. Der Mann gilt als Norm, die Frau als Abweichung von der Norm. Und es ist nur ein kleiner – vielleicht unvermeidlicher – Schritt von »anders« zu »schlechter«.

Darüber hinaus sind es normalerweise die Frauen, von denen Veränderung verlangt wird, wenn geschlechtsspezifische Stilunterschiede aufgezeigt werden. Ich habe diese Reaktion im Zusammenhang mit meiner eigenen Arbeit erlebt. In einem Artikel, den ich für die *Washington Post* schrieb, schilderte ich ein Gespräch, das zwischen einem Ehepaar während einer Autofahrt stattgefunden hatte. Die Frau hatte gefragt: »Würdest du gern irgendwo anhalten, um was zu trinken?« Ihr Mann hatte – wahrheitsgemäß – mit »Nein« geantwortet und nicht angehalten. Frustriert mußte er später feststellen, daß seine Frau verärgert war, weil sie gern irgendwo Rast gemacht hätte. Er fragte sich: »Warum hat sie nicht einfach gesagt, was sie wollte? Warum spielt sie solche Spielchen mit mir?« Ich erklärte, daß die Frau nicht deshalb verärgert war, weil sie ihren Willen nicht bekommen hatte, sondern weil ihr Mann sich nicht dafür interessiert hatte, was sie gern gemacht hätte. Für sie stellte es sich so dar, daß sie Interesse für die Wünsche ihres Mannes gezeigt hatte, während er ihre Bedürfnisse ignoriert hatte.

In meiner Gesprächsanalyse betonte ich, daß der Mann und die Frau in diesem Beispiel einen unterschiedlichen, aber *gleich*-

wertigen Gesprächsstil zeigten. Dieser Aspekt ging verloren, als der Artikel in einer stark gekürzten Fassung im *Toronto Star* erschien, wo man mich den Rat geben ließ: »Die Frau muß erkennen, daß die Antwort ›Ja‹ oder ›Nein‹ keineswegs bedeutet, daß ihr Mann nicht verhandlungsbereit ist.« Der Redakteur vom *Star* hatte die unmittelbar vorausgehende Textstelle gestrichen, die lautete: »Um zu verstehen, was dieses Mißverständnis auslöste, muß der Mann erkennen, daß die Frau nicht um konkrete Information nachsucht, wenn sie ihn nach seinen Wünschen fragt, sondern aushandeln möchte, was beiden gefallen würde. Die Frau ihrerseits muß erkennen, daß...« Durch die geschickte Handhabung des redaktionellen Kürzungsmessers hatte sich meine Forderung, daß *beide*, Frauen und Männer, Zugeständnisse machen sollten, in die Forderung verwandelt, daß Frauen sich einseitig anstrengen sollten, um die Männer zu verstehen. Frauen über etwas zu informieren, was sie allein »erkennen« müssen, impliziert, daß das Verhalten des Mannes richtig, das der Frau falsch ist. Diese gekürzte Version wurde in einem Lehrbuch nachgedruckt, womit der Fehler weite Verbreitung fand.

Wir alle wissen, daß wir einzigartig sind, doch wir neigen dazu, andere als Repräsentanten von Gruppen zu betrachten. Das ist eine natürliche Tendenz, weil wir die Welt in vorgegebenen Bildern sehen müssen, um ihr Sinn zu geben; wir wären nicht in der Lage, mit dem täglichen Ansturm von Menschen und Dingen umzugehen, wenn wir unsere Eindrücke nicht zu einem großen Teil voraussagen könnten und nicht das Gefühl hätten zu wissen, wen und was wir vor uns haben.

Aber diese natürliche und nützliche Fähigkeit, ähnliche Muster zu erkennen, hat unglückselige Folgen. Einen einzelnen Menschen auf eine Kategorie zu reduzieren ist nicht nur kränkend, es ist auch irreführend. Männer und Frauen in Kategorien einzuordnen birgt die Gefahr, diesen Reduktionismus zu verstärken.

Verallgemeinerungen decken zwar Ähnlichkeiten ab, aber sie verwischen die Unterschiede. Jeder Mensch wird von unzähligen Einflüssen wie Volkszugehörigkeit, Religion, Klasse, Rasse, Alter, Beruf und von der Region, in der er und seine Angehörigen leben, und vielen anderen Gruppenidentitäten geprägt – von Einflüssen, die sich alle mit seiner Persönlichkeit und seinen individuellen Vorlieben und Abneigungen vermischen. Wir fassen andere leicht in einer oder einigen wenigen Kategorien zusammen, wie zum Beispiel »Südstaaten-Schönheit«, »jüdischer Intellektueller aus New York«, »Boston-Konservativer« oder »heißblütiger Italiener«. Obwohl diese Kategorisierungen vielleicht auf einzelne Verhaltensweisen der so beschriebenen Personen hindeuten, lassen sie mehr aus, als sie umfassen. Jeder Mensch unterscheidet sich auf mannigfaltige Art völlig von anderen – auch von allen anderen Angehörigen derselben Kategorie.

Trotz dieser Gefahren beteilige ich mich an der wachsenden Diskussion über Sprache und Geschlecht, weil es gefährlicher ist, Unterschiede zu ignorieren, als sie zu benennen. Wenn man etwas Großes unter den Teppich kehrt, verschwindet es nicht; es wird zur Stolperfalle und läßt einen der Länge nach hinschlagen, wenn man durchs Zimmer geht. Tatsächlich vorhandene Unterschiede zu leugnen kann die bereits jetzt weitverbreitete Verwirrung auf dem Gebiet sich wandelnder und neugestaltender Beziehungen zwischen Männern und Frauen nur vergrößern.

So zu tun, als wären Männer und Frauen gleich, verletzt die Frauen, weil man sie auf die Grundlage männlicher Normen beurteilt. Es verletzt auch Männer, die – in bester Absicht – mit einer Frau genauso reden wie mit einem Mann und fassungslos sind, wenn ihre Worte nicht den erwarteten Erfolg erzielen oder sogar Ablehnung und Zorn auslösen.

Die amerikanische Indianerin Abby Abinanti, die beschreibt, warum das Jurastudium eine schwierige und selbstentfremdende Erfahrung für sie war, fängt diese paradoxe Situation ein:

> Die Vorstellung, daß Frauen oder Indianer Rechtsanwälte sein könnten, löste Mißfallen oder Ablehnung aus. Einige Leute konnten sich nicht entscheiden, welche Vorstellung ihnen mehr verhaßt war. Manche taten so, als ob es keinen Unterschied machte, als ob wir alle gleich wären. Als ob auch ich wie »einer der Jungen«, »einer der weißen Jungen« sein könnte. Wohl kaum! Mit beiden Haltungen hatte ich Probleme.

Es ist leicht einzusehen, warum eine indianische Frau Schwierigkeiten mit Leuten hatte, denen die Vorstellung weiblicher oder indianischer Rechtsanwälte verhaßt ist. Es ist schon schwerer einzusehen, warum sie auch mit Leuten, die sie als Gleiche unter Gleichen akzeptieren wollten, Schwierigkeiten haben sollte. Doch die Indianerin genauso zu behandeln wie die anderen hatte etwas Destruktives, weil sie nicht so war wie die anderen; die Erwartungen, Werte und Verhaltensweisen, die die Identität der anderen widerspiegelten und bestätigten, untergruben ihre eigene Identität.

Der Wunsch, die Gleichheit von Mann und Frau zu bestätigen, läßt einige Wissenschaftler zögern, Unterschiede aufzuzeigen, weil Unterschiede dazu benutzt werden können, ungleiche Behandlung und ungleiche Chancen zu rechtfertigen. Doch so sympathisch und verständlich ich es finde, wenn jemand wünscht, daß es keine Unterschiede zwischen Männern und Frauen gäbe – nur reformierbare gesellschaftliche Ungerechtigkeiten –, sagen mir meine Forschungsergebnisse, die Forschungsergebnisse anderer und eigene und fremde Erfahrungen, daß es einfach nicht so ist. Es *gibt* geschlechtsspezifische Unterschiede im Gesprächsstil, und es ist notwendig, daß wir sie erkennen und verstehen. Ohne ein solches Verständnis sind wir dazu verdammt, andere oder uns selbst – oder die Beziehung – für die rätselhaften oder zerstörerischen Auswirkungen unserer widersprüchlichen Sprechweisen verantwortlich zu machen.

Die Erkenntnis geschlechtsspezifischer Unterschiede befreit den einzelnen von der Last individueller Pathologie. Viele Frauen und Männer sind unzufrieden mit ihren persönlichen Beziehungen und werden sogar noch frustrierter, wenn sie versuchen, Probleme auszudiskutieren. Beziehungen von einem *soziolinguistischen* Standpunkt zu betrachten gibt uns die Möglichkeit, diese Unzufriedenheit zu erklären, ohne irgend jemanden zum Sündenbock zu machen oder als verrückt zu erklären und auch ohne die Beziehung dafür verantwortlich zu machen – oder abzubrechen. Wenn wir die Unterschiede akzeptieren und verstehen, können wir ihnen Rechnung tragen, Kompromisse finden und vom Verhalten des anderen lernen.

Der soziolinguistische Ansatz dieses Buches zeigt, daß es oft zu Reibungen kommt, weil Jungen und Mädchen im Grunde in verschiedenen Kulturen aufwachsen, so daß das Gespräch zwischen Frauen und Männern zur interkulturellen Kommunikation wird. Ein wissenschaftlicher Ansatz, der geschlechtsspezifische Sprechweisen auf kulturelle Unterschiede zurückführt, unterscheidet sich von den Untersuchungen zu Geschlecht und Sprache, die davon ausgehen, daß die Unterhaltung zwischen Männern und Frauen abbricht, weil die Männer die Frauen zu dominieren suchen. Niemand könnte bestreiten, daß Männer als Klasse in unserer Gesellschaft dominieren und daß es viele einzelne Männer gibt, die Frauen beherrschen wollen. Doch männliche Dominanz ist nur einer von vielen Aspekten. Sie reicht nicht aus, um alles erklären zu können, was sich bei Gesprächen von Männern und Frauen abspielt – insbesondere bei Gesprächen, in denen beide sich ehrlich bemühen, aufmerksam und respektvoll auf den anderen einzugehen. Dominanz entsteht nicht immer deshalb, weil jemand die Absicht hat zu dominieren. Das ist eine der Botschaften dieses Buches.

In dieser Zeit sich neu eröffnender Möglichkeiten beginnen Frauen in einflußreiche Positionen vorzudringen. Anfangs gingen wir davon aus, daß sie einfach so sprechen könnten, wie sie es immer getan haben, aber häufig funktioniert das nicht. Eine andere logische Schlußfolgerung wäre, daß sie ihre Sprechweise verändern und so reden wie die Männer. Doch abgesehen davon, daß es kaum einsichtig ist, warum immer nur die Frauen sich ändern sollen, funktioniert auch das nicht, weil Frauen, die so reden wie Männer, anders – und unfreundlich – beurteilt werden. Es bleibt uns gar nichts anderes übrig, als die uns zur Verfügung stehenden Alternativen und ihre Konsequenzen genau unter die Lupe zu nehmen. Nur wenn wir den Gesprächsstil des anderen und die uns zur Verfügung stehenden Möglichkeiten verstehen, können wir anfangen, unser Potential zu nutzen, und dem Gefängnis einer monolithischen Gesprächsnorm entkommen.

Unterschiede im Gesprächsverhalten erklären nicht alle Probleme, die in Beziehungen zwischen Männern und Frauen auftauchen. Beziehungen werden manchmal durch psychische Probleme, durch tatsächliche Liebes- oder Fürsorgedefizite, echten

Egoismus und reale Auswirkungen politischer und wirtschaftlicher Ungerechtigkeit bedroht. Aber es gibt auch unzählige Situationen, in denen derartige Vorwürfe grundlos erhoben werden, einfach, weil Partner ihre Gedanken und Gefühle und ihre Ansichten darüber, wie man kommunizieren sollte, anders ausdrücken. Wenn wir die Schwierigkeiten, die mit einem unterschiedlichen Gesprächsverhalten zu tun haben, aussortieren könnten, wären wir eher in der Lage, uns mit wahren Interessenkonflikten auseinanderzusetzen – und eine gemeinsame Sprache zu finden, in der wir darüber verhandeln könnten.

In dem Vorwort zu *That's Not What I Meant!* berichtete ich einleitend von einer Studentin, die gesagt hatte, daß die Teilnahme an einem Kurs, den ich an der Georgetown University abgehalten hatte, ihre Ehe gerettet habe. Vor kurzem erhielt ich von dieser Frau – die inzwischen Professorin und immer noch verheiratet ist – einen Brief. Sie schrieb mir, daß sie und ihr Mann sich unterhalten hätten, und irgendwie sei das Gespräch in einen Streit ausgeartet. Mitten in diesem Streit habe ihr Mann plötzlich erschöpft gesagt: »Dr. Tannen sollte sich mit ihrem neuen Buch lieber ein bißchen beeilen, weil diese Sache mit den Mann-Frau-Gesprächen das allergrößte Problem ist, was es zur Zeit gibt!« Dieses Buch ist für ihn und für alle Männer und Frauen, die sich nach Kräften bemühen, miteinander zu reden.

I

Andere Worte, andere Welten

Vor vielen Jahren war ich mit einem Mann verheiratet, der mich anbrüllte: »Du schreist mich gefälligst nicht an, denn du bist eine Frau, und ich bin ein Mann.« Das war demütigend, weil es unfair war. Aber ich wußte auch, welche Ursachen dieses Verhalten hatte. Ich schrieb seine mangelnde Fairneß dem Umstand zu, daß er in einem Land aufgewachsen war, wo nur wenige Leute der Ansicht waren, daß Männer und Frauen dieselben Rechte haben könnten.

Jetzt bin ich mit einem Mann verheiratet, der ein Partner und Freund ist. Wir stammen aus ähnlichen Verhältnissen und teilen dieselben Werte und Interessen. Mit ihm zu reden macht mir Spaß. Es ist wundervoll, jemanden zu haben, dem ich alles erzählen kann, jemanden, der mich versteht. Aber er sieht die Dinge nicht immer so wie ich, und oft reagiert er anders, als ich es erwarte. Und häufig verstehe ich nicht, warum er sagt, was er sagt.

Als ich mit der Arbeit für dieses Buch begann, arbeiteten wir in verschiedenen Städten. Die Leute haben uns häufig ihr Mitgefühl bekundet, indem sie Bemerkungen machten wie: »Das muß hart sein«, und »Wie halten Sie das aus?«. Ich habe ihre Anteilnahme gern akzeptiert und Sachen geantwortet wie: »Wir fliegen viel.« Manchmal habe ich die Besorgnis der Leute bestätigt: »Das Schlimmste daran ist, daß man aus dem Kofferpacken gar nicht mehr herauskommt.« Mein Mann jedoch reagierte ganz anders, oft mit Verärgerung. Er spielte zum Beispiel die Unannehmlichkeiten herunter: Als Akademiker hätten wir ein Vier-Tage-Wochenende, über das Jahr verteilte lange Ferien und dazu noch vier Monate im Sommer. Wir würden sogar von den Tagen, an denen wir getrennt wären, profitieren, weil wir ungestört arbeiten könnten. Einmal hörte ich ihn einem skeptischen Mann erzählen, wie glücklich wir wären, weil Untersuchungen ergeben hätten, daß Ehepaare, die zusammenlebten, weniger als eine halbe Stunde pro Woche miteinander redeten; seine Antwort implizierte, daß unsere Situation vorteilhafter war.

Ich hatte gegen die Art und Weise, wie mein Mann antwortete, nichts einzuwenden – alles, was er sagte, entsprach den Tatsachen –, aber es überraschte mich. Ich verstand nicht, warum er so reagierte. Er erklärte, daß er die bekundete Anteilnahme manchmal als herablassend empfinde, so, als ob der Fragende damit unterstellen wollte: »Sie führen gar keine richtige Ehe, Ihre schlechte Berufswahl hat zu einem unglücklichen Arrangement geführt. Ich bemitleide Sie und sehe von einer selbstgefälligen Höhe auf Sie herab, denn meine Frau und ich haben Ihre mißliche Lage klugerweise vermieden.« Ich war noch gar nicht auf die Idee gekommen, daß es bei diesen Sympathiebezeugungen auch um so etwas wie Überlegenheit gehen könnte, obwohl die Erklärungen meines Mannes mir einleuchteten. Doch auch nachdem ich verstanden hatte, was er meinte, fand ich seine Reaktion immer noch ein bißchen komisch. Im Gegensatz zu mir schien er andere Leute häufig als Gegner zu empfinden.

Heute – nach den Forschungsarbeiten zu diesem Buch – weiß ich, daß mein Mann der Welt einfach auf eine Art und Weise begegnet, wie sie für viele Männer typisch ist: als Individuum in einer hierarchischen sozialen Ordnung, in der er entweder unter- oder überlegen ist. In dieser Welt sind Gespräche Verhandlungen, bei denen man die Oberhand gewinnen und behalten will und sich gegen andere verteidigt, die einen herabsetzen und herumschubsen wollen. So gesehen, ist das Leben ein Wettkampf, bei dem es um die Bewahrung von Unabhängigkeit und die Vermeidung von Niederlagen geht.

Ich dagegen nähere mich der Welt so, wie viele Frauen es tun: als Individuum in einem Netzwerk zwischenmenschlicher Bindungen. In dieser Welt sind Gespräche Verhandlungen über Nähe, bei denen man Bestätigung und Unterstützung geben und erhalten möchte und Übereinstimmung erzielen will. Man will sich davor schützen, von anderen weggestoßen zu werden. So gesehen, ist das Leben eine Gemeinschaft, ein Kampf um die Bewahrung der Intimität und die Vermeidung von Isolation. Obwohl es auch in dieser Welt Hierarchien gibt, sind es eher Freundschaftshierarchien als Macht- oder Leistungshierarchien.

Auch Frauen sind daran interessiert, Status zu gewinnen und Niederlagen zu vermeiden, aber sie sind nicht die ganze Zeit darauf *fixiert*, und sie neigen dazu, diese Ziele unter dem Deckmantel der Bindung zu verfolgen. Und auch Männer sind daran interessiert, Verbundenheit herzustellen und Isolation zu vermeiden, aber sie sind nicht darauf *fixiert*, und sie neigen dazu, diese Ziele unter dem Deckmantel der Gegnerschaft zu verfolgen.

Als wir unser unterschiedliches Verhalten von dieser Perspektive aus diskutierten, machte mein Mann mich auf einen Unterschied aufmerksam, der mir entgangen war: Er reagierte in der von mir beschriebenen Art und Weise nur, wenn die bekundete Anteilnahme von Männern kam, denen er ein hierarchisches Denken unterstellte. Und es gäbe schließlich Situationen, in denen auch mir die Anteilsbezeugungen hinsichtlich unserer Pendlerehe mißfielen. Ich erinnerte mich, daß ich mich beleidigt fühlte, als ein Mann, der einen lüsternen Ausdruck in den Augen zu haben schien, mich fragte: »Wie kommen Sie mit dieser Fernverkehrsromanze zurecht?« Bei anderer Gelegenheit ärgerte ich mich über eine Frau, die mich nur vom Hörensagen kannte und in der Pause eines Theaterstücks auf uns zukam; neugierig fragte sie meinen Mann, wo er arbeitete, und bohrte immer weiter, indem sie uns wißbegierig über alle Einzelheiten unseres Lebens ausfragte. In beiden Fällen fühlte ich mich nicht herabgesetzt. Ich fühlte mich in meiner Privatsphäre verletzt. Während mein Mann Anstoß nahm, wenn er glaubte, daß jemand sich einen überlegenen Status anmaßte, hatte ich den Eindruck, daß diese Sympathisanten sich eine plumpe Vertraulichkeit anmaßten.

Intimität und Unabhängigkeit

Intimität ist der Schlüssel in einer Beziehungswelt, wo Individuen über komplexe Netzwerke von Freundschaften verhandeln, Unterschiede minimieren, nach Übereinstimmung streben und den Anschein von Überlegenheit, der Unterschiede betonen würde, vermeiden wollen. In einer Statuswelt ist *Unabhängigkeit* der Schlüssel, denn Befehle zu erteilen ist ein primäres Mittel der Statusbegründung und die Entgegennahme von Befehlen ein Merkmal von niedrigem Status. Obwohl jeder Mensch sowohl das Bedürfnis nach Intimität als auch nach Unabhängigkeit hat, sind Frauen eher auf ersteres und Männer eher auf letzteres fixiert. Es ist, als ob ihr Herzblut in verschiedene Richtungen fließen würde.

Durch diese Unterschiede nehmen Männer und Frauen dieselbe Situation unter Umständen ganz anders wahr, wie das Beispiel eines Ehepaares zeigt, das ich Linda und Josh nennen will. Als ein alter High-School-Kumpel von Josh ihn bei der Arbeit anrief und ihm mitteilte, daß er im nächsten Monat geschäftlich in der Stadt zu tun habe, lud Josh ihn fürs Wochenende zu sich ein. Abends informierte er Linda, daß sie einen Gast haben würden und daß er am ersten Abend mit seinem Kumpel losziehen würde, um mal wieder ordentlich einen auszuquatschen wie in alten Zeiten. Linda war verärgert. Sie würde die Woche über auf einer Geschäftsreise sein, und der Freitagabend, an dem Josh mit seinem Busenfreund losziehen wollte, wäre ihr erster Abend zu Hause. Aber am meisten ärgerte sie sich darüber, daß Josh diese Pläne ganz allein gemacht und sie einfach vor vollendete Tatsachen gestellt hatte, statt die Einladung vorher mit ihr abzustimmen.

Linda würde nie Pläne für ein Wochenende oder einen Abend machen, ohne das vorher mit Josh zu besprechen. Sie kann nicht verstehen, warum er ihr nicht dieselbe Höflichkeit und Rücksichtnahme entgegenbringt. Doch auf ihre Proteste entgegnete Josh: »Ich kann nicht zu meinem Freund sagen: ›Ich muß erst meine Frau um Erlaubnis bitten!‹«

Für Josh ist die Abstimmung mit seiner Frau gleichbedeutend mit der Bitte um Erlaubnis, und das würde für ihn heißen, daß er nicht unabhängig ist, nicht die Freiheit hat, selbständig zu handeln. Er würde sich wie ein Kind oder ein Untergebener vorkommen. Für Linda hat es nichts mit Erlauben oder Verbieten zu tun, wenn sie sich mit ihrem Ehemann abstimmt. Sie setzt voraus, daß Partner ihre Pläne besprechen, weil ihre Leben miteinander verknüpft sind, so daß die Handlungen des einen Konsequenzen für den anderen haben. Linda macht es nicht nur nichts aus, jemandem zu sagen: »Ich muß das erst mit Josh besprechen« – es ist im Gegenteil etwas, was sie gern tut. Es gibt ihr ein gutes Gefühl, wissen und zeigen zu können, daß sie eine Beziehung hat, daß ihr Leben mit dem eines anderen verbunden ist.

Linda und Josh störten sich an diesem scheinbar banalen Zwischenfall, weil sie beide sich in etwas verletzt fühlten, was ihnen besonders wichtig war. Linda war gekränkt, weil sie das Gefühl hatte, daß es in ihrer Beziehung an Nähe fehlte: Sein Freund war ihm wichtiger als sie. Und er war gekränkt, weil er den Eindruck hatte, daß sie ihn kontrollieren und seine Freiheit beschneiden wollte.

Zwischen Louise und Howie, einem anderen Paar, gibt es einen ähnlichen Streit über Geld. Louise würde niemals etwas kaufen, das mehr als hundert Dollar kostet, ohne das zunächst mit Howie zu besprechen, aber wenn er etwas haben will und denkt, daß sie es sich leisten können, marschiert er einfach los und kauft es, wie zum Beispiel eine Tischsäge oder einen neuen Motorrasenmäher. Louise ärgert sich nicht über die Sachen, die Howie kauft, sondern darüber, daß er sich benimmt, als ob sie gar nicht vorhanden wäre.

Viele Frauen halten es für selbstverständlich, jede Kleinigkeit mit ihrem Partner zu besprechen, während Männer es häufig ganz normal finden, Entscheidungen allein zu fällen. Hier spiegelt sich vielleicht ein genereller Unterschied, was das Verständnis von Entscheidungsprozessen angeht. Frauen erwarten, daß Entscheidungen zunächst besprochen und dann übereinstimmend beschlossen werden. Sie schätzen die Diskussion an sich als Ausdruck der Verbundenheit und Kommunikation. Aber viele Männer fühlen sich unterdrückt und eingeengt, wenn sie langwierige Debatten über etwas führen sollen, was sie als unwesentlich erachten, und immer erst besprechen müssen, was sie vorhaben. Wenn Frauen versuchen, ein lockeres Gespräch einzuleiten, indem sie fragen: »Was hältst du davon?«, fühlen Männer sich häufig aufgefordert, eine Entscheidung zu treffen.

Kommunikation ist ein dauernder Drahtseilakt, bei dem wir mit den widersprüchlichen Bedürfnissen nach Intimität und Unabhängigkeit jonglieren müssen. Um in dieser Welt zu überleben, müssen wir in Übereinstimmung mit anderen handeln, aber um in dieser Welt als wir selbst und nicht nur als Rädchen im Getriebe zu überleben, müssen wir auch eigenständig handeln.

In gewisser Hinsicht sind alle Menschen gleich: Wir alle essen und schlafen und trinken und lachen und husten, und oft essen wir die gleichen Sachen und lachen über dieselben Dinge wie die anderen. Aber in gewisser Hinsicht ist jeder Mensch einzigartig, und die unterschiedlichen Wünsche und Vorlieben einzelner Individuen können miteinander in Konflikt geraten. Menschen, denen man dasselbe Menü vorsetzt, treffen eine unterschiedliche Auswahl. Und wenn es Kuchen zum Nachtisch gibt, besteht die Gefahr, daß der eine ein größeres Stück bekommt als der andere – und die noch größere Gefahr, daß man *denkt*, der andere hätte ein größeres Stück bekommen, ob es nun stimmt oder nicht.

Asymmetrien

Wenn Intimität heißt »Wir sind uns nah, und wir sind gleich«, und Unabhängigkeit bedeutet »Wir sind getrennt und anders«, ist es leicht verständlich, daß Intimität und Unabhängigkeit mit Bindung und Status zusammenhängen. Das entscheidende Merkmal von Bindung ist Symmetrie: Die Menschen sind gleich und fühlen sich einander gleichermaßen verbunden. Das entscheidende Merkmal von Status ist Asymmetrie: Die Menschen sind nicht gleich; sie nehmen unterschiedliche Plätze in einer hierarchischen Ordnung ein.

Diese Dualität wird besonders deutlich, wenn Leute Sympathie oder Mitgefühl bekunden, was immer potentiell mehrdeutig ist. Man kann solche Äußerungen als entweder symmetrisch, als Ausdruck freundschaftlicher Gefühle unter Gleichgestellten oder als asymmetrisch, als Aussage eines Überlegenen gegenüber einem Unterlegenen, interpretieren. Wenn man einen Arbeitslosen fragt, ob er schon einen neuen Job gefunden habe, ein Ehepaar, ob das sehnsüchtig erwartete Kind unterwegs sei, oder einen nichtberufenen Professor, ob er seine Berufung erwarte, so kann das gemeint sein – und interpretiert werden (gleichgültig, wie es gemeint ist) – als Ausdruck menschlicher Verbundenheit von jemandem, der Verständnis hat und Anteil nimmt, oder aber als Anspielung auf bestimmte Schwächen, die von jemandem geäußert wird, dem es besser geht und der sich dessen bewußt ist, also als Herablassung. Die letztere Auslegung von Mitgefühl scheint für viele Männer selbstverständlich zu sein. Ein Bergsteiger namens Tom Whittaker, der selbst behindert ist und Behindertenwanderungen leitet, machte einmal die Bemerkung: »Jemanden, den man bewundert, kann man nicht bemitleiden.« Eine Aussage, die mir grundfalsch erschien.

Es ist die Symmetrie von persönlichen Beziehungen, durch die Gemeinschaft entsteht: Wenn zwei Menschen sich um Nähe bemühen, bemühen sich beide um dasselbe Ziel. Und es ist die Asymmetrie von Status, durch die Wettstreit entsteht: Es können nicht zwei Leute die Oberhand haben, deshalb sind Verhandlungen über Status vom Wesen her immer kontrovers. In meinen früheren Arbeiten bin ich der Frage nachgegangen, von welchen Faktoren Intimität (die ich als Verbundenheit bezeichnete) und Unabhängigkeit bestimmt werden, aber ich habe den Einfluß des Statusdenkens und der damit verknüpften kontroversen Strukturen nicht genügend berücksichtigt. Doch nachdem ich diese Dynamik erkannt hatte, bin ich überall darauf gestoßen. Das verwirrende Verhalten von Freunden und Mitarbeitern wurde plötzlich verständlich.

War es mir vorher immer ein Rätsel gewesen, warum mein Mann und ich so unterschiedlich reagierten, ergab es jetzt plötzlich einen Sinn. In einem Jazzkeller zum Beispiel hatte die Bedienung mir Krabbenkuchen empfohlen, die sich dann als scheußlich erwiesen. Ich war mir nicht sicher, ob ich sie zurückschicken sollte oder nicht. Als die Kellnerin vorbeikam und fragte, ob wir zufrieden seien, antwortete ich, daß mir die Krabbenkuchen eigentlich nicht so gut schmeckten. Sie fragte: »Was ist damit nicht in Ordnung?« Mein Mann fixierte die Tischmitte und entgegnete: »Sie schmecken nicht ganz frisch.« Die Kellnerin schnappte: »Es sind tiefgefrorene Krabben! Was haben Sie denn gedacht?« Ich sah sie direkt an und sagte: »Wir mögen sie einfach nicht so gern.« Sie entgegnete: »Also, wenn sie Ihnen nicht schmecken, könnte ich sie zurücknehmen und Ihnen etwas anderes bringen.«

Nachdem sie mit den Krabben abgezogen war, mußten mein Mann und ich lachen, weil uns bewußt wurde, daß wir gerade ganz automatisch einen der typischen Dialoge inszeniert hatten, über die ich geschrieben hatte. Er hatte die Frage »Was ist damit nicht in Ordnung?« als Angriff verstanden, dem er etwas entgegensetzen mußte. Er ist an sich ein friedliebender Mensch, also hatte er weggesehen, um seinen obligatorischen Gegenangriff abzumildern: Er hatte instinktiv das Gefühl, er müßte etwas Konkretes gegen die Krabben vorbringen, um meine Beschwerde zu rechtfertigen. (Er kämpfte für mich!) Ich hatte die Frage »Was ist damit nicht in Ordnung?« als Bitte um Information aufgefaßt. Ich suchte ganz instinktiv nach einer Möglichkeit, etwas Zutreffendes zu sagen, ohne die Kellnerin ins Unrecht zu setzen. Vielleicht lag es daran, daß sie eine Frau war, daß sie auf meinen Ansatz freundlicher reagierte.

Auch Freundinnen oder Gruppen, denen ich von diesen Unterschieden erzähle, bestätigen mir, daß sie sich dadurch vorher unverständliche Verhaltensweisen jetzt erklären könnten. Eine Frau meinte zum Beispiel, daß sie endlich verstehen würde, warum ihr Mann sich weigere, mit seinem Chef über eine mögliche Beförderung zu reden. Er wollte es gern wissen, weil er sich im Fall eines negativen Bescheids eine andere Stellung suchen würde. Aber statt einfach zu fragen, saß er wie auf Kohlen, war gereizt, litt unter Schlaflosigkeit und sorgte sich um seine Zukunft. In Ermangelung anderer Erklärungen griff die Frau nach einer psychologischen: Ihr Mann mußte wohl unsicher sein, Angst vor Ablehnung haben. Aber unsicher ist schließlich jeder, mehr oder weniger. Tatsächlich war ihr Mann ein durchaus selbstsicherer Mensch. Und sie, die sich selbst für mindestens genauso unsicher hielt wie ihren Mann, hatte nicht gezögert, zu ihrem Chef zu gehen und ihn zu fragen, ob er ihren befristeten Job in eine Festeinstellung umwandeln würde.

Nachdem sie erkannt hatte, welch zentrale Rolle Status in Männerbeziehungen einnimmt, konnte sie das Verhalten ihres Mannes verstehen. Einen Vorgesetzten zu fragen, wie die Chancen für eine Beförderung stehen, betont die hierarchische Struktur der Beziehung und erinnert beide daran, daß der Vorgesetzte die Zukunft seines Angestellten in der Hand hat. Die niedrige Statusposition machte diesem Mann schwer zu schaffen. Obwohl auch seine Frau nicht gerade begeistert war, ihrem Chef in der Rolle der Bittstellerin gegenübertreten zu müssen, setzte es in ihrem Kopf keine Alarmglocke in Gang wie bei ihrem Mann.

Eine Frau, die als Vertreterin tätig ist, hatte ähnliche Erkenntnisse und konnte sich jetzt endlich die verwirrende Veränderung erklären, die mit dem Leiter ihres Verkaufsteams vor sich ging, seit er zum Bezirksleiter befördert worden war. Sie war überzeugt gewesen, daß er einen perfekten Vorgesetzten abgeben würde, weil er jeder Autorität gegenüber immer eine gehörige Portion Respektlosigkeit gezeigt hatte. Als Teamleiter war er kaum daran interessiert gewesen, an den Konferenzen der Geschäftsleitung teilzunehmen, und er hatte sein Verkaufsteam stets ermutigt, auf ihr eigenes Urteil zu vertrauen. Seine Befugnisse hatte er eifrig dazu genutzt, Anweisungen von oben zum Vorteil seines Teams zu umgehen. Aber nach seiner Beförderung zum Bezirksleiter war dieser Mann nicht mehr wiederzuerkennen. Er erließ mehr Verordnungen, als man sich je hätte träumen lassen, und beharrte darauf, daß Ausnahmen nur auf Grundlage schriftlich einzureichender Anträge gemacht werden könnten.

Dieser Mann verhielt sich anders, weil er jetzt einen anderen Platz innerhalb der Hierarchie einnahm. Solange er sich der Autorität der Geschäftsleitung beugen sollte, hatte er alles getan, um diese Autorität zu schmälern. Jetzt jedoch, wo er diese Autorität selbst repräsentierte, tat er alles, um sie auszuweiten. Wenn er Sitzungen vermieden und Regelungen verspottet hatte, bedeutete das nicht, daß er die Hierarchie ablehnte, sondern eher, daß ihm seine unterlegene Position innerhalb dieser Hierarchie nicht behagte.

Wiederum eine andere Frau meinte, daß ihr endlich klar würde, warum ihr Verlobter, der sehr viel von Gleichberechtigung halte, ihr einmal zugeflüstert habe, daß sie leiser sprechen sollte. »Meine Freunde sind unten«, hatte er gesagt. »Ich möchte nicht, daß sie den Eindruck bekommen, du würdest mich herumkommandieren.«

Vielleicht ist das Klischee der »nörgelnden Frau« eine Folge des Wechselspiels der geschlechtsspezifischen Gesprächshaltungen; Frauen tun oft das, wozu man sie auffordert, während Männer sich oft schon der leisesten Andeutung, daß irgend jemand, insbesondere ein Frau, ihnen Anweisungen geben könnte, widersetzen. Eine Frau neigt dazu, eine Bitte, die unbeantwortet bleibt, zu wiederholen, weil sie überzeugt ist, daß der Mann ihrer Aufforderung nachkommen wird, sobald er nur begriffen hat, *wieviel* ihr daran liegt. Aber ein Mann, der nicht das Gefühl haben will, Anordnungen zu befolgen, zögert die Erfüllung der Bitte vielleicht instinktiv hinaus, um sich selbst zu überzeugen, daß er nur aus freien Stücken handelt. Nörgelei ist das Ergebnis, denn jedesmal, wenn die Frau ihre Forderung wiederholt, schiebt der Mann die Erfüllung erneut hinaus.

Die verschiedenen Metamitteilungen des Helfens

Emily und Jacob richteten ihre Hochzeit nach ihren eigenen Vorstellungen aus, aber Emilys Eltern wollten sich an den Kosten großzügig beteiligen. Besorgt, ob auch alles klappen würde, riefen die Eltern häufig an und stellten detaillierte Fragen nach den zu zahlenden Preisen und dem beauftragten Service: Welche Vorspeisen würde es geben? Wie groß wäre die Portion pro Gast? Woraus würde der Hauptgang des Essens bestehen? Würden Sellerie und Karotten an jedem Tisch einzeln serviert? Welche Blumen würden auf den Tischen stehen? Waren alle diese Dinge schriftlich festgehalten worden? Für Emily und Jacob waren diese detaillierten Fragen gleichbedeutend mit der Unterstellung, daß ihre Hochzeit zu einer Katastrophe auszuarten drohe, weil sie unfähig wären, sich allein darum zu kümmern. Als Emily protestierte, antwortete ihre Mutter: »Wir möchten mit euch gemeinsam planen; wir möchten euch helfen.«

Das Angebot oder die Gewährung von Hilfe hat ähnlich wie die Sympathiebekundung immer etwas Paradoxes. Insoweit das Angebot den Bedürfnissen des Hilfsempfängers entgegenkommt, ist es ein großzügiger Zug, der von Anteilnahme zeugt und persönliche Beziehungen festigt. Doch asymmetrisch gesehen, übernimmt derjenige, der die Hilfe gewährt, eine überlegene Position gegenüber demjenigen, dem Hilfe angeboten wird. In Anlehnung an die Terminologie von Gregory Bateson könnten wir die Hilfe als eigentliche *Mitteilung* – als die offensichtliche Bedeutung des Vorganges – verstehen. Aber gleichzeitig verbindet sich der Akt des Helfens mit *Metamitteilungen* – das heißt mit Informationen darüber, welche Beziehungen zwischen den Beteiligten bestehen, welche Haltung sie zu ihren Worten und Handlungen und zu den Empfängern dieser Worte und Handlungen einnehmen. Mit anderen Worten – die Mitteilung des Helfens lautet: »Dies ist gut für dich.« Aber die faktische Gewährung von Hilfe sendet vielleicht die Metamitteilung: »Ich bin kompetenter als du« – und so gesehen, ist die Hilfe vor allem gut für den Helfenden.

Für die richtige Deutung der Metamitteilungen über Status oder Bindung bei einem bestimmten Hilfsangebot, oder bei irgendeinem anderen kommunikativen Vorgang, ist es wichtig, wie etwas gesagt oder getan wird. Wenn jemand zum Beispiel Anteilnahme ausdrückt, wird der hervorgerufene Gesamteindruck davon bestimmt, welche Worte für die Äußerung gewählt werden, welchen Tonfall man anschlägt und welche Mimik und Gestik die Aussage begleiten. All diese Signale senden Metamitteilungen darüber aus, wie die Kommunikation gemeint ist. Ein »tröstender« Klaps kann den Eindruck von Herablassung verstärken; ein teilnahmsvoller Blick weist vielleicht darauf hin, daß die andere Person schweren Kummer hat; eine mitfühlende Frage, die von einem spontanen Lächeln begleitet wird, könnte statt dessen darauf hindeuten, daß man Gemeinsamkeiten unterstreichen will.

Die widersprüchlichen Metamitteilungen, die bei Hilfsangeboten mitschwingen, werden besonders deutlich, wenn die Beteiligten aufgrund ihres Berufs in einer hierarchischen Beziehung zueinander stehen. So, wie Eltern oft bei dem Versuch scheitern, »Freunde« ihrer Kinder zu sein, so werden auch Vorgesetzte, die ihren Angestellten freundschaftliche Ratschläge geben wollen, häufig feststellen, daß ihre symmetrisch gemeinten Worte durch einen asymmetrischen Filter interpretiert werden. Der Leiter einer Wohnanlage für Pensionäre zum Beispiel hatte Verständnis dafür, daß Teile des Pflegepersonals sich über die schlechte Bezahlung beschwerten; auf einer Zusammenkunft hielt er eine Rede, die, wie er glaubte, seine Anteilnahme ausdrückte. Er solidarisierte sich mit den Angestellten und gab zu, daß ihr Gehalt zu niedrig sei, um eine Familie davon ernähren zu können. Er erzählte ihnen auch, daß die höherbezahlten Jobs ihnen ohne bessere Ausbildung verschlossen bleiben würden. Er riet ihnen als Freund, daß sie auf einen anderen Beruf umsatteln sollten, wenn sie mehr verdienen wollten. Die Angestellten waren dem Leiter für seine Aufrichtigkeit nicht dankbar, denn sie verstanden seine Worte nicht als Ausdruck ehrlich empfundener Anteilnahme unter Gleichgestellten. Sie hörten vielmehr die unterschwellige Drohung eines Vorgesetzten heraus: »Wenn es euch hier nicht gefällt, niemand hält euch...«

Rahmenbildung

Man könnte sich Metamitteilungen auch dergestalt vorstellen, daß sie ein Gespräch *einrahmen*, ähnlich wie ein Bilderrahmen einen Kontext für die einzelnen Motive eines Gemäldes liefert. Die Metamitteilungen machen deutlich, wie eine Aussage zu verstehen ist, weil sie Aufschluß über die Gesprächssituation geben: Handelt es sich um einen Streit oder um eine Plauderei? Geht es um Hilfe, um Ratschläge oder um Herabsetzung? Gleichzeitig informieren sie darüber, welche Rolle der Sprecher bei diesem Vorgang einnimmt und welche Rolle einem selbst zugewiesen wird.

Der Soziologe Erving Goffman bezeichnet diesen Aspekt der Rahmenbildung als »Aufstellung« (*alignment*). Wer einen anderen herabsetzt, nimmt im Verhältnis zum anderen eine überlegene Position ein. Diese Position oder Aufstellung deutlich werden zu lassen heißt auch, daß man seiner Aussage einen Rahmen gibt und sich selbst in den Rahmen seiner Aussage stellt. Wer zum Beispiel im Gespräch mit anderen einen belehrenden Ton anschlägt und die anderen wie Schüler behandelt, wird im Rahmen dieser Aussage vielleicht als herablassend und pedantisch eingeschätzt. Wer selbst wie ein rat- und hilfesuchender Schüler spricht, wird von den anderen wahrscheinlich als unsicher, inkompetent oder naiv angesehen. Unsere Reaktionen auf das, was andere sagen oder tun, werden oft davon bestimmt, wie wir uns dabei eingerahmt fühlen.

Das neue Gesicht der Ritterlichkeit

Die Rahmenbildung ist der Schlüssel für die folgende alltägliche Szene. Ein Auto fährt langsam eine Straße hinunter, während ein anderes aus einer Parklücke herauskommt. Der Fahrer des parkenden Autos zögert, aber der Fahrer des anderen Autos hält an und signalisiert mit einem Winken, daß er dem anderen die Vorfahrt läßt. Wenn in dem parkenden Auto eine Frau sitzt, ist die Wahrscheinlichkeit groß, daß sie sich lächelnd bedankt und aus der Lücke herausfährt, während der ritterliche Mann wartet. Doch sitzt ein Mann am Steuer des parkenden Autos, ist es gut möglich, daß es zu einem regen Hin- und Hergewinke kommt und er darauf besteht, selbst zu warten, auch wenn er unter anderen Umständen versuchen würde, schnell noch vor einem herankommenden Auto aus der Parklücke zu flutschen.

Der ritterliche Mann, der einer Frau die Tür aufhält oder einer Autofahrerin die Vorfahrt läßt, verhandelt sowohl auf Status- als auch auf Bindungsebene. Der Statusunterschied wird durch eine Metamitteilung der Kontrolle impliziert: Er läßt diese Frau nicht deshalb weiterfahren, weil sie das Recht dazu hätte, sondern weil er es ihr erlaubt; sie wird also als unterlegen eingerahmt. Und wer Privilegien gewährt, kann sie auch wieder entziehen. Auf diese Dimension zielt der Protest von Frauen, die galante Gesten als »chauvinistisch« bezeichnen. Diejenigen, die solche Gesten als »höflich« würdigen, sehen nur den Bindungsaspekt: Der Mann will nett sein. Und auch der Mann, von dem diese großzügige Geste ausgeht, wird wahrscheinlich diese Dimension wahrnehmen und daher logischerweise gekränkt sein, wenn seine Freundlichkeit Proteste statt Dankbarkeit auslöst.

Aber wenn die Vorfahrtsgewährung einfach eine nette Geste wäre, durch die man einen Vorteil erhält, warum schlagen dann so viele Männer dieses Vorrecht aus und signalisieren statt dessen dem anderen Auto oder einem Fußgänger, daß sie selbst warten wollen? Weil man auch seine Unabhängigkeit wahrt, wenn man einem anderen Verkehrsteilnehmer winkenderweise die Vorfahrt gewährt: Der Fahrer entscheidet selbst, wie er zu handeln wünscht, statt sich von jemand anderem vorschreiben zu lassen, was er zu tun hat.

Der Schutzrahmen

Die beschützende Geste eines Mannes bestätigt die traditionelle »Aufstellung«, bei der Frauen von Männern beschützt werden. Aber die beschützende Geste einer Frau weckt Assoziationen mit einem anderen Szenario: mit Müttern, die ihre Kinder beschützen. Aus diesem Grund widerstrebt es vielen Männern, wenn Frauen sich um eine wechselseitige Beschützerhaltung bemühen – sie haben dann leicht den Eindruck, daß sie als Kinder eingerahmt werden. Viele sinnlos scheinende Streitereien zwischen Männern und Frauen lassen sich auf diese unterschwelligen Motive zurückführen.

Das folgende Beispiel zeigt, wie eine spontane Geste zu anhaltendem Ärger führte. Sandra saß am Steuer und Maurice auf dem Beifahrersitz. Als sie plötzlich bremsen mußte, tat sie, was schon ihr Vater in solchen Situationen immer gemacht hatte, wenn sie neben ihm gesessen hatte: Während sie bremste, streckte sie ihren rechten Arm schützend vor ihrem Beifahrer aus, damit er nicht nach vorn schleuderte.

Die Geste hatte größtenteils symbolischen Wert. Sandras rechter Arm war kaum stark genug, um Maurice im Sitz zu halten. Hauptsächlich diente sie wohl dem Zweck, ihn vor der abrupten Bremsung zu warnen. Auf jeden Fall führte Sandra – wie ihr Vater – die Bewegung völlig automatisch aus und hatte dabei das Gefühl, sich kompetent und rücksichtsvoll zu verhalten. Aber Maurice war jedesmal total wütend. Er erklärte es damit, daß es viel sicherer wäre, wenn Sandra beide Hände am Steuer ließe. Sandra wußte, daß sie die Kontrolle über das Auto nicht verlor, wenn sie einen Arm ausstreckte, und so konnten sie diese Differenz niemals bereinigen. Sandra zwang sich schließlich, den Impuls zu unterdrücken, wenn Maurice neben ihr saß, weil sie keinen Streit provozieren wollte, aber insgeheim litt sie unter dieser für sie irrationalen Reaktion.

Obwohl Maurice sein Verhalten mit Sicherheitsbedenken begründete, reagierte er in Wahrheit auf die Rahmenbedeutung der Geste. Er fühlte sich herabgesetzt, behandelt wie ein kleines Kind, weil Sandra ihn durch ihren ausgestreckten Arm beschützte. Tatsächlich ärgerte Maurice sich schon die ganze Zeit, weil er passiv dasaß, während Sandra das Auto steuerte – obwohl es ihr Auto war. Viele Paare, die ihre Beziehung für gleichberechtigt halten, stellen fest, daß immer, wenn es an eine gemeinsame Autofahrt geht, die Frau automatisch dem Beifahrersitz zustrebt, während der Mann den Fahrersitz ansteuert; sie fährt nur, wenn er nicht dabei ist.

Der Akt des Beschützens rahmt den Beschützenden als dominant, den Beschützten als unterlegen ein. Aber der Statusunterschied, der bei dieser »Aufstellung« mitspielt, ist Männern wahrscheinlich unmittelbarer bewußt als Frauen. Das kann dazu führen, daß Frauen, weil sie bindungsorientiert denken, durch ihre Sprech- und Handlungsweisen Schutz akzeptieren und sich gar nicht bewußt sind, daß man sie deshalb als unterlegen empfinden könnte.

Unterschiedliche Wege zum selben Ziel

Sowohl Status als auch Bindung können als Mittel eingesetzt werden, wenn man gesprächsweise bestimmte Ziele verfolgt. Angenommen, Sie möchten einen Termin mit einem Klempner vereinbaren, der für einen Monat ausgebucht ist. Sie könnten in diesem Fall Strategien einsetzen, die entweder Gemeinsamkeiten oder Statusunterschiede ausspielen. Wenn Sie sich für Status entscheiden, würden Sie die Rolle des Unter- oder des Überlegenen einnehmen. Als Überlegener würden Sie zum Beispiel zu verstehen geben, daß Sie eine wichtige Persönlichkeit sind, ein hochrangiger Beamter der Stadtverwaltung, der Einfluß auf die Auftragsvergabe hat, die auch für einen Installateur nicht unwichtig ist. Als Unterlegener würden Sie die Sekretärin vielleicht wehklagend davon in Kenntnis setzen, daß Sie neu in der Stadt sind und weder Bekannte noch Verwandte haben, an die Sie sich wenden könnten, um deren Dusche oder sonstigen sanitären Einrichtungen zu nutzen. Sie spekulieren auf das Mitleid der Sekretärin und hoffen, daß sie Ihnen einen Vorzugstermin einräumen wird. Ob man sich nun über- oder unterlegen zeigt, beide Vorgehensweisen spielen auf Statusunterschiede an, weil das Verhältnis der beteiligten Personen als asymmetrisch gesehen wird.

Andererseits könnten Sie versuchen, Gemeinsamkeiten zu unterstreichen. Wenn Sie aus derselben Stadt kommen wie die Sekretärin oder derselben Nationalität oder ethnischen Gruppe angehören, können Sie sie in ein Gespräch über ihre Heimatstadt verwickeln oder den Dialekt oder die Muttersprache anschlagen. Wenn der Sekretärin bewußt wird, daß Sie derselben Gemeinschaft angehören, behandelt sie Sie vielleicht bevorzugt. Wenn Sie gemeinsame Bekannte haben, könnten Sie diese erwähnen und so vielleicht ein Gefühl von Nähe schaffen, das bei der Mitarbeiterin den Wunsch weckt, Ihnen einen besonderen Gefallen zu tun. Aus diesen Gründen ist es nützlich, wenn man einen persönlichen Kontakt herstellt. Man verwandelt sich von einem Fremden in jemanden, zu dem eine persönliche Beziehung besteht.

Das Beispiel mit der Mitarbeiterin des Installateurs veranschaulicht, welche Möglichkeiten zur Verfügung stehen, wenn man ein bestimmtes Ziel mit einem Gespräch erreichen will. Gespräche sind selten, wenn überhaupt, ausschließlich von der einen oder anderen Haltung gekennzeichnet, sie setzen sich vielmehr aus beiden zusammen und können auch in beide Richtungen interpretiert werden. Viele Leute verbinden es zum Beispiel mit Status, wenn jemand ständig angeblich prominente Bekannte erwähnt: »Hört mal, wie wichtig ich bin, weil ich wichtige Leute kenne.« Aber ein solches Verhalten ist auch ein Spiel mit Intimität und engen Bindungen. Wenn man behauptet, eine Berühmtheit zu kennen, ist das ein bißchen so, als würde man behaupten, mit der Mutter, Kusine oder einem Kindheitsfreund des anderen bekannt zu sein – es ist ein Versuch, durch die Erwähnung gemeinsamer Bekannter Anerkennung zu gewinnen. Wenn jemand berühmte Namen fallenläßt, kennt der Gesprächspartner die genannten Personen nicht unbedingt persönlich, aber sie sind ihm *bekannt*. Man zielt auf Bindung, wenn man Leute erwähnt, die dem Gesprächspartner bekannt sind, und dadurch eine Gemeinsamkeit schafft; aber man zielt auf Status, wenn man sich selbst damit hervorhebt, daß man Leute *kennt*, von denen die anderen *nur* gehört haben.

Viel – sogar das meiste – von dem, worum es in einem Gespräch wirklich geht, ist keineswegs in den gesprochenen Worten enthalten, sondern wird vom Zuhörer eingesetzt. Jeder von uns entscheidet für sich, ob er von dem anderen glaubt, daß seine Worte im Sinne von Statusunterschieden oder von symmetrischer Bindung gemeint sind. Ob der einzelne eine Aussage in dem einen oder anderen Sinn interpretiert, hängt eher von den Ansichten, Interessen und Gewohnheiten des Zuhörers ab als von den Intentionen des Sprechers.

Wer täuscht wen?

Angesichts dieser unterschiedlichen und doch eng verbundenen Herangehensweisen an menschliche Beziehungen hält man leicht eine der beiden Formen für die ausschließlich richtige. Ein Mann, der meine Analyse des Klempnergesprächs hörte, meinte zum Beispiel: »Täuscht man dem anderen nicht etwas vor, wenn man an das Zusammengehörigkeitsgefühl appelliert?« Wenn man – wie viele Männer – der Ansicht ist, daß menschliche Beziehungen grundsätzlich hierarchisch strukturiert sind, läuft die Betonung von Verbundenheit darauf hinaus, daß man »so tut«, als gäbe es keinen Status – mit anderen Worten, es läuft darauf hinaus, daß man dem anderen etwas vortäuscht. Doch diejenigen, für die der Umgang zwischen Menschen in erster Linie von verbindenden Gemeinsamkeiten bestimmt wird, betrachten es als manipulativ und unfair, wenn man versucht, Statusunterschiede auszuspielen.

Sowohl Status als auch Bindung sind Möglichkeiten, sich auf andere einzulassen und Verbundenheit zu demonstrieren, obwohl Menschen, die auf die eine Form fixiert sind, die andere vielleicht nicht als solche erkennen. Männer sind in Gesprächen eher auf Statusrangeleien konzentriert: Versucht der andere, mich zu übertrumpfen oder mich herabzusetzen? Versucht er, eine überlegene Position einzunehmen, indem er mir Anweisungen gibt? Frauen sind häufig stärker auf das Aushandeln von Bindungen eingestimmt: Versucht der andere, mir näherzukommen, oder will er sich distanzieren? Weil immer beide Elemente vorhanden sind, setzen Männer und Frauen leicht ganz verschiedene Schwerpunkte in ein und demselben Gespräch.

Geteilte Ansichten und Teilansichten

Weil Männer und Frauen die Landschaft von entgegengesetzten Aussichtspunkten aus betrachten, haben sie oft völlig unterschiedliche Eindrücke von der Szenerie und dem, was sich dort abspielt.

Ein Kollege erwähnte, daß er einen Brief von seinem Verlag erhalten habe. Die für sein neues Buch zuständige Lektorin forderte ihn auf, sie zu informieren, falls er die Absicht hätte, irgendwann innerhalb der sechsmonatigen Produktionszeit des Buches zu verreisen. Er meinte, daß er gar nicht gewußt hätte, wie feldwebelhaft Lektorinnen sein könnten. Seine Reaktion auf diesen Brief überraschte mich; ich habe ähnliche Briefe von Verlegern erhalten und reagiere ganz anders darauf: Sie gefallen mir, weil es mir ein Gefühl von Wichtigkeit gibt, wenn sich jemand für meinen Aufenthaltsort interessiert. Als ich meinem Kollegen meine Reaktion schilderte, war er davon ebenso erstaunt und amüsiert wie ich von seiner. Obwohl er meine Haltung theoretisch nachvollziehen konnte, war es ihm vom Gefühl her völlig unverständlich, daß jemand sich nicht kontrolliert und herabgesetzt vorkam, wenn er Rechenschaft über seinen Aufenthaltsort geben sollte. Und obwohl ich seine Haltung theoretisch ebenfalls nachvollziehen konnte, war sie mir rein gefühlsmäßig völlig fremd.

Ähnlich verhielt es sich, als mein Kollege mir von einem Zeitschriftenartikel erzählte, den er gelesen hatte. Die Autorin hatte sich im Vorwort bei ihrem Mann für die hilfreichen Gespräche über das Thema bedankt. Als mein Kollege diese Widmung das erste Mal las, hielt er die Frau für inkompetent oder zumindest für unsicher: Warum mußte sie ihren Mann konsultieren, wenn sie selbständig an etwas arbeitete? Warum konnte sie nicht auf eigenen Füßen stehen? Nachdem ich ihm erklärt hatte, daß Frauen ihrer Verbundenheit gern Ausdruck geben, rahmte er die Danksagung neu ein und folgerte, daß die Autorin sich wahrscheinlich über das Interesse ihres Mannes gefreut und voller Stolz darauf hingewiesen hätte, weil sie dadurch die Ausgewogenheit ihrer Beziehung beweisen konnte.

Wenn die Reaktion meines Kollegen typisch ist, kann man

sich ungefähr vorstellen, wie oft Frauen, die glauben, gerade eine positive Eigenschaft – Verbundenheit – zu demonstrieren, falsch eingeschätzt werden, weil Männer in diesem Verhalten einen Beweis mangelnder Unabhängigkeit sehen, was für sie gleichbedeutend mit Inkompetenz und Unsicherheit ist.

Das Streben nach Freiheit

Eine Frau erzählte mir von den Gründen, die zur Beendigung einer langjährigen Beziehung geführt hatten. Sie beschrieb eine wiederkehrende und zentrale Auseinandersetzung. Sie und ihr Freund hatten sich darauf geeinigt, daß beide frei wären, aber nichts tun wollten, was den anderen verletzen würde. Als der Mann anfing, mit anderen Frauen zu schlafen, protestierte sie. Er war wütend über ihre Proteste. Das typische Gespräch verlief folgendermaßen:

> Sie: Wie kannst du das tun, wenn du genau weißt, wie sehr du mich damit verletzt?
> Er: Wieso läßt du mir nicht meine Freiheit?
> Sie: Aber ich fühle mich schrecklich, wenn du es tust.
> Er: Du willst mich manipulieren.

Auf einer bestimmten Ebene zeigt dieses Gespräch einfach eine Interessenkollision: Seine Wünsche und ihre Wünsche gerieten miteinander in Konflikt. Aber in einem grundsätzlicheren Sinn spiegelt die Auseinandersetzung die unterschiedliche Schwerpunktsetzung, die ich beschrieben habe. Dem Mann ging es bei seiner Argumentation in erster Linie um seine Unabhängigkeit und Handlungsfreiheit. Der Frau ging es in erster Linie um gegenseitige Abhängigkeit – welche Gefühle seine Handlungen bei ihr auslösten. Er interpretierte ihr Beharren auf gegenseitiger Abhängigkeit als »Manipulation«: Sie benutzte ihre Gefühle, um sein Verhalten zu kontrollieren.

Es geht hier nicht darum, daß Frauen keinen Wert auf Freiheit oder Männer keinen Wert auf Verbundenheit mit anderen legten.

Es geht vielmehr darum, daß Männer in Beziehungen häufiger den Wunsch nach Freiheit und Unabhängigkeit thematisieren, während Frauen in Beziehungen oft stärker auf gegenseitige Abhängigkeit und Verbundenheit konzentriert sind. Es geht um Grad und Ausmaß einer unterschiedlichen Schwerpunktsetzung.

Catherine Kohler Riessman hat untersucht, wie Männer und Frauen über ihre Scheidung sprechen, und herausgefunden, daß sowohl Männer als auch Frauen ein größeres Maß an Freiheit als einen Vorteil ihrer Scheidung benennen. Doch der Begriff *Freiheit* hat unterschiedliche Bedeutungen für sie. Wenn Frauen erzählten, daß sie durch die Scheidung mehr Freiheit gewonnen hätten, meinten sie damit »Unabhängigkeit und Autonomie«. Sie empfanden es als Erleichterung, nicht mehr darüber nachdenken zu müssen, wie der Partner auf ihr Verhalten reagieren würde, nicht mehr länger »auf einen muffligen Ehemann eingehen« zu müssen. Wenn Männer sagten, daß die Scheidung ihnen mehr Freiheit gegeben hätte, meinten sie Freiheit von Verpflichtungen – weniger »Einengung«, weniger »Klaustrophobie« und weniger »Verantwortung«.

Riessmans Ergebnisse machen deutlich, zu welch unterschiedlichen Belastungen das geschlechtsspezifische Beziehungsverständnis führt. Frauen fühlten sich durch die Scheidung von einer inneren Last befreit: von der dauernden Beschäftigung damit, wie ihre Ehemänner auf sie reagieren könnten und wie sie auf ihre Ehemänner reagieren sollten. Die Männer fühlten sich durch die Scheidung von einer Last befreit, die sie als von außen aufgebürdet betrachteten: befreit von den Verpflichtungen der Ernährerrolle und von der Einengung aufgezwungener Verhaltensvorschriften. Unabhängigkeit war für die von Riessman befragten Männer kein Geschenk der Scheidung, denn, wie ein Mann es formulierte: »Ich habe mich immer unabhängig gefühlt und jetzt wahrscheinlich noch mehr als vorher.«

The Chronicle of Higher Education befragte sechs Universitätsprofessoren, warum sie sich für eine Lehrtätigkeit entschieden hätten. Vier der sechs Befragten waren Männer, zwei Frauen. Die Frauen gingen in ihren Antworten auf das Unterrichten ein: »Ich wollte schon immer Lehrerin werden.« Die andere sagte: »Seit meiner Schulzeit hatte ich den Wunsch, an der Universität zu arbeiten... ich erkannte, daß eine Lehrtätigkeit genau das Richtige für mich war.« Die Antworten der vier Männer wiesen viele Gemeinsamkeiten untereinander und wenig Gemeinsamkeiten mit den Antworten der Frauen auf. Alle vier Männer bezeichneten den Wunsch nach Unabhängigkeit als ihr Hauptmotiv. Im folgenden einige Auszüge aus ihren Antworten:

> Ich habe die Wissenschaft der Wirtschaft vorgezogen, weil ich dadurch die Möglichkeit hatte, meine eigenen Schwerpunkte zu setzen. Man ist unabhängiger.
>
> Ich wollte unterrichten, und ich wollte die Freiheit haben, meine Forschungsziele selbst bestimmen zu können.
>
> Ich habe mich für eine wissenschaftliche Laufbahn entschieden, weil die Freiheit der Wissenschaft die finanziellen Nachteile aufwog – und damit ich auf den Gebieten forschen kann, die mich interessieren, statt mir etwas diktieren zu lassen.
>
> Es gibt da ein Problem, das mich interessiert... Ich möchte lieber für den Rest meines Lebens 30000 Dollar verdienen und dafür Grundlagenforschung betreiben, statt 100000 Dollar zu verdienen und als Computergraphiker zu arbeiten.

Obwohl einer der Männer auch das Unterrichten ansprach, gab keine der beiden Frauen die Freiheit, eigene Forschungsergebnisse verfolgen zu können, als Hauptgrund an. Ich glaube nicht, daß man daraus schließen kann, daß Frauen sich nicht für die Forschung interessieren, sondern eher, daß Unabhängigkeit bzw. Freiheit von Anweisungen kein vorrangiges Motiv für sie ist.

Als die beiden Frauen schilderten, was sie an einer Lehrtätigkeit reizt, konzentrierten sie sich hauptsächlich auf die Möglichkeit, Studenten positiv beeinflussen zu können. Natürlich bedeutet auch die Beeinflussung von Studenten eine Form von Macht; Lehrer und Schüler befinden sich in einer asymmetrischen Beziehung, wobei der Lehrer die überlegene Statusposition einnimmt. Aber bei der Beschreibung ihres Berufes thematisierten die Frauen hauptsächlich ihre Beziehung zu den Studenten, während die Männer in erster Linie ihre Unabhängigkeit betonten.

Das Mann-Frau-Gespräch als interkulturelle Kommunikation

Wenn Frauen eine Bindungs- und Intimitätssprache, Männer aber eine Status- und Unabhängigkeitssprache sprechen und verstehen, dann kann die Kommunikation von Männern und Frauen zur interkulturellen Kommunikation werden, die oft am unterschiedlichen Gesprächsstil scheitert. Man hat auch gesagt, daß Männer und Frauen statt verschiedener Dialekte verschiedene Genderlekte (geschlechtsspezifische Sprachen) sprechen.

Die Behauptung, daß Männer und Frauen in verschiedenen Welten aufwachsen, mag auf den ersten Blick völlig absurd scheinen. Brüder und Schwestern wachsen in derselben Familie auf, als Kinder von Männern und Frauen. Wo also lernen Frauen und Männer, anders zu sprechen und anders zu verstehen?

Von Anfang an

Selbst wenn Jungen und Mädchen in derselben Gegend, im selben Häuserblock oder im selben Haus groß werden, wachsen sie in verschiedenen sprachlichen Welten auf. Mit Mädchen und Jungen wird anders gesprochen, und es wird erwartet und akzeptiert, daß sie anders antworten. Wie man spricht und wie man Gespräche führt, das lernen Kinder nicht nur von ihren Eltern, sondern vor allem von ihren Spielkameraden. Auch wenn die Eltern einen ausländischen Akzent haben oder einen fremden Dialekt sprechen, ahmen die Kinder sie nicht nach; sie übernehmen die Aussprache der Region, in der sie aufwachsen. Die Anthropologen Daniel Maltz und Ruth Borker haben Untersuchungsergebnisse ausgewertet, die zeigen, daß Mädchen und Jungen ganz anders mit ihren Freunden reden. Obwohl sie häufig zusammen spielen, verbringen Jungen und Mädchen den größten Teil ihrer Zeit in gleichgeschlechtlichen Spielgruppen. Und obwohl einige Spiele sich ähneln, gibt es unterschiedliche Lieblingsspiele, und zwischen dem Sprachgebrauch bei ihren Spielen liegen Welten.

Jungen spielen eher im Freien, in großen Gruppen, die hierarchisch strukturiert sind. Ihre Gruppen haben einen Anführer, der den anderen sagt, was zu tun ist und wie es zu tun ist, und der sich weigert, Vorschläge anderer Jungen zu akzeptieren. Durch die Erteilung von Anweisungen und ihre Durchsetzung wird Status ausgehandelt. Eine andere Form der Statusgewinnung ist, daß die Jungen sich in den Mittelpunkt stellen, indem sie Geschichten und Witze erzählen und die Geschichten und Witze der anderen lächerlich machen oder in Frage stellen. Bei den Spielen der Jungen gibt es Gewinner und Verlierer und ausgeklügelte Regelwerke, die häufig zum Gegenstand von Auseinandersetzungen werden. Und Jungen prahlen oft mit ihren Fähigkeiten und streiten, wer der Beste ist.

Mädchen hingegen spielen in kleinen Gruppen oder zu zweit, im Mittelpunkt des sozialen Lebens eines Mädchens steht die beste Freundin. Innerhalb der Gruppe ist Intimität von zentraler Bedeutung: Unterschiede bemessen sich nach dem Grad relativer Nähe. Bei ihren häufigsten Spielen, wie zum Beispiel Seilspringen und ›Himmel und Hölle‹, kommen alle einmal an die Reihe. Viele der Aktivitäten (wie ›Mutter und Kind‹ spielen) haben keine Gewinner oder Verlierer. Obwohl einige Mädchen sicher geschickter und kompetenter sind als andere, wird erwartet, daß sie nicht mit ihren Fähigkeiten prahlen oder zeigen, daß sie sich für besser halten als die anderen. Mädchen geben keine Befehle; sie drücken ihre Vorlieben mit Vorschlägen aus, und die Vorschläge werden wahrscheinlich aufgegriffen. Während Jungen sagen: »Gib das her!« und »Geh da weg!«, sagen Mädchen: »Wollen wir das spielen?« und »Dazu hätte ich Lust«. Alles andere gilt als »Aufspielerei«. Mädchen reißen sich nicht darum, im Mittelpunkt zu stehen – es macht ihnen keinen Spaß –, und greifen sich deshalb auch nicht direkt an. Und oft sitzen sie einfach nur zusammen und unterhalten sich. Mädchen sind nicht daran gewöhnt, offen um Statuspositionen zu konkurrieren; ihnen liegt mehr daran, gemocht zu werden.

Geschlechtsspezifisch unterschiedliche Sprechweisen sind von Wissenschaftlern schon bei dreijährigen Kindern beobachtet und beschrieben worden. Amy Sheldon hat Mädchen und Jungen im Alter von drei bis vier Jahren gefilmt, die in Dreiergruppen in einer Kindertagesstätte spielten. Sie verglich zwei Dreiergruppen – eine Mädchen- und eine Jungengruppe –, in denen es zu Streitereien über dasselbe Spielzeug – eine Plastikgurke – kam. Obwohl beide Gruppen sich um denselben Gegenstand stritten, hatten sie ganz unterschiedliche Strategien, um ihren Konflikt zu lösen. Sheldons Studie verdeutlicht nicht nur einige der Verhaltensmuster, die ich beschrieben habe, sie zeigt auch, wie komplex diese Dynamiken sein können.

Ein kleines Mädchen namens Sue, das im Küchenbereich der Kindertagesstätte spielte, wollte die Gurke haben, mit der Mary sich gerade beschäftigte; sie argumentierte, daß Mary ihr die Gurke geben solle, weil Lisa, das dritte Mädchen, sie haben wolle. Das führte zu einer Auseinandersetzung darüber, wie Lisas (erfundenes) Bedürfnis zu befriedigen sei. Mary schlug einen Kompromiß vor, aber Sue protestierte:

> Mary: Ich schneide sie in der Mitte durch. Eine für Lisa, eine mich, eine für mich!
> Sue: Aber Lisa will eine *ganze* Gurke!

Mary macht einen weiteren kreativen Kompromißvorschlag, den Sue ebenfalls zurückweist:

> Mary: Es ist doch eine ganze *halbe* Gurke!
> Sue: Ist es nicht.
> Mary: Ist es wohl, eine ganze *halbe* Gurke.
> Sue: *Ich* geb' ihr eine ganze Hälfte. Ich geb' ihr eine *ganz ganze* Gurke. Ich hab' ihr schon mal eine ganze Gurke gegeben.

An diesem Punkt zieht Lisa sich aus dem Bündnis mit Sue zurück, die sich selbst zufriedenstellt, indem sie sagt: »Ich tu' so, als ob ich dir eine gegeben hätte.«

Bei anderer Gelegenheit machte Sheldon eine Videoaufnahme von drei Jungen, die in demselben Küchenbereich spielten und bei denen auch ein Streit über die Plastikgurke entbrannte. Als Nick sah, daß Kevin mit der Gurke spielte, forderte er sie für sich:

> Nick (schreit): Kevin, aber die, oh, ich *muß* schneiden! Ich will sie schneiden! Es ist meine!

Wie Sue verwickelt auch Nick das dritte Kind in seine Bemühungen um die Gurke:

> Nick (klagend zu Joe): Kevin läßt mich die Gurke nicht schneiden.
> Joe: Oh, ich weiß was! Ich nehm' sie ihm weg und geb' sie dir. Das ist gut!

Die Auseinandersetzung der Jungen, die zweimal solange dauerte wie die der Mädchen, endete schließlich in einer Balgerei zwischen Nick und Joe auf der einen und Kevin auf der anderen Seite.

Sheldon, die das unterschiedliche Verhalten der Jungen und Mädchen in diesem Streit um die Gurke vergleicht, weist darauf hin, daß die Mädchen den Konflikt größtenteils abschwächten und Harmonie wahrten, indem sie Kompromisse eingingen und sich ausweichend verhielten. Bei den Jungen, die stärker auf ihrem Standpunkt beharrten, an Regeln appellierten und mit körperlicher Gewalt drohten, weitete der Konflikt sich stärker aus. Doch die Feststellung, daß diese kleinen Mädchen und Jungen *stärker* zu der einen oder der anderen Strategie griffen, heißt nicht, daß sie die andere Strategie überhaupt nicht einsetzten. Zum Beispiel versuchten auch die Jungen, einen Kompromiß zu schließen, und auch die Mädchen versuchten es mit körperlicher Gewalt. Sowohl die Mädchen als auch die Jungen kämpften um die Kontrolle in ihrem Spiel. Als Sue versehentlich sagt: »*Ich* geb' ihr eine ganze Hälfte« und sich dann schnell korrigiert: »Ich geb' ihr eine *ganz ganze* Gurke«, zeigt sie, daß es ihr nicht eigentlich um die Größe geht, sondern darum, wer die Gurke weitergeben darf.

Beim Lesen von Sheldons Untersuchung fiel mir auf, daß, obwohl Nick und Sue beide versuchten, ihren Wunsch durchzusetzen, indem sie ein drittes Kind mit einbezogen, die eingenommenen Positionen und die Dynamik, die sie in Gang setzten, völlig unterschiedlich waren. Sue bat Mary darum, dem Wunsch einer anderen Person nachzukommen: Statt zu sagen, daß *sie* die Gurke wollte, behauptete sie, daß Lisa sie möchte. Nick ließ keinen Zweifel daran, daß er selbst an der Gurke interessiert war, und als er es allein nicht schaffte, in ihren Besitz zu kommen, bat er Joe um Hilfe. Joe versuchte dann, die Gurke mit Gewalt an sich zu bringen. In beiden Situationen kam es zu einem komplexen Rollenspiel, bei dem die Kinder wechselnde Bündnispositionen einnahmen.

Joe setzte nicht zu seinem eigenen Vorteil auf das Faustrecht, sondern – ritterlich – für Nick. Als Nick mit weinerlicher Stimme an Joe appellierte, bezog er die Position des Unterlegenen in einer hierarchischen Ordnung und stellte sich in den Rahmen eines Schutzbedürftigen. Als Sue Mary bat, ihr die Gurke zu überlassen, wollte sie die überlegene Position der Nahrungsausteilerin übernehmen. Sie kämpfte nicht um den *Besitz* der Gurke, sondern um das Recht, sie **weitergeben** zu dürfen. (Das erinnerte mich an die Frauen, die Professorinnen werden wollten, um lehren zu können). Doch um dieses Ziel zu erreichen, baute Sue auf Marys Bedürfnis, sich anderen gegenüber gefällig zu zeigen.

Diese Untersuchung legt nahe, daß Mädchen und Jungen beide ihren Willen durchsetzen möchten, daß sie aber unterschiedliche Methoden anwenden, um ihr Ziel zu erreichen. Obwohl die herrschenden sozialen Normen Jungen dazu ermutigen, offen zu konkurrieren, und Mädchen dazu, sich offen kooperativ zu zeigen, können unterschiedliche Situationen und Aktivitäten die unterschiedlichsten Verhaltensformen auslösen. Marjorie Harness Goodwin verglich Mädchen und Jungen, die mit zwei zielgerichteten Aktivitäten beschäftigt waren: Die Jungen fertigten Schleudern für eine anstehende Keilerei, die Mädchen bastelten Fingerringe. Sie fand heraus, daß die Gruppe der Jungen hierarchisch strukturiert war: Der Anführer sagte den anderen, was sie zu tun hätten und wie sie es tun sollten. Bei der Gruppe der Mädchen herrschte Gleichheit: Jede machte Vorschläge und war bereit, Vorschläge der anderen aufzugreifen. Aber als Goodwin die Mädchen bei einer anderen Beschäftigung beobachtete – sie spielten »Mutter und Kind« –, entdeckte sie, daß auch die Mädchen hierarchische Strukturen übernahmen: Die Mädchen, die die Mutter spielten, gaben Anweisungen an die Mädchen, die die Kinder spielten, die wiederum ihre Spiel-Mütter um Erlaubnis fragten. Außerdem war das Mädchen, das die Mutter spielte, auch eine Art Spielleiterin. Diese Untersuchung zeigt, daß Mädchen wissen, wie man Befehle erteilt und wie man sich in einer hierarchischen Ordnung verhält, aber sie finden dieses Verhalten unpassend, wenn sie gemeinsam mit ihren Spielgefährtinnen einer zielgerichteten Aktivität nachgehen. Bei Mutter-Kind-Beziehungen, die sie im Spiel gern nachahmen, finden sie dieses Verhalten dagegen durchaus passend.

Diese Spielwelten werfen etwas Licht auf die Weltbilder, die Männer und Frauen in ihre Beziehungen einbringen. Das Spiel der Jungen erklärt, warum Männer auf alles, was darauf hindeuten könnte, daß sie herumkommandiert oder herabgesetzt werden, so empfindlich reagieren. Das wichtigste Gut, um das in der hierarchischen Welt der Jungen gefeilscht wird, ist Status, und Status wird gewonnen und aufrechterhalten, indem man Befehle erteilt und die anderen dazu bringt, sie zu befolgen. Ein Junge in einer niedrigen Statusposition wird herumgestoßen. Deshalb überprüfen Jungen ihre Beziehungen auf subtilste Statusschwankungen und registrieren genau, wer Anweisungen gibt und wer sie entgegennimmt.

Mädchenspiele werden von ganz anderen Motiven bestimmt. Das wichtigste Gut, um das in einer Mädchengemeinschaft gefeilscht wird, ist Intimität. Mädchen untersuchen ihre Freundschaften auf subtile Bündnisverschiebungen, und sie versuchen, beliebte Mädchen als Freundinnen zu gewinnen. Beliebtheit ist eine Form von Status, aber sie gründet auf Bindung. Und sie bringt die beliebten Mädchen in Schwierigkeiten. Donna Eder fand bei Feldforschungen an einer Junior High-School heraus, daß die beliebten Mädchen paradoxerweise – und unvermeidlich – nicht besonders gemocht werden. Viele Mädchen wollen mit ihnen befreundet sein, aber Mädchenfreundschaften sind zwangsläufig zahlenmäßig begrenzt, weil sie nicht auf Gruppenaktivitäten, sondern auf Nähe und Verbundenheit zielen. So muß ein beliebtes Mädchen die Freundschaftsangebote anderer meistens ausschlagen – mit dem Ergebnis, daß sie als »hochnäsig« gilt.

Verständnis ist alles

Wenn Erwachsene ihr Gesprächsverhalten schon als Kinder in getrennten Welten sozialer *Peer*-Kontakte lernten, dann ist Kommunikation zwischen Männern und Frauen interkulturelle Kommunikation. Obwohl jeder Stil im Rahmen seiner eigenen Gesetzlichkeit gut funktioniert, kommt es zu Mißverständnissen, weil die Stile sich unterscheiden. Männer und Frauen als Angehörige verschiedener Kulturen zu begreifen eröffnet die Möglichkeit, eine Erklärung für zu Recht bestehende Unzufriedenheiten zu finden, ohne der einen oder anderen Seite vorzuwerfen, daß sie sich falsch oder unverständlich verhält.

Wenn wir die Unterschiede im Gesprächsstil erkennen, werden sie nicht verschwinden, aber wir können gegenseitige Mißverständnisse und Schuldzuweisungen vermeiden. Zu verstehen, warum unsere Partner, Freunde und sogar Fremde sich auf eine bestimmte Art und Weise verhalten, ist tröstlich, auch wenn wir ihre Haltung nicht teilen können. Es macht die Welt zu einem vertrauteren Territorium. Und wenn andere verstehen, warum wir selbst so sprechen und handeln, wie wir es tun, bewahrt uns das vor der schmerzlichen Erfahrung, auf Unverständnis und Kritik zu stoßen.

Alice Walker hat einmal über ihren Roman *Im Tempel meines Herzens* gesagt, daß eine der Frauenfiguren sich in einen Mann verliebe, weil sie ihn für »ein Riesenohr« halte. Walker führte ihre Bemerkung weiter aus und erklärte, daß die Leute vielleicht glaubten, sie würden sich verlieben, weil der andere sexuell attraktiv oder sonst irgendwie reizvoll sei, doch »das, wonach wir in Wahrheit suchen, ist ein Mensch, der uns hören kann«.

Wir alle möchten – mehr als alles andere – gehört werden – aber nicht nur gehört werden. Wir möchten verstanden werden –, gehört werden für das, was wir zu sagen glauben, für das, von dem wir wissen, daß wir es gemeint haben. Je besser wir verstehen, wie Männer und Frauen Sprache benutzen, desto seltener ertönt vielleicht der Vorwurf: »Du kannst mich einfach nicht verstehen.«

II

Asymmetrien: wenn Männer und Frauen aneinander vorbeireden

Eve hatte sich einen Knoten aus der Brust entfernen lassen. Kurz nach der Operation erzählte sie ihrer Schwester, wie schrecklich sie es fand, daß man an ihr herumgeschnitten hatte, und daß der Anblick der Stiche sie unglücklich mache, weil sie eine Narbe bildeten, durch die die Form ihrer Brust sich verändert hatte. Ihre Schwester sagte: »Ich weiß. Nach meiner Operation habe ich mich genauso gefühlt.« Eve machte dieselbe Bemerkung auch gegenüber ihrer Freundin Karen, die darauf entgegnete: »Ich weiß. Es ist, als ob man deinen Körper verstümmelt hätte.« Aber als Eve ihrem Mann Mark erzählte, wie ihr zumute war, sagte er: »Du kannst ja zum Schönheitschirurgen gehen, um die Narbe kaschieren und die Brustform korrigieren zu lassen.«

Eve hatte sich durch ihre Schwester und ihre Freundin getröstet gefühlt. Marks Worte empfand sie nicht als tröstend. Ganz im Gegenteil – sie verstärkten ihren Kummer. Mark hatte nicht nur anders reagiert, als Eve erwartet hatte, und nicht gesagt, daß er ihre Gefühle verstehen könne, sondern, schlimmer noch, sie hatte den Eindruck, daß er sie aufforderte, weitere Operationen auf sich zu nehmen, obwohl sie ihm doch gerade erzählte, wie sehr sie unter dieser gelitten hatte. »Ich werde mich nicht noch mal operieren lassen«, protestierte sie. »Es tut mir leid, wenn meine Brust dir nicht mehr gefällt.« Mark war verletzt und verwirrt. »Es macht mir nichts aus«, widersprach er. »Es stört mich überhaupt nicht.« Sie fragte: »Warum erzählst du mir dann, daß ich zu einem Schönheitschirurgen gehen soll?« Er antwortete: »Weil du gesagt hast, daß *du* unglücklich darüber bist, wie es aussieht.«

Eve fühlte sich wie ein Scheusal: Mark hatte sich so liebevoll um sie gekümmert und sich solche Sorgen gemacht, als sie operiert wurde. Wie konnte sie ihn für eine bloße Bemerkung – für »nichts als Worte« – derartig anblaffen, wo das, was er getan hatte, über jeden Zweifel erhaben war? Und doch hatte sie in seinen Worten Metamitteilungen wahrgenommen, die den Kern ihrer Beziehung trafen. Für Mark war ganz klar, daß er mit seiner Bemerkung nur auf ihre Klage reagiert hatte, aber sie hörte eine von ihren Worten völlig losgelöste Kritik heraus. Er hatte das Gefühl, sie darin zu bestärken, daß sie sich wegen der Narbe keine Sorgen machen müsse, weil es etwas gab, was sie dagegen *tun* konnte. Für sie bewies sein Vorschlag, daß *er* sich an der Narbe störte. Während sie außerdem hören wollte, daß es ganz normal war, wenn man sich in ihrer Situation schlecht fühlte, implizierten Marks Worte, daß ihr Problem sich leicht lösen ließe, daß sie also nicht das Recht hätte, unglücklich zu sein.

Eve wollte Verständnis – Mark gab ihr einen Ratschlag. Er übernahm die Rolle des Problemlösers, während sie einfach nur eine Bestätigung für ihre Gefühle hören wollte.

Bei einem anderen Ehepaar kam es zu einem ähnlichen Mißverständnis, nachdem die Frau bei einem Autounfall schwer verletzt worden war. Sie haßte Krankenhäuser und bat darum, früher entlassen zu werden. Doch die ungewohnten Bewegungen zu Hause strengten sie an, und sie hatte starke Schmerzen. Ihr Mann meinte: »Du hättest im Krankenhaus bleiben sollen, das wäre besser für dich gewesen.« Die Frau war gekränkt, weil die Bemerkung zu implizieren schien, daß ihr Mann sie nicht zu Hause haben wollte. Es kam ihr nicht in den Sinn, daß er mit dem Hinweis, sie hätte lieber im Krankenhaus bleiben sollen, darauf reagieren wollte, daß sie über Schmerzen geklagt hatte; für sie sagte er völlig zusammenhanglos, daß er sie nicht dahaben wollte.

»Kümmere dich um deine eigenen Probleme«

Frauen finden es oft frustrierend, daß Männer, denen sie von ihren Problemen erzählen, nicht mit ähnlichen Erfahrungen darauf eingehen, und Männer sind oft frustriert, weil Frauen genau das tun. Einige Männer fühlen sich durch eine solche Reaktion nicht nur nicht getröstet, sondern sogar angegriffen. Eine Frau berichtete mir, daß, wenn ihr Partner von einem persönlichen Problem spreche – zum Beispiel über seine Einstellung zum Älterwerden –, sie antworte: »Ich weiß, wie du dich fühlst; mir geht's genauso.« Zu ihrer Überraschung und ihrem Verdruß reagiert er ärgerlich darauf; er hat das Gefühl, daß sie ihm etwas wegnehmen will, weil sie die Einzigartigkeit seiner Erfahrung leugnet.

Ein ähnliches Mißverständnis führte zu dem folgenden Meinungsaustausch, der als Gespräch begann und als Streit endete:

Er: Ich bin wirklich müde. Ich hab' letzte Nacht nicht gut geschlafen.
Sie: Ich auch nicht. Ich schlafe nie gut.
Er: Warum willst du mich klein machen?
Sie: Will ich gar nicht! Ich versuche doch nur, Verständnis zu zeigen!

Diese Frau war durch die Reaktion ihres Mannes nicht nur gekränkt, sondern auch völlig verwirrt. Wie kam er darauf, daß sie ihn klein machen wollte? Mit »klein machen« meinte der Mann, »meine Erfahrung klein machen«. Er sah ihre Bemühungen um Gemeinsamkeit durch den Filter seines Unabhängigkeitsstrebens und Statusdenkens.

»Ich reparier' dir das«

Männer und Frauen finden es oft gleichermaßen frustrierend, wie der andere auf ihre Probleme reagiert. Und wenn der andere frustriert ist, ist man selbst um so gekränkter. Frauen nehmen es übel, wenn Männer für jedes Problem eine Lösung parat haben, und Männer werfen den Frauen vor, daß sie sich weigern, die Probleme aus der Welt zu schaffen, über die sie sich beklagen. Weil viele Männer sich als Problemlöser sehen, empfinden sie es als Herausforderung ihrer intellektuellen Fähigkeiten, wenn jemand Sorgen oder Kummer hat, genauso, wie eine Frau, die mit einem kaputten Fahrrad oder stotterndem Auto vorstellig wird, eine Herausforderung ihres bastlerischen Geschicks darstellt. Aber während viele Frauen dankbar sind, wenn man ihnen bei der Reparatur technischer Gerätschaften hilft, neigen nur wenige zur Dankbarkeit, wenn man ihre emotionalen Probleme »reparieren« will.

Daß Männer sich als Problemlöser verstehen, bestätigte sich in einer Radiodiskussion, bei der ein Ehepaar dieselben Fragen völlig unterschiedlich beantwortete. Barbara und William Christopher erzählten, was es für sie bedeutet, ein autistisches Kind zu haben. Der Moderator fragte, ob sie nicht manchmal mit ihrem Schicksal haderten und sich fragen würden: »Warum gerade ich?« Beide antworteten mit »Nein«, aber auf ganz unterschiedliche Weise. Die Frau lenkte die Aufmerksamkeit von sich selbst ab: Sie meinte, daß ihr Kind der eigentliche Leidtragende sei. Der Mann sagte: »Leben ist Problembewältigung. Dies ist einfach ein weiteres Problem, das es zu lösen gilt.«

Das erklärt, warum Männer so frustriert sind, wenn ihre ehrlichen Versuche, einer Frau bei der Lösung eines Problems zu helfen, nicht auf Dankbarkeit, sondern auf Ablehnung stoßen. Ein Mann berichtete, daß er sich jedes Haar einzeln ausraufen könnte, weil seine Freundin ihm dauernd von Problemen auf ihrer Arbeitsstelle erzähle, sich aber weigere, irgendeinen seiner Ratschläge zu befolgen. Ein anderer Mann verteidigte sich gegen die Vorhaltungen seiner Freundin, daß er sofort das Thema wechseln würde, sobald sie anfinge, von ihren Problemen zu erzählen. »Was hat es für einen Sinn, noch weiter darüber zu reden?« entgegnet er. »Es läßt sich ja doch nichts mehr ändern.« Wiederum ein anderer Mann meinte, daß Frauen sich in ihren Problemen zu wälzen scheinen und ewig darüber reden würden, während Männer Probleme aus der Welt schaffen und bereinigen möchten und entweder eine Lösung fänden oder das Ganze ins Lächerliche zögen.

Der Versuch, ein Problem zu lösen oder zu »reparieren«, konzentriert sich auf die Mitteilungsebene eines Gesprächs. Aber den meisten Frauen, die gern und oft von Problemen bei der Arbeit oder im Freundeskreis berichten, geht es nicht in erster

Linie um die reine Information. Für sie zählt die Metamitteilung: Wenn man von einem Problem erzählt, fordert man den anderen auf, Verständnis zu zeigen (»Ich weiß, wie du dich fühlst«) oder von einer ähnlichen Erfahrung zu berichten (»Mir ist mal was Ähnliches passiert, da habe ich mich genauso gefühlt«). Mit anderen Worten, Problemgespräche zielen darauf, eine Beziehung zu festigen, indem man Metamitteilungen aussendet wie: »Wir sind gleich; du bist nicht allein.« Frauen sind enttäuscht, wenn diese Bestätigung ausbleibt und sie im Gegenteil den Eindruck gewinnen, daß man sich von ihnen distanziert, indem man ihnen Ratschläge gibt, die Metamitteilungen auszusenden scheinen wie: »Wir sind nicht gleich. Du hast die Probleme. Ich habe die Lösungen.«

Darüber hinaus ist gegenseitiges Verständnis symmetrisch, und diese Symmetrie trägt zu einem Gefühl von Gemeinschaft bei. Aber das Erteilen von Ratschlägen ist asymmetrisch. Der Ratgebende rahmt sich als klüger, vernünftiger, kontrollierter – mit anderen Worten als überlegen – ein. Und das vergrößert die Distanz.

Die Auffassung, daß die Erteilung von Ratschlägen ein Zeichen von Überlegenheit ist, spiegelt sich in einem Kommentar, den ich in einer Buchrezension entdeckte. Der Kritiker Ron Carlson besprach Alice Adams' *After You've Gone* und ging auf die in Briefform gehaltene Titelgeschichte ein. Sie handelt von einer Frau, die an ihren ehemaligen Liebhaber schreibt, nachdem er sie wegen einer Jüngeren verlassen hat. Carlson zufolge informiert die Frau ihren ehemaligen Liebhaber über ihr Leben »und geht dann dazu über, ihn mit weisen Ratschlägen fertigzumachen. Es handelt sich ganz offensichtlich um eine souveräne Frau...« Obwohl wir nicht wissen, welche Absicht die Schriftstellerin mit ihrer Geschichte verfolgte, können wir deutlich erkennen, daß der Rezensent Ratschläge als eine Form des Angriffs versteht und den Ratgebenden als überlegen einstuft.

Parallele Spuren

Diese Unterschiede scheinen ihre Ursprünge in unserer frühen Kindheit zu haben. Ein sechzehnjähriges Mädchen erzählte mir, daß sie lieber mit Jungen zusammen sei als mit Mädchen. Um meine Thesen zu überprüfen, fragte ich sie, ob Jungen und Mädchen über Probleme redeten. Sie versicherte mir, daß beide genausoviel darüber sprechen würden. Dann fragte ich sie, ob sie auch auf dieselbe Weise darüber diskutierten. Absolut nicht, entgegnete sie. Die Mädchen würden reden und reden. Die Jungen griffen das Thema auf, einer schlage eine Lösung vor, und damit sei die Diskussion abgeschlossen.

Wenn Männer und Frauen es frustrierend finden, wie der andere sich bei Problemgesprächen verhält, so hängt das damit zusammen, daß Interpretationsregeln für ein bestimmtes sprachliches System auf ein anderes übertragen werden. Jungen und Männer gehen in Gesprächen über Probleme anders miteinander um als Frauen und Mädchen. Der Psychologe Bruce Dorval hat im Rahmen eines Forschungsprojekts Gespräche von Jugendlichen mit dem besten Freund bzw. der besten Freundin gefilmt. Warum Männer so völlig anders auf Probleme reagieren, wurde mir klar, als ich die Umschrift des Gespräches zwischen zwei Zehntkläßlern mit den Transkriptionen der Mädchengespräche verglich.

Bei der Auswertung der Videoaufnahmen stellte ich fest, daß die Jungen und Mädchen, die ihre Probleme miteinander besprachen, das auf unterschiedliche Weise taten – und ihre unterschiedlichen Vorgehensweisen erklären, warum erwachsene Männer und Frauen in ganz alltäglichen Gesprächen Schwierigkeiten haben. Die Mädchenpaare aus der sechsten und der zehnten Klasse sprachen jeweils ausführlich über die Probleme der einen Gesprächspartnerin. Das andere Mädchen drängte auf Einzelheiten, zeigte Verständnis und berichtete von ähnlichen Erfahrungen. Die folgenden kurzen Auszüge aus den Umschriften verdeutlichen, wie völlig unterschiedlich die Mädchen und Jungen sich verhalten.

Die Zehntkläßlerinnen sprechen über Nancys Probleme mit ihrem Freund und ihrer Mutter. Es stellt sich heraus, daß Nancy und Sally beide an einem Ausflug teilgenommen haben. Nancy verließ plötzlich die Gruppe und machte sich auf den Heimweg, weil ihre Mutter darauf bestanden hatte. Sie war unglücklich, weil sie so früh gehen mußte. Sally bestätigt sie in ihren Gefühlen, indem sie ihr zu verstehen gibt, daß auch die Freundinnen durch ihren frühen Aufbruch beunruhigt waren:

Nancy: Es war so *schlimm*. Ich konnte einfach nicht glauben, daß sie mich zwingen würde, nach Hause zu kommen.

Sally: Ich fand es auch irgendwie merkwürdig, ich meine, kaum sind wir losgegangen, da rüstet Nancy zum Aufbruch: »Entschuldigt bitte, aber ich muß jetzt gehen.« (Beide lachen) Ich hatte keine Ahnung, was *los* ist, bis Judy kommt und mir zuflüstert (dabei wußten es sowieso alle): »Weißt du, daß Nancy nach Hause geht?« Und ich darauf: »Was?« (Beide lachen) »Nancy geht nach Hause.« Und ich: »*Warum*?« Darauf Judy: »Ihre Mutter verbietet ihr, noch länger zu bleiben.« Und ich (schneidet eine Grimasse): »Aha.« Sie kommt noch mal und meint: »Nancy ist weg.« Und ich dann: »Also, das ist ja wirklich *reizend*, sie hat mir nicht mal tschüs gesagt.« Und dann hat sie auf mich eingequasselt, bis ich schließlich gesagt hab' (imitiert ein Brüllen): *»Ist ja gut!«* Judy war echt völlig fertig.

Sally reagiert auf die Probleme ihrer Freundin, indem sie bestätigt, daß Nancy sich zu Recht geärgert hat, weil ihre Mutter sie nicht länger bleiben ließ; sie gibt Nancy zu verstehen, daß ihre Freundinnen beunruhigt waren, weil sie so früh gegangen ist. Sieht man sich dagegen die Umschrift eines Gesprächs zwischen Jungen desselben Alters an, zeigt sich, wie ganz anders sie auf Probleme des Freundes eingehen.

Auch die Jungen der zehnten Klasse drücken tiefe Gefühle aus. Auch sie führen ein Problemgespräch, aber in anderer Form. Das Gespräch kreist nicht hauptsächlich um die Sorgen eines der beiden Beteiligten, die dann weiterverfolgt und in allen Einzelheiten besprochen würden. Statt dessen erzählt jeder von seinen eigenen Sorgen und banalisiert die Probleme des anderen.

In dem ersten Auszug aus dem Gespräch der Jungen erzählt Richard, daß er sich schlecht fühle, weil seine Freundin Mary noch keine Verabredung für ein bevorstehendes Tanzfest hat; Todd tut diese Besorgnis ab:

Richard: Es würde mir so leid tun, wenn sie zu Hause bleiben müßte.
Todd: Sie bleibt bestimmt nicht zu Hause, das ist doch lächerlich. Warum fragt sie nicht einfach jemanden?

Und doch ist Todd selbst bekümmert, weil er für diesen Tanzabend auch noch keine Verabredung hat. Er erzählt, daß er Anita nicht fragen will, und Richard bagatellisiert seinerseits Toms Problem.

Todd: Als sie gestern zu mir kam und ein Gespräch anfing, bin ich mir richtig schlecht vorgekommen.
Richard: Warum?
Todd: Ich weiß nicht. Ich glaub', ich hab' einfach ein schlechtes Gewissen gehabt.
Richard: **Das werd' ich nie verstehen.** (Lacht)

Weit davon entfernt, Verständnis zu zeigen, konstatiert Richard trocken das Gegenteil, wie der fettgedruckte Satz zeigt.

Dann erzählt Richard, daß er befürchte, Probleme mit Alkohol zu haben. Todd reagiert, indem er das Thema wechselt und etwas anspricht, was ihn selbst bedrückt, er fühlt sich als Außenseiter.

Richard: Als ich Anne gestern abend nach Hause gebracht hab', hat sie mir 'ne Standpauke gehalten.

Todd: Wirklich?

...

Richard: Sie hat rausgekriegt, was Donnerstagabend zwischen Sam und mir vorgefallen ist, weißt du?

Todd: Mhm.

Richard: Sie wußte davon. Und auf einmal sagt sie – sie fing an, über Alkohol zu reden, also... sie meinte: »Weißt du eigentlich, wie ausfällig du immer wirst, wenn du was getrunken hast? Du gehst auf alle los. Du bist dauernd schlecht drauf.« Und dann hat sie einfach gesagt: »Ich mag das nicht. Du gehst auf Sam los. Auf Todd. Auf Mary. Auf Lois.«

...

Ich meine, als sie das so gesagt hat, also, irgendwie hat mich das richtig fertiggemacht. (Pause) Ich hab' eigentlich gar nicht soviel getrunken.

Todd: **Redest du noch mit Mary, oft, meine ich?**

Richard: Ob ich noch mit ihr rede?

Todd: Ja, denn darum bin ich – darum bin ich Freitag so sauer gewesen.

Richard: Warum?

Todd: Darum.

Richard: Was heißt darum?

Todd: Weil ich nicht wußte, warum ihr einfach – ich meine, ich war nur mal kurz wieder nach oben gegangen, um was zu holen, und da seid ihr einfach abgehauen. »Na gut«, hab' ich gedacht, »dann eben nicht. Ist mir doch völlig schnurz.« Hab' mir gesagt: »Jetzt fängt er also schon wieder damit an.«

Als Richard davon spricht, daß er deprimiert sei, weil Anne ihm vorgeworfen hat, daß er betrunken war und sich schlecht benommen hat, reagiert Todd – wie der fettgedruckte Satz zeigt –, indem er von seinen eigenen Problemen erzählt: Er fühlt sich ausgeschlossen und war gekränkt, als Richard die Party einfach mit seiner Freundin Mary verlassen hat.

Während des ganzen Gesprächs redet Todd immer wieder davon, daß er sich entfremdet und ausgeschlossen fühlt. Richard reagiert darauf, indem er versucht, Todd diese Gefühle auszureden. Als Todd erzählt, er habe sich auf der Party am Abend zuvor fehl am Platz gefühlt, argumentiert Richard dagegen:

Richard: **Warum hast du dich fehl am Platz gefühlt? Du kanntest Lois, und Sam war auch da.**

Todd: Ich weiß nicht. Ich bin mir wie ein richtiger Außenseiter vorgekommen, überhaupt mit der Party gestern, ich meine, Sam ist immer nur von einem zum andern gerannt, er kannte alle aus der Schülerverbindung, mindestens fünf Leute.

Richard: **Kannte er gar nicht.**

Todd: Er kannte viele Leute. Er war so – ich weiß nicht.

Richard: **Lois war doch auch da. Er kannte auch nicht alle.**

...

Todd: Ich hatte an dem Tag einfach das Gefühl, gar nicht richtig dazuzugehören, bei allem. Früher hab' ich immer gedacht, ich meine –

Richard: Warum?

Todd: Ich weiß nicht. Sogar in der Schule fühl' ich mich schon wie ein Außenseiter.

Richard: Also, weißt du, ich meine, gestern abend –

Todd: Ich glaub', ich weiß jetzt, wie Leuten wie Ron Cameron zumute ist. (Lacht)

Richard (lacht auch): **Nein, ich glaube nicht, daß es dir so schlecht geht wie Ron Cameron.**

Todd: Ich mach' ja nur Spaß.
Richard: Mm-mm. **Warum solltest du dich so fühlen? Du kennst mehr Leute –**
Todd: Ich kann mit niemandem mehr reden.
Richard: **Du kennst mehr Leute als ich.**

Wenn Richard sagt, daß Todds Gefühle ungerechtfertigt und unverständlich seien, heißt das durchaus nicht, daß es ihm gleichgültig ist, wie Todd sich fühlt. Er hat ganz deutlich die Absicht, seinen Freund zu trösten, ihm Mut zuzusprechen. Er impliziert: »Du solltest dich nicht schlecht fühlen, denn deine Probleme sind gar nicht so schlimm.«

Gleiche Sorgen

Wie völlig anders Frauen sich verhalten, wenn sie Probleme besprechen, zeigt Alice Mattisons Kurzgeschichte »New Haven«. Eleanor erzählt Patsy, daß sie sich in einen verheirateten Mann verliebt habe. Patsy reagiert darauf, indem sie zunächst Verständnis zeigt und dann von einer ähnlichen Erfahrung berichtet:

> »Also«, sagt Patsy. »Ich weiß, wie du dich fühlst.«
> »Das weißt du?«
> »Irgendwie schon. Ich sollte es dir wohl erzählen. Ich schlafe seit zwei Jahren mit einem verheirateten Mann.«

Patsy erzählt Eleanor dann von ihrer Affäre und was sie für sie bedeutet. Doch nachdem sie eine Weile über Patsys Verhältnis gesprochen haben, sagt Patsy:

> »Aber du wolltest mir von diesem Mann erzählen, und ich hab' dich unterbrochen. Tut mir leid. Ich bin ganz schön egozentrisch, was?«
> »Das ist schon in Ordnung.« Aber sie freut sich.

Das Gespräch kehrt dann zu Eleanors beginnender Affäre zurück. Patsy geht also auf Eleanors Problem ein, indem sie zunächst Verständnis zeigt und von einer vergleichbaren Erfahrung berichtet, womit sie ihre Gemeinsamkeit unterstreicht, und Eleanor dann ermutigt, mehr zu erzählen. Durch die ähnliche Situation Patsys wird die potentielle Asymmetrie, die mit der Enthüllung persönlicher Probleme verbunden ist, vermieden und die Freundschaft ins Gleichgewicht gebracht.

Was Eleanor an dem Gespräch mit Patsy so gut gefiel, war, daß sie beide darin übereinstimmten, wie Probleme besprochen werden sollten, und das festigte ihre Freundschaft. Obwohl Eleanor als erste von ihrer Affäre redete, ging sie nicht weiter darauf ein, bis Patsy sie dazu ermunterte. In der Geschichte »The Knitting« von derselben Autorin hält eine Frau namens Beth sich bei ihrer Schwester auf, um Stephanie, die Tochter ihrer Schwester, in einer psychiatrischen Anstalt zu besuchen. Während Beths Aufenthalt kommt es zu einem unangenehmen Telefongespräch mit ihrem Freund Alec. Auf diese Weise an ihre Sorgen erinnert, möchte Beth gern darüber reden, zögert aber, weil ihre Schwester nicht fragt. Beth fühlt sich statt dessen verpflichtet, sich auf das Problem ihrer Schwester, auf den Grund ihres Besuchs, zu konzentrieren.

> Sie würde gern darüber reden, wie sie und Alec sich in den letzten Wochen immer haarscharf am Rande eines Krachs bewegt hatten, aber ihre Schwester fragt nicht nach dem Anruf. Dann denkt Beth, daß sie über Stephanie reden sollten.

Die Frauen in diesen Geschichten wahren das Gleichgewicht in dem feinen System, nach dessen Regeln Problemgespräche benutzt werden, um Verständnis zu zeigen und ein Gefühl von Gemeinschaft zu schaffen.

Wenn Frauen mit dem männlichen Gesprächsstil konfrontiert werden, beurteilen sie ihn danach, wie sie selbst sprechen. Frauen zeigen ihre Anteilnahme, indem sie das Problem der anderen aufgreifen und Fragen dazu stellen. Wenn Männer das Thema wechseln, sehen Frauen darin ein Zeichen fehlender Anteilnahme – mangelnder Intimität. Doch es kann genausogut sein, daß jemand auf eindringliche Fragen verzichtet, weil er das Unabhängigkeitsbedürfnis des anderen respektieren möchte. Als Eleanor Patsy erzählt, daß sie in Peter verliebt sei, fragt Patsy: »Schläfst du mit ihm?« Diese Form der Anteilnahme würde vielen Männern – und einigen Frauen – als aufdringlich erscheinen, auch wenn Eleanor darin ein Zeichen von Interesse sieht, das die Freundschaft fördert.

Frauen neigen dazu, Verständnis für die Gefühle einer anderen Frau zu zeigen. Wenn Männer versuchen, Frauen Mut zuzusprechen, indem sie ihnen erzählen, daß ihre Situation gar nicht so schlimm sei, haben Frauen den Eindruck, daß ihre Gefühle banalisiert oder abgewertet werden. Damit stößt ihre Aufforderung, Verbundenheit zu zeigen, erneut auf einen Mangel an Intimität. Ihr Versuch, eine symmetrische Kommunikation einzuleiten, endet in einer asymmetrischen.

Eine andere Symmetrie

Bei dem Gespräch zwischen Richard und Todd sind die einzelnen Reaktionen asymmetrisch – jeder tut die Probleme des anderen ab –, doch insgesamt symmetrisch: Todd reagiert auf Richards Alkoholproblem genauso wie Richard auf Todds Außenseitergefühle; beide streiten jeweils ab, daß der andere ein Problem hat.

Richard: Oh, Mann – ich glaub' einfach nicht – ich meine, was Anne gestern abend gesagt hat, ich kann mir gar nicht vorstellen, daß ich mich so benehme.

Todd: **Ich glaub' nicht, daß es so gewesen ist, wie sie sagt. Du selbst weißt doch am besten, daß es gar nicht so schlimm war.**

Richard: Oh, Anne – Sam hat Anne erzählt, daß ich den Uferdamm runtergefallen bin.

Todd: **Das ist gelogen.**

Richard: Ich bin nicht runtergefallen. Ich bin ausgerutscht, gestolpert. Ich hab' mich abgefangen.

Todd: **Mach dir doch keine Gedanken darüber.**

Richard: Mach' ich aber, irgendwie schon. Es ist mir unangenehm, wenn Sam mich so sieht. Und unangenehm vor dir.

Todd: **Es ist doch egal, du bist richtig lustig, wenn du ausflippst.**

Todd bestreitet, daß Richard so betrunken gewesen wäre, daß er getorkelt hätte (»Das ist gelogen«), und sagt dann, daß, selbst wenn Richard die Kontrolle über sich verloren hätte, es nicht schlimm, sondern lustig gewesen wäre.

Als ich das Gespräch der beiden Zehntkläßler analysierte, habe ich es anfangs unter dem Aspekt von Gleichheit und Verbundenheit gesehen, wie die Jungen ihre Probleme besprachen und sich gegenseitig beruhigten und die Sorgen des anderen herunterspielten. Aber auch eine andere Perspektive ist möglich. Ihre Unterhaltung ist vielleicht gerade deshalb so rührend, weil sie auf Asymmetrien im Status basiert – oder, genauer gesagt, auf der Abwendung solcher Asymmetrien. Als Todd von seinen Sorgen erzählt, nimmt er die Rolle des potentiell Unterlegenen ein und gibt seinem Freund die Möglichkeit, den Überlegenen zu spielen; Richard könnte eigene Probleme ableugnen oder mit asymmetrisch geprägten Ratschlägen oder Mitleidsbekundungen reagieren. Indem Richard im Gegenzug von seinen eigenen Sorgen erzählt, lehnt er die überlegene Position ab und stellt die symmetrische Ausgangsbasis wieder her, denn seine Reaktion enthält die Metamitteilung: »Wir sind einfach zwei Kumpel, die versuchen, in einer Welt zurechtzukommen, die es uns beiden nicht leichtmacht, und wir können beide ungefähr gleich gut damit umgehen.«

So gesehen, hätte die Reaktion einer Frau – die vielleicht sagen würde: »Ich verstehe, wir dir zumute ist; du mußt dich schrecklich fühlen; das würde mir genauso gehen« – für Jungen eine völlig andere Bedeutung, weil der Statusaspekt für sie im Vordergrund steht. Eine solche Reaktion würde Metamitteilungen aussenden wie: »Ja, ich weiß, du inkompetenter Trottel, ich weiß, wie scheußlich du dich fühlen mußt. Wenn ich so unfähig wäre wie du, würde es mir genauso gehen. Aber zu deinem Glück bin ich anders und kann dir da raushelfen, denn ich bin mit viel zu vielen Begabungen gesegnet, als daß so eine Kleinigkeit mich beunruhigen könnte.« Mit anderen Worten, es kann großzügig sein, auf Sympathiebekundungen zu verzichten, wenn die Anteilnahme herablassend wäre.

Wenn Frauen versuchen, Probleme zu besprechen, sind sie häufig unglücklich über das Verhalten der Männer, und Männer sind häufig unglücklich, weil man ihnen Vorwürfe macht, wenn sie helfen wollen. Aber Richard und Todd scheinen zufrieden damit zu sein, wie der andere auf ihre Sorgen eingeht. Und ihre Verhaltensweisen machen Sinn. Das Problematische am Gespräch zwischen Männern und Frauen ist die unterschiedliche Erwartungshaltung. Männer versuchen, den Kummer des anderen indirekt zu beschwichtigen, indem sie die Ursache des Problems angreifen. Weil Frauen aber erwarten, in ihren Gefühlen bestätigt zu werden, gibt die männliche Herangehensweise ihnen das Gefühl, selbst angegriffen zu werden.

»Frag nicht«

Problemgespräche sind nur eine von vielen sprachlichen Aufgabenstellungen, die Männer und Frauen anders beurteilen und die dann konsequenterweise Gesprächsprobleme verursachen. Eine andere ist die Bitte um Information. Und auch die hier auftretenden Unterschiede lassen sich auf die Asymmetrien von Status und Bindung zurückführen.

Ein Mann und eine Frau standen vor dem Informationsstand des Washington Folk Life Festival, einer Veranstaltung mit weitverstreut liegenden Buden und Vorführungen. »Du fragst«, sagte der Mann zu seiner Frau. »Ich frag' nicht.«

Sybil sitzt neben Harold auf dem Beifahrersitz des Autos und kocht vor Wut. Seit einer halben Stunde fahren sie in der Gegend herum und suchen nach einer Straße. Harold ist sicher, daß sie ganz in der Nähe liegt. Sybil ist nicht wütend, weil Harold den Weg nicht kennt, sondern weil er darauf besteht, ihn allein zu finden, statt anzuhalten und jemanden zu fragen. Sie ärgert sich, weil sie sein Verhalten durch die Brille ihres eigenen sieht: Wenn sie am Steuer säße, hätte sie jemanden nach dem richtigen Weg gefragt, sobald sie gemerkt hätte, daß sie sich verfahren hätten; sie würden längst gemütlich im Wohnzimmer ihrer Freunde sitzen, statt die Zeit damit zu verschwenden, im Kreis herumzufahren. Sybil macht es nichts aus, nach der Richtung zu fragen, deshalb ergibt es keinen Sinn für sie, wenn jemand sich weigert, um Hilfe zu bitten. Aber in Harolds Welt ist es logisch, daß man im Kreis herumfährt, wenn man den Weg nicht findet, weil es ihm unangenehm ist, um Hilfe zu bitten. Er möchte diese unangenehme Situation vermeiden und sich seine Unabhängigkeit bewahren.

Warum widerstrebt es so vielen Männern, nach der Richtung zu fragen oder um irgendwelche anderen Informationen zu bitten? Und warum, um eine ebenso berechtigte Frage zu stellen, macht es Frauen nichts aus? Durch den Gegensatz von Unabhängigkeit und Intimität enthält die Bitte um Information bzw. die Gewährung von Informationen zwei gleichzeitige und unterschiedliche Metamitteilungen. Männer sind mehr auf die eine, Frauen mehr auf die andere fixiert.

Wenn man Informationen anbietet, ist an sich die Information die Mitteilung. Aber die Tatsache, daß man selbst die Information besitzt und der andere nicht, sendet auch eine Metamitteilung der Überlegenheit aus. Wenn man Beziehungen grundsätzlich als hierarchisch auffaßt, dann steht derjenige, der mehr Informationen hat, im Rahmen dieses Vorteils auf einer höheren Stufe, weil er klüger und kompetenter erscheint. So gesehen, ist die Auskundschaftung eines eigenen Weges ein wichtiger Beweis der Unabhängigkeit, die eine Grundvoraussetzung männlicher Selbstachtung ist. Wenn die Selbstachtung einige Extraminuten Reisezeit kostet, ist sie diesen Preis durchaus wert.

Weil Metamitteilungen nur impliziert sind, ist es schwer, darüber zu reden. Wenn Sybil wissen möchte, warum Harold nicht einfach jemanden nach dem richtigen Weg fragt, antwortet er auf der Mitteilungsebene mit einer Information: Er sagt, es habe keinen Sinn, weil die Leute, die er fragen würde, den Weg unter Umständen auch nicht wüßten und ihm eine falsche Auskunft geben könnten. Das ist theoretisch einleuchtend. Es gibt viele

Länder, wie zum Beispiel Mexiko, wo es üblich ist, sich lieber irgendeine Antwort auszudenken, statt eine Auskunft zu verweigern. Aber diese Erklärung frustriert Sybil, weil sie ihr unlogisch erscheint. Obwohl sie einsieht, daß jemand sie falsch informieren könnte, hält sie das für relativ unwahrscheinlich, und ganz bestimmt würde es nicht jedesmal passieren. Und selbst wenn, wären sie nicht schlechter dran als jetzt.

Die unterschiedliche Haltung hängt teilweise mit Sybils Überzeugung zusammen, daß eine Person, die die Antwort nicht kennt, einfach »Ich weiß es nicht« sagen würde. Aber Harold hält das Eingeständnis »Ich weiß es nicht« für demütigend, so daß die Leute sich lieber irgendeine Räuberpistole ausdenken als es zugeben würden. Weil Harold und Sybil von unterschiedlichen Voraussetzungen ausgehen und die Rahmenbildung im verborgenen abläuft, können sie diesem unterschiedlichen Verhalten nie auf den Grund gehen; sie können sich gegenseitig nur immer mehr frustrieren. Die meisten Leute unterhalten sich auf der Mitteilungsebene, weil sie uns am stärksten bewußt ist. Weil aber unsere wahren Motive woanders liegen, kann man auf dieser Ebene die Mißverständnisse nicht klären.

Insoweit das Gewähren von Informationen, Auskünften oder Hilfe einem anderen nützt, wird die Verbundenheit zweier Leute gefestigt. Doch insoweit es asymmetrisch ist, wird eine hierarchische Struktur gefördert: Wenn jemand Informationen gibt, um sich selbst als Experten mit überlegenem Wissen und den anderen als unterlegen, weil unwissend, einzurahmen, handelt er Status aus.

Man kann viele Situationen ausmachen, wo derjenige, der die Information gewährt, einen höheren Status hat. Eltern zum Beispiel geben ihren Kindern Erklärungen oder antworten auf Fragen, genauso, wie Lehrer ihren Schülern Wissen vermitteln. Die Anthropologin Harumi Befu beschreibt eine japanische Konversationsregel für festliche Dinnerunterhaltungen, die auf dieser Dynamik beruht. Damit der Dinnergast mit dem höchsten Status die Gesprächsführung übernehmen kann, wird von den anderen Beteiligten erwartet, daß sie ihm Fragen stellen, von denen sie wissen, daß er sie überlegen und sachkundig beantworten kann.

Diese potentielle Asymmetrie führt dazu, daß manche Männer sich weigern, Informationen von anderen, insbesondere von Frauen, anzunehmen, und daß manche Frauen sorgsam darauf bedacht sind, ihr Wissen zu verbergen, vor allem vor Männern. Ein Mann, mit dem ich zu einem späteren Zeitpunkt über diese Dynamik sprach, erzählte mir zum Beispiel, daß ihm meine Theorie eine bestimmte Bemerkung seiner Frau erklären würde. Die beiden wollten einmal mit dem Auto an einen Ort fahren, den die Frau ganz genau kannte, er dagegen überhaupt nicht. Der Mann unterdrückte bewußt seinen Impuls, einfach draufloszufahren und den Weg allein zu finden, und fragte seine Frau, ob sie ihm eine gute Strecke empfehlen könne. Sie erklärte den Weg und fügte dann hinzu: »Aber ich weiß es nicht genau. Ich würde so fahren, aber vielleicht gibt es noch eine bessere Möglichkeit.« Sie versuchte mit ihrer Bemerkung, das ungleiche Machtverhältnis wieder auszugleichen, das entstanden war, weil sie etwas wußte, was ihr Mann nicht wußte. Sie wahrte auch schon vorsorglich das Gesicht für den Fall, daß er ihren Rat nicht befolgen würde. Außerdem rahmte sie ihre Anweisung neu ein, sie machte »bloß einen Vorschlag« und gab keine »Instruktionen«.

»Ich bring' das in Ordnung und wenn es mich umbringt«

Die Asymmetrie, die sich mit dem Besitz und der Weitergabe von Wissen verbindet, läßt sich auch entdecken, wenn jemand zeigen will, daß er etwas reparieren kann – eine Tendenz, die Männer bei Problemgesprächen zeigten. Die folgende Episode, die ich selbst erlebte, erklärt die Rahmenbildung, die sich mit dem Reparieren von Gegenständen verbindet.

Weil ich den winzigen Deckel, der auf dem Batterieteil für den Belichtungsmesser meines Fotoapparates sitzt, nicht losbekam, ging ich mit dem Apparat in ein Fotogeschäft und bat um Hilfe. Der Fotoverkäufer versuchte, den Deckel abzuschrauben, zunächst mit Hilfe einer Münze und dann mit einem Spezialwerkzeug. Als das nicht klappte, erklärte er, daß der Deckel hoffnungslos fest säße. Er führte die Gründe aus (der Verschluß war schief aufgeschraubt worden, so daß die Rillen nicht ineinanderfaßten) und erklärte dann detailliert, wie ich auch ohne Belichtungsmesser Fotos machen könnte, wenn ich die Verschlußeinstellungen der Linse je nach Lichtbedingungen änderte, und zwar entsprechend der Skala auf den Beipackzetteln der Filme. Obwohl ich wußte, daß ich sein System nie im Leben anwenden würde, hörte ich geduldig zu, heuchelte Interesse und notierte mir eifrig seine Beispiele, die auf einem ASA von 100 basierten, weil er bei dem Versuch, Beispiele zu geben, die auf einem ASA von 64 basierten, durcheinandergeraten war. Außerdem erklärte er mir, daß diese Methode eigentlich besser sei als die Benutzung eines Belichtungsmessers. Auf diese Weise verlor die Tatsache, daß er den Batterieverschluß nicht lösen konnte, an Bedeutung; er rahmte sich selbst als jemand ein, der über wertvolles Wissen verfügte und mein Problem gelöst hatte, obwohl er meinen Fotoapparat nicht reparieren konnte. Dieser Mann wollte mir helfen – wofür ich ihm aufrichtig dankbar war –, aber er wollte auch demonstrieren, daß er die Kenntnisse und Fähigkeiten besaß, die für diese Hilfe nötig waren, obwohl das nicht der Fall war.

Es gibt eine Art Gesellschaftsvertrag, der in solchen Situationen in Kraft tritt. Viele Frauen lassen sich nicht nur gern helfen, sondern fühlen sich moralisch verpflichtet, um Hilfe zu bitten, sie zu akzeptieren und im Gegenzug Dankbarkeit zu demonstrieren. Und viele Männer empfinden es ihrerseits als Ehrensache, einem Hilfsersuchen nachzukommen, gleichgültig, ob es gelegen oder ungelegen kommt. Ein Mann erzählte mir, daß seine Nachbarin ihn einmal gebeten hatte, ihr Auto zu reparieren, weil der Motor immer aussetzte. Er opferte mehr Zeit, als er eigentlich erübrigen konnte, um sich ihr Auto anzusehen, mußte aber schließlich einsehen, daß ihm das richtige Werkzeug fehlte. Es bedrückte ihn, daß er ihr Problem nicht hatte erfolgreich lösen können. Als ob die Frau das gespürt hätte, erzählte sie ihm am nächsten Tag und am übernächsten, daß das Auto schon viel besser liefe, obgleich er genau wußte, daß er nichts getan hatte, was zu einer Verbesserung geführt haben könnte. Zwischen einem Hilfsersuchen und dem Ausdruck von Dankbarkeit besteht ein Gleichgewicht. Frauen und Männer fühlen sich durch die Forderungen dieses Arrangements offenbar gleichermaßen gebunden: Die Frau fühlte sich verpflichtet, Anerkennung zu zeigen, obwohl der Mann ihr nicht geholfen hatte, und der Mann fühlte sich verpflichtet, mehr Zeit und Mühe zu investieren, als er eigentlich erübrigen konnte, um ihr zu helfen.

Ein Vorfall, der sich an einer Straßenecke in New York City ereignete, liefert ein weiteres Beispiel für den Gesellschaftsvertrag über die Inanspruchnahme von Hilfe und das Zeigen von Dankbarkeit. Eine Frau kam aus der U-Bahn-Station an der 23. Straße und der südlichen Park Avenue und war einen Moment lang unschlüssig, welche Richtung sie einschlagen sollte, um zur Madison Avenue zu gelangen. Sie wußte, daß die Straße westlich von der Park Avenue lag, hätte den Weg also ohne große Anstrengung selbst gefunden. Aber sie fragte ganz spontan den ersten Passanten, der vor ihr auftauchte, nach der Richtung. Er antwortete, daß die Madison Street nicht so weit südlich verlaufe. Sie wußte, daß das falsch war. Außerdem hatte sie sich inzwischen selbst orientiert. Aber statt zu sagen: »Ich bin mir aber ganz sicher« oder »Vielen Dank, ich finde mich jetzt schon allein zurecht«, stellte sie die Situation so dar, als ob er ihr geholfen hätte. Sie fragte: »Wo geht es nach Westen?« und entgegnete, nachdem sie die Auskunft erhalten hatte. »Vielen Dank. Ich halte mich einfach westlich.«

Was den reinen Informationsgewinn angeht, war diese Begegnung von Anfang bis Ende völlig absurd. Die Frau war nicht wirklich auf Hilfe angewiesen und der Mann nicht in der Lage, sie zu gewähren. Doch der Informationsgewinn war nicht das Entscheidende. Die Frau hatte die allgemein übliche Methode, einen Fremden nach dem richtigen Weg zu fragen, nicht nur – und nicht hauptsächlich – benutzt, um nach der U-Bahn-Fahrt die Orientierung zu finden, sondern um sich wieder in den Menschenstrom der Großstadt einzureihen, indem sie einen flüchtigen Kontakt mit einem Passanten knüpfte. Um diesen Kontakt herzustellen, bat sie ganz automatisch um Hilfe.

»Ich helf' dir und wenn es dich umbringt«

Martha kaufte sich einen Computer und mußte lernen, wie man damit umgeht. Nachdem sie das Handbuch studiert und einige Fortschritte gemacht hatte, gab es immer noch viele offene Fragen, also ging sie in das Geschäft, wo sie den Computer gekauft hatte, und bat um Hilfe. Der Mann, der sie beraten sollte, gab ihr das Gefühl, der dümmste Mensch auf der ganzen Welt zu sein. Er verwendete technische Fachausdrücke für seine Erklärungen, und jedesmal, wenn Martha nachfragen mußte, was ein bestimmter Ausdruck bedeutete, fühlte sie sich noch unfähiger – und dieses Gefühl verstärkte sich durch den Tonfall, mit dem der Mann ihre Fragen beantwortete, ein Tonfall, der die Metamitteilung sendete: »Das ist doch völlig klar, das weiß doch wirklich jeder.« Er erklärte alles so schnell, daß sie es sich unmöglich merken konnte. Als sie nach Hause ging, stellte sie fest, daß sie sich nicht daran erinnern konnte, was er ihr vorgeführt hatte, nicht mal an die Beispiele, bei denen sie seinen Erklärungen zeitweilig hatte folgen können.

Immer noch ratlos – und mit den schlimmsten Befürchtungen –, ging Martha in der nächsten Woche noch einmal in das Geschäft, entschlossen, so lange zu bleiben, bis sie die nötigen Informationen erhalten hatte. Aber diesmal wurde eine Frau mit der Aufgabe betraut, ihr zu helfen. Und Martha erlebte die Rolle der Ratsuchenden völlig anders. Die Frau vermied soweit wie möglich technische Fachausdrücke, und wenn sie doch einen benutzte, fragte sie, ob Martha mit der Bedeutung vertraut wäre, und erklärte den Begriff nötigenfalls mit einfachen und verständlichen Worten. Der Ton, mit dem die Frau Marthas Fragen beantwortete, implizierte nie, daß sie es eigentlich wissen sollte. Und als die Frau erklärte, wie bestimmte Funktionen ausgeführt werden, ließ sie es Martha selbst probieren, statt es einfach vorzuführen. Die andere Methode dieses »Lehrers« gab Martha das Gefühl, eine andere »Schülerin« zu sein: Sie fühlte sich klug und kompetent und nicht wie ein dummes Kind, das für seine Unwissenheit gedemütigt wird.

Sicher vermitteln nicht alle Männer ihre Kenntnisse auf eine Art und Weise, die ihre Schüler verwirrt und demütigt. Es gibt viele Lehrer, die begabt und außerdem männlich sind. Und nicht alle Frauen vermitteln ihre Kenntnisse auf eine Weise, die für Schüler leicht verständlich ist. Aber viele Frauen berichten von ähnlichen Erfahrungen wie Martha, vor allem, wenn es um Computer, Autos und andere technische Geräte geht; sie finden es angenehmer, wenn Frauen ihnen etwas erklären. Warum das so ist, wird vielleicht verständlich, wenn man sich die unterschiedlichen Bedeutungen des Helfens klarmacht. Wenn Frauen auf Bindung fixiert sind, dann wollen sie Unterschiede im Fachwissen minimieren und sich so verständlich wie möglich ausdrücken. Weil es ihnen darum geht, den Eindruck von Gleichheit und gleichem Status aufrechtzuerhalten, teilen sie ihr Wissen, denn das trägt zu einem ausgewogenen Verhältnis bei. Ihr Tonfall sendet Metamitteilungen von Unterstützung und nicht von Verachtung aus, obwohl »Unterstützung« auch wieder als herablassend erlebt werden kann.

Wenn ein Mann auf die Aushandlung von Status konzentriert ist und meint, einer müsse die Oberhand haben, findet er es wahrscheinlich angenehmer, wenn er das ist. Seine Überzeugung, daß derjenige, der mehr Informationen, größere Kenntnisse oder Fähigkeiten hat, überlegen ist, zeigt sich in seiner Art zu sprechen. Und wenn es manchmal so scheint, als würden Männer absichtlich schwer verständliche Erklärungen geben, so vielleicht deshalb, weil das angenehme Gefühl, mehr zu wissen als die anderen, verstärkt wird, wenn der Schüler sie *nicht versteht*. Der behagliche Spielraum der Überlegenheit schrumpft mit jedem kleinen Wissensgebiet, das der Schüler sich aneignet, zusammen. Oder vielleicht ist es einfach so, daß Männer mehr damit beschäftigt sind, ihre überlegenen Kenntnisse und Fähigkeiten zur Schau zu stellen, als sich anderen verständlich zu machen.

Ein Kollege, der mit meinen Ideen vertraut ist, berichtete mir, daß er diese Unterschiede bei einer wissenschaftlichen Tagung bestätigt gefunden habe. Eine Vortragsrednerin hatte sich dauernd selbst unterbrochen und die Zuhörer gefragt: »Haben Sie mich soweit verstanden?« Mein Kollege meinte, daß es der Frau offenbar vor allem darum gegangen sei, vom Publikum verstanden zu werden. Als er seinen Vortrag gehalten habe, sei er vor allem daran interessiert gewesen, nicht kritisiert zu werden – und soweit er es beurteilen könne, seien die anderen männlichen Vortragenden von demselben Gedanken beherrscht gewesen. Von dieser Warte aus ist es kein zu hoher Preis, sich unverständlich auszudrücken, wenn man die anderen dadurch in die Irre führen und einen Angriff verhindern kann.

Das heißt nicht, daß Frauen nicht das Bedürfnis hätten, sich klug oder mächtig zu fühlen. Auch die Frage, ob die anderen noch in der Lage sind, der Argumentation zu folgen, könnte durchaus als Versuch verstanden werden, sich als überlegen einzurahmen. Aber es scheint, daß der Besitz von überlegenen Informationen, Fachkenntnissen oder Fähigkeiten für Frauen kein primäres Machtkriterium ist. Sie haben eher das Gefühl, daß ihre Macht vergrößert wird, wenn sie anderen helfen können. Und wenn darüber hinaus Frauen auf Zugehörigkeit statt auf Unabhängigkeit und Selbstvertrauen konzentriert sind, gibt ihnen eine starke Gemeinschaft das Gefühl, selbst stärker zu sein.

»Vertrau mir«

Eine Frau erzählte mir, wie fassungslos sie gewesen sei, als ihr Mann einen Vorfall ausgrub, der Jahre zurücklag, um ihr deswegen Vorhaltungen zu machen. Ihr war es damals nicht gelungen, den Videorecorder auf einen bestimmten Kanal einzustellen. Ihr Mann hatte sich das Gerät angesehen und erklärt, daß es für diesen Zweck nicht ausgerüstet sei. Statt sein Urteil zu akzeptieren, hatte sie ihren Nachbarn Harry gebeten, noch einmal einen Blick darauf zu werfen, weil er den Recorder in der Vergangenheit schon einmal repariert hatte. Harry kam zu demselben Schluß wie ihr Mann, der jedoch vor Wut schäumte, weil die Frau seinem Sachverstand nicht vertraut hatte. Als er den Vorfall Jahre später wieder auf den Tisch brachte, rief seine Frau ungläubig aus: »Das ärgert dich immer noch? Harry ist tot!« Der Vorfall, wenn auch unbedeutend für die Frau, traf den Kern seines männlichen Selbstwertgefühls, weil sein technisches Können in Frage gestellt wurde.

Um das Vertrauen in die Fertigkeiten eines Mannes geht es

auch zwischen Felicia und Stan, einem anderen Ehepaar. Stan ist wütend, weil Felicia immer ängstlich vor sich hin stöhnt, wenn er Auto fährt. »Ich habe noch nie einen Unfall gehabt!« protestiert er. »Warum hast du kein Vertrauen in meine Fahrweise?« Felicia kann ihm ihren Standpunkt nicht verständlich machen – sie mißtraut nicht *seiner* speziellen Fahrweise, sondern hat Angst vorm Autofahren im allgemeinen. Vor allem kann sie nicht verstehen, warum die unbedeutende Tatsache, daß sie manchmal unwillkürlich nach Luft schnappt, eine derart heftige Reaktion auslösen sollte.

»Sei nett«

Sachverstand und Erfahrung stärken sowohl das männliche wie auch das weibliche Selbstbewußtsein. Doch wir verbinden die Rolle des Experten eher mit Männern als mit Frauen. Von Frauen wird gemeinhin behauptet, daß sie lieber Lob als Informationen verteilen. Diese konventionelle Erwartung zeigte sich auf einem Plakat, das in jedem Postamt der Vereinigten Staaten ausgehängt wurde und das die Kunden aufforderte, Kritik, Anregungen, Fragen und Zustimmung zu äußern. Drei dieser vier sprachlichen Vorgänge wurden durch Männerabbildungen versinnbildlicht; nur für das Lob wurde eine Frau gewählt, die Abbildung zeigte sie freundlich lächelnd, mit einer beifälligen Handbewegung und einem Heiligenschein über dem Kopf. Der Heiligenschein ist dabei besonders interessant. Er macht deutlich, daß ein Sprecher sich einen »netten« Rahmen gibt, wenn er Lob verteilt.

Wie die Weitergabe von Informationen enthält auch das Austeilen von Lob eine prinzipielle Asymmetrie. Auch Lob rahmt den Sprecher als überlegen ein, als jemanden, der in der Lage ist, das Verhalten eines anderen beurteilen zu können. Frauen können in ihren klassischen Helferrollen als Mütter, Sozialarbeiterinnen, Krankenschwestern, Beraterinnen und Psychologinnen ebenfalls als überlegen eingerahmt werden. Aber in vielen dieser Rollen – vor allem als Mutter und Krankenschwester – entsteht auch leicht der Eindruck, daß sie die Anweisungen anderer befolgen.

Motivüberschneidungen

Männer und Frauen verfolgen im allgemeinen andere Ziele mit dem Helfen. Doch sogar wenn man dasselbe Ziel verfolgt, kann man unterschiedlich vorgehen, um dieses Ziel zu erreichen, was leicht dazu führt, daß man die Motive anderer falsch einschätzt. Der Ausgang meiner Fotoapparat-Geschichte unterstreicht das. Bei einem Familientreffen gab ich den Apparat meinem Schwager, der in unserer Familie für seine technische Begabung bekannt ist. Er nahm ihn mit in seine Werkstatt und kehrte eineinhalb Stunden später mit einer reparierten Kamera zurück. Erfreut und dankbar machte ich meiner Nichte gegenüber die Bemerkung: »Ich wußte, er würde die Herausforderung genießen.«

»Vor allem«, betonte sie, »wenn er damit jemandem helfen kann.« Ich hatte ihm offenbar zu Unrecht unterstellt, daß er ausschließlich an der kniffligen Technik meines Batterieverschlusses interessiert war. Statt dessen hatte er mit der Reparatur des Fotoapparats auf seine Art gezeigt, daß er Anteil nahm und helfen wollte. Im Gegensatz zu einer Frau, die ihre Hilfe vielleicht direkt angeboten hätte, übermittelte mein Schwager mir ein indirektes Hilfsangebot über die Kamera.

Ein Kollege, der meine Version dieses Erlebnisses hörte, meinte, daß ich einen wichtigen Aspekt der Kaputte-Kamera-Episode übersehen hätte. Seiner Ansicht nach haben viele Männer so viel Spaß am Reparieren, weil es ihnen ihre Unabhängigkeit bestätigt und weil es sie in dem Gefühl bestärkt, die Situation unter Kontrolle zu haben und die Welt der Objekte zu beherrschen. (Das entspricht im Kern der These von Evelyn Fox Keller; sie vertritt die Meinung, daß ein Wissenschaftsverständnis, bei dem es darum geht, die Natur zu beherrschen und zu kontrollieren, männlich geprägt ist.) Mein Kollege erzählte mir dann, wie er einmal ein Spielzeugkarussell für seinen kleinen Sohn bestellt hatte, das durch den Transport auseinandergebrochen und völlig kaputt bei ihm eingetroffen war. Seine Frau gab das Spielzeug ihrem Onkel, der in der Familie als äußerst hilfsbereit und als großer Bastler galt. Der Onkel arbeitete mehrere Stunden, um das Spielzeug zu reparieren – obwohl es wahrscheinlich nicht mehr wert war als ein paar Dollar. Als sie das nächste Mal mit dem Onkel zusammentrafen, kam er noch einmal auf den Vorfall zurück und sagte, daß er lieber die ganze Nacht geopfert hätte, als zuzugeben, daß er es nicht reparieren könnte. Mein Kollege war überzeugt, daß der Wunsch, dieses Plastikobjekt zu beherrschen, stärker gewogen hatte als der Wunsch, der Schwester und dem Neffen zu helfen, obwohl beide Motive bestimmt vorhanden gewesen sind.

Außerdem wies dieser Mann darauf hin, daß er und viele andere Männer es ganz besonders genießen würden, wenn sie ihre Macht über die Welt der Objekte in den Dienst attraktiver Frauen stellen könnten; der Dank und die Bewunderung, die sie dafür ernteten, seien eine zusätzliche Freude und Genugtuung. Seine Interpretation meiner revidierten Deutung lautete, daß meine Nichte und ich, zwei Frauen also, dazu tendieren würden, den helfenden Aspekt einer Handlung als »wahres« oder hauptsächliches Motiv zu sehen. Er dagegen glaube nach wie vor, daß mein Schwager vor allem seine Fähigkeiten beweisen und Erfolg haben wollte, wo der Fotoexperte gescheitert war, als er den widerspenstigen Batteriedeckel zur Ordnung zwang.

Viele Männer demonstrieren ihr Wissen und ihre Geschicklichkeit, um Status zu gewinnen. Doch das Statuselement hebt den Bindungsaspekt des Helfens nicht auf. Die Elemente bestehen nebeneinander und beeinflussen sich gegenseitig. Doch die unterschiedliche Schwerpunktsetzung, was Status und Bindung angeht, führt zu einer asymmetrischen Rollenverteilung. Frauen sind im allgemeinen auf die Metamitteilung von Bindung eingestimmt und bieten daher ebensogern Hilfe an, wie sie Hilfe entgegennehmen, obwohl es sicher auch Frauen gibt, die sich nur wohl fühlen, wenn sie selbst Hilfe und Unterstützung gewähren. Männer reagieren im allgemeinen sensibel auf Status, auf hilfsbedürftige Frauen und auf das Bedürfnis nach Selbstbestätigung und fühlen sich daher wohl, wenn sie Hilfe und Informationen geben, nicht aber, wenn sie sie erhalten.

Der Blick von einem anderen Berg

In einer Geschichte von Alice Mattison, »The Colorful Alphabet«, lädt ein Mann namens Joseph einen anderen Mann, Gordon, ein, seine Familie auf dem Land zu besuchen, weil Gordon gerade von seiner Frau verlassen worden ist. Während des Besuchs machen sie eine gemeinsame Bergwanderung. Als sie beim Abstieg eine Rast einlegen, merkt Gordon, daß er seinen geliebten alten Rucksack auf dem Gipfel vergessen hat. Joseph bietet sich an, noch einmal hochzuklettern, um ihn zu holen, weil Gordon nicht ans Bergsteigen gewöhnt ist und seine Füße schmerzen. Josephs Frau begleitet ihren Mann, aber sie ist zu erschöpft, um wieder ganz zum Gipfel hochzuklettern; sie bleibt auf dem Fußweg zurück, und Joseph beendet die Mission allein. Er kehrt mit leeren Händen zurück. Der Rucksack war nicht mehr da. Dann sagt Joseph, er habe das schon vorher gewußt, denn während sie die Rast machten, sei ein Mann damit an ihnen vorbeigegangen. Er erklärt, warum er nichts davon erzählt hat: »Ich konnte ihm doch nicht sagen, daß ich den Rucksack gesehen hatte und mir nichts eingefallen war, um ihn wieder zurückzukriegen.« Um das wiedergutzumachen, sagt Joseph, »mußte ich irgend etwas *tun*«.

Die Frau, erschöpft und verärgert, reagiert eher ungläubig als zornig. Sie kann nicht verstehen, daß Joseph lieber noch einmal auf den Berg klettert (und sie mitklettern läßt), als zuzugeben, daß er jemanden mit Gordons Rucksack gesehen hat. »Das hätte ich nie gemacht«, sagt sie, und ihre Stimme klingt eher »verwundert als wütend«. »Ich wäre einfach damit rausgeplatzt. Ich hätte mich über meinen Fehler geärgert – aber nicht darüber, daß andere es *wissen*. Das macht mir eigentlich nichts aus.«

Ihr Mann entgegnet: »Oh, aber mir macht es eine ganze Menge aus.«

Diese Geschichte unterstützt meine Theorie über den männlichen Gesprächsstil. Joseph wollte Gordon helfen, und er wollte verbergen, daß er einen Fehler gemacht hatte. Sein Impuls, etwas zu tun, um das Problem zu lösen, war stärker als sein Impuls, nicht zweimal auf einen Berg zu klettern. Aber was mich an dieser Geschichte am meisten beeindruckt hat, war, wie die Frau über den Vorfall dachte:

> Es war einer dieser Momente, in denen ich überzeugt bin, daß ich ihn gar nicht kenne: Ich hätte das nie gemacht, ich wäre gar nicht auf die Idee gekommen, nicht mal im Traum – Joseph war einfach *nicht ich*.

Dieses Zitat illustriert die vielleicht subtilste und gleichzeitig tiefste Ursache der Frustration und Verwirrung, die aus den unterschiedlichen Weltbildern von Männern und Frauen resultiert. Wir glauben, wir wüßten, wie die Welt funktioniert, und wir schauen auf andere, damit sie uns unsere Überzeugungen bestätigen. Wenn wir merken, daß andere sich so verhalten, als ob sie in einer ganz anderen Welt lebten, sind wir zutiefst erschüttert.

In unseren engsten Beziehungen wollen wir Anerkennung und Bestätigung finden. Wenn die Menschen, die uns am nächsten stehen, ganz anders reagieren als wir, wenn es scheint, als sähen sie dieselbe Szene als Akt eines anderen Dramas, wenn sie Dinge sagen, die wir unter denselben Umständen nicht im Traum gesagt hätten, scheint der Boden unter unseren Füßen ins Wanken zu geraten, und wir haben plötzlich keinen festen Halt mehr. Verstehen zu können, warum dies passiert – *warum* und *inwiefern* unsere Partner und Freunde, obwohl sie uns in vielem gleichen, trotzdem *nicht* wir sind und sich in vielem von uns unterscheiden –, fördert unser Gefühl, festen Boden unter den Füßen zu haben.

III

»Leg die Zeitung weg und unterhalte dich mit mir!«: Beziehungssprache und Berichtssprache

Ich saß in einem Vorstadtwohnzimmer und hielt einen Vortrag vor einer Gruppe von Frauen. Auch einige Männer waren eingeladen, um das Thema Kommunikation zwischen Männern und Frauen zu diskutieren. Einer der Männer war besonders gesprächig und gab ständig weitschweifige Kommentare und Erklärungen ab. Als ich anmerkte, daß Frauen sich oft beklagten, weil ihre Ehemänner nicht genug mit ihnen redeten, räumte dieser Mann unaufgefordert ein, daß er aus vollem Herzen zustimme. Er deutete auf seine Frau, die den ganzen Abend über schweigend neben ihm auf der Couch gesessen hatte, und sagte: »Sie ist der gesprächigere Teil in unserer Beziehung.«

Alle im Zimmer brachen in schallendes Gelächter aus. Der Mann guckte verwirrt und gekränkt: »Es ist wahr«, erklärte er. »Wenn ich von der Arbeit nach Hause komme, weiß ich meistens nichts zu erzählen, aber ihr fällt immer etwas ein. Wenn sie nicht wäre, würden wir den ganzen Abend schweigend zusammensitzen.« Eine andere Frau erzählte von einem ähnlich paradoxen Verhalten ihres Mannes: »Wenn wir ausgehen, ist er der Mittelpunkt jeder Party. Wenn ich in einem anderen Zimmer bin, kann ich immer hören, wie seine Stimme alle anderen übertönt. Aber wenn wir zu Hause sind, hat er nicht soviel zu erzählen. Meistens rede ich.«

Wer redet mehr? Männer oder Frauen? Nach herrschendem Klischee sind Frauen zu geschwätzig. Die Linguistin Jennifer Coates hat einige Sprichwörter gesammelt:

Die Zunge einer Frau bewegt sich wie ein Lämmerschwanz.

Frauen schnattern wie die Gänse.

Eher trocknet die Nordsee aus als der Redefluß einer Frau.

Jahrhundertelang sind Frauen bestraft worden, weil man ihnen vorwarf, zuviel oder ungebührlich zu reden. Die Linguistin Connie Eble hat eine Vielzahl von körperlichen Strafen aufgelistet, die im kolonialen Amerika angewandt wurden: Frauen wurden an Tauchstühle gebunden und unter Wasser gedrückt, bis sie fast ertrunken wären; man heftete ihnen Schilder an und stellte sie an den Pranger, sie wurden geknebelt und durch Zungenklemmen zum Schweigen gebracht.

Obwohl diese vom Patriarchat institutionalisierten Strafen heute informelleren Formen, häufig psychologischer Art, gewichen sind, unterscheiden sich die Klischees unserer Zeit nicht sehr von denjenigen, die in den alten Sprichwörtern anklingen. Frauen reden angeblich zuviel. Und doch kommt Studie auf Studie zu dem Schluß, daß es die Männer sind, die weitaus mehr reden – auf Zusammenkünften, in gemischten Gruppen und in Klassenzimmern, wo Mädchen oder junge Frauen mit Jungen oder jungen Männern zusammensitzen. Die Kommunikationsforscher Barbara und Gene Eakins zum Beispiel haben Tonbandaufnahmen von sieben Fachbereichssitzungen an einer Universität gemacht und ausgewertet. Sie fanden heraus, daß – mit einer Ausnahme – Männer öfter redeten und – ohne Ausnahme – länger redeten. Die Wortbeiträge der Männer dauerten 10,66 bis 17,07 Sekunden, während die der Frauen 3 bis 10 Sekunden dauerten. Mit anderen Worten, die längsten Wortbeiträge der Frauen waren immer noch kürzer als die kürzesten Wortbeiträge der Männer.

Wenn nach einem öffentlichen Vortrag Fragen gestellt werden oder der Moderator einer Talk-Show die Leitungen für Zuschaueranrufe freigibt, wird die erste Frage so gut wie immer von einem Mann gestellt. Und bei Fragen oder Kommentaren aus dem Publikum neigen Männer dazu, länger zu reden. Die Linguistin Marjorie Swacker machte Tonbandaufnahmen von wissenschaftlichen Tagungen, die nach einem Frage-und-Antwort-Konzept abliefen. Bei den untersuchten Veranstaltungen stellten Frauen einen Großteil der Vortragenden; sie hielten 40,7 Prozent der Vorträge, und die Zuhörerschaft bestand zu 42 Prozent aus Frauen. Aber als es um freiwillige Wortbeiträge ging und die Zuhörer aufgefordert wurden, Fragen zu stellen, beteiligten sich nur 27,4 Prozent der Frauen. Außerdem nahmen die Fragen der Frauen im Durchschnitt nur halb soviel Zeit in Anspruch wie die der Männer (im Durchschnitt 23,1 Sekunden bei Frauen, 52,7 bei Männern). Swacker erläutert die Gründe und erklärt, daß die Männer (im Gegensatz zu den Frauen) ihre Fragen oft mit Erklärungen einleiteten, mehr als eine Frage stellten und auf die Antwort des Vortragenden mit einer weiteren Frage oder einem weiteren Kommentar reagierten.

Ich habe dieses Verhaltensmuster bei eigenen Lesungen, bei denen es direkt oder indirekt um frauenrelevante Themen geht, selbst festgestellt. Gleichgültig, wie hoch der Frauen- oder Männeranteil der Zuhörerschaft ist, es sind fast immer Männer, die die erste Frage, die mehr und längere Fragen stellen. Frauen haben bei diesen Gelegenheiten oft das Gefühl, daß die Männer zuviel reden. Ich erinnere mich an die Diskussionsphase eines Vortrages, den ich in einem Buchladen hielt. Die Zuhörerschaft bestand zum überwiegenden Teil aus Frauen, aber die anwesenden Männer bestimmten das Gespräch. An einem Punkt der Diskussion redete ein Mann, der auf einem der mittleren Plätze saß, derart langatmig, daß einige Frauen in den vorderen Reihen unruhig auf ihren Plätzen hin und her zu rutschen begannen und die Augen verdrehten. Die Ironie dabei war, daß der Mann sich darüber ausließ, wie sehr es ihn frustriert, wenn er Frauen zuhören muß, die sich endlos über Themen auslassen, die er langweilig und unwichtig findet.

Beziehungssprache und Berichtssprache

Wer redet mehr, Männer oder Frauen? Die anscheinend geteilten Meinungen zu dieser Frage lassen sich durch die Unterscheidung in – wie ich es nenne – *öffentliches* und *privates Sprechen* aussöhnen. Männer fühlen sich eher wohl, wenn sie »öffentlich« reden, während Frauen sich eher wohl fühlen, wenn sie »privat« reden. Man kann diese Unterschiede auch durch die Begriffe *Beziehungssprache (rapport-talk)* und *Berichtssprache (report-talk)* umschreiben.

Für die meisten Frauen ist die Sprache der Konversation in erster Linie eine Beziehungssprache: eine Möglichkeit, Bindungen zu knüpfen und Gemeinschaft herzustellen. Sie demonstrieren vor allem Gemeinsamkeiten und gleichartige Erfahrungen. Von Kindheit an kritisieren Mädchen Spielgefährtinnen, die sich hervortun oder besser als andere erscheinen wollen. Frauen haben ihre engsten Beziehungen zu Hause oder in einer Umgebung, in der sie sich *zu Hause fühlen* – mit einem oder wenigen Menschen, denen sie sich nah und mit denen sie sich wohl fühlen –, mit anderen Worten, bei privaten Gesprächen. Aber selbst an die öffentlichste Situation kann man herangehen, als handele es sich um ein privates Gespräch.

Für die meisten Männer sind Gespräche in erster Linie ein Mittel zur Bewahrung von Unabhängigkeit und zur Statusaushandlung in einer hierarchischen sozialen Ordnung. Zu diesem Zweck stellen Männer ihr Wissen und ihre Fähigkeiten zur Schau und glänzen mit sprachlichen Darbietungen wie Anekdoten, Witzen oder Informationen, um sich in den Mittelpunkt zu rücken. Männer lernen von klein auf, Gespräche zu benutzen, um Aufmerksamkeit zu bekommen und zu behalten. Sie fühlen sich also wohler, wenn sie in großen Gruppen sprechen, die sich aus Leuten zusammensetzen, die sie weniger gut kennen – wenn sie, im weitesten Sinne, »öffentlich reden«. Aber selbst die privatesten Situationen lassen sich wie ein öffentliches Gespräch behandeln, so, als ginge es eher um eine Berichterstattung als um die Festigung von Beziehungen.

Privates Sprechen: die wortreiche Frau und der schweigsame Mann

Woher rührt das Stereotyp, daß Frauen zuviel reden? Dale Spender meint, daß die meisten Leute instinktiv (wenn nicht bewußt) davon ausgehen, daß man Frauen – wie Kinder – nicht hören, sondern sehen sollte, und so gesehen, ist alles, was sie sagen, zuviel. Studien haben ergeben, daß, wenn Männer und Frauen genausoviel reden, die Leute den Eindruck haben, daß die Frauen mehr geredet hätten. Spenders These ist also nicht ganz von der Hand zu weisen. Doch vielleicht halten Männer Frauen für geschwätzig, weil sie sie in Situationen reden hören, in denen sie selbst schweigen würden: am Telefon oder bei gesellschaftlichen Anlässen im Bekanntenkreis, wenn Frauen über Dinge reden, die Männer nicht ohne weiteres fürchterlich interessant finden, oder, wie bei dem Ehepaar in der Frauengruppe, wenn sie allein zu Hause sind – mit anderen Worten: beim privaten Sprechen.

Das Heim bildet den Hintergrund für ein amerikanisches Symbolbild, das den schweigenden Mann und die redselige Frau präsentiert. Dieses Bild ist das Ergebnis der unterschiedlichen Ziele und Gewohnheiten, die ich beschrieben habe, und es erklärt den von Frauen am häufigsten geäußerten Vorwurf, wenn es um Beziehungen zu Männern geht: »Er redet nicht mit mir« – und den zweithäufigsten: »Er hört mir nicht zu.«

Der Fall einer Frau, die an Ann Landers schrieb, ist typisch:

> Mein Mann redet nie mit mir, wenn er von der Arbeit nach Hause kommt. Wenn ich ihn frage: »Wie war dein Tag?«, sagt er: »Schlecht…« oder »Es ist ein Dschungel da draußen.« (Wir leben in Jersey, und er arbeitet in New York City.)
>
> Wenn wir Gäste haben oder eingeladen sind, ist es ganz anders. Paul ist der fröhlichste Plauderer in der ganzen Runde – er fesselt die Leute mit den interessantesten Geschichten, und alle hängen wie gebannt an seinen Lip-

pen. Ich denke dann immer: »Warum erzählt er *mir* nie so was?«

Das geht jetzt seit 38 Jahren so. Nachdem wir zehn Jahre verheiratet waren, hörte Paul auf, mit mir zu reden. Ich habe nie verstanden, warum. Können Sie das Rätsel lösen?

Die unsichtbare Frau

Ann Landers meint, daß der Ehemann vielleicht nicht reden mag, weil er müde ist, wenn er von der Arbeit kommt. Aber berufstätige Frauen kommen auch müde nach Hause und sind trotzdem ganz wild darauf, ihren Partnern alles zu erzählen, was ihnen im Laufe des Tages passiert ist und welche Gedanken und Gefühle diese flüchtigen Alltagsdramen bei ihnen ausgelöst haben.

So hochgeistige Quellen wie von Psychologen geleitete Untersuchungen, so lebensnahe wie Briefe an die Lebensberaterinnen in Zeitschriften und so ästhetisierte wie Filme und Theaterstücke – sie alle kommen zu demselben Schluß: Die häusliche Schweigsamkeit des Mannes ist eine Enttäuschung für die Frau. Wieder und wieder hört man Frauen klagen: »Allen möglichen Leuten erzählt er alles mögliche, nur mir erzählt er gar nichts.«

Der Film *Divorce American Style* beginnt damit, daß Debbie Reynolds Dick Van Dyke vorwirft, er würde sich nie mit ihr unterhalten, und er protestiert, daß er ihr immer alles erzählt. Die Türklingel unterbricht den Streit; Mann und Frau nehmen sich zusammen und begrüßen ihre Gäste mit strahlendem Lächeln.

Hinter geschlossenen Türen führen viele Paare ähnliche Gespräche. Wie die von Debbie Reynolds gespielte Figur haben Frauen oft das Gefühl, daß die Männer sich nicht mit ihnen unterhalten. Wie der von Dick Van Dyke gespielte Ehemann haben Männer oft das Gefühl, daß man ihnen zu Unrecht Vorwürfe macht. Wie kann Debbie Reynolds so fest überzeugt sein, daß Dick Van Dyke ihr nichts erzählt, wenn er genauso fest überzeugt ist, daß er ihr alles erzählt? Wie können Frauen und Männer so unterschiedliche Eindrücke von denselben Unterhaltungen haben?

Wenn etwas falsch läuft, halten die Leute nach einer Ursache Ausschau, die sie dafür verantwortlich machen können: Das ist entweder die Person, mit der sie sich unterhalten wollen (»Du bist anspruchsvoll, stur und egozentrisch«), oder die Gruppe, der die andere Person angehört (»Alle Frauen sind anspruchsvoll«; »Alle Männer sind egozentrisch«). Einige großzügige Leute machen die Beziehung verantwortlich (»Wir können einfach nicht miteinander reden«). Doch trotz dieser nach außen gerichteten Schuldzuweisungen glauben die meisten Leute insgeheim, daß mit ihnen selbst etwas nicht in Ordnung ist.

Wenn einzelne Menschen oder bestimmte Beziehungen verantwortlich wären, hätten nicht so viele verschiedene Leute dasselbe Problem. Das wirkliche Problem ist der Gesprächsstil. Männer und Frauen sprechen anders. Selbst mit der besten Absicht wird der Versuch, das Problem durch ein Gespräch zu lösen, alles nur noch schlimmer machen, wenn die eigentliche Ursache der Schwierigkeiten ein unterschiedliches Gesprächsverhalten ist.

Der beste Freund – die beste Freundin

Und auch hier gilt wieder, daß der unterschiedliche Sprachgebrauch, den wir als Kinder lernen, unser erwachsenes Gesprächsverhalten prägt. In unserer Kultur betrachten die meisten Leute, vor allem aber Frauen, ihre engsten Beziehungen als sicheren Hafen in einer feindlichen Welt. Das Zentrum des sozialen Lebens eines kleinen Mädchens ist ihre beste Freundin. Mädchenfreundschaften werden geschlossen und aufrechterhalten, indem man sich Geheimnisse anvertraut. Auch für erwachsene Frauen bedeutet Freundschaft in erster Linie, daß man miteinander spricht, sich erzählt, was man denkt und fühlt, und was tagsüber passiert ist: wen man an der Bushaltestelle getroffen hat, wer angerufen hat, was derjenige erzählt hat, welche Gefühle das ausgelöst hat. Wenn Frauen danach gefragt werden, wer ihr bester Freund oder ihre beste Freundin sei, benennen sie meistens andere Frauen, mit denen sie sich regelmäßig unterhalten. Männer werden auf dieselbe Frage meistens antworten, ihre Frau sei ihr bester Freund. Abgesehen von ihrer Frau, benennen viele dann andere Männer, mit denen sie etwas unternehmen, wie zum

Beispiel Tennis oder Baseball spielen (aber niemals nur einfach sitzen und reden), oder einen Kumpel von der High School, mit dem sie schon seit einem Jahr kein Wort mehr gewechselt haben.

Als Debbie Reynolds sich beklagte, daß Dick Van Dyke sich nie mit ihr unterhalten würde, und er protestierte, daß er das sehr wohl tue, hatten beide recht. Sie hatte das Gefühl, daß er ihr nichts erzählte, weil er nicht von den flüchtigen Eindrücken und Gefühlen sprach, die ihn tagsüber beschäftigt hatten – weil er nicht die Art von Gespräch mit ihr führte, die sie mit ihrer besten Freundin führen würde. Er redete nicht von diesen Dingen, weil er sie nicht erwähnenswert fand. Er erzählte ihr alles, was ihm wichtig vorkam – alles, was er auch seinen Freunden erzählen würde.

Männer und Frauen haben oft unterschiedliche Vorstellungen darüber, was wichtig ist – und wann man »wichtige« Themen anschneiden sollte. Eine Frau erzählte mir zum Beispiel immer noch ungläubig von einem Gespräch mit ihrem Freund. Sie wußte, daß er sich mit seinem Freund Oliver getroffen hatte, und fragte: »Was gibt's Neues bei Oliver?« Er antwortete: »Nichts.« Aber später in dem Gespräch stellte sich heraus, daß Oliver und seine Freundin sich zur Heirat entschlossen hatten. »Ist das ›nichts‹?« stöhnte die Frau frustriert und ungläubig auf.

Für Männer ist »Nichts« vielleicht eine rituelle Antwort zu Beginn eines Gespräches. Eine Collegestudentin vermißte ihren Bruder, rief ihn aber selten an, weil sie es schwierig fand, das Gespräch in Gang zu halten. Eine typische Unterhaltung zwischen ihnen begann mit der von ihr gestellten Frage: »Was treibst du so?«, worauf er antwortete: »Nichts.« Weil sein »Nichts« für sie bedeutete, »Es gibt nichts Persönliches, über das ich reden möchte«, bestritt sie das Gespräch allein, indem sie ihm von ihren neuesten Erlebnissen berichtete und schließlich frustriert einhängte. Aber als sie später daran zurückdachte, fiel ihr ein, daß er im weiteren Verlauf des Gesprächs gemurmelt hatte: »Christie und ich haben uns wieder gestritten.« Die Bemerkung kam so spät und leise, daß sie nicht darauf einging. Und ihr Bruder war wahrscheinlich genauso enttäuscht, weil sie es nicht getan hatte.

Viele Männer verstehen einfach nicht, was Frauen wollen, und

Frauen verstehen einfach nicht, warum Männer sich so schwer damit tun, es herauszufinden und sich entsprechend zu verhalten.

»Red mit mir!«

Wie unbefriedigend Frauen die häusliche Schweigsamkeit ihrer Männer finden, spiegelt sich in einem Standardmotiv vieler Witzbilder – dem Ehepaar am Frühstückstisch: Er liest die Zeitung; sie starrt auf die Rückseite. In einem Dagwood-Comic beklagt Blondie sich: »Alles, was er morgens anguckt, ist die Zeitung. Ich wette, du weißt nicht mal, daß ich da bin!« Dagwood versichert ihr: »Natürlich weiß ich, daß du da bist. Du bist meine wundervolle Frau, und ich liebe dich sehr.« Bei diesen Worten streichelt er abwesend die Pfote des Familienhundes, den die Frau auf ihren Stuhl gesetzt hat, bevor sie aus dem Zimmer gegangen ist. Der Cartoon zeigt, daß Blondie sich zu Recht wie die Frau fühlt, die den Brief an Ann Landers schrieb: unsichtbar.

Ein anderer Cartoon zeigt einen Mann, der gerade eine Zeitung aufschlägt und seine Frau fragt: »Gibt es etwas, was du mir sagen möchtest, bevor ich anfange, die Zeitung zu lesen?« Der Leser weiß, daß es nichts gibt – daß der Frau aber etwas einfallen wird, sobald der Mann zu lesen anfängt. Der Cartoon unterstreicht, wie unterschiedlich Männer und Frauen den Zweck eines Gespräches beurteilen: Für den Mann bedeutet Gespräch Information. Wenn also seine Frau ihn beim Lesen unterbricht, sollte es sich um etwas handeln, das er unbedingt wissen muß. So gesehen, kann sie das, von dem sie glaubt, er müsse es auf jeden Fall erfahren, genausogut erzählen, bevor er die Zeitung liest. Aber für sie heißt Gespräch Interaktion. Etwas zu erzählen ist ein Ausdruck von Verbundenheit und Zuhören ein Ausdruck von Interesse und Anteilnahme. Es ist kein unglücklicher Zufall, daß ihr immer erst etwas einfällt, wenn er liest. Sie empfindet das Bedürfnis nach sprachlicher Interaktion am stärksten, wenn er sich (aus für sie unerfindlichen Gründen) hinter seiner Zeitung vergräbt, statt sich mit ihr zu unterhalten.

Noch ein anderer Cartoon zeigt eine Hochzeitstorte, deren

Spitze statt mit den Plastikfigürchen von Braut und Bräutigam in Frack und Schleier mit einer Frühstücksszene verziert ist: Ein unrasierter Ehemann liest die Zeitung, während seine Frau ihm mürrisch gegenübersitzt. Der Cartoon spiegelt die gewaltige Kluft zwischen den romantischen Erwartungen an die Ehe, wie sie von dem Plastikpärchen in traditioneller Hochzeitsgarderobe symbolisiert werden, und der oft enttäuschenden Realität, wie sie von den zwei Seiten der Frühstückszeitung repräsentiert wird – die Vorderseite, die er liest, und die Rückseite, die sie anstarrt.

Diese Cartoons und viele andere, die dasselbe Thema behandeln, sind lustig, weil die Leute ihre eigenen Erfahrungen darin wiedererkennen. Weniger lustig ist dagegen, daß viele Frauen sich tief verletzt fühlen, wenn ihre Männer zu Hause nicht mit ihnen reden, und daß viele Männer frustriert sind, weil sie ihre Partner offenbar enttäuscht haben, ohne zu wissen, was sie falsch gemacht haben oder wie sich hätten anders verhalten sollen.

Manche Männer sind auch frustriert, weil sie sich fragen – wie einer es formulierte: »Wann, um alles in der Welt, soll ich meine Morgenzeitung lesen?« Wenn viele Frauen ungläubig darauf reagieren, daß Männer mit ihren Freunden nicht über persönliche Dinge reden, so kann dieser Mann es nicht verstehen, warum viele Frauen kein Interesse an einer Morgenzeitung haben. Für ihn bildet das Zeitunglesen einen wesentlichen Bestandteil seines morgendlichen Rituals, und der ganze Tag ist ihm verdorben, wenn er nicht dazu kommt. Er sagt, daß das Zeitunglesen für ihn ebenso wichtig sei wie das Auftragen von Make-up für viele Frauen, die er kenne. Aber viele Frauen, so habe er festgestellt, hätten entweder gar keine Zeitung abonniert oder würden sie erst lesen, wenn sie abends nach Hause kämen. »Es ist mir ein Rätsel«, meinte er. »Ich kann Ihnen gar nicht sagen, wie oft ich die Morgenzeitung einer Frau abends vor der Haustür aufgesammelt und ihr übergeben habe, wenn sie mir öffnete.«

Für diesen Mann (und sicher für viele andere) versucht eine Frau, die etwas gegen das morgendliche Zeitunglesen einzuwenden hat, ihn an einer für ihn wesentlichen und harmlosen Beschäftigung zu hindern. Sie verletzt seine Unabhängigkeit – seine Handlungsfreiheit. Aber eine Frau, die von ihrem Partner erwartet, daß er mit ihr redet, und enttäuscht ist, wenn er es nicht tut, sieht in seinem Verhalten einen Beweis fehlender Intimität: Er enthält ihr etwas vor; er hat das Interesse an ihr verloren; er zieht sich vor ihr zurück. Eine Frau, die ich Rebecca nennen will und die im großen und ganzen glücklich verheiratet ist, erzählte mir, daß dies die eine Sache sei, die sie an ihrem Mann, Stuart, wirklich ernsthaft störe. Sie bezeichnet seine Schweigsamkeit als *geistigen Geiz*. Sie erzählt ihm, was sie denkt, und er hört schweigend zu. Sie fragt ihn, was er denkt, und er läßt sich lange Zeit, um dann zu antworten: »Ich weiß nicht.« Frustriert greift sie ihn an: »Denkst du eigentlich nie irgend etwas?«

Für Rebecca, die daran gewöhnt ist, auszusprechen, was ihr gerade in den Sinn kommt, bedeutet, nichts zu *sagen*, nichts zu *denken*. Aber Stuart ist der Ansicht, daß seine flüchtigen Gedanken nicht unbedingt erwähnt werden müssen. Er hat nicht die Angewohnheit, alles zu erzählen, was ihm gerade einfällt; so, wie Rebecca es ganz »natürlich« findet, ihre Gedanken auszusprechen, so findet er es ganz »natürlich«, sie zu übergehen. Darüber zu reden würde ihnen mehr Gewicht und Bedeutung verleihen, als sie seiner Meinung nach verdienen. Rebecca hat sich ihr Leben lang darin geübt, ihre Gedanken und Gefühle in privaten Gesprächen mit Leuten, die ihr nahestehen, zu artikulieren. Stuart hat sich sein Leben lang darin geübt, seine Gedanken und Gefühle zu ignorieren und für sich zu behalten.

In Zweifelsfällen

In dem geschilderten Beispiel wollte Rebecca nicht über eine bestimmte Art von Gedanken oder Gefühlen reden, sondern einfach erfahren, was gerade in Stuart vorging. Aber die Frage, ob Gedanken oder Gefühle ausgesprochen werden sollten, ist besonders bedeutsam, wenn es um negative Gefühle oder Zweifel in einer Partnerschaft geht. Das wurde mir bewußt, als ein fünfzigjähriger geschiedener Mann mir erzählte, welche Erfahrungen er bei der Anknüpfung neuer Beziehungen gemacht hatte. Zu dieser Frage hatte er eine ganz klare Meinung: »Ich interessiere mich nicht für meine flüchtigen Gedanken, und ich interessiere mich nicht für die flüchtigen Gedanken anderer.« Er hatte das

Gefühl, daß seine gegenwärtige Beziehung gefährdet und sogar auf Dauer geschwächt worden sei, weil seine Freundin die Angewohnheit hatte, alles auszusprechen, was ihr gerade in den Sinn kam; schon als sie frisch verliebt waren, ging es dabei häufig um Befürchtungen hinsichtlich der Beziehung. Da die beiden sich noch nicht besonders gut kannten, machte die Frau sich verständlicherweise Gedanken darüber, ob sie dem Mann trauen könnte, ob sie ihre Unabhängigkeit verlieren würde, ob die Beziehung wirklich gut für sie wäre. Der Mann meinte, sie hätte diese Ängste und Zweifel lieber für sich behalten und abwarten sollen, wie sich alles entwickelte.

Wie das Schicksal es wollte, entwickelte sich alles zum Besten. Die Frau kam zu dem Schluß, daß die Beziehung gut für sie sei, daß sie dem Mann vertrauen könnte und daß sie ihre Unabhängigkeit nicht aufgeben müßte. Aber zu dem Zeitpunkt, als der Mann mir das alles erzählte, hatte er das Gefühl, sich noch immer nicht von dem zermürbenden Hin und Her ihrer früheren Zweifel erholt zu haben. Wie er es formulierte, war er noch immer ganz benommen davon, auf und ab geschleudert zu werden wie ein an ihre Assoziationen gebundener Jojo-Ball.

Der Mann gab zu, daß er im Gegensatz zu der Frau dem anderen Extrem zuneige: Er spreche nie über Ängste oder Zweifel, was die Beziehung angehe. Wenn er unglücklich sei, aber nicht darüber rede, drücke sich seine Niedergeschlagenheit in einer Art kühlen Distanz aus. Diese Reaktion ist genau das, was Frauen am meisten fürchten, und genau der Grund, aus dem sie es vorziehen, ihren Ärger und ihre Zweifel in Worte zu fassen – um die Isolation und Distanz zu vermeiden, die entsteht, wenn man alles für sich behält.

Wenn Männer und Frauen so unterschiedliche Meinungen darüber haben, ob man Unzufriedenheit und Zweifel ausdrükken oder verbergen sollte, hängt das vielleicht auch damit zusammen, daß sie unterschiedlich einschätzen, welchen Einfluß ihre Worte auf andere haben. Als die Frau wiederholt ihren Befürchtungen Ausdruck verlieh, verhielt sie sich, als ob der Mann unverwundbar wäre, als ob das, was sie sagte, ihn nicht verletzen könnte; vielleicht unterschätzte sie den Einfluß ihrer Worte auf seine Gefühle. Wenn der Mann seinerseits davor zurückschreckt, negative Gedanken oder Gefühle zu artikulieren, überschätzt er offenbar die verletzende Wirkung seiner Worte auf die Frau, die sich ironischerweise eher durch sein Schweigen als durch seine Äußerungen gekränkt fühlt.

Diese Frauen und Männer sprechen so, wie sie es als Kinder und verstärkt als Jugendliche und dann als Erwachsene in ihren gleichgeschlechtlichen Freundschaften gelernt haben. Für Mädchen ist das Gespräch der Kitt, der Beziehungen zusammenhält. Die Beziehungen von Jungen werden in erster Linie durch Aktivitäten zusammengehalten: durch gemeinsame Unternehmungen oder durch Gespräche über Aktivitäten wie Sport oder, später, Politik. Männer reden am ehesten, wenn es darum geht, die öffentliche Aufmerksamkeit zu erringen, in Situationen, wo es um ihren Status geht.

Kompromisse finden

Solche Streitpunkte lassen sich vielleicht nie zur völligen Zufriedenheit beider Seiten lösen, doch wenn wir die unterschiedlichen Einstellungen verstehen, können wir die Situation entschärfen. Wenn wir wissen, daß Männer und Frauen von anderen Voraussetzungen ausgehen, was die Bedeutung von Gesprächen für Beziehungen angeht, können beide Seiten Zugeständnisse machen. Die Frau kann gelassen darauf reagieren, wenn ihr Mann beim Frühstück Zeitung lesen will, ohne darin eine Zurückweisung ihrer Person oder ein Beziehungsproblem zu sehen. Und der Mann kann Verständnis für das Gesprächsbedürfnis einer Frau aufbringen, ohne es als unvernünftige Forderung oder Manipulation seiner Handlungsfreiheit zu betrachten.

Eine Frau, die meine Auslegung dieses geschlechtsspezifischen Verhaltens gehört hatte, erzählte mir, wie hilfreich diese Erklärungen für sie gewesen seien. Früh in einer vielversprechenden Beziehung hatte ihr neuer Freund bei ihr übernachtet. Es war ein Wochentag, und beide mußten am nächsten Morgen zur Arbeit, deshalb war sie erfreut, daß er gleich den romantischen Vorschlag machte, zusammen zu frühstücken und erst später ins Büro zu gehen. Fröhlich bereitete sie das Frühstück vor und freute sich auf die Szene, die sich vor ihrem geistigen Auge abzeichnete: Sie würden sich an ihrem kleinen Tisch gegenübersitzen, sich tief in die Augen sehen und sich erzählen, wie verliebt sie waren und wie glücklich die neue Beziehung sie beide machte. Doch alles kam ganz anders, als sie es sich in ihrer romantischen Vorstellung ausgemalt hatte: Als sie den Frühstückstisch liebevoll mit Eiern, Toast und Kaffee gedeckt hatte, setzte der Mann sich ihr gegenüber an den kleinen Tisch – und hob die Zeitung vors Gesicht. Hatte der Vorschlag eines gemeinsamen Frühstücks für sie wie eine Einladung geklungen, sich näherzukommen, so errichtete die Zeitung jetzt eine ihrer Ansicht nach (bzw. zur Behinderung ihrer Ansicht) papierdünne, aber nichtsdestotrotz undurchdringliche Mauer zwischen ihnen.

Wenn sie nichts von den geschlechtsspezifischen Unterschieden gewußt hätte, wäre sie einfach gekränkt gewesen und hätte gedacht, wieder mal eine Niete gezogen zu haben. Sie wäre zu dem Schluß gekommen, daß der Mann – nachdem er die Freuden der Nacht genossen hatte – ihre Dienstleistungen weiterhin in Anspruch nahm und sich ihrer jetzt als Schnellimbißwirtin bediente. Statt dessen erkannte sie, daß er, anders als sie, es nicht für nötig hielt, ihre Intimität durch ein Gespräch zu vertiefen. Ihre bloße Anwesenheit genügte ihm, und das hieß nicht, daß er ihre Gesellschaft nicht zu schätzen wußte. Hätte er andererseits verstanden, welch entscheidende Rolle das Gespräch für die weibliche Definition von Intimität spielt, hätte er vom Zeitunglesen absehen können – statt von ihr abzusehen.

Das gemütliche Zuhause

Das Zuhause ist für uns alle ein Ort, wo wir uns gehen lassen können. Aber die häusliche Entspannung kann gegensätzliche und unvereinbare Bedeutungen für Männer und Frauen haben. Für viele Männer bedeutet das gemütliche Zuhause, daß sie davon befreit sind, sich dauernd beweisen und durch sprachliche Darbietungen glänzen zu müssen. Endlich sind sie in einer Situation, wo es nicht nötig ist zu reden. Sie können hemmungslos schweigen. Aber für Frauen ist das Zuhause der Ort, wo sie hemmungslos reden können und wo ihr Gesprächsbedürfnis am größten ist, weil hier die Menschen sind, die ihnen am nächsten stehen. Für sie bedeutet häusliche Entspannung, daß sie endlich frei über alles sprechen können.

Zu dieser Ansicht gelangt die Linguistin Alice Greenwood, die Gespräche zwischen ihren drei voradoleszenten Kindern und deren Freunden untersuchte. Ihre Töchter und ihr Sohn gaben unterschiedliche Gründe dafür an, warum sie bestimmte Gäste vorzogen. Ihre Tochter Stacy sagte, daß sie nicht gern Leute einlade, die sie nicht so gut kenne, weil sie dann »still und höflich« sein und sich gut benehmen müsse. Greenwoods andere Tochter, Denise, meinte, daß sie sich mit ihrer Freundin Meryl am wohlsten fühle; mit Meryl könne man verrückte Sachen anstellen und müsse sich keine Gedanken über seine Manieren machen wie bei bestimmten anderen Freundinnen, die »wahrscheinlich herumwandern und Konversation treiben würden«. Aber für Denises Zwillingsbruder Dennis waren Manieren oder das Urteil anderer Leute über sein Verhalten kein Kriterium. Er sagte einfach, daß er gern Freunde einlade, die Spaß verstehen und viel lachen würden. Die Aussagen der Mädchen zeigen, daß Nähe für sie bedeutet, frei reden zu können. Und das Zusammensein mit relativ fremden Leuten bedeutet, daß sie darauf achten müssen, was sie sagen oder tun. Diese Einsicht enthält einen entscheidenden Hinweis auf die Lösung des Rätsels, wer mehr redet, Männer oder Frauen.

Öffentliches Sprechen: der wortreiche Mann und die schweigsame Frau

Bis jetzt habe ich private Situationen beschrieben, in denen viele Männer schweigsam und viele Frauen gesprächig sind. Aber es gibt andere Situationen, in denen die Rollen vertauscht sind. Am Beispiel von Rebecca und Stuart haben wir gesehen, daß Rebeccas Gedanken mühelos zu Worten werden, wenn sie und Stuart allein zu Haus sind, während Stuart meint, daß er nichts zu erzählen hat. Bei anderer Gelegenheit verhält es sich genau umgekehrt. Bei einem Treffen des Nachbarschaftsvereins oder des Elternbeirats in der Schule ihrer Kinder ist Stuart zum Beispiel derjenige, der aufsteht und redet. In dieser Situation ist Rebecca diejenige, die schweigt, deren Mund wie zugeschnürt ist, weil sie an die möglichen negativen Reaktionen denkt, die ihre Worte auslösen könnten, an all die Fehler, die ihr unterlaufen könnten, wenn sie ihre Meinung äußern würde. Wenn sie all ihren Mut zusammenrafft und sich vornimmt, etwas zu sagen, braucht sie Zeit, um ihre Aussage innerlich zu formulieren, und wartet dann ab, bis der Vorsitzende auf sie aufmerksam wird. Sie kann nicht wie Stuart und einige andere Männer einfach aufspringen und drauflosreden.

Eleanor Smeal, die Präsidentin des *Fund for the Feminist Majority*, nahm einmal an einer Radiodiskussion teil, bei der es um das Thema Abtreibung ging; die Zuhörer konnten anrufen, um ihre Meinung zu äußern. Es gibt wohl kaum ein Thema, das Frauen unmittelbarer betreffen könnte, und doch riefen während dieser einstündigen Sendung bis auf zwei Ausnahmen nur Männer an. Die Rundfunkmoderatorin Diane Rehm fand es erstaunlich, daß 90 Prozent der Anrufe in ihrer Sendung von Männern kommen, obwohl die Zuhörerschaft sich gleichmäßig aus Männern und Frauen zusammensetzt. Meiner Überzeugung nach hat das nichts damit zu tun, daß Frauen sich für die Diskussionsthemen nicht interessieren würden. Ich könnte wetten, daß die weiblichen Zuhörer die Themen der *Diane Rehm Show* diskutieren, wenn sie mit ihren Freundinnen und ihren Familien am Mittagstisch, beim Tee oder Abendessen sitzen. Aber nur wenige von ihnen rufen an, weil das bedeuten würde, sich zur Schau zu stellen, öffentliche Aufmerksamkeit für ihre Meinungen zu beanspruchen und sich in den Mittelpunkt zu rücken.

Ich selbst bin bei unzähligen Radio- und Fernsehdiskussionen zu Gast gewesen. Vielleicht bin ich ungewöhnlich, weil diese Art der Zurschaustellung mir leichtfällt. Aber vielleicht bin ich auch überhaupt nicht ungewöhnlich, denn obwohl ich mich in der Rolle der geladenen Expertin wohl fühle, habe ich noch niemals bei einer Talk-Show angerufen, auch wenn ich oft etwas dazu zu sagen gehabt hätte. Wenn ich der Gast bin, steht meine Autorität fest, bevor ich etwas gesagt habe. Wenn ich anriefe, würde ich dieses Recht von mir aus beanspruchen. Ich würde meine Glaubwürdigkeit belegen müssen, indem ich erkläre, wer ich bin, was angeberisch wirken könnte, oder nicht erkläre, wer ich bin, und damit riskiere, daß meine Beiträge ignoriert oder nicht gewürdigt würden. Aus ähnlichen Gründen stelle ich kaum jemals Fragen, wenn jemand anders einen Vortrag hält, außer, wenn ich sowohl das Thema als auch die Teilnehmer sehr gut kenne, obwohl es mir nichts ausmacht, selbst vor Tausenden von Leuten zu sprechen.

In meiner eigenen Erfahrung und der von Talk-Show-Moderatoren zeichnet sich ab, warum Männer und Frauen eine unterschiedliche Gesprächshaltung einnehmen: Männer fühlen sich im Gegensatz zu den meisten Frauen wohl dabei, wenn sie die Aufmerksamkeit in einem Gespräch auf sich lenken. Und das ist der entscheidende Unterschied zwischen Berichtssprache und Beziehungssprache.

Berichtssprache im privaten Bereich

Die Berichtssprache oder das, was ich öffentliches Sprechen nenne, ist nicht auf die im wörtlichen Sinn öffentliche Situation eines formalen Vortrages vor Publikum beschränkt. Je mehr Leute an einem Gespräch teilnehmen, je weniger man sie kennt und je größer die Statusunterschiede zwischen ihnen sind, desto mehr *gleicht* eine Konversation dem öffentlichen Sprechen bzw. der Berichtssprache. Je weniger Leute an einem Gespräch teilnehmen, je besser man sie kennt und je geringer die Statusunterschiede sind, desto mehr hat es den Charakter des privaten Sprechens bzw. der Beziehungssprache. Außerdem empfinden Frauen eine Situation als *öffentlicher* – in dem Sinn, daß sie auf ihr Benehmen achten müssen –, wenn Männer dabei sind, außer vielleicht im Familienkreis. Doch sogar innerhalb der Familien haben die Mutter und die Kinder oft das Gefühl, daß ihr Zuhause quasi »hinter den Kulissen« liegt, wenn der Vater abwesend ist, und sich »auf der Bühne« abspielt, wenn er da ist: Viele Kinder werden angewiesen, sich ordentlich zu benehmen, wenn Papa zu Hause ist. Das könnte daran liegen, daß er nicht oft zu Hause ist, oder daran, daß die Mutter – oder der Vater – nicht will, daß sie oder er gestört wird, wenn es der Fall ist.

Der Unterschied zwischen öffentlichem und privatem Sprechen erklärt auch das Klischee, daß Frauen keine Witze erzählen können. Obwohl einige Frauen großartige Erzähler sind, die ganze Menschengruppen mit ihren Witzen und amüsanten Geschichten in ihren Bann ziehen können, gibt es solche Persönlichkeiten unter Frauen seltener als unter Männern. Viele Frauen, die in großen Menschenansammlungen Witze erzählen können, kommen aus ethnischen Gruppen, in denen man großen Wert auf sprachliche Darbietungen legt. So sind zum Beispiel viele der berühmten Vortragskomikerinnen, wie Fanny Brice und Joan Rivers, jüdischer Herkunft.

Zwar ist es nicht wahr, daß Frauen keine Witze erzählen, aber es ist wahr, daß viele Frauen eher als Männer davor zurückschrecken, Witze in großen Gruppen zu erzählen, vor allem in Gruppen, die auch aus Männern bestehen. Deshalb ist es kein Wunder, wenn Männer den Eindruck haben, Frauen würden überhaupt keine Witze machen. Die Volkskundlerin Carol Mitchell untersuchte das Witzeerzählen auf einem Campus. Sie fand heraus, daß Männer ihre Witze meistens vor anderen Männern machten, aber sie gaben auch in gemischten Gruppen und in Gesellschaft von Frauen Witze zum besten. Frauen dagegen erzählten die meisten Witze anderen Frauen, sie machten nur wenige in Gegenwart von Männern und kaum welche in gemischten Gruppen. Männer scherzten am ehesten und am liebsten, wenn sie Publikum hatten: mindestens zwei, oft vier oder mehr Zuhörer. Frauen bevorzugten eine kleine Zuhörerschaft von ein oder zwei, selten mehr als drei Leuten. Anders als die Männer schreckten sie davor zurück, Witze vor Leuten zu reißen, die sie nicht besonders gut kannten. Viele Frauen weigerten sich rundheraus, einen ihnen bekannten Witz zu bringen, wenn die Gruppe aus vier oder mehr Leuten bestand, und versprachen, den Witz später unter vier Augen zu erzählen. Männer lehnten die Aufforderung, einen Witz zum besten zu geben, nie ab.

Mitchells Ergebnisse fügen sich in das von mir skizzerte Bild privaten und öffentlichen Sprechens. In einer Situation mit mehreren Zuhörern, mehreren Männern oder mehreren Fremden, erfordert das Witzeerzählen, wie auch jede andere Form sprachlicher Darbietung, vom Sprecher, daß er sich in den Mittelpunkt stellt und seine Fähigkeiten unter Beweis stellt. Das sind Situationen, in denen Frauen davor zurückschrecken, das Wort zu ergreifen. In privateren Situationen mit einem kleinen, vertrauten Zuhörerkreis, dessen Mitglieder als Angehörige einer Gemeinschaft empfunden werden (wie zum Beispiel andere Frauen), sind sie eher zum Reden bereit.

Die Auffassung, daß das Erzählen von Witzen eine Art Selbstdarstellung ist, bedeutet nicht, daß es egoistisch oder egozentrisch sein muß. Die Situation des Witzeerzählens illustriert, daß Status und Bindung miteinander verknüpft sind. Andere zu unterhalten ist ein Weg, Bindungen herzustellen, und das Erzählen von Witzen kann wie ein Geschenk sein, wenn man den Zuhörern damit Vergnügen bereitet. Das Wesentliche ist die Asymmetrie: Einer ist der Erzähler, die anderen sind die Zuhörer. Wenn diese Rollen später vertauscht werden – wenn zum Beispiel der Reihe nach Witze erzählt werden und jeder einmal die Rolle des Erzählenden übernimmt –, ist das Geschehen insgesamt symmetrisch, auch wenn die einzelne Darbietung asymmetrisch ist. Wenn Frauen allerdings gewohnheitsmäßig die Rolle des dankbaren Publikums spielen und die Rolle des Witzeerzählers nie selbst übernehmen, weitet sich die Asymmetrie, die beim einzelnen Witz besteht, auf die gesamte Interaktion aus. Das ist das Risiko, das die Frauen eingehen. Bei Männern besteht die Gefahr, daß sie pausenlos Witze erzählen und sich dadurch von anderen distanzieren. Diesen Effekt bekam ein Mann zu spüren, der sich beklagte, weil sein Vater immer nur Witze riß, wenn er mit ihm telefonierte. Und in diesen Zusammenhang gehört auch das verwandte Phänomen des Klassenclowns, bei dem es sich Lehrern zufolge fast immer um einen Jungen handelt.

Beziehungssprache im öffentlichen Bereich

So, wie Unterhaltungen, die zu Hause im privaten Kreis stattfinden, den Charakter eines öffentlichen Gesprächs annehmen können, kann auch ein öffentlich gehaltener Vortrag einem privaten Gespräch gleichen: zum Beispiel, wenn jemand einen Vortrag hält, der von persönlichen Erfahrungen und Erlebnissen handelt.

Bei der Vorstandssitzung eines eben flügge gewordenen Berufsverbandes machte Fran, die scheidende Präsidentin, den Vorschlag, daß der Verband den Brauch einführen sollte, den Präsidenten eine Rede halten zu lassen. Um ihren Vorschlag zu erklären und zu untermauern, erzählte sie eine persönliche Anekdote: Zur selben Zeit, als sie das Präsidentenamt bei dieser Organisation ausübte, hatte ihre Kusine dieselbe Funktion bei einem schon etablierteren Verband inne. Frans Mutter hatte mit der Mutter dieser Kusine telefoniert. Die Mutter der Kusine erzählte Frans Mutter, daß ihre Tochter sich gerade auf ihre Präsidentschaftsrede vorbereite, und fragte, für wann Frans Rede geplant sei. Fran war es peinlich, ihrer Mutter sagen zu müssen, daß sie keine halten würde. Das brachte sie auf den Gedanken, ob das professionelle Selbstverständnis des Verbandes sich nicht durch die Nachahmung etablierterer Organisationen steigern ließe.

Mehrere Männer des Komitees fühlten sich peinlich berührt von Frans Anspielung auf ihre persönliche Situation und fanden ihre Argumentation nicht überzeugend. Es schien ihnen nicht nur irrelevant, sondern auch unpassend, daß sie auf einem Vorstandstreffen von den Telefongesprächen ihrer Mutter erzählte. Fran hatte die Sitzung – also einen relativ öffentlichen Kontext – behandelt wie die Ausweitung eines privaten Treffens. Viele Frauen neigen dazu, eher persönliche Erfahrungen und Beispiele heranzuziehen, als abstrakt zu argumentieren – eine Tendenz, die verständlicher wird, wenn man weiß, daß sie sich in ihrem Sprachgebrauch vor allem am privaten Sprechen orientieren.

Celia Roberts und Tom Jupp beobachteten eine Lehrerkonferenz an einer weiterführenden Schule in England und fanden heraus, daß die Argumente der Frauen bei den männlichen Kollegen nicht ins Gewicht fielen, weil die Frauen dazu neigten, sich bei ihren Ausführungen auf eigene Erfahrungen zu stützen oder die Auswirkungen der Schulpolitik am Beispiel einzelner Schüler auszuführen. Die männlichen Teilnehmer der Konferenz argumentierten von einer ganz anderen Warte aus, indem sie kategorische Behauptungen über Richtig und Falsch aufstellten.

Dieses unterschiedliche Verhalten läßt sich auch bei häuslichen Diskussionen feststellen. Ein Mann erzählte mir, daß er Zweifel an dem logischen Denkvermögen seiner Frau habe. Er erinnerte sich zum Beispiel, daß er im Verlauf eines Gesprächs einmal einen Artikel aus der *New York Times* erwähnt hatte, in dem die These vertreten wurde, daß die heutigen Studenten nicht mehr so idealistisch seien wie die Studenten der sechziger Jahre. Er hielt diese Behauptung für zutreffend. Seine Frau bezweifelte die These und begründete ihre Meinung damit, daß ihre Nichte und die Freunde ihrer Nichte sehr wohl Ideale hätten. Der Mann reagierte ungläubig und spöttisch auf die unlogische Argumentation seiner Frau; für ihn war es offenkundig, daß ein einzelnes persönliches Beispiel weder als Beweis noch als Argument herangezogen werden kann – sondern höchstens anekdotischen Wert hat. Es kam ihm gar nicht in den Sinn, daß es sich hier nicht um einen Mangel an Logik, sondern um eine andere Logik handeln könnte.

Die Logik, die dem Weltbild dieser Frau zugrunde lag, hatte eher einen privaten Charakter – sie berücksichtigte und integrierte eigene Erfahrungen und setzte sie in Beziehung zu den Erfahrungen anderer. Die Logik, die der Mann für selbstverständlich erachtete, war ein mehr öffentliches Unterfangen – er sammelte Informationen, verschaffte sich einen Überblick oder argumentierte nach den Regeln formaler Logik, so, wie man es vielleicht auch bei einer wissenschaftlichen Untersuchung tun würde.

Ein anderer Mann beklagte sich über eine weibliche Diskussionsmethode, die er und seine Freunde als »Wanderdünen«-Methode bezeichneten. Diese Männer sind der Ansicht, daß Frauen pausenlos die Richtung ändern, wenn man mit ihnen diskutiert, während sie selbst sich um eine logische Argumentation bemühen und sozusagen Schritt für Schritt vorgehen, bis sie eine Lösung gefunden haben. Der Mann verwies auf den kurzen Filmausschnitt von *Divorce American Style*, den ich vorhin als Beispiel angeführt habe. Ihm kam es vor, als ob Debbie Reynolds durch ihre Bemerkung »Ich kann jetzt nicht streiten. Ich muß das Baguette aus dem Ofen holen« der Auseinandersetzung ausweichen wollte, weil sie einen Vorwurf erhoben hatte –

»Ewig kritisierst du an mir herum« –, den sie nicht belegen konnte.

Der Mann bot auch ein Beispiel aus seiner eigenen Erfahrung an. Seine Freundin hatte ihm erzählt, daß es ein Problem mit ihrem Chef gebe, weil er ihr eine bestimmte Aufgabe übertragen habe, sie aber lieber etwas anderes machen wolle. Um besser argumentieren zu können, versetzte der Mann sich in die Lage des Chefs und verwies auf eine negative Konsequenz, die ihr eigenmächtiges Tun haben würde. Die Freundin entgegnete, daß dieselbe negative Konsequenz eintreten würde, wenn sie den Wünschen ihres Vorgesetzten nachkäme. Der Mann beschwerte sich darüber, daß seine Freundin einfach die Fronten wechselte – was würde passieren, wenn sie tat, was ihr Chef wollte –, bevor sie die andere Seite geklärt hatten – was würde passieren, wenn sie ihren eigenen Vorstellungen folgte.

Teamsprecher

Ein letztes Rätsel, was das öffentliche und private Sprechen angeht, deutet sich in dem Erlebnis an, von dem ich zu Anfang dieses Kapitels berichtete: Als ich einen Vortrag vor einer Frauengruppe hielt, die auch einige Männer eingeladen hatte, bezeichnete ein äußerst redseliger Mann seine schweigsame Frau als den »gesprächigeren Teil in unserer Beziehung«. Im Anschluß an die allgemeine Erheiterung, die diese Bemerkung auslöste, erklärten andere Gruppenteilnehmerinnen, daß diese Frau normalerweise nicht so still sei. Wenn die Frauen allein zusammenkamen, trug sie durchaus ihren Teil zur Diskussion bei. Warum war sie dann bei dieser Gelegenheit so schweigsam?

Eine mögliche Erklärung ist, daß das private Gruppengespräch durch meine Anwesenheit zu einer öffentlichen Situation wurde. Ein weiterer Unterschied bestand darin, daß Männer an der Versammlung teilnahmen. In gewisser Hinsicht fühlen die meisten Frauen sich »hinter den Kulissen«, wenn keine Männer zugegen sind. In Gegenwart von Männern sind sie »auf der Bühne«, in dem Sinn, daß sie das Gefühl haben, stärker auf ihr Verhalten achten zu müssen. Eine andere mögliche Erklärung ist, daß nicht die generelle Anwesenheit von Männern das Verhalten dieser Frau beeinflußte, sondern die Anwesenheit *ihres Mannes*. Man könnte ihr Verhalten so auslegen, daß die Anwesenheit ihres Mannes sie in gewisser Weise einschüchterte oder zum Schweigen brachte. Aber es könnte auch sein, daß die beiden sich als Team fühlten. Weil er eine Menge redete, hätten sie als Team zuviel Zeit beansprucht, wenn sie auch noch etwas erzählt hätte. Da der Mann das Team repräsentierte, hatte sie vielleicht auch das Gefühl, daß es nicht nötig wäre, selbst zu sprechen, so, wie viele Frauen ihre Männer das Auto fahren lassen, wenn sie gemeinsam unterwegs sind, aber sich selbst ans Steuer setzen, wenn der Ehemann nicht dabei ist.

Natürlich verstummen nicht alle Frauen, wenn ihre Ehemänner dabei sind; auch in dieser Gruppe gab es eine Reihe von Frauen, die ihre Ehemänner mitgebracht hatten und eine Menge redeten. Aber einige andere Paare erzählten mir von ähnlichen Erfahrungen. Als ein Ehepaar zum Beispiel gemeinsam einen Abendkurs besuchte, beteiligte der Mann sich immer aktiv an den Gruppendiskussionen, während die Frau nur sehr wenig sagte. Aber in einem Semester entschieden sie sich für zwei unterschiedliche Veranstaltungen, und die Frau stellte fest, daß sie in dem Kursus, den sie allein besuchte, eine diskussionsfreudige Schülerin war.

Eine derartige Entwicklung läßt sich von zweierlei Perspektiven aus betrachten. Wenn man das Reden in der Gruppe als etwas Positives ansieht – als Privileg und als Vergnügen –, dann wird man zu der Ansicht kommen, daß man der schweigenden Frau ihr Rederecht vorenthält, sie ihrer Stimme beraubt. Doch nicht alle halten die Berichtssprache für ein reines Vergnügen. Es gibt viele Leute, die nicht gern in großen Gruppen sprechen. So gesehen, hält eine Frau, die das Gefühl hat, daß sie nicht reden muß, weil ihr Mann das für sie erledigt, sich vielleicht für privilegiert, ebenso, wie eine Frau, die nicht gern Auto fährt, vielleicht froh ist, wenn ihr Mann das übernimmt – und ein Mann, der nicht gern fährt, ist vielleicht unglücklich, daß er es muß, ob es ihm nun gefällt oder nicht.

Gegenseitige Schuldzuweisungen vermeiden

Der Unterschied zwischen öffentlichem und privatem Sprechen, oder Berichts- und Beziehungssprache, wird verständlich, wenn man ihn von der Status- und Bindungsperspektive her betrachtet. Es ist nicht überraschend, daß Frauen am liebsten reden, wenn sie ein Gefühl der Sicherheit und Nähe haben, unter Freunden und Gleichgesinnten, während Männer am liebsten reden, wenn es darum geht, ihren Status innerhalb einer Gruppe zu begründen und aufrechtzuerhalten. Aber die Situation ist äußerst komplex, weil Status und Bindung mit derselben Währung gehandelt werden. Was wie ein Statusgebot scheinen mag, könnte als Ausdruck der Verbundenheit gemeint sein, und was wie eine Distanzierung wirkt, sollte vielleicht den Eindruck von Statusrangelei verhindern. Verletzende und unberechtigte Fehlurteile lassen sich vermeiden, wenn man den geschlechtsspezifischen Gesprächsstil versteht.

Wenn Männer bei Veranstaltungen das Gespräch allein bestreiten, haben viele Frauen – auch Wissenschaftlerinnen – den Eindruck, daß Männer sich »dominierend« verhalten, daß sie die Frauen absichtlich an einer Teilnahme hindern und öffentlich mit ihren dickeren Status-Muskeln protzen. Aber das *Ergebnis*, daß Männer die ganze Zeit reden, bedeutet nicht notwendigerweise, daß sie die *Absicht* haben, Frauen am Reden zu hindern. Leute, die bereitwillig das Wort ergreifen, gehen davon aus, daß es allen anderen freisteht, ebenso zu verfahren. So gesehen, könnte man in dem ungezwungenen Drauflosreden der Männer auch ein Zeichen dafür sehen, daß die Frauen in ihren Augen denselben Status haben wie sie selbst: »Wir sind alle gleich«, könnte die Metamitteilung ihres Verhaltens lauten, »wenn es darum geht, das Wort an uns zu reißen.« Wenn dies tatsächlich die Absicht ist (und ich glaube, daß das oft, wenn auch nicht immer, der Fall ist), könnten Frauen die mangelnde weibliche Beteiligung bei Zusammenkünften registrieren und Maßnahmen ergreifen, um das Ungleichgewicht aufzuheben, ohne deshalb die Männer des absichtlichen Ausschlusses der Frauen zu bezichtigen.

Schuld ist also nicht der einzelne Mann und auch nicht allein der männliche Gesprächsstil, sondern der Unterschied zwischen männlichem und weiblichem Gesprächsverhalten. Wenn das so ist, können beide Zugeständnisse machen. Eine Frau kann sich dazu aufraffen, das Wort auch ohne Aufforderung zu ergreifen oder zu sprechen zu beginnen, ohne höflich auf eine scheinbar günstige Gelegenheit zu warten. Aber die Zugeständnisse sollten nicht einseitig sein. Ein Mann kann lernen, daß es einer Frau, die nicht daran gewöhnt ist, in größeren Gruppen zu sprechen, *nicht* freisteht, dasselbe zu tun wie er. Eine Frau, die höflich abwartet, bis eine längere Pause eintritt, um ihre Frage zu stellen, hat nicht das Gefühl, daß alles für ihren Auftritt bereit ist, wie jene, die nicht auf den Pausenmoment nach (oder vor) einem Gesprächseinsatz achten. Wenn eine Frau erwartet, zum Sprechen aufgefordert zu werden (»Sie haben noch gar nichts dazu gesagt, Millie. Was halten Sie davon?«), ist sie nicht daran gewöhnt, dazwischenzufunken und das Wort an sich zu reißen. Wie auf so vielen Gebieten ist die Zusicherung von Gleichheit noch lange keine Garantie für wirklich gleiche Chancen, wenn man nicht daran gewöhnt ist, das Spiel so zu spielen wie die anderen. Wenn man bei einem Tanz mitmachen darf, garantiert das noch lange nicht die Teilnahme von jemandem, der ganz anders zu tanzen gelernt hat.

IV

Klatsch

Der Eindruck, daß Frauen in privaten Situationen zu offen und zuviel reden, läßt sich in einem Wort zusammenfassen: *Klatsch*. Obwohl Klatsch destruktiv sein kann, trifft das keineswegs immer zu; Klatsch kann eine wichtige Funktion bei der Begründung von Intimität einnehmen – vor allem, wenn es darum geht, »über jemanden zu reden« und nicht einfach nur »schlecht über jemanden zu reden.«

Die Etikettierung »Klatsch« wirft ein kritisches Licht auf das weibliche Interesse an privaten Details. Der folgende Auszug aus Marge Piercys Roman *Fly Away Home* zeigt, daß sich in den negativen Assoziationen, die der Begriff weckt, die männliche Sicht weiblichen Gesprächsverhaltens widerspiegelt: Daria hat sich in Tom verliebt, und zwar teilweise deshalb, weil er sich in folgender Beziehung von ihrem Ex-Mann Ross unterscheidet:

> Es überraschte sie, was er von den Leuten seiner Umgebung alles wußte. Ross hätte niemals gewußt, daß Gretta den Lehrer ihres Sohns nicht mochte oder daß Fay ihrem Freund gerade den Laufpaß gegeben hatte, weil er in Gegenwart ihrer Söhne zuviel trank. Für einen Mann hatte Tom ein ungewöhnliches Interesse an privaten Details. Ross würde es Klatsch nennen, aber für sie bedeutete es einfach, daß man sich für andere Menschen interessierte.

Nicht nur Männer schätzen das Interesse an privaten Details geringschätzig als »Klatsch« ein. Die berühmte Südstaatenautorin Eudora Welty beschreibt in den Erinnerungen an ihre Kindheit in Mississippi, wie ihre Mutter eine geschwätzige Näherin davon abzuhalten suchte, in Gegenwart ihrer kleinen Tochter Geschichten über andere Leute zu erzählen: »›Ich möchte sie nicht dem Klatsch aussetzen‹«, erinnert sie sich an eine Bemerkung ihrer Mutter, »als ob Klatsch so etwas wie Masern wären und ich mich anstecken könnte.« Doch weit davon entfernt, einen schlechten Einfluß auf das Kind auszuüben, haben diese Klatschgeschichten, die Welty liebend gern hörte, sie zur Schriftstellerei inspiriert. Wenn die Leute sich über private Details und Alltagserlebnisse unterhalten, dann ist das Klatsch; wenn sie darüber schreiben, ist es Literatur: Dann werden daraus Kurzgeschichten und Romane.

Mary Catherine Bateson zieht eine weitere Parallele – zwischen Klatsch und Anthropologie, jener Wissenschaft, die einen Beruf daraus macht, die privaten Details und den Alltag der Menschen zu dokumentieren. Bateson erinnert sich, daß ihre Mutter, Margaret Mead, zu ihr sagte, daß sie nie eine ordentliche Anthropologin werden würde, weil sie nicht genügend Interesse für Klatsch aufbringe.

Klatsch begründet Freundschaft

Wenn Frauen ihren Freundinnen private Details anvertrauen, führt das manchmal dazu, daß sie auch private Details aus dem Leben anderer erzählen. Diese Details werden zu Klatsch, wenn die Freundin, der man davon berichtet hat, sie vor anderen Leuten – meistens einer anderen Freundin – wiederholt. Sich darüber zu unterhalten, was im eigenen Leben und im Leben der jeweiligen Gesprächspartnerin passiert, ist eine Erwachsenenversion des Geheimniserzählens, des charakteristischen Merkmals von Mädchen- und Frauenfreundschaften.

In Alice Mattisons Geschichte »New Haven«, die ich in Kapitel zwei zitierte, erzählt Eleanor Patsy, daß sie in einen verheirateten Mann verliebt sei. Sobald dieses Eingeständnis heraus ist, »schämt Eleanor sich ein bißchen, weil sie plötzlich ihr Geheimnis verloren hat«, aber »sie ist auch froh; dieses eine Mal muß sie es nicht hüten. Und es ist so belebend, über Peter reden zu können.« Ich war beeindruckt von Mattisons Formulierung – »ihr Geheimnis verloren« –, die deutlich macht, daß der *Besitz* eines Geheimnisses positive Gefühle auslöst und daß man mit dem

Erzählen eines Geheimnisses etwas weggibt – sowohl im Sinne des Besitzes als auch im sprachlichen Sinn des Offenbarens. Mattison fängt auch ein, welches Vergnügen es bereitet, wenn man etwas nicht länger verstecken muß und über das reden kann, was einem wirklich am Herzen liegt.

Das Erzählen von Geheimnissen ist nicht nur ein Zeichen von Freundschaft; es *schafft* auch Freundschaften, wenn der Zuhörende erwartungsgemäß reagiert. Eleanor kennt Patsy nicht besonders gut, aber sie würde sie gern besser kennenlernen. Sie sind sich sympathisch und stehen am Beginn einer Freundschaft; sie haben es sich angewöhnt, nach den Proben der Musikgruppe, in der sie beide mitspielen, gemeinsam noch auf einen Kaffee oder ein Eis irgendwo hinzugehen. Als Patsy von ihrem Privatleben, von ihrem Geheimnis, erzählte, beförderte sie Patsy von einer Bekannten zu einer Freundin.

Freunde über wichtige Ereignisse des eigenen Lebens auf dem neuesten Stand zu halten ist kein reines Privileg; für viele Frauen ist es eine Verpflichtung. Eine Frau erklärte, daß es ihr keinen Spaß mache, immer wieder vom Abbruch ihrer Beziehung zu erzählen, aber sie müßte es tun, denn wenn sie es versäumt hätte, allen engen Freundinnen von einer derart wichtigen Entwicklung zu berichten, wären sie tief gekränkt gewesen, wenn sie davon erfahren hätten. Sie hätten ihr Schweigen als Vertrauensentzug gedeutet, geglaubt, daß der Freundschaft die Flügel gestutzt werden sollten. Diese Frau war auch fassungslos, als sie erfuhr, daß ihr Freund kein Sterbenswörtchen über das Ende der Beziehung verloren hatte. Er war zur Arbeit gegangen, zum Sport, hatte Squash mit seinen Freunden gespielt, alles, als ob sein Leben sich nicht im geringsten verändert hätte.

Weil das Erzählen von Geheimnissen für die meisten Frauen ein wesentlicher Bestandteil von Freundschaft ist, kann es zu einem Problem werden, wenn sie keine Geheimnisse zu erzählen haben. Eine Frau, die ich Carol nennen will, hatte zum Beispiel mehrere Freundinnen, mit denen sie sich alle paar Tage einmal traf und neue Flirt- und Rendezvous-Erlebnisse austauschte. Sie teilten die Aufregung, wenn eine von ihnen einen neuen Mann kennengelernt hatte, und berichteten sich nach der ersten Verabredung haarklein, wie alles gelaufen war. Als Carol sich verliebte und eine feste Beziehung einging, hatte sie deshalb keinen Gesprächsstoff mehr für die Unterhaltung mit ihren Freundinnen. Sie hatte auch weniger Zeit zum Telefonieren, weil sie jetzt den größten Teil ihrer Freizeit mit ihrem neuen Partner verbrachte. Das belastete die Freundschaften; es war, als ob sie ihre Murmeln alle eingesammelt und die anderen bei dem gemeinsamen Gesprächsspiel, auf das die Freundschaft gründete, im Stich gelassen hätte.

Situationen, in denen eine Person sich im Stich gelassen fühlt, weil die andere eine dauerhafte Beziehung eingeht, sind nicht auf Frauenfreundschaften beschränkt. In der Geschichte »Mendocino« von Ann Packer findet die Ich-Erzählerin Bliss es deprimierend, ihren Bruder zu besuchen, der jetzt mit einer Frau zusammenlebt. Bliss und ihr Bruder hatten sich sehr nah gestanden, aber durch seine neue Beziehung hat ihre Verbundenheit gelitten. Bliss erinnert sich an das enge Verhältnis, das zwischen ihnen bestand:

> Sie sprachen darüber, was sie bei der Arbeit erlebt hatten, und vertrauten sich bei einer zweiten Flasche Wein ihre neuesten Fehlschläge in Liebesdingen an. Bliss wundert sich, daß sie bis zu diesem Moment niemals erkannt hat, daß sie darüber redeten, weil es Fehlschläge waren. Jetzt, wo Gerald einen Erfolg errungen hat, ist es so, als ob sie beide nie etwas anderes gewesen wären als jetzt: aufmerksam und höflich.

Weil sie nicht mehr unter vier Augen über Liebesgeheimnisse sprechen, hat Bliss das Gefühl, daß die Unterhaltungen mit Gerald, die jetzt in einer Dreiergruppe stattfinden, aufmerksam und höflich verlaufen – in gewisser Weise mehr wie ein öffentliches Gespräch.

Viele Dinge spielen zusammen, um Menschen von ihren alleinstehenden Freunden zu trennen, wenn sie eine feste Bindung eingehen. Ich war einmal mit einem Mann befreundet, der seit vielen Jahren allein lebte. Er hatte sich ein weitverzweigtes, starkes Netzwerk von Freundinnen aufgebaut, mit denen er regelmäßig redete. Als er eine feste Beziehung zu einer Frau einging und die beiden zusammenzogen, beklagten seine Freundinnen sich, daß er ihnen nichts mehr erzählte. »Es ist nicht so, daß ich irgend etwas vor ihnen geheimhielte«, sagte er zu mir. »Es ist einfach so, daß Naomi und ich gut miteinander auskommen und es nichts zu erzählen gibt.« Mit dieser Bemerkung sprach er dennoch ein Beziehungsproblem an – das allerdings nicht seine Partnerin, sondern seine Freundinnen betraf.

Die Klageform der Beziehungssprache

Die Volkskundlerin Anna Caraveli hat Frauenklagen in den Dörfern Griechenlands untersucht. Klagen sind spontane, ritualisierte Sprechgesänge, die von griechischen Frauen angestimmt werden, um ihrem Kummer Ausdruck zu geben, wenn sie geliebte Menschen durch Tod oder Auswanderung verloren haben. Laut Caraveli werden diese Klagen immer von mehreren Frauen rezitiert. Noch bemerkenswerter ist, daß die Frauen das Gefühl haben, für eine erfolgreiche Klage sei die Teilnahme anderer Frauen *notwendig*. Eine Frau, die eine Klage vortrug, damit Caraveli sie auf Band aufnehmen konnte, meinte, daß sie es mit der Unterstützung mehrerer Frauen besser gekonnt hätte.

Wenn griechische Frauen gemeinsam klagen, dann mahnt der individuelle Ausdruck von Leid die anderen an ihren eigenen Kummer, und so intensivieren die Frauen ihre Gefühle gegenseitig. In der Tat haben sowohl Caraveli als auch der Anthropologe Joel Kuipers, der eine ähnliche Klagetradition auf Bali untersuchte, festgestellt, daß Frauen ihr gegenseitiges Talent, was diese Volkskunst angeht, danach beurteilen, inwiefern es der einzelnen Person gelingt, die anderen anzurühren und sie in ein aktives Leidenserleben zu verwickeln. Der Ausdruck des Leids, das sie über den Verlust geliebter Menschen empfinden, bindet diese Frauen aneinander, und ihre Verbundenheit legt sich wie Balsam auf die Wunde des Verlusts. Dem Anthropologen Joel Sherzer zufolge ist das »melodische Weinen« über den Tod geliebter Menschen bei den unterschiedlichsten Völkern unserer Welt eine reine Frauendomäne.

Traditionelle Klagerituale gleichen dem weniger formalen,

aber genauso verbreiteten Ritual, nach dem moderne amerikanische und europäische Frauen zusammenkommen, um Probleme zu besprechen. Auch sie teilen ihr Leid. Das könnte erklären, warum Probleme ein so gutes Gesprächsthema abgeben. Über Probleme zu sprechen hat etwas Verbindendes; es ist eine unter Frauen weitverbreitete Praxis und auch zwischen Männern und Frauen nichts Ungewöhnliches. Unter Männern scheint es dagegen weit weniger üblich zu sein.

Einige der von mir befragten Männer meinten, daß sie mit niemandem über ihre Probleme diskutierten. Von denjenigen, die darüber sprachen, erzählten die meisten mir, daß sie ihren Kummer am liebsten Frauen anvertrauten. Einige Männer sagten, daß sie einen guten Freund hätten, mit dem sie ihre Sorgen besprechen würden. Aber es gab Unterschiede, die andeuteten, daß sie irgendwie weiter vom Pol der Intimität entfernt waren als die meisten Frauen. Zum einen hatten sie höchstens ein oder zwei gute Freunde, mit denen sie ihre Probleme diskutierten, und nicht mehrere, wie die meisten der befragten Frauen. Zum anderen erzählten sie häufig, daß sie mit diesem Freund schon seit längerer Zeit – seit einigen Tagen, Wochen, Monaten oder noch länger – nicht mehr gesprochen hätten, daß er aber für sie da wäre, wenn sie ihn bräuchten. Die meisten Frauen standen in ständigem Kontakt mit ihren engsten Freundinnen und diskutierten häufig auch kleinere Entscheidungen und Entwicklungen mit ihnen. Ein Mann erzählte mir, er habe einen Freund, mit dem er seine Sorgen bespreche, aber er würde ihn nur anrufen, wenn er ein wirklich ernsthaftes Problem hätte; deshalb verstreiche häufig viel Zeit, ohne daß sie miteinander redeten.

Eine Frau, die ich Shirley nennen will, erzählte mir, wie überrascht sie gewesen war, als sie einen Anruf von dem Mann erhielt, der ihr das Herz gebrochen hatte; er meinte, er würde gern vorbeikommen, um mit ihr zu sprechen. Wie sich herausstellte, wollte er darüber reden, daß eine andere Frau ihm gerade das Herz gebrochen hatte. Shirley fragte, warum er damit zu ihr gekommen sei. Er entgegnete, sie sei die einzige, mit der er über seine Gefühle reden könne. Was sei mit seinen Freunden? Er würde sich einfach nicht wohl fühlen, wenn er solche Dinge mit seinen Freunden bespräche.

Wenn Männer mit ihren Freunden telefonieren, diskutieren sie vielleicht über Geschäftliches, über den Aktienmarkt, über ein Fußballspiel oder über Politik. Auch Männer tratschen (obwohl sie es wahrscheinlich anders nennen würden) in dem Sinn, daß sie über sich selbst und andere reden. Aber sie sprechen eher über politische als über persönliche Beziehungen: über die Macht der Institutionen, über wirtschaftliche Erfolge und Mißerfolge, über einen Vorschlag, der vom Vorstand vielleicht oder vielleicht auch nicht angenommen wird, über einen Plan, um mehr Geld zu machen. Wenn Männer tatsächlich einmal ihre Frauen oder ihre Familien erwähnen, werden sie wahrscheinlich nur kurz darauf eingehen und nicht lang und breit davon erzählen. Wenn sie ein schwieriges persönliches Problem ansprechen, werden sie es wahrscheinlich nur in Form einer vagen und minimalen Andeutung tun (»eine böse Sache«).

Ein Mann beschrieb mir, wie er *Thanksgiving* verlebt hatte. Drei Generationen aus der Familie seiner Frau waren zusammengekommen: Brüder und Schwestern, deren Kinder und Eltern. Die Männer gingen nach draußen, um Fußball zu spielen, während die Frauen im Haus blieben und sich unterhielten. Es lief darauf hinaus, daß die älteren Frauen der jüngsten Enkeltochter erzählten, daß sie zu jung zum Heiraten sei.

Vorhin hatten wir gesehen, daß es Männern ein Rätsel ist, warum Frauen so gern über Probleme sprechen; sie mißverstehen die rituelle Klage als Ratsuche. Jetzt wird deutlich, daß das Problemgespräch lediglich eine Variante des altbekannten vertraulichen Gesprächs bildet, das man als Klatsch bezeichnen könnte. Lösungsangebote für kleinere Probleme gehen nicht nur am Wesentlichen vorbei, sie schneiden auch die Unterhaltung – und damit das eigentlich Wesentliche – ab. Wenn ein Problem gelöst ist, muß man ein neues finden, um das vertrauliche Gespräch in Gang zu halten.

Die große Bedeutung des Small talks

Small talk ist wichtig, um ein Gefühl von Gemeinsamkeit aufrechtzuerhalten, wenn es nichts Besonderes zu erzählen gibt. Freundinnen und Verwandte halten Konversationen in Gang, indem sie sich lang und breit über Kleinigkeiten auslassen. Die Gewißheit, daß sie später solche Gespräche führen können, gibt Frauen das Gefühl, nicht allein im Leben zu stehen. Niemanden zu haben, dem sie ihre Gedanken und Eindrücke mitteilen können, *gibt* ihnen das Gefühl, allein zu sein. Diese Situation wird in einer Kurzgeschichte mit dem Titel »In And Out« von Ursula Le Guin anschaulich dargestellt. Eine Frau, die gern lernen möchte, wie man töpfert, wird von einem hilfsbereiten Töpfer im Ort beraten. Er schenkt ihrem Anliegen mehr Aufmerksamkeit, als ihr lieb ist, und sie findet es schwierig, seinen Ratschlägen zu entkommen. Als sie schließlich wegfährt, ruft er ihr nach, daß,

> wenn sie es mal auf seiner Töpferscheibe versuchen wollte, könnte sie jederzeit vorbeikommen, was den starken Wunsch in ihr weckte, im Büro zu sein, wo sie irgend jemandem erzählen könnte: »Er hat gesagt: ›Kommen Sie vorbei, und töpfern Sie auf meiner Scheibe!‹«

So, wie eine Schriftstellerin in den kleinen Ereignissen ihres Lebens den Stoff für eine Geschichte sieht, so sieht Le Guins fiktive Gestalt ihre Erlebnisse als möglichen Stoff für ein Gespräch.

Studenten in meinem Kurs über geschlechtsspezifisches Gesprächsverhalten haben Alltagsplaudereien zwischen befreundeten Frauen und zwischen befreundeten Männern auf Tonband aufgenommen. Die Aufzeichnung der Frauengespräche bereitete keine Probleme; das lag zum Teil daran, daß die meisten der Studenten Frauen waren, zum Teil aber auch daran, daß Freundinnen und weibliche Verwandte entgegenkommend reagierten, wenn man bat, »eine Plauderei mit ihrer Freundin aufzeichnen« zu dürfen. Doch bei den Männern löste dieselbe Bitte sehr gemischte Reaktionen aus. Die Mutter einer Studentin stimmte bereitwillig zu, doch ihr Vater behauptete steif und fest, daß er nicht mit seinen Freunden plaudere. »Rufst du nie bei Fred an?« fragte die Tochter und berief sich auf einen Mann, den sie als guten Freund ihres Vaters kannte. »Nicht oft«, antwortete er. »Und wenn ich es tue, dann deshalb, weil ich ihn etwas fragen muß, und wenn ich die Antwort erhalten habe, hänge ich auf.«

Der Ehemann einer anderen Frau übergab ihr voll Stolz und Befriedigung ein Tonband. »Das ist ein wirklich gutes Gespräch«, verkündete er, »weil wir nicht einfach nur oberflächliches Zeug reden, so nach dem Motto: ›Hallo, wie geht's dir? Ich hab' gestern einen guten Film gesehen‹ oder irgend so 'n Quatsch. Es geht um die Lösung eines Problems. Jedes Wort ist wichtig.« Als die Frau das Band abspielte, hörte sie ihren Ehemann und seinen Freund bei dem Versuch, ein Computerproblem zu lösen. Alles, was sie sagten, war unpersönlich und technisch. Sie hielt das nicht nur für kein »gutes Gespräch«, sondern überhaupt nicht für ein Gespräch. Ihr Mann war der Ansicht, daß eine gute Unterhaltung einen unpersönlichen, faktischen und zielgerichteten Inhalt haben sollte. Ihrer Ansicht nach sollte es bei einem guten Gespräch um etwas Persönliches gehen.

Diese Unterschiede zeigen sich auch im Verhältnis von Kindern und Eltern. Meine Studenten erzählen mir, daß sie bei Telefonaten mit »ihren Eltern« die meiste Zeit mit ihrer Mutter reden. Die Väter schalten sich im allgemeinen nur in die Unterhaltung ein, wenn sie etwas Geschäftliches zu berichten oder zu diskutieren haben. Das gilt sowohl für schriftliche als auch für mündliche Äußerungen und ist offenbar nicht auf amerikanische Familien beschränkt. Eine deutsche Studentin zeigte mir eine Ansichtskarte, die mit der handschriftlichen »Plauderei« ihrer Mutter bedeckt war, mit Fragen nach den Erlebnissen und dem Wohlergehen ihrer Tochter und mit Neuigkeiten aus dem Familienleben. Zusammengefaltet in der Karte lag eine kurze getippte Notiz ihres Vaters, mit der er sie aufforderte, zur Universitätsverwaltung zu gehen und ein Formular zu besorgen, das er für die Steuer brauchte.

Ein Journalist, der einen Artikel von mir gelesen hatte, meinte, daß meine Behauptung, Männer hätten wenig Sinn für Small talk, weil sie der Auffassung seien, daß Gespräche dem Informationsaustausch dienen sollten, ihn nachdenklich gestimmt habe. Er mißbilligt Tratsch und Klatsch und ist der Meinung, daß Gespräche sinnvoll und interessant sein sollten. Das funktioniert auch gut, solange es sich um ein Geschäftstreffen handelt, bei dem es genügend substantielle Themen zu besprechen gibt. Aber wenn die Zusammenkunft sich auflöst und er sich mit einem Fremden auf den langen Weg hinunter zur Halle machen muß, ist sein Mund wie zugeschnürt. Da er prinzipiell gegen Small talk ist und einfach keine Übung darin hat, fühlt er sich hilflos, wenn der »Big talk« vorüber ist.

Für die meisten Frauen bedeutet Freundschaft vor allem, daß man sich trifft und über Gefühle und Erfahrungen redet. Jemanden zu haben, dem man seine Geheimnisse anvertrauen kann, heißt, daß man nicht allein in der Welt steht. Aber Geheimnisse zu erzählen ist nicht ungefährlich. Eine Freundin, die deine Geheimnisse kennt, hat Macht über dich: Sie kann die Geheimnisse ausplaudern und dich damit in unangenehme Situationen bringen. Das ist die Quelle des negativen Image, das dem Klatsch anhaftet.

Wenn Klatsch zum Gerücht wird

Die negativste Seite von Klatsch zeigt sich in Situationen, wo zerstörerische Gerüchte, die jeder faktischen Grundlage entbehren, verbreitet werden. Ein extremes Beispiel für so eine Situation wird in Edna O'Briens Geschichte »The Widow« beschrieben. In dieser Geschichte findet eine Frau namens Biddy, deren Mann ertrunken ist, ihr Glück schließlich in einer neuen Beziehung. Die Einwohner der Stadt beobachten jeden ihrer Schritte, kritisieren ihre neue Verliebtheit und prophezeien ein schlimmes Ende voraus, aber Biddy glaubt, daß sie diejenige ist, die sozusagen zuletzt lacht, als sie sich verlobt. Eine Woche vor der Hochzeit besucht das glückliche Paar den örtlichen Pub und hält alle Gäste frei.

> Dann stieß Biddy, die ein bißchen beschwipst war, mit ihrem Verlobungsring gegen ihr Glas und sagte, sie würde einen kleinen Vortrag halten. Ohne viel Aufhebens zu machen erhob sie sich, lächelte das ihr eigene

koboldhafte Lächeln, fuhr mit der Zunge über die Lippen, eine andere Angewohnheit von ihr, und rezitierte ein Gedicht mit dem Titel: »Die Leute reden immer«. Es war ein Hieb gegen all jene boshaften, lüsternen Leute, die ihr ihr kleines Glück mißgönnten. Vielleicht war es diese dreiste Provokation – tatsächlich waren viele Leute dieser Meinung –, die für die schlimmen Ereignisse der nächsten Wochen verantwortlich war. Hätte sie sich einigen Frauen am Orte anvertraut, wäre sie vielleicht gerettet worden, aber sie vertraute sich niemandem an; sie blieb für sich mit ihrem Mann, mit strahlenden Augen, sicher in ihrem Glück.

Doch Biddys Glück ist alles andere als sicher, es ist im Gegenteil zum Scheitern verurteilt. Biddy fällt dem bösartigen und unbegründeten Klatsch zum Opfer. Man verbreitet das Gerücht, daß ihr erster Mann freiwillig in den Tod gegangen ist, weil sie ihm das Leben zur Hölle gemacht hat. Biddy versucht verzweifelt, diese Gerüchte nicht bis zu ihrem Verlobten dringen zu lassen, und bei einem dieser Versuche findet sie den Tod. O'Brien impliziert, daß die Einwohner mit der Verbreitung des bösartigen Gerüchts Biddy auf ihre Weise dafür bestraften, daß sie den bösen Zungen eine lange Nase machte und sich aus der Gemeinschaft ausschloß, weil sie sich niemandem anvertraute – mit anderen Worten: Sie vernichteten sie durch den Klatsch, weil Biddy ihm nicht den angemessenen Respekt gezollt hatte.

In vielerlei Hinsicht orientiert unsere Gesellschaft sich heute mehr am Privaten als am Öffentlichen, und auch in öffentlichen Bereichen gibt es so etwas wie Klatsch. Der größte Teil öffentlicher Kommunikation, wie zum Beispiel Fernsehnachrichten und Pressekonferenzen, nimmt zunehmend einen informellen Stil an, setzt sich aus Wortbeiträgen zusammen, die nicht mehr vorbereitet, sondern frei formuliert wirken (oder wirken sollen). Diese Entwicklung hat dazu geführt, daß die Leute sich häufig öffentlich entschuldigen oder sogar zurücktreten müssen, weil sie aus dem Stegreif gesprochen und die Art von Kommentaren abgegeben haben, die typisch für private Unterhaltungen, in der Öffentlichkeit jedoch unakzeptabel sind. Ein anderer Aspekt dieser Entwicklung ist das wachsende Interesse am Privatleben öffentlicher Personen. Es ist vielleicht nicht überraschend, daß Gerüchte und ihre Bedeutung für das öffentliche Leben einen Aspekt dieses Interesses – vielleicht eine Art Nebenprodukt – bilden.

Ein Artikel in der *Washington Post* mit der Überschrift »Das Gerücht als Öffentlichkeitspolitik« stellt fest, daß die Politik zwar schon immer ein »Hauptumschlagplatz« von Gerüchten gewesen sei, neu sei jedoch, daß die Medien die Gerüchte bereitwillig verbreiteten, gleichgültig, ob der Journalist den Wahrheitsgehalt bestätigen könnte oder nicht. Bei dem Ereignis, das diesen Artikel auslöste, ging es um den Rücktritt des Pressechefs der Republikanischen Partei; er hatte ein Memo unterzeichnet und verteilt, in dem angedeutet – nicht behauptet – wurde, daß der neugewählte – demokratische – Parlamentspräsident homosexuell sei. Der Reporter der *Post* kommentiert, daß Gerüchte effektiv sind, selbst wenn sie sich später als falsch erweisen und dementiert werden; ihre bloße Existenz ist ausreichend, um Schaden anzurichten, weil die meisten Leute davon ausgehen: »Wo Rauch ist, ist auch Feuer.« Die amerikanische Öffentlichkeit ist der irischen Gemeinschaft in Edna O'Briens Geschichte ein bißchen ähnlicher geworden.

Anwendungsbereiche für Klatsch

Das sind dramatische Beispiele des destruktiven Potentials von Klatsch. Nora Ephron beschreibt in ihrem Roman *Quetschkartoffeln gegen Trübsinn* die etwas überschaubareren Gefahren, die damit verbunden sein können, wenn man Freundinnen Geheimnisse anvertraut. Die Heldin, Rachel, befindet sich auf einem Flug von New York nach Washington und läuft dabei ihrer Freundin Meg Roberts in die Arme. Meg erwähnt die Geburtstagsfeier ihrer gemeinsamen Freundin Betty, und Rachel stellt entsetzt fest, daß sie die Party total vergessen hat. Sie hat eine unantastbare Entschuldigung: Sie hat ihren Mann verlassen und ist nach New York geflohen, nachdem sie erfahren hatte, daß er eine leidenschaftliche Affäre mit einer anderen Frau hatte.

Jetzt allerdings ist sie mit ihrem Mann auf dem Weg nach Hause, um ihre Ehe wiederaufzunehmen. Sie möchte ihre exzellente Entschuldigung nicht anbringen, weil sie einen zu guten Anlaß zum Klatsch geben würde:

> Betty würde mir nur verzeihen, wenn ich ihr den wahren Grund dafür verriet, und wenn ich ihn verriet, würde sie es allen Leuten in Washington erzählen, und dann wüßten alle in der Stadt etwas über unsere Ehe, das sie nicht wissen sollten. Ich wußte zum Beispiel alles über Meg Roberts Ehe, weil Meg sich ihrer Freundin Ann anvertraut, die sich Betty anvertraut, die sich mir anvertraut.

Wahre Freunde, so sollte man denken, plaudern keine Geheimnisse aus. Ein Geheimnis zu verraten kann das Ende einer Freundschaft bedeuten. Und doch geben Leute oft weiter, was ein Freund oder eine Freundin ihnen im Vertrauen erzählt hat. Warum tun sie das?

Die Anthropologin Penelope Eckert verbrachte einige Zeit mit Schülerinnen einer High School und lernte etwas über die Regeln ihrer sozialen Welt. Die Soziologin Donna Eder machte ähnliche Erfahrungen in einer Junior High School. Beide stellten fest, daß das Ansehen der Mädchen steigt, wenn sie Freundinnen mit hohem Status haben, wie z. B. Cheerleader, besonders hübsche oder bei Jungen beliebte Mädchen. Wenn die Freundschaft mit einem Mädchen, das einen hohen Status hat, eine Möglichkeit ist, selbst Status zu gewinnen – wie soll man den anderen diese Freundschaft beweisen? Eine Möglichkeit ist, den anderen zu zeigen, daß man die Geheimnisse des beliebten Mädchens kennt, denn nur Freundinnen vertrauen sich Geheimnisse an.

Einige der High-School-Mädchen erzählten Eckert, daß sie lieber mit Jungen befreundet seien, weil Jungen nicht versuchten, pikante Einzelheiten zu erfahren, und sie auch nicht so leicht überall herumerzählten. Die Mädchen mögen darin ein Zeichen moralischer Überlegenheit sehen. Doch Eckert weist darauf hin, daß ein Junge weniger nach Klatschgeschichten forscht und sie auch weniger weit verbreitet, weil er dadurch kaum etwas gewinnen kann. Der Hauptzugang eines Jungen zu Status hat weniger damit zu tun, wem er nahesteht, als vielmehr damit, was er an Erfolgen und Leistungen vorweisen kann, in erster Linie im Sport, und wie gut er sich bei Auseinandersetzungen behaupten kann (je älter der Junge wird, desto häufiger werden die Auseinandersetzungen mit Worten statt mit Fäusten ausgetragen).

Doch es gibt noch eine weitere Erklärung, warum der Wunsch nach Gemeinsamkeit zu Klatsch führen könnte. Wenn man über eine abwesende Person redet, stellt man eine engere Bindung zu der Person her, die *da* ist. Leute, die sich in ihrem Urteil über abwesende Dritte einig sind, demonstrieren, daß sie gemeinsame Werte und Vorstellungen haben.

Klatsch als Mittel sozialer Kontrolle

Die Bestätigung gemeinsamer Werte beim Gespräch über andere funktioniert noch auf andere Weise. Wir beurteilen unser Verhalten vor dem Hintergrund möglichen Klatsches, hören in unseren Köpfen, wie andere vielleicht über uns reden könnten. Bei dem Versuch, zu entscheiden, was wir tun sollen, projizieren wir unsere geplanten Handlungen automatisch auf die Leinwand dieses vorgestellten Dialoges, und unsere Entscheidungen werden davon beeinflußt, wie andere sie wohl beurteilen würden. Wenn wir einen Entschluß gefaßt haben, setzen wir ihn heimlich, angepaßt oder offen in die Tat um, um Kritik zu vermeiden und sicherzustellen, daß unser Verhalten auf Zustimmung stößt. Rebellische Naturen oder Jugendliche im entsprechenden Alter werden vielleicht bewußt gegen gängige Erwartungen, wie sie sich im Klatsch manifestieren, verstoßen. Gleichgültig, welche Haltung wir ihnen gegenüber einnehmen – die Werte, die dem, »was die Leute sagen«, zugrunde liegen, beeinflussen unsere Vorstellung darüber, was gut ist und wie ein guter Mensch handelt. Wenn wir hören, daß Leute dafür gepriesen werden, daß sie großzügig und selbstlos sind, setzt sich die Vorstellung fest, daß das gute Eigenschaften sind. Wenn wir hören, daß Leute dafür kritisiert werden, daß sie geizig, unloyal oder häßlich sind, setzt sich die Vorstellung fest, daß es sich dabei um etwas Schlechtes handelt.

Mädchen und Frauen haben das Gefühl, daß es von entscheidender Bedeutung ist, von ihresgleichen gemocht zu werden, womit ihr Interesse an anderen auf symmetrische Bindungen zielt. Jungen und Männer haben den Eindruck, daß es von entscheidender Bedeutung ist, von ihresgleichen respektiert zu werden, womit ihr Interesse auf asymmetrischen Status zielt. Nicht gemocht zu werden ist für Mädchen und Frauen aufgrund ihres Bindungsbedürfnisses eine härtere Strafe als für Jungen. Marjorie Harness Goodwin, die das Verhalten von zehn- bis neunzehnjährigen Mädchen und Jungen untersuchte, stellte fest, daß ein Mädchen für eineinhalb Monate von den anderen ausgestoßen und damit der extremsten Form sozialer Kontrolle ausgesetzt wurde, wenn ihr Verhalten auf starke Ablehnung stieß. Auch Jungen verließen manchmal die Gruppe, wenn sie sich zu sehr beleidigt fühlten, doch Goodwin fand keinen Fall, wo ein Junge für längere Zeit ausgeschlossen wurde.

Etwas offen zeigen

Das Bedürfnis, gemocht und anerkannt zu werden, kann mit dem Bedürfnis, Geheimnisse zu erzählen, in Konflikt geraten, weil Geheimnisse Schwächen offenbaren. Bei einem Beispiel, das ich an anderer Stelle anführte, war dem Exfreund eines Mädchens das Herz gebrochen worden, und er wollte darüber reden – er besuchte sie, obwohl er schon vor langer Zeit mit ihr Schluß gemacht hatte. Warum mochte er nicht mit seinen Freunden über Probleme sprechen? Vielleicht aus demselben Grund, aus dem viele der von Catherine Kohler Riessman befragten Männer mit niemandem über ihre Scheidung sprachen. Einer der Männer erzählte ihr: »Ich glaube, man will um jeden Preis vermeiden, daß irgend jemand weiß, daß man Probleme hat... man versucht immer, sie für sich zu behalten.« Diese und viele andere Männer sind sich des ungleichen Machtverhältnisses, das aus dem Erzählen von Geheimnissen resultieren kann, genauestens bewußt. Zum einen kann man durch die Offenbarung von Schwächen zum Unterlegenen werden. Zum anderen gibt man Informationen preis, die gegen einen verwendet werden könnten.

Auch Frauen sind sich dieser Gefahr bewußt. Die Psychologin Robinette Kennedy, die Frauenfreundschaften in einem Dorf auf Kreta untersuchte, fand heraus, daß Frauen sich der Gefahr bösartigen Klatsches, wie er sich aus dem Austausch von Geheimnissen ergeben kann, genau bewußt sind. Sie bat zwölf Schulmädchen aufzuschreiben, welche Eigenschaften sie an einer Freundin schätzten, und jede einzelne von ihnen schrieb: Verschwiegenheit. Kennedy stellte fest, daß einige Frauen aus diesem Grund tatsächlich Freundschaften vermieden, aber sie litten darunter, keine Vertraute zu haben. In einer Gesellschaft, in der Männer und Frauen in getrennten Sphären leben und klar definierte Geschlechtsrollen übernehmen müssen, bedeutet die Freundschaft mit einer anderen Frau, daß es zumindest eine Beziehung gibt, in der eine Frau völlig sie selbst sein darf, verstanden und akzeptiert wird. Wenn sie niemanden hat, dem sie ihre wahren Gefühle anvertrauen kann, fühlt sie sich schmerzlich isoliert.

Die Frauen und Mädchen in dem griechischen Dorf und die amerikanischen Schulmädchen, die Eder und Eckert untersuchten, standen vor demselben Dilemma: Sie brauchten Freundinnen, mit denen sie reden konnten, aber sie wußten, daß das Gespräch mit Freundinnen riskant ist. Mädchen und Frauen sind öfter als Jungen und Männer bereit, dieses Risiko in Kauf zu nehmen, weil ihr Hauptinteresse dem Beziehungsgewinn gilt. Die Gefahr, verletzlich und abhängig zu erscheinen, ist von sekundärer Bedeutung für sie. Männer nehmen dieses Risiko nicht so leicht in Kauf, weil für sie das Verbergen von Schwäche und die Bewahrung ihrer Unabhängigkeit Vorrang haben und alles, was mit Intimität zusammenhängt, im Hintergrund steht.

Viele Männer nehmen es ihren Frauen und Partnerinnen übel, daß sie mit Freundinnen über ihre Beziehung reden. Für diese Männer ist es ein Zeichen fehlender Loyalität, wenn man mit anderen über seine Partnerschaft spricht. Ein von mir befragter Mann gab seiner Empörung in starken Worten Ausdruck. Er sagte, er betrachte das Ausplaudern intimer Details einer Beziehung – vor allem, wenn es um Schwächen des Partners gehe – ganz einfach und simpel als Vertrauensbruch. Er verachte jeden, der es nötig habe, sich auf eine solche Ebene herabzubegeben, um Bestätigung bei seinen Freunden zu finden. Solche heftigen Reaktionen stützen die Behauptung der Anthropologin Jill Dubisch (über die griechische Kultur), daß das Reden über Familienangelegenheiten mit Nicht-Familienangehörigen tabu sei, weil es eine geheiligte Grenze zwischen Innen und Außen verletze und etwas, was in die Familie hineingehöre, nach außen trage.

Dubisch weist auch auf die symbolische Verbindung zwischen sprachlicher und sexueller Verschmutzung hin: Fremde ins Haus zu lassen, indem man ihnen von Familiengeheimnissen erzählt, sei wie »eine illegitime sexuelle Penetration«. Das scheint das Dilemma griechischer Witwen, wie es sich in einer von Caraveli dokumentierten Klagezeile spiegelt, einzufangen: »Die Witwe im Haus, Tratsch an der Tür«. Die Witwe wird ins Haus gezwungen, denn wenn sie es verläßt, setzt sie sich den sexuellen Angriffen des Klatsches aus.

Wenn Männer keine Geheimnisse aus ihrem eigenen oder dem Leben anderer ausplaudern, um dadurch Intimität zu schaffen, heißt das nicht, daß sie nicht das Bedürfnis hätten oder keine Möglichkeiten fänden, Verbundenheit in Gesprächen herzustellen. Ist das Ausplaudern privater Details als Ausdruck weiblicher Verbundenheit ein Ärgernis für Männer, so gibt es auch einen Ausdruck männlicher Verbundenheit, der den Frauen ein Dorn im Auge ist: die Tageszeitung.

Klatsch-Nachrichten

Ein Professor im Ruhestand traf sich jeden Tag mit einigen pensionierten Freunden im örtlichen Gasthof. Der Zweck dieser Zusammenkünfte wurde von ihm und seinen Freunden mit der »Lösung von Weltproblemen« angegeben – was ungefähr ahnen läßt, worum es bei ihren Gesprächen ging.

Das männliche Interesse an Einzelheiten aus Politik, Nachrichten und Sport entspricht dem weiblichen Interesse an privaten Details. Wenn Frauen befürchten, ausgeschlossen zu werden, weil sie nicht darüber Bescheid wissen, was mit dieser oder jener Person gerade los ist, dann fürchten Männer, daß sie ausgeschlossen werden, weil sie nicht wissen, was mit der Welt los ist. Und der Austausch von Einzelheiten über eher öffentliche als private Nachrichten hat den Vorteil, daß man dabei keine Schwächen offenbaren muß: Die Informationen, die Männer preisgeben, haben nichts mit ihnen selbst zu tun.

In seinem Buch über die Geschichte der Nachrichten weist Mitchell Stephens darauf hin, daß Männer von jeher davon besessen sind, Einzelheiten über aktuelle Ereignisse auszutauschen. Er sagt nicht ausdrücklich, daß er »Männer« meint, sondern spricht von »den Engländern«: Doch seine Schilderung macht deutlich, daß er englische *Männer* beschreibt:

> Es mag überraschend sein, daß die Engländer vor mehr als 275 Jahren – sie hatten zwar kein Radio, kein Fernsehen, keine Satelliten oder Computer, erfuhren aber die neuesten Nachrichten im Kaffeehaus – der Meinung waren, daß *ihre* Zeit von einer Nachrichtenbesessenheit geprägt sei. Der Zustand wird in einer Zeitung von 1712 als »die wilde Neuigkeitssucht« beschrieben und erwies sich angeblich »als fatal für viele Familien; die gemeinsten Ladenbesitzer und Tagelöhner verbringen ganze Tage im Kaffeehaus, um Neuigkeiten zu erfahren und über Politik zu reden, während ihre Weiber und Kinder daheim nach Brot verlangen...«. Ein ähnliches Verhalten war in der Mitte des 17. Jahrhunderts in Cambridge konstatiert worden. »Wissenschaftler verlangen so gierig nach Nachrichten ... daß sie alles andere darüber vernachlässigen«, klagte ein besorgter Beobachter.

Wenn »die Engländer« sich in Kaffeehäusern treffen, um über »Politik zu reden«, während ihre Frauen und Kinder zu Hause sitzen, dann handelt es sich bei »den Engländern« ganz offensichtlich um »englische Männer«. Doch es ist erstaunlich, wie sehr die Beschreibung dieser Männer, die zusammenkommen, um Nachrichten auszutauschen, dem Stereotyp von der klatschsüchtigen Frau gleicht, die ihre Haushaltspflichten vernachlässigt, um zu telefonieren oder mit der Nachbarin zu plauschen.

Die Macht des Details

Die in allen Einzelheiten geführte Diskussion über die neuesten Nachrichten und der Austausch privater Details kommen zusammen, wenn Zeitungen immer mehr über das Privatleben von Leuten berichten. Der phänomenale Erfolg der Zeitschrift »People« ist lediglich ein besonders herausragendes Beispiel. Nehmen Sie zum Beispiel diese Einleitung eines Zeitungsartikels:

> Charles und Jeanne Atchison wohnen in der Nähe der Tanzbar einer Westernstadt; ihr weiß-goldener Wohnwagen, von dem die Farbe abblättert, steht an einer Straße mit Kopfsteinpflaster. Gräser wiegen sich draußen im Wind. Über der Straße liegt eine Art melancholische High-Noon-Atmosphäre. Die Stadt ist Azle, Texas, ein winziger Fleck am Rande von Fort Worth.
>
> Noch vor einigen Jahren sah alles viel besser aus. Charles (Chuck) Atchison hatte eine sichere Existenz. Er verdiente gutes Geld – mehr als 1000 Dollar die Woche –, genug für ein gemütliches Haus, neue Autos, schöne Reisen. Aber das alles ist vorbei. Er ist sechs Monate mit der Pacht für sein Land im Rückstand, von den Steuern ganz zu schweigen.
>
> »Alles in meinem Leben ist irgendwie immer ganz glatt und reibungslos verlaufen, und plötzlich hat sich alles umgekehrt«, sagte Mr. Atchison mit einem wehmütigen Lächeln. »Willkommen im Land der Denunzianten.«
>
> Chuck Atchison ist 44 Jahre alt, hat einen dünnen Schnurrbart, und sein Gesicht wirkt wie versteinert.

Diese Zeilen stammen nicht aus einer Kurzgeschichte oder einem Zeitschriftenartikel. Der Auszug stammt von der Titelseite des »Wirtschaftsteils« der *New York Times* – der nüchternsten Rubrik der nüchternsten aller amerikanischen Zeitungen. In seinem Bericht über Atchison, einen Kontrollbeamten, der Sicherheitsverletzungen in einem Atomkraftwerk offenlegte, gibt der Reporter seinen subjektiven Eindruck von dem ›Denunzianten‹ wieder: wie er aussah, wie sein Haus aussah – Einzelheiten, die den Leser betroffen machen.

Dem Kolumnisten Bob Greene zufolge haben die Journalisten begonnen, ihr Interesse derart weltlichen Einzelheiten zuzuwenden, als Jimmy Breslin 1963 eine Kolumne mit dem Titel: »Tod in Raum eins der Notaufnahme« schrieb; Breslin schilderte die letzten Minuten im Leben John F. Kennedys. Greene meint, Breslins Kolumne habe »die Leser an jenem Tag buchstäblich in die Korridore und Operationssäle des Parkland-Hospitals geführt«. Dazu Greene: »Heute werden die Journalisten darauf trainiert, diese wirkungsvollen Details schnell herauszubekommen...« Dieselbe Art von Journalismus soll die Karriere des Kolumnisten Russel Baker begründet haben, dessen Reportage über Königin Elizabeths Krönung sich nicht auf die öffentlichen Feierlichkeiten, sondern auf Hintergrunddetails konzentrierte. Er beschrieb zum Beispiel – wie ein Kritiker anmerkte – »die endlosen Schlangen kolonialer Potentaten in Tierfellen und Goldgeschmeiden, die sich vor den Toiletten Westminster Abbeys bildeten«.

Warum sollten Leser das Gefühl haben wollen, in den Korridoren und Operationssälen des Krankenhauses zu sein, in dem Kennedy lag? Warum sollten sie an den Schlangen vor den Toiletten bei einer Krönung interessiert sein? Weil solche Details ein angenehmes Gefühl von Beteiligung und Zugehörigkeit vermitteln, sie erfüllen denselben Zweck wie der Klatsch von Frauen über private Details.

Erfreuliche Anteilnahme

Trotz der wachsenden Detailberücksichtigung in Nachrichtenbeiträgen ist die Nützlichkeit aussagekräftiger Details nicht allgemein anerkannt. Eine Frau erzählte mir, daß, wenn in ihrer Familie die Rede auf die Großmutter komme, alle immer einen typischen Satz der alten Frau zitierten: »Ich hatte ein bißchen Schinken, ich hatte ein bißchen Käse.« Diese liebevolle und doch abwertende Art der Bezugnahme zeigt, daß es den Familienangehörigen auf die Nerven geht, wenn die Großmutter ihnen erzählt, was sie zum Abendbrot hatte. Es wäre ihnen lieber, wenn sie weniger ins Detail gehen oder ganz auf die Beschreibung ihres Abendessens verzichten würde.

Meine seit langem verwitwete Großtante hatte eine Liebesaffäre, als sie in den Siebzigern war. Korpulent, mit schütterem Haar, Hände und Beine arthritisch verkrümmt, entsprach sie nicht dem Bild einer romantisch angebeteten Geliebten. Aber sie wurde geliebt – von einem Mann, der auch in den Siebzigern war und in einem Altersheim lebte, aber gelegentlich übers Wochenende zu ihr kam. Um mir zu erklären, was diese Beziehung für sie bedeutete, erzählte meine Tante mir von einem Gespräch. Eines Abends war sie mit Freunden essen gegangen. Als sie nach Hause kam, rief ihr Freund an, und sie berichtete ihm von dem Essen. Er hörte ihr interessiert zu und fragte dann: »Was hast du angehabt?« Als sie mir davon erzählte, fing sie an zu weinen: »Weißt du, wie lange es her ist, daß jemand mich gefragt hat, was ich angehabt habe?«

Mit dieser Bemerkung gab meine Großtante mir zu verstehen, daß es Jahre her war, daß jemand wirklich tiefempfundenes – persönliches – Interesse an ihr genommen hatte. Der Austausch relativ unbedeutender alltäglicher Kleinigkeiten sendet Metamitteilungen von Verbundenheit und Fürsorge aus.

Detailinteresse an einer bestimmten Person ist oft ein Zeichen von Verliebtheit. In einem Roman mit dem Titel *The Jealous One* von Celia Fremlin schickt eine Frau ihren Mann Geoffrey zu ihrer neuen Nachbarin, die gerade eingezogen ist, um sie zum Essen einzuladen. Geoffrey kehrt ganz aufgeregt zurück, übersprudelnd vor Begeisterung und allen möglichen Details über die neue Nachbarin. Mit strahlenden Augen verkündet er, daß die Nachbarin *sie* eingeladen habe, zum Essen in ihr noch leerstehendes Haus zu kommen; er fragt seine Frau, ob sie ein rotes Band für Shang Low, den Pekinesen der Nachbarin, hätte, wobei er ihr auseinandersetzt, daß *Shang Low* das Gegenteil von *Shang High* bedeute. Die Ehefrau reagiert spöttisch, aber Geoffrey stimmt nur zögernd ein, als seine Frau sich über die snobistische Idee der Nachbarin, ihren Pekinesen mit einem roten Band zu schmücken, lustig macht.

> Für den Bruchteil einer Sekunde kicherte sie in schrecklicher Einsamkeit; dann fiel Geoffrey ein, ein winziges bißchen zu spät und ein winziges bißchen zu laut. Und der Witz führte nicht zu einem weiteren Witz. Geoffrey murmelte so etwas wie »Hab's versprochen…« und eilte aus der Küche und aus dem Haus, ohne ein rotes Band. Und dieses Stückchen rotes Band, nach dem sie nicht suchten, das sie nicht fanden und wahrscheinlich auch gar nicht besaßen, wurde der erste in einer langen Reihe von Gegenständen, die nie wieder zwischen ihnen erwähnt werden konnten.

Geoffreys romantisches Interesse an der neuen Nachbarin verrät sich in seiner begeisterten, unkritischen Schilderung von Details, wie zum Beispiel der Rasse und dem Namen des Hundes.

Wenn es ein Zeichen von Interesse ist, daß man sich an ein Detail oder an einen Namen erinnert, dann kann man es als Zeichen mangelnden Interesses sehen, wenn jemand einen Namen vergißt. Man hört häufig Klagen von Leuten, deren Eltern ihre Partner oder Freunde ablehnen und diese Ablehnung scheinbar subtil damit zum Ausdruck bringen, daß sie sie regelmäßig mit falschem Namen anreden oder den Namen vergessen. Dasselbe Phänomen kann sich auch positiv auswirken. Das war der Fall bei einer Frau, die mit der Frau eines Bekannten ihres Ex-Mannes befreundet blieb. Ihre Freundin bezog sich auf die neue Frau des Ex-Mannes beharrlich mit: »Wie hieß sie doch gleich.« Für die geschiedene Frau lautete die Metamitteilung dieser Aussage: »Obwohl ich sie gelegentlich sehe, ist sie mir ziemlich egal. Du bist nach wie vor diejenige, auf die es mir ankommt.« Als die Freundin den Namen der neuen Frau vergaß, zeigte sie, daß sie kein Interesse an ihr hatte – und bewies damit der Ex-Frau ihre Loyalität.

Den Details der äußeren Erscheinung Aufmerksamkeit zu schenken kann eine Form des Flirtens sein. Eine Frau hatte eine Verabredung mit einem Mann, den sie nur einmal vorher, und nur kurz, gesehen hatte. Beide waren verheiratet; sie trafen sich aus geschäftlichen Gründen. Aber der Mann begann das Gespräch mit der Bemerkung, daß sie jünger wirke, als er sie in

Erinnerung habe, und daß ihr Haar anders aussehe. »Beim letzten Mal haben Sie einen Hut aufgehabt, nicht wahr?« sagte er. »Und auch ein weißes Kleid getragen.« Einfach zu sagen, daß er sich gemerkt hatte, wie sie bei der ersten Begegnung ausgesehen hatte, war eine Art Flirt. Eine Art, die die Frau nicht unangenehm fand, obwohl ihr Ehemann diese Art durchaus als unangenehm empfand, als sie ihm davon erzählte.

Sich Details zu merken zeugt von Interesse und schafft Nähe. Männer finden das weibliche Interesse an Details allerdings häufig ärgerlich. Eine derart frustrierte Frau ist Laura in Alice Mattisons Geschichte »Sleeping Giant«. Laura und Dan sind beide besorgt, weil ihr Schwiegersohn die Absicht hat, ein altes, heruntergekommenes Haus zu kaufen. Wenn Laura in der Vergangenheit versucht hat, mit ihrer Tochter darüber zu reden, verteidigte die Tochter ihren Mann. Aber Dan versichert Laura, daß die Tochter inzwischen die Meinung der Eltern teile, das habe sie ihm deutlich zu verstehen gegeben. »Glaub mir«, sagt er, »sie ist nicht glücklich über diese Geschichte.« Laura möchte mehr Einzelheiten über das Gespräch erfahren, aber Dan erzählt keine. Laura fragt:

> »Also, warum sagt sie es ihm dann nicht?«
>
> Er antwortet nicht.
>
> »Was hat sie *genau* gesagt?« Laura durchwühlt ihre Segeltuchtasche nach den Autoschlüsseln. Ihr ist kalt geworden, und im Kofferraum des Autos liegt ein Flanellhemd. Sie wartet, hält Autoschlüssel und Tasche in der Hand, aber Dan antwortet immer noch nicht, und sie läßt die Tasche auf die Bank fallen. »Was hat sie *gesagt*?«
>
> »Oh, ich erinnere mich nicht. Allgemeine Sachen.«
>
> »Was hast *du* gesagt?«
>
> »Oh, ich weiß es nicht mehr, Laura.« Laura dreht sich abrupt zur Seite, öffnet den Kofferraum und starrt einen Moment hinein, verärgert, weil Dan ihr nicht mehr erzählen will.

Laura klingt wie unzählige Frauen aus Fleisch und Blut, mit denen ich mich unterhalten habe und von denen eine zum Beispiel meinte: »Männer erzählen nie die ganze Geschichte – wer was gesagt hat.« Eine andere Frau beklagte sich über ihren Mann: »Es ist wie Zähneziehen, wenn ich aus ihm herauskriegen will: ›Was hat sie *gesagt*? Was hat er *gesagt*?‹«

Eine weitere Frau erinnerte sich an eine Situation, wo der Mann ihrer besten Freundin vergeblich versuchte, sich an einer Unterhaltung der beiden zu beteiligen. Er brach mit der Tradition und wollte von einer Erfahrung berichten, die seiner Meinung nach denjenigen ähnelte, die die beiden Frauen diskutierten. Die Freundinnen bestürmten ihn mit Fragen, die er nicht beantworten konnte – was genau, wie und warum er dies oder jenes gesagt hatte. Er nahm Abstand von seiner Geschichte und erzählte nichts mehr. Vielleicht fragte er sich insgeheim, warum die Frauen sich für all diese unwichtigen Einzelheiten interessierten.

»Laß die Einzelheiten weg«

Obwohl viele Frauen im Gespräch mit engen Freundinnen gern auf subtile Nuancen eingehen, gibt es Situationen, in denen jede Frau sich unwohl fühlt, wenn jemand zu viele Einzelheiten aufzählt oder danach fragt. Wenn Detailinteresse ein Zeichen von Intimität ist, dann wird eine Frau solches Interesse ablehnen, wenn es von jemandem kommt, an dessen Vertraulichkeit ihr nichts liegt. Und wir alle kennen die Erfahrung, daß jemand lang und breit irgendwelche Einzelheiten erzählt, die völlig überflüssig scheinen oder uns fürchterlich langweilen. Viele der von mir gesammelten Beispiele von Detailaufzählungen in Gespächen stammen von alten Leuten. Das liegt vielleicht daran, daß alte Leute mehr Kontakt zu Jüngeren haben möchten als die Jüngeren zu ihnen, oder daran, daß alte Leute oft nicht gut hören können und deshalb lange Geschichten erzählen, um die Unterhaltung aufrechtzuerhalten. Alte Leute neigen auch eher dazu, in der Vergangenheit zu schwelgen, und erzählen dann häufig Geschichten, die es nötig machen, ins Detail zu gehen.

Es ist ein Leitgedanke moderner amerikanischer Psychologie, daß die psychische Trennung von den Eltern eine unabdingbare

Voraussetzung seelischer Gesundheit ist. Ein Weg, um zu enge Bindungen zu vermeiden, besteht – zumindest für einige Leute – darin, keine Einzelheiten zu erzählen. Eine Frau berichtete mir zum Beispiel, daß ihre Mutter sie zu stark an sich binden wolle; bei ihrer Schwester Jane, so die Frau, hätten diese Umklammerungsversuche Erfolg gehabt. Um ihre Behauptung zu bekräftigen, sagte sie: »Es ist erstaunlich, über wie viele Einzelheiten aus Janes Leben meine Mutter Bescheid weiß.« Später erklärte sie dann, wie sie selbst die Einmischungsversuche abblockt, und gab ein Beispiel für die Neugier der Mutter: »Sie ist gierig auf jedes Detail. Wenn ich ihr erzähle, daß ich irgendwo gewesen bin, fragt sie: ›Was hast du angehabt?‹«

Die Frage, die dieser Frau gegen den Strich ging, war dieselbe, die meine Großtante so glücklich gemacht hatte. Der Unterschied liegt darin, daß meine Großtante eine enge Bindung an den Mann, der sich nach ihrer Kleidung erkundigte, anstrebte. Diese Frau aber widersetzte sich der ihrer Meinung nach exzessiven Anklammerung der Mutter. Und doch hat die Schwester dieser Frau wahrscheinlich nicht den Eindruck, daß die Frage: »Was hast du angehabt?« zu aufdringlich ist. Vielleicht gefällt es Jane – so wie meiner Großtante –, wenn jemand Interesse zeigt und Anteil an ihrem Leben nimmt.

Die Verbindung von Geschäft und Klatsch

Viele Frauen vermischen bei einem Gespräch relativ wichtige Dinge, wie geschäftliche Fragen, mit relativ unwichtigen Dingen, wie Kleiderfragen. Marjorie geht an einem Montagmorgen zu Beatrice ins Büro, um sie nach ihrer Meinung über einen Vertrag zu fragen. Nachdem sie das Geschäftliche erledigt haben, bringen die beiden Frauen sich gegenseitig auf den neuesten Stand, was ihr Privatleben angeht: Marjorie hat alle Hände voll damit zu tun, ihre kränkelnde Schwiegermutter zu pflegen; Beatrice hat einen vielversprechenden Freund kennengelernt.

Die Leiterin eines Beratungszentrums berichtete, daß ihre weiblichen Angestellten bei Besprechungen häufig 75 Prozent der Zeit mit persönlichen Gesprächen verbrächten und die restlichen 25 Prozent dann effektiv nutzten, um geschäftliche Dinge zu erörtern. Den männlichen Angestellten erscheint das als reine Zeitverschwendung. Aber die Leiterin legt Wert auf eine warme, familiäre Arbeitsatmosphäre. Sie ist der Ansicht, daß solche persönlichen Gespräche zu einem Gefühl der Verbundenheit beitragen, was wiederum dafür sorgt, daß ihre weiblichen Angestellten Spaß an der Arbeit haben und ein erfolgreiches Team bilden.

Gegenseitiges Verständnis und Vertrauen, wie es aus persönlichen Gesprächen erwächst, kann sowohl am Anfang einer geschäftlichen Beziehung stehen als auch daraus entstehen. In einem Zeitschriftenartikel wurde die Partnerschaft zweier Frauen beschrieben, die ein Konstruktionsbüro leiten. Der Grundstein für die berufliche Verbindung war viele Jahre vor Gründung der Firma gelegt worden, als die beiden Frauen sich regelmäßig zum Kaffeeplausch trafen. Als die eine beschloß, eine Firma zu gründen, bestand bereits ein gutes kollegiales Verhältnis zu ihrer zukünftigen Gesprächspartnerin.

Bei Frauen, die sich häufig und regelmäßig mit ihren Freundinnen unterhalten, ist das Gespräch gut eingespielt, wenn wichtige Entscheidungen anstehen. Die Psychologin Elizabeth Loftus, die sich auf die gutachterliche Beurteilung von Augenzeugenberichten spezialisiert hat, stand vor einem moralischen Dilemma, als sie gebeten wurde, für einen Mann auszusagen, der beschuldigt wurde, »Iwan der Schreckliche« zu sein – ein für seinen Sadismus berüchtigter Naziverbrecher. Loftus hatte das Gefühl, daß es inkonsequent wäre, sich für diesen Fall nicht ebenso zur Verfügung zu stellen wie für viele andere. Aber ihre Familie und ihre Freunde argumentierten dagegen, und auch sie selbst schreckte vor der Vorstellung zurück, die Aussagen der wenigen überlebenden Zeugen – von den schätzungsweise eine Million Menschen, die Iwan zum Opfer gefallen waren, hatten ganze fünfzig überlebt – zu untergraben. Das Problem wurde gelöst, als eine Freundin zum Tee vorbeikam. Loftus erinnert sich: »Meine Freundin zitierte Emerson und sagte: ›Dumme Prinzipienreiterei ist der Kobold kleiner Geister.‹« Mit diesem Trost entschied Loftus, keine Aussage zu machen. Frauen und Männer haben offenbar nicht nur verschiedene Gewohnheiten, was das gesellige Gespräch mit Freunden angeht, sie verwenden es auch für unterschiedliche Zwecke.

Und auch die unterschiedliche Verwendung sozialer Gespräche entwickelt sich sehr früh. Ein Ehepaar, mit dem ich mich unterhielt, war unterschiedlicher Meinung, was die Beziehung ihres Sohnes zu seinem besten Freund betraf. Obwohl die beiden Jungen viel Zeit miteinander verbrachten – sie spielten zum Beispiel zusammen Fußball –, hatte ihr Sohn nur herausgefunden, auf welches College sein bester Freund gehen wollte, weil er es zufällig im Jahrbuch gelesen hatte. Die Mutter fand das sonderbar. Einmal rief ein Mädchen bei ihrem Sohn an und fragte, ob sein Freund schon für das Tanzfest verabredet sei. Sie riefe für *ihre* Freundin an, die sich mit seinem Freund verabreden wolle, aber nur, wenn er noch niemand anders gefragt hätte. Ihr Sohn hatte nicht nur keine Ahnung, ob sein bester Freund schon für den Ball verabredet war, er war darüber hinaus verärgert, weil das Mädchen davon ausging, daß er es wüßte. Er gab ihr die Telefonnummer seines Freundes und schlug ihr vor, ihn selbst zu fragen. Später erwähnte er dann einmal, daß er vielleicht auch Lust gehabt hätte, zu dem Ball zu gehen, wenn er gewußt hätte, ob sein Freund auch hingehen wollte; weil er sich über solche persönlichen Dinge nicht auf dem laufenden hielt, verpaßte er eine Chance zum Ausgehen.

Der Mutter des Jungen erschien das alles sehr merkwürdig; sie konnte sich nicht vorstellen, was es bedeuten sollte, jemandes bester Freund zu sein, wenn es nicht einmal einschloß, daß man über grundsätzliche Entwicklungen im Leben des anderen Bescheid wußte. Doch der Vater fand nichts Ungewöhnliches daran.

›Über jemanden reden‹ versus ›schlecht über jemanden reden‹

Der relativ positive oder negative Wert, den man Gesprächen über private Details – über sich selbst oder andere – beimißt, entspricht der positiven oder negativen Beurteilung von Klatsch.

Ein Mann meinte einmal zu mir, daß wir den Begriff ›Klatsch‹ offenbar unterschiedlich definierten: »Sie verstehen Klatsch offenbar als Gespräch über private Details aus dem Leben von Leuten, die den Gesprächsteilnehmern bekannt sind. Für mich bedeutet Klatsch, daß man über die Schwächen, Charakterfehler und Mißerfolge Dritter spricht, damit die Gesprächsteilnehmer sich diesem Dritten gegenüber überlegen fühlen können. Das erscheint mir unwürdig, deshalb halte ich Klatsch für etwas Schlechtes.«

Eine ähnliche Ansicht vertrat eine Frau, die mir erzählte, daß sie sich Sorgen mache, weil es in der von einigen Müttern gegründeten Spielgruppe eine Frau gebe, die zuviel tratsche. Aber es stellte sich heraus, daß das Getratsche dieser Frau ausschließlich negativ war: Sie lästerte über die anderen Frauen der Gruppe und machte sie madig. Störend war nicht, daß sie *über* andere redete, sondern daß sie *schlecht* über andere redete. Bei dieser Form des Klatsches distanzieren die Sprecher sich von den Leuten, über die sie reden, statt sie näherzubringen. Darüber hinaus kann man normalerweise davon ausgehen, daß jemand, der nur Negatives über andere erzählt, auch über einen selbst nicht viel Positives zu sagen hat, wenn man nicht dabei ist.

Klatsch in Form übler Nachrede steht in Beziehung zu einer sprachlichen Spielart, die Christine Cheepen »Sündenbock« nennt. Bei von ihr durchgeführten Gesprächsanalysen stellte Cheepen fest, daß schlecht über Abwesende gesprochen wurde, um Machtungleichgewichte, die während eines Gesprächs auftraten, auszugleichen. »Sündenbock« gab den Gesprächsteilnehmern die Möglichkeit, Gleichheit untereinander herzustellen, indem man sich gegen Dritte verbündete.

Bei den von Cheepen angeführten Beispielen war die dritte Partei, gegen die die Gesprächsteilnehmer gemeinsam Front machten, allerdings nicht einfach ein x-beliebiger – es war der Vorgesetzte. Und das führt uns zurück zu dem Mann, der Klatsch für etwas Schlechtes hielt. Wenn das Gespräch über Dritte diese abwesende Person mit in den Raum holt, hat es einen verbindenden Zweck. Aber wenn man diese Person in den Raum holt, um sie *herabzusetzen*, geht es um Status. Bindung und Status operieren wie immer Hand in Hand, so daß beide

Ansichten zutreffend sind. Man sieht dieselbe Szene aus unterschiedlichen Blickwinkeln.

Frauen und Männer – wie sie sind

Welche Lösung gibt es also, wenn Frauen und Männer aneinander vorbeireden, ob es nun um Klatsch oder irgendein anderes Thema geht? Welche Kommunikationswege stehen uns offen? Die Antwort lautet sowohl für Männer als auch für Frauen, daß sie versuchen sollten, die andere Seite im Rahmen ihrer eigenen Gesetzmäßigkeit zu akzeptieren, statt die Maßstäbe der einen Gruppe auf das Verhalten der anderen zu übertragen. Das ist durchaus nicht »selbstverständlich«, denn wir neigen dazu, nach der einzig »richtigen« Vorgehensweise zu suchen. Verständlicherweise sind Experten dafür genauso anfällig wie alle anderen Menschen.

In einer überregionalen Talk-Show mit Publikumsbeteiligung trat ein Psychologe auf, der Fragen zu Zweierbeziehungen beantwortete. Eine Frau aus dem Publikum beklagte sich über das Verhalten ihres Mannes: »Mein Mann unterhält sich immer mit seiner Mutter, aber mit mir redet er nie. Wenn ich wissen möchte, wie sein Tag war, bleibt mir nichts anderes übrig, als zuzuhören, was er seiner Mutter erzählt.« Der Psychologe antwortete: »Wahrscheinlich hat ihr Mann mehr Vertrauen zu seiner Mutter als zu Ihnen.«

Dieser Kommentar bestätigte die Frau in ihren eigenen Vermutungen und schlimmsten Befürchtungen. Und die Behauptung des Psychologen war durchaus berechtigt und einsichtig – nach den Gesprächsregeln von Frauenfreundschaften: Die Freundin, mit der wir täglich sprechen, der wir all die kleinen Erlebnisse erzählen, die uns passiert sind, ist unsere beste Freundin. Doch wie einsichtig ist dieses Urteil aus der Perspektive des Mannes? Ich könnte wetten, daß der Ehemann es nicht für nötig hielt, etwas Besonderes zu tun, um die Beziehung zu seiner Frau zu vertiefen, schließlich war er täglich mit ihr zusammen. Aber seine Mutter war alleinstehend, und er machte ihr gern die Freude, ihr jeden Tag ein paar belanglose Kleinigkeiten zu erzählen, die sie offenbar gern hörte. Daß seine Mutter sich für solche Detailschilderungen interessiert, wird der Sohn wahrscheinlich verständlich finden, weil sie allein lebt und diese Unterhaltung als Ersatz für das wirkliche Leben braucht, so, wie sie sich zum Beispiel auch ans Fenster setzt, um das Treiben draußen zu beobachten. Daß seine Frau nach dieser Form der Unterhaltung verlangt, wird der Mann wahrscheinlich nicht verständlich finden. Obwohl es möglich ist, daß dieser Mann mehr Vertrauen zu seiner Mutter als zu seiner Frau hat, rechtfertigten die gegebenen Anhaltspunkte diese Schlußfolgerung nicht.

Der Therapeut beurteilte das Gesprächsverhalten des Mannes mit weiblichen Maßstäben. In gewisser Weise entsprechen therapeutische Wertvorstellungen eher dem allgemein mit Frauen als dem mit Männern assoziierten Gesprächsverhalten. Das erklärt vielleicht das Ergebnis einer Studie, die zu dem Schluß kam, daß weibliche Therapeuten, die noch keine Berufserfahrung haben, sich leichter tun als ihre männlichen Kollegen. Mit zunehmender Praxis und Erfahrung verschwindet dieser geschlechtsspezifische Unterschied. Vielleicht lernen männliche Therapeuten – und Männer in Therapien – mit der Zeit, so zu reden wie Frauen. Was ein Vorteil ist. Andererseits lernen Frauen, die ihr Selbstbewußtsein trainieren, so zu reden wie die Männer, und auch das ist ein Vorteil. Frauen und Männer täten beide gut daran, Strategien zu benutzen, die im allgemeinen eher von der anderen Gruppe angewandt werden – nicht, um das eine für das andere auszutauschen, sondern um mehr Strategien zur Verfügung zu haben.

Redegewohnheiten sind schwer zu ändern. Respekt für den Gesprächsstil anderer zu entwickeln ist vielleicht ein bißchen leichter. Männer sollten akzeptieren, daß viele Frauen in dem Austausch privater Details ein wichtiges Stück Intimität sehen, und Frauen sollten akzeptieren, daß viele Männer diese Ansicht nicht teilen. Gegenseitige Toleranz wird uns zumindest vor dem schmerzlichen Vorwurf bewahren, daß wir etwas falsch machen, nur, weil wir es auf die uns eigene Weise tun.

V

»Ich werd's dir erklären«: dozieren und zuhören

Auf einem Empfang anläßlich der Veröffentlichung eines meiner Bücher bemerkte ich eine Verlegerin, die dem Produzenten einer beliebten Radiosendung aufmerksam zuhörte. Er erklärte ihr, aus welchen Gründen das Studio dort gebaut worden war, wo es sich jetzt befand, und warum er selbst einen anderen Standort vorgezogen hätte. Was mich darauf aufmerksam machte, war die Länge der Zeit, die er redete, während sie zuhörte. Er hielt einen Monolog, den man nur noch als Vortrag bezeichnen konnte, und informierte sie in allen Einzelheiten über die Empfangsweite der beiden Standorte, die Architektur der Radiostation etc. Später fragte ich die Verlegerin, ob sie die Ausführungen des Produzenten interessant gefunden habe. »O ja«, antwortete sie. Aber dann dachte sie einen Moment nach und meinte: »Na ja, vielleicht hätte er sich ein bißchen kürzer fassen können.« Am nächsten Tag erzählte sie mir: »Ich habe noch mal über Ihre Frage nachgedacht. Nichts hätte mir gleichgültiger sein können als das, was er erzählt hat. Es ist nur so, daß ich mich schon so daran gewöhnt habe zuzuhören, wenn Männer endlos reden, daß es mich gar nicht mehr stört. Ich habe nicht mal mehr gemerkt, wie sehr ich mich gelangweilt habe, bis Sie mich darauf aufmerksam gemacht haben.«

Einmal plauderte ich mit einem Mann, den ich gerade auf einer Party kennengelernt hatte. Im Laufe des Gespräches stellte sich heraus, daß er als Mitglied der Royal Air Force von 1944 bis 1945 in Griechenland stationiert gewesen war. Da ich mehrere Jahre in Griechenland gelebt hatte, fragte ich ihn nach seinen Erfahrungen: Wie hatte es damals in Griechenland ausgesehen? Wie waren die britischen Soldaten von der griechischen Bevölkerung behandelt worden? Wie hatte man sich als englischer Soldat im

Griechenland der Kriegstage *gefühlt*? Außerdem erzählte ich, wie Griechenland sich gewandelt hatte und wie es heute dort aussieht. Er ging nicht auf meine Bemerkungen über das heutige Griechenland ein, und seine Antworten auf meine Fragen wandelten sich schnell von eigenen Erfahrungsberichten – was mich sehr interessierte – zu Aufzählungen von Fakten über die griechische Geschichte – was mich im Prinzip interessierte, mich in diesem speziellen Fall aber zu Tode langweilte. Je unpersönlicher seine Ausführungen wurden, desto mehr fühlte ich mich davon unterdrückt und unfreiwillig auf die Rolle der Zuhörerin festgenagelt.

Auf einer Ausstellung von Judy Chicagos *The Dinner Party*, einem in Gemeinschaftsarbeit mit anderen Frauen entstandenen Kunstwerk, wurde ich auf ein Pärchen aufmerksam, das vor einem der Ausstellungsstücke stand: Der Mann deutete auf die Leinwand vor sich und erklärte seiner Begleiterin in gewichtigem Ton die Bedeutung einzelner Symbole. Ich hätte dieser alltäglichen Szene vielleicht weiter keine Beachtung geschenkt, wenn *The Dinner Party* nicht eine ausgesprochen feministisch konzipierte Arbeit gewesen wäre, mit der die Erfahrungen und Gefühle von Frauen ausgedrückt werden sollten.

Als ich an einem Sommerabend einen Spaziergang machte, traf ich einen Nachbarn, der seine Hunde ausführte, und wir blieben eine Weile stehen, um zu plaudern. Während wir so dastanden, bemerkte ich, daß die vor uns liegende, ausgedehnte Hoffläche vom glitzernden Licht auf- und abflackernder Leuchtkäfer erfüllt war. Ich machte den Nachbarn auf den Anblick aufmerksam und meinte, daß es wie verzaubert aussehe. »Es ist wie am 4. Juli«, sagte ich. Er stimmte mir zu und erzählte mir dann, daß die Glühwürmchen leuchteten, um ihre Paarungsbereitschaft zu signalisieren. Er erklärte mir im Detail, wie diese Signale funktionierten – daß zum Beispiel immer mehrere Leuchtkäfer zusammen auf einer Höhe flögen und, wie man gerade sehen könnte, sie sich an bestimmten Stellen des Hofes ballten.

Bei all diesen Beispielen verfügten die Männer über faktische Kenntnisse, die sie beisteuern konnten, was sie auch taten. Oberflächlich betrachtet, ist daran nichts Überraschendes oder Merkwürdiges. Merkwürdig ist nur, daß es so oft zu Situationen kommt, in denen Männer irgendwelche Fakten kennen, die lange Erklärungen erfordern, um sie den Frauen verständlich zu machen, während die umgekehrte Situation sehr selten auftritt,

Die Zeiten haben sich gewandelt, und die Beziehungen zwischen Männern und Frauen haben sich in vielerlei Hinsicht geändert. Heute ist es unwahrscheinlich, zumindest in weiten Kreisen, daß ein Mann sagt: »Ich bin besser als du, denn ich bin ein Mann und du eine Frau.« Aber auch wenn Frauen nicht auf Männer treffen, die solche Behauptungen aufstellen, ist es häufig frustrierend für sie, sich mit Männern auseinanderzusetzen. Eine Situation, die viele Frauen unerfreulich finden, ist ein Gespräch, das sich auf rätselhafte Weise in eine Vorlesung verwandelt, bei der sie selbst die Rolle des dankbaren Publikums und der Mann die des Dozenten übernimmt.

Und auch in diesem Fall ist die »Aufstellung« *(alignment)*, in der Mann und Frau sich wiederfinden, asymmetrisch. Der Vortragende wird als überlegen in Status und Sachverstand aufgefaßt und übernimmt die Rolle des Lehrers, während der Zuhörer in die Rolle des Schülers gedrängt wird. Wenn Frauen und Männer abwechselnd Vorträge halten und entgegennehmen würden, wäre daran nichts auszusetzen. Was stört, ist das Ungleichgewicht. Frauen und Männer verfallen so oft in diese unausgewogenen Verhaltensmuster, weil sie unterschiedliche Interaktionsgewohnheiten haben. Weil Frauen Gemeinsamkeit schaffen wollen, neigen sie dazu, ihren Sachverstand herunterzuspielen, statt ihn offen zu zeigen. Weil Männer sich gern im Rampenlicht und in dem Gefühl überlegenen Wissens sonnen, suchen sie Gelegenheiten, Fakten zu sammeln und zu verteilen.

Weil es oft so aussieht, als würden Männer aufgrund ihres größeren Sachverstands das Wort führen, sind Frauen nicht selten überrascht und frustriert, wenn sie feststellen müssen, daß sie im umgekehrten Fall noch lange nicht zu Wort kommen.

Erst ich, dann ich

Es geschah bei einem gemeinsamen Essen mit Lehrkräften aus anderen Fachbereichen meiner Universität. Rechts neben mir saß eine Frau. Als das Essen begann, stellten wir uns vor. Nachdem wir uns erzählt hatten, welchem Fachbereich wir angehörten und welche Fächer wir unterrichteten, fragte sie mich nach meinem Forschungsgebiet. Wir redeten eine Weile über meine Arbeit. Dann fragte ich sie nach ihrem Forschungsgebiet, und sie erzählte davon. Schließlich diskutierten wir, inwiefern sich unsere Themenbereiche überschnitten. Später – wie es bei solchen Essen nun mal üblich ist – wandten wir uns auch anderen Teilnehmern zu. Ich fragte einen Mann, der mir gegenübersaß, welchem Fachbereich er angehöre und womit er sich beschäftige. Während der nächsten halben Stunde lernte ich eine Menge über seine Arbeit, sein Forschungsgebiet und seine Herkunft. Als das Essen sich dem Ende neigte, entstand eine Pause, und er fragte, womit ich mich beschäftigte. Als ich antwortete, ich sei Linguistin, berichtete er ganz begeistert von einem Forschungsprojekt, das er durchgeführt hatte und das mit Neurolinguistik zusammenhing. Als wir alle vom Essen aufstanden, erzählte er noch immer von seinem Forschungsprojekt.

Dieser Mann und diese Frau waren Akademikerkollegen von mir. Wie ist es, wenn ich mich statt mit Wissenschaftlern mit Leuten auf Partys oder bei gesellschaftlichen Anlässen unterhalte? Ich habe die Erfahrung gemacht, daß Frauen, denen ich von meiner Arbeit berichte, mir im allgemeinen Fragen dazu stellen. Wenn ich ihnen etwas über Gesprächsstil oder über geschlechtsspezifische Unterschiede erzähle, berichten sie von eigenen Erfahrungen, um die von mir beschriebenen Muster zu bestätigen. Das ist sehr angenehm für mich. Es macht mich zum Mittelpunkt, ohne daß ich mich selbst ins Rampenlicht drängen müßte, und häufig sammle ich auf diese Weise amüsante kleine Geschichten, die ich später verwenden kann. Aber wenn ich Männern erzähle, welchen Beruf ich ausübe, halten mir viele einen Vortrag über Sprache – zum Beispiel darüber, wie einige Leute, vor allem Teenager, heutzutage Sprache mißhandeln. Andere fordern mich heraus, indem sie zum Beispiel meine Untersuchungsmethoden in Frage stellen. Viele wechseln das Thema und reden über etwas, von dem sie mehr verstehen.

Natürlich reagieren nicht alle Männer auf diese Weise, aber im Lauf der Jahre habe ich viele Männer und nur sehr wenige Frauen getroffen, die sich so verhalten. Ich meine damit nicht, daß diese Art zu sprechen *das* männliche Verhalten ist, aber es ist *eine* männliche Verhaltensform. Es gibt Frauen, die solche Formen übernehmen, aber man sagt ihnen dann häufig nach, sie sprächen wie Männer.

Zeig, was du hast – oder versteck es

Ich beobachte diese Gesprächskonstellation seit vielen Jahren. Bis vor ganz kurzer Zeit, als ich die Status- und Bindungstheorie entwickelte, hatte ich jedoch keine Vorstellung davon, *warum* das so ist. Eine experimentelle Studie, die eine wichtige Rolle in meinen Überlegungen spielte, zeigt, daß der Sachverstand einer Frau ihr noch lange keine zentrale Stellung im Gespräch mit Männern garantiert.

Die Psychologin H. M. Leet-Pellegrini wollte herausfinden, ob das Geschlecht oder die Sachkenntnis ausschlaggebend dafür ist, wer sich – wie sie es nennt – »dominierend« verhält; wer also mehr redet, den anderen unterbricht oder das Gesprächsthema bestimmt. Sie stellte gleichgeschlechtliche und gemischte Zweiergruppen zusammen und bat die Beteiligten zu diskutieren, wie sich Gewalt im Fernsehen auf Kinder auswirke. In einigen Fällen machte sie einen der Partner zum Experten, indem sie ihn vor Aufzeichnung des Gesprächs über wichtige Fakten informierte und ihm Zeit gab, diese Informationen durchzulesen und zu verarbeiten. Man könnte annehmen, daß die zu Experten gemachten Gesprächsteilnehmer länger redeten, ihren Partner häufiger unterbrachen und weniger Zeit darauf verwandten, den weniger Informierten zu unterstützen. Aber so einfach war es nicht. Im Durchschnitt redeten diejenigen, die die Fakten kannten, tatsächlich mehr, aber die männlichen Experten redeten mehr als die weiblichen.

Auch was das unterstützende Verhalten angeht, hatte das

Sachwissen einen unterschiedlichen Effekt bei Frauen und Männern. Leet-Pellegrini ging davon aus, daß derjenige, der über keine Sachkenntnisse verfügte, mehr Zeit darauf verwenden würde, dem Experten Zustimmung und Unterstützung zu zeigen. Das war auch tatsächlich so – *außer* in Fällen, wo eine Frau die Fakten kannte und ihr unkundiger Partner ein Mann war. In dieser Situation zeigten die weiblichen Experten weit *mehr* Unterstützung – durch Äußerungen wie »Ja« und »Das ist richtig« – als ihre schlechter informierten männlichen Gesprächspartner. Beobachter bewerteten den männlichen Nicht-Experten häufig als dominierender als den weiblichen Experten. Mit anderen Worten, die Frauen bei diesem Experiment setzten ihr Wissen nicht nur nicht als Machtmittel ein, sondern versuchten im Gegenteil, es herunterzuspielen und durch ein extrem zustimmendes Verhalten auszugleichen. Sie verhielten sich, als ob Sachwissen etwas wäre, was man verbergen müßte.

Und vielleicht war es das tatsächlich. Wenn bei diesen experimentellen Gesprächen der Begriff *Experte* fiel, war es bis auf einen Fall der Mann, der ihn benutzte, indem er zum Beispiel sagte: »Sie sind also der Experte.« Frauen, die ihr überlegenes Wissen zeigten, lösten Ablehnung und nicht Respekt aus.

Wenn darüber hinaus ein männlicher Experte mit einer weniger gut informierten Frau sprach, bestimmte er die Struktur des Gesprächs am Anfang *und* am Schluß. Aber wenn ein männlicher Experte mit einem weniger gut informierten Mann sprach, dominierte er am Beginn, aber nicht unbedingt am Ende des Gesprächs. Mit anderen Worten, über Sachkenntnisse zu verfügen genügte, um einen Mann in der kontrollierenden Rolle zu halten, wenn er mit einer Frau sprach, aber nicht, wenn er mit einem Mann sprach. Wenn eine Frau mit einem Mann diskutierte, den sie für besser informiert hielt, akzeptierte sie offenbar einfach die reaktive Rolle. Ein männlicher Partner dagegen lieferte dem Experten unter Umständen manche Schlacht und hatte am Ende des Gesprächs vielleicht die Oberhand gewonnen, obwohl er schlechter informiert war.

Als ich diese Ergebnisse las, verstand ich plötzlich, was mir passiert, wenn ich mit Männern und Frauen über Sprache rede. Ich gehe davon aus, daß mein anerkanntes Fachwissen bedeutet, daß ich automatisch als Autorität respektiert werde, und bei Frauen ist das im allgemeinen auch der Fall. Aber wenn ich mit Männern spreche und offenbare, daß ich eine anerkannte Expertin auf diesem Gebiet bin, wird meine Position häufig in Frage gestellt. Ich *kann* meine Autorität behaupten, wenn ich mich erfolgreich gegen die Herausforderungen verteidige, wenn nicht, verliere ich das Wort.

Man könnte die Ergebnisse von Leet-Pellegrinis Studie in dem Sinn auslegen, daß Frauen übers Ohr gehauen werden. Man verweigert ihnen die Anerkennung, die ihnen rechtmäßig zusteht. Und in gewisser Weise stimmt das. Aber der Grund ist nicht – wie viele Frauen glauben –, daß Männer Schurken sind, die den Frauen jede Autorität abzusprechen suchen. Die Leet-Pellegrini-Studie zeigt, daß viele Männer auch dann dazu neigen, um Status zu konkurrieren und die Autorität anderer herauszufordern, wenn sie sich mit Männern unterhalten. Und in diesem Fall könnte es eher ein Zeichen von Respekt und Gleichbehandlung als ein Ausdruck mangelnden Respekts oder eine Form von Diskriminierung sein, wenn Männer die Autorität einer Frau ebenso in Frage stellen wie die eines Mannes. In solchen Situationen resultiert die ungleiche Behandlung nicht einfach aus dem Verhalten der Männer, sondern aus dem unterschiedlichen Gesprächsstil: Die meisten Frauen sind kaum darin geübt, sich gegen Herausforderungen zu verteidigen, die sie als persönliche Angriffe gegen ihre Glaubwürdigkeit mißverstehen.

Selbst wenn sie sich mit Männern unterhalten, die sich freuen würden, sie in Positionen mit hohem Status zu sehen, fällt es Frauen oft schwer, zu ihrem Recht zu kommen, weil Männer und Frauen unterschiedliche Ziele mit einem Gespräch verbinden. So, wie die High-School-Jungen wenig Interesse daran haben, Informationen über beliebte Mädchen weiterzugeben, weil es keinen Nutzen für sie hat, haben Frauen bei einem Gespräch kaum Interesse daran, ihr Wissen zu demonstrieren, weil es sie ihrem Ziel nicht näher bringt. Leet-Pellegrini ist der Ansicht, daß die Männer in der Untersuchung ein Spiel spielten, das unter dem Motto stand: »Hab ich gewonnen?« Die Frauen dagegen spielten: »War ich hilfsbereit genug?« Ich würde es vielleicht noch anders ausdrücken: Das Spiel der Frauen heißt »Magst du mich?«, das der Männer »Hast du Respekt vor mir?«. Wenn Männer, weil sie respektiert werden wollen, von Frauen weniger gemocht werden, ist das ein ebenso unbeabsichtigter Nebeneffekt wie der Verlust an Respekt für Frauen, die gemocht werden wollen. Wenn eine Frau sich mit einem Mann unterhält und bemüht ist, Gemeinsamkeiten herzustellen und jede Form von Angeberei zu vermeiden, ist es leicht möglich, daß sie – von einer Statusperspektive aus – unterlegen wirkt und unsicher oder inkompetent erscheint.

Subtile Rücksichtnahme

Elizabeth Aries, eine Psychologieprofessorin am Amherst College, wollte beweisen, daß hochintelligente, hochgebildete junge Frauen in Gesprächen mit männlichen Kommilitonen nicht länger eine unterwürfige Haltung einnehmen. Und sie fand tatsächlich heraus, daß in den kleinen Gesprächsgruppen, die sie aufstellte, die Studentinnen mehr redeten als die Studenten. Aber sie redeten anders. Die Männer bestimmten meistens den Verlauf der Diskussion; sie äußerten Vorschläge und Meinungen und stellten Informationen zur Verfügung, während die Frauen eher ein reaktives Verhalten zeigten. Außerdem fand Aries heraus, daß die Körpersprache so unterschiedlich war wie eh und je: Die Männer saßen mit ausgestreckten Beinen da, während die Frauen sich klein machten. Aries zitiert Forschungsergebnisse, die belegen, daß eine offene Körperhaltung dem Sprecher mehr Überzeugungskraft verleiht; sie betont, daß die bloße Tatsache, daß eine Frau mehr redet, nicht unbedingt bedeutet, daß sie gehört wird.

In einer weiteren Untersuchung fand Aries heraus, daß Männer in rein männlichen Gesprächsrunden zunächst viel Zeit damit verbrachten, herauszufinden, »wer am besten über Filme, Bücher, laufende Ereignisse, Politik und Reisen informiert war«, um dadurch »die Konkurrenz einzuschätzen« und ihre »Position im Verhältnis zu den anderen« auszuhandeln. Dieser Einblick in reine Männergespräche läßt ahnen, warum die Demonstration von Wissen und Erfahrung etwas ist, das Männern lohnenswerter scheint als Frauen. Die Frauen in Aries' Untersuchung waren mehr damit beschäftigt, »Nähe durch eher vertrauliche Selbstbekenntnisse herzustellen«.

Man darf dabei nicht vergessen, daß es sowohl den Männern als auch den Frauen um die Herstellung eines kameradschaftlichen Verhältnisses ging, und beide Gruppen beschäftigten sich mit ihren Beziehungen zueinander. Aber es standen jeweils andere Aspekte dieser Beziehungen im Vordergrund: Für die Männer ging es um ihren Platz in einer hierarchischen Ordnung, für die Frauen um ihre Stellung in einem Netzwerk intimer Bindungen. Diese unterschiedlichen Anliegen führten zu sehr unterschiedlichen Sprechweisen.

Der Englisch-Professor Thomas Fox war verblüfft über die geschlechtsspezifischen Unterschiede in seinem Einführungskurs über literarisches Schreiben. Seine Beobachtungen fügen sich fast nahtlos in die Untersuchungsergebnisse von Aries und Leet-Pellegrini. Zu Fox' Unterrichtsmethoden gehörte es, daß die Studenten sich ihre Essays gegenseitig vorlasen und in kleinen Gruppen darüber diskutierten. Er ließ sie außerdem Berichte schreiben, in denen die Studenten ihre Meinung zu den vorgetragenen Essays und über die Ergebnisse der Diskussionsrunden wiedergeben sollten. Nur er als Lehrer las diese Analyseberichte.

Um die beiden Haltungen, die er als typisch für Männer und Frauen empfand, exemplarisch aufzuzeigen, wählte Fox eine Frau, Ms. M. und einen Mann, Mr. H. Ms. M. verbarg sowohl schriftlich wie auch mündlich, was sie wußte, erschien nach außen uninformiert und uninteressiert, weil sie fürchtete, ihre Klassenkameraden zu verletzen. Mr. H. sprach und schrieb mit Bestimmtheit und offensichtlichem Selbstvertrauen, weil er darauf erpicht war, seine Mitschüler zu überzeugen. Ms. M. war es gleichgültig, ob sie die anderen überzeugen würde; Mr. H. machte sich keine Gedanken darüber, ob er jemanden verletzte.

Der Analysebericht, in dem der junge Mann sein eigenes Verhalten in den gemischten Diskussionsgruppen erörterte, las sich wie eine Beschreibung der jungen Männer in Leet-Pellegrinis und Aries Studien:

> In meiner Untergruppe bin ich der Anführer. Ich beginne jede Diskussion damit, daß ich meine Meinung als Fakt präsentiere. Die anderen beiden Gruppenmitglieder neigen dazu, sich zurückzulehnen und mir zuzustimmen... Ich brauche Leute, die mir zustimmen.

Fox kommentiert, daß Mr. H. »ein Selbst offenbart, das aktiv wird, um sich selbst und andere zu ändern, und das völlig anders zu sein scheint als das von Ms. M., die abhängig und auf andere bezogen ist«.

Wenn Fox das Selbst von Ms. M. als »abhängig« bezeichnet, deutet sich darin eine negative Sicht ihres Verhaltens an – und damit eine, wie ich glaube, unter Männern weitverbreitete Sicht. In diesem Urteil spiegelt sich die Überzeugung, daß das Gegenteil von Unabhängigkeit zwangsläufig Abhängigkeit sein muß. Wenn dies tatsächlich eine männliche Sicht ist, könnte das erklären, warum viele Männer vor zu großer Vertraulichkeit zurückschrecken: Es ist sinnvoll, auf seiner Unabhängigkeit zu beharren, wenn man eine als demütigend empfundene Abhängigkeit vermeiden will. Aber es gibt eine Alternative: *gegenseitige Abhängigkeit.*

Der Hauptunterschied zwischen diesen Alternativen ist Symmetrie. Abhängigkeit ist eine asymmetrische Beziehung: Eine Person braucht die andere, aber nicht umgekehrt, so daß die bedürftige Person unterlegen ist. Gegenseitige Abhängigkeit ist symmetrisch: Jeder vertraut auf den anderen, so daß keiner unter- oder überlegen ist. Außerdem ist auch Mr. H.s Selbst von anderen abhängig. Er braucht andere, die ihm zuhören, ihm zustimmen und ihm erlauben, als erster seine Meinung zu äußern und damit die Führung zu übernehmen.

So betrachtet, sind der Mann und die Frau in dieser Gruppe beide voneinander abhängig. Ihre unterschiedlichen Ziele ergänzen sich, obwohl keiner die Beweggründe des anderen versteht. Es wäre ein gutes Arrangement, außer daß die unterschiedlichen Ziele in Aufstellungen resultieren, bei denen die Autorität des Mannes bestärkt und die der Frau untergraben wird.

Verschiedene Interpretationen – und Fehlinterpretationen

Fox schildert außerdem, wie unterschiedlich die männlichen und weiblichen Studenten seines Kurses eine Kurzgeschichte interpretierten. Auch in diesen unterschiedlichen Interpretationsansätzen spiegeln sich geschlechtsspezifische Vorstellungen von Abhängigkeit und Unabhängigkeit. Fox' Studenten beschrieben ihre Eindrücke von Nathaniel Hawthornes »Das Muttermal«. Die Geschichte handelt von einem Mann, der sich zwanghaft mit einem Muttermal im Gesicht seiner Frau beschäftigt. Die Besessenheit überträgt sich auf die Frau, die darunter leidet, daß ihr Mann sich vor ihr ekelt. Entgegen ihrer Überzeugung willigt sie in eine Behandlung ein, die ihr Mann zur Entfernung des Muttermals ersonnen hat – eine Behandlung, die zur erfolgreichen Entfernung des Muttermals und zum Tod der Frau führt.

Ms. M. sah in der Zustimmung der Frau eine natürliche Reaktion auf die Forderung eines geliebten Menschen: Die Frau ergab sich in den tödlichen Plan ihres Mannes, weil sie ihn erfreuen und hübsch für ihn sein wollte. Mr. H. machte die Unsicherheit und Eitelkeit der Frau für ihr Schicksal verantwortlich und kritisierte, daß sie sich der Autorität ihres Mannes so bereitwillig unterworfen hatte. Fox weist darauf hin, daß Mr. H. davon ausging, daß die Frau für ihre Handlungen selbst verantwortlich war – so wie er für seine Handlungen. Für ihn ging es in dieser Geschichte um Unabhängigkeit: Die schwache Frau übernahm freiwillig eine unterwürfige Rolle. Für Ms. M. handelte die Geschichte von gegenseitiger Abhängigkeit: Die Frau war untrennbar mit ihrem Mann verbunden, deshalb ließ sich ihr Verhalten nicht unabhängig von seinem betrachten.

Fox merkt an, daß Mr. H. die Interpretationen der Frauen in seiner Klasse für spontan hielt – sie würden schreiben, was ihnen gerade in den Sinn käme. Nichts könnte weiter von der Erfahrung entfernt sein, wie Ms. M. sie schilderte: Wenn sie wußte, daß ihre Kommilitonen die Aufsätze lesen würden, zensierte sie alles, was ihr einfiel. Wenn sie dagegen etwas schrieb, das nur ihr Professor lesen würde, drückte sie ihre Meinung klar und unmißverständlich aus.

Die Vorgehensweisen von Ms. M. und Mr. H. ergänzen sich auf verblüffende, wenn auch paradoxe Weise. Er braucht jemanden, der ihm zuhört und ihm beipflichtet. Sie hört ihm zu und pflichtet ihm bei. Aber in einem anderen Sinn sind ihre sich ergänzenden Absichten gegenläufig. Er sieht ihre auf Bindung zielende Zustimmung im Spiegel von Macht und Status: Er hält sie für »entscheidungsschwach« und »unsicher«. Ihre Gründe, sich anders zu verhalten als er – wenn sie zum Beispiel ihre persönliche Meinung nicht als feststehende Tatsache präsentiert –, haben nichts damit zu tun, wie sie ihr Wissen einschätzt – wie er glaubt –, sondern damit, wie sie ihr Verhältnis zu ihren Kommilitonen einschätzt.

Die experimentellen Studien von Leet-Pellegrini und Aries sowie die Beobachtungen von Fox deuten alle darauf hin, daß es Männern – im allgemeinen – leichter fällt als Frauen, Kenntnisse und Meinungen zu äußern und in Gegenwart anderer einen respektgebietenden Ton anzuschlagen; Frauen fällt es dagegen leichter als Männern, die Gesprächspartner zu unterstützen.

Hört überhaupt jemand zu?

In Jules Feiffers Stück *Grown Ups* versucht eine Frau, Marilyn, ihren Eltern Jack und Helen von einem Erlebnis zu berichten, aber es gelingt ihr nicht, sie zum Zuhören zu bewegen. Marilyns unmißverständliche Versuche, ihre Geschichte zu erzählen, sind in dem folgenden Ausschnitt durch Fettdruck hervorgehoben.

Marilyn: **Das muß ich euch erzählen! Als ich Mittwoch mit dem Bus aus Philadelphia zurück-**

Jack: Niemand hat mir auch nur ein Wort von Philadelphia gesagt.

Helen: Marilyn, soll ich mal nach dem Hähnchen sehen?

Marilyn: Laß doch, Mutter.

Helen: Die alte Dame möchte dir etwas zur Hand gehen.

Marilyn: Ich bin wie du; wenn jemand anfängt, mir zu helfen, vergesse ich, was ich wollte. **Setz dich doch, das wird dir gefallen: Ich kam aus Philadelphia-**

Jack (zu Helen): Wußtest du, daß sie verreist war?

Marilyn: Zwei Tage!

Jack: Wer hat auf meine Enkel aufgepaßt?

Marilyn: Woher soll ich das wissen? Aus den Augen, aus dem Sinn. Nein, Rudi war da. Er hat sie morgens aus dem Bett geholt und abends wieder reingepackt. Was in der Zwischenzeit passiert ist, will ich lieber gar nicht wissen. **Hört ihr mir jetzt endlich mal zu oder nicht?**

Helen (geht zum Tisch zurück): Fährst du wieder weg, Marilyn?

Marilyn kann ihre Eltern nicht dazu bewegen, ihr zuzuhören. Sie lenken immer wieder ab, indem sie Kommentare über Marilyns Kochkünste, ihre Haushaltsführung, ihre Familie, ihre Sicherheit und ihren Bruder Jake abgeben:

Helen: Wo ist Jake?

Marilyn: Unterwegs. **Ich erwischte also den letzten Bus zurück in die Stadt-**

Jack: Ich möchte nicht, daß du mit dem letzten Bus fährst. Es ist zu gefährlich.

Marilyn: **Es ist nicht halb so gefährlich wie der Versuch, hier eine Geschichte zu erzählen.**

So wie die Frau, die sich bei Anne Landers beklagte, weil ihr Mann nicht mit ihr redete, fühlt auch Marilyn sich unsichtbar. Für Marilyn symbolisiert das mangelnde Interesse an ihrer Geschichte die Unfähigkeit ihrer Eltern, sie als eigenständige Person anzuerkennen und zu respektieren, wie sie Jake gegenüber ausführt:

Marilyn: Bei dir wissen sie wenigstens, daß du lebst. Ganz egal, was ich mache, weißt du, wie ich mich dabei fühle? Ich werd's mal so ausdrücken: Wenn *du* sie mit dem Auto irgendwo hinfährst, dann bist du der wahnsinnig erfolgreiche Sohn, der sich ein eigenes Auto leisten kann. Wenn ich sie mit dem Auto irgendwo hinfahre, dann bin ich der Chauffeur. Weißt du, was mich mehr als alles andere fertigmacht? Das Schönste für mich war immer, wie du und Mama in der Küche Geschichten erzählt habt. Erst erzählte sie eine, dann du, dann sie, dann wieder du. Ich dachte immer, daß ich eines Tages alt genug wäre, um auch etwas Richtiges zu erleben, und dann würde *ich* Geschichten haben! Bis heute lassen sie mich keine eigene Geschichte erzählen. Ist es nicht verrückt, daß mich das immer noch beschäftigt?

Jake: Ich habe Geschichten erzählt, um ihren zu entgehen.

Jakes Erklärung macht deutlich, daß er die Rolle des Zuhörers vermeiden wollte. Während Marilyn die Geschichten ihrer Mutter liebte, sagt Jake, daß er gelernt habe, selbst zu erzählen, um der Mutter nicht zuhören zu müssen.

Ähnlich wie Marilyn, die glaubte, daß sie eigene Geschichten zu erzählen hätte, wenn sie älter würde, war auch ich als Kind überzeugt, daß alle Erwachsenen über zwei Fähigkeiten verfügten, die mir fehlten: Sie konnten pfeifen und mit den Fingern schnippen. Ich nahm an, daß diese Fähigkeiten mir mit wachsendem Alter ebenfalls zufallen würden, und wartete ungeduldig auf diese Entwicklung. Aber ich wurde erwachsen, und noch immer kann ich weder pfeifen noch ein nennenswertes Geräusch mit den Fingern erzeugen. Als Kind ist es mir nie in den Sinn gekommen, daß diese Eigenschaften sich vielleicht nicht auf dieselbe magische Weise einstellen würden wie die körperlichen Veränderungen der Pubertät. Zu spät habe ich erkannt, daß man üben muß, wenn man die Kunst des Pfeifens und Fingerschnippens beherrschen will. Wenn die erwachsene Tochter in *Grown Ups* ihre Geschichten nicht so erzählen konnte, daß die anderen ihr aufmerksam zuhörten, lag das zum Teil daran, daß sie es nicht von klein auf geübt hatte. Sie hatte in ihrer Kindheit nur gespannt und aufmerksam gelauscht, wenn ihre Mutter und Jake sich Geschichten erzählten. Während Jake Übung darin bekam, durch sprachliche Darbietungen die Aufmerksamkeit auf sich zu ziehen, bekam Marilyn Übung im Zuhören.

Die Fähigkeiten, die Jake und Marilyn als Kinder ausfeilten, wurden zur Grundlage ihrer erwachsenen Tätigkeiten. Jake wurde Journalist bei der *New York Times*: Er machte einen Beruf daraus, Geschichten über Nachrichten zu schreiben, die Millionen von Menschen lesen würden – eine andere Form sprachlicher Selbstdarstellung vor Publikum. Marilyn wurde Sozialarbeiterin: Sie machte einen Beruf daraus, still dazusitzen und anderen zuzuhören.

In Feiffers Stück ist Marilyn tatsächlich keine so gute Geschichtenerzählerin wie Jake – sie verheddert sich in unwichtigen Details und unterbricht sich selbst, um peinlich genau irgendeinen Aspekt auszuwalzen, der für die Geschichte völlig unerheblich ist. Die Szene endet damit, daß Jake wieder zum strahlenden Mittelpunkt wird; vor hingerissenem Publikum wiederholt er auf seine Weise eine Geschichte, die Marilyn verpatzt hat. Implizit wird damit ausgedrückt, daß es an Marilyn selbst liegt, wenn niemand ihr Beachtung schenkt, weil sie einfach kein Talent zum Geschichtenerzählen hat. Aber es könnte durchaus sein, daß ihre Familie ihr selbst dann nicht zugehört hätte, wenn Marilyn in der Lage gewesen wäre, eine gute Geschichte zu erzählen, weil alle es längst als gegeben hinnehmen, daß Jake spannend erzählen kann und Marilyn nicht. Aus denselben Gründen – da es mehr Männer als Frauen gibt, die Vergnügen daran finden, sich vor anderen zu produzieren – haben Frauen wahrscheinlich Schwierigkeiten, sich in den Mittelpunkt zu stellen – unabhängig davon, ob sie sich gut ausdrücken können oder nicht –, denn nach der herrschenden Norm wird von den Männern – und nicht von den Frauen – erwartet, daß sie Aufmerksamkeit für sich fordern.

Unsichtbar erwachsen werden

Die Anthropologen Frederick Erickson und Susan Florio haben eine authentische Konversation aufgezeichnet, die als Vorlage für die Familie in Feiffers *Grown Ups* gedient haben könnte. Erickson filmte und analysierte das Tischgespräch einer in Boston lebenden italienischen Familie. Der jüngste Sohn war vom Fahrrad gefallen, was er mit einer eindrucksvollen Schramme beweisen konnte. Um ihn zu trösten, erzählten sein Vater und seine Brüder ihm – und allen anderen Anwesenden – von eigenen Zweiradunfällen. In ihren Geschichten ging es nicht einfach darum, daß jemand vom Fahrrad fiel, sie erzählten, wie ihre Fahrräder »ausgelöscht« wurden, und verliehen ihren Stürzen damit einen Hauch von Glanz und Abenteuer. Die längste und eindrucksvollste Geschichte wurde vom Vater zum besten gegeben, denn ihm gehörte das größte Fahrrad: ein Motorrad. Auf diese Weise gaben die älteren Brüder und Männer der Familie dem Jüngsten eine Lektion in Furchtlosigkeit und im Geschichtenerzählen. Um ein Mann zu sein, mußte man nicht nur gefährliche Abenteuer riskieren, man mußte auch in Kauf nehmen, dabei Schaden zu nehmen – und dann später vor Publikum, in Gesellschaft anderer Männer und dankbarer Frauen davon berichten.

Während dieses Teils des Gespräches erzählten die Männer und Jungen Geschichten, während die Frauen – die Mutter, die Schwester und Susan Florio, die eingeladene Wissenschaftlerin – die Rolle des Publikums übernahmen. Florio war eine besonders wichtige Zuhörerin, weil die jungen Männer nicht zuletzt deshalb von ihren tollkühnen Fahrkünsten und halsbrecherischen Stürzen erzählten, um ihr, einer attraktiven jungen Frau, zu imponieren. Als die Schwester des kleinen Jungen berichten wollte, wie sie einmal vom Fahrrad gefallen war, schenkte ihr niemand

Beachtung, und sie kam nie über den ersten Satz hinaus, wie die fettgedruckten Zeilen des folgenden Gesprächsauszugs zeigen:

Vater	(über die Verletzung seines Jüngsten, Jimmy): Da hast du aber ordentlich was abgekriegt, was?
Mutter:	Und wie!
Jimmy:	Ja, und hier ist auch noch eine Schramme, neben-
Vater:	Du solltest ein Pflaster draufkleben.
Erster Bruder:	Hol mal den Verbands-
Dritter Bruder:	Den Werkzeugkasten. Wir müssen unser Pflasterkind zusammenflicken. (Er zieht Jimmy gutmütig auf, indem er auf eine Reifenreparatur anspielt.)
Schwester:	**Ich hab' mein Fahrrad auf dem Hügel ausgelöscht.**
Erster Bruder:	Das letzte Mal war ich dran. Das war ein klasse Crash, ich hab' die Karre völlig ausgelöscht.
? Bruder:	/??/ war das letzte Mal, daß es mir passiert ist.
Vater:	Ich muß dir wohl auch einen Helm besorgen.
Erster Bruder:	(zu zweitem Bruder): Ich glaub' mein bester, mein allerbester Crash, das war, als wir beide zusammengestoßen sind; ich hatte so zwanzig drauf und hab's total ausgelöscht.

Dem Fahrradsturz des kleinen Bruders – der »Auslöschung« seines Fahrrads – wird viel Aufmerksamkeit geschenkt. Aber als das kleine Mädchen erzählen will, wie ihr Fahrrad »ausgelöscht« wurde, wird sie genauso ignoriert wie Marilyn in Feiffers Stück.

Dafür gibt es viele mögliche Gründe. Es könnte sein, daß die Art und Weise, in der das Mädchen versucht, das Wort zu ergreifen, sich von der Vorgehensweise der anderen unterscheidet. Nachdem sie verkündet hatte, daß ihr Fahrrad auf dem Hügel ausgelöscht wurde, hat sie vielleicht darauf gewartet, daß man sie zum Weitererzählen ermuntert, während die Jungen einfach drauflosredeten, bis sie ihre Geschichte los waren. Vielleicht hat sie zu leise oder zu zaghaft gesprochen. Oder vielleicht ist es einfach so, daß die Familie kein Interesse an den Geschichten eines Mädchens im allgemeinen und an den Fahrradcrashs eines Mädchens im besonderen hat.

Erickson zeigt in seiner Untersuchung, daß die Crash-Geschichten der Jungen Lektionen in männlichem Verhalten sind. Durch die ihnen entgegengebrachte Aufmerksamkeit lernen die Jungen, und demonstrieren es gleichzeitig dem jüngsten Bruder, daß waghalsige Fahrkünste etwas Gutes, Verletzungen unvermeidlich, tapferes Erdulden von Schmerzen empfehlenswert und technische Kenntnisse und Fähigkeiten nützlich sind (viele Gespräche handeln vom Innenleben einer Bremse und vom Straßenbau) und daß man mit Geschichten über waghalsige Fahrkünste, tapferes Ertragen von Schmerzen und die Anwendung und Demonstration technischer Kenntnisse die Aufmerksamkeit auf sich lenken und die Leute beeindrucken kann. Vielleicht glaubt man in der Familie, daß die Schwester diese Lektionen nicht nötig hat. Es läuft auf jeden Fall darauf hinaus, daß die Jungen in der Familie lernen, sich durch das, was sie sagen, in den Mittelpunkt zu stellen, während das Mädchen lernt zuzuhören.

Der unterlegene Zuhörer

Natürlich ist es nicht so, daß Männer immer nur reden und Frauen immer nur zuhören. Ich habe mehrere Männer befragt, ob es ihnen manchmal passiert, daß ein anderer Mann ihnen Vorträge hält, und wie sie sich dabei fühlen. Sie meinten, daß das sehr wohl vorkomme. Sie würden durchaus Gesprächssituationen erleben, in denen der andere sie so beharrlich mit Informationen bombardiere, daß sie nachgäben und zuhörten. Sie sagen, es mache ihnen nicht viel aus, solange die Informationen interessant seien. Sie könnten sie im Gedächtnis bewahren und vielleicht später verwenden, so, wie man sich einen Witz merkt, um ihn weiterzuerzählen. Faktische Informationen sind für Frauen oft weniger interessant, weil sie kaum Nutzen daraus ziehen können. Sie versuchen nur selten, jemanden mit der Weitergabe von Informationen zu beglücken, sondern eher damit, eine gute Zuhörerin zu sein.

Sowohl Männer als auch Frauen werden gelegentlich zur Zielscheibe von Vorträgen, auf die sie lieber verzichten würden. Aber Männer erzählen mir, daß das am ehesten passiert, wenn der andere Mann einen höheren Status hat. Sie haben gelernt, daß sie den Vorträgen von Vätern und Vorgesetzten zuhören müssen.

Daß Männer sich durchaus in der Rolle des unfreiwilligen Zuhörers wiederfinden können, zeigt sich in einer Glosse von A. R. Gurney, der sich darüber beklagt, daß er oft von »irgendeinem selbsternannten Experten in die Enge getrieben« wird, »der mich mit seinen wohldurchdachten Meinungen zu einem endlosen Themenkatalog peinigt«. Er behauptet, daß diese Neigung von der typisch amerikanischen Unfähigkeit zeuge, zu »konversieren« – das heißt, sich auf ein ausgewogenes Geben und Nehmen einzustellen –, und zitiert den französischen Beobachter amerikanischer Sitten, Alexis de Tocqueville, um seine Meinung zu belegen: »Ein Amerikaner... redet mit dir, als ob er eine Ansprache hielte.« Gurney führt seine Vorliebe fürs Konversieren auf seinen Vater zurück, der »es meisterhaft verstand, Interesse und Begeisterung für die Meinung anderer aufzubringen, obwohl diese Fähigkeit sich nicht immer auch auf seine Kinder erstreckte. Wenn ich heute darüber nachdenke, war es wohl tatsächlich so, daß er oft eine Ansprache hielt, wenn er mit uns redete.«

Es ist nicht überraschend, daß Gurneys Vater seinen Kindern Vorträge hielt. Die Weitergabe von Informationen ist ein Vorgang, bei dem der Sprecher per definitionem einen höheren Statusrahmen besitzt als der Zuhörer. Kinder spüren das instinktiv – so wie die meisten Männer. Aber wenn Frauen Männern zuhören, denken sie nicht in Statusbegriffen. Durch die Statusbrille betrachtet, kann der Versuch, Bindungen zu knüpfen und Rapport herzustellen, unglücklicherweise leicht als Übernahme einer niedrigeren Statusposition mißverstanden werden – und viele Männer neigen zu dieser Ansicht.

Ähnlich verhält es sich, wenn man Witze austauscht, um Gelächter zu ernten. In ihrer Studie über die Diskussionsgruppen von College-Studenten stellte Aries fest, daß die reinen Männergruppen viel darüber lachten und sprachen, wie sie anderen einen Streich gespielt hatten. Aries bezieht sich auf eine Untersuchung von Barbara Miller Newman, die herausfand, daß High-School-Jungen, die nicht »schnell und clever« waren, zu Zielscheiben von Witzen wurden. Anderen einen Streich zu spielen – sich *auf Kosten* anderer lustig zu machen – hat zweifellos mit Status, mit Kontrolle und überlegenem Wissen zu tun. Daß auch das *Erzählen* von Witzen eine Form der Statusaushandlung sein kann, ist zwar weniger offensichtlich, aber trotzdem wahr.

Viele Frauen (sicher nicht alle) lachen über Witze, können sich aber keine Witze merken. Weil es sie nicht danach drängt, im Mittelpunkt zu stehen, müssen sie nicht ständig einen Vorrat an Witzen parat haben. Eine Frau, die ich Bernice nennen will, war stolz auf ihren Sinn für Humor. Auf einer Cocktailparty traf sie einen Mann, von dem sie sich angezogen fühlte, weil es zunächst so schien, als ob er diese Eigenschaft teilte. Er machte viele witzige Bemerkungen, über die sie spontan lachen mußte. Aber als sie witzige Bemerkungen machte, schien er gar nicht zuzuhören. Wo war sein Sinn für Humor geblieben? Obwohl sowohl das Witzeerzählen wie auch das Lachen über Witze von Humor zeugt, handelt es sich dabei um ganz verschiedene soziale Verhaltensweisen. Wer andere zum Lachen bringt, hat für einen flüchtigen Moment Macht über sie: Der Linguist Wallace Chafe weist darauf hin, daß Menschen, wenn sie lachen, vorübergehend schutzlos sind. Der Mann, den Bernice kennenlernte, fühlte sich nur wohl, solange er sie zum Lachen brachte, nicht im umgekehrten Fall. Bernice ging davon aus, daß sie sich auf eine symmetrische Kommunikation einließ, als sie über seine Witze lachte. Er aber ging von einer asymmetrischen Situation aus.

Ein Mann erzählte mir, daß er ungefähr in der zehnten Klasse erkannt habe, daß er lieber mit Frauen als mit Männern zusammen war. Er fand, daß seine weiblichen Freunde hilfsereiter und weniger wettbewerbsorientiert seien, während seine männlichen Freunde nichts anderes als Witze im Kopf hätten. Wenn man das Witzemachen als etwas Asymmetrisches auffaßt, wird verständlicher, warum es zu einem Verhalten paßte, das dieser Mann für wettbewerbsorientiert hielt.

»Was glaubst du, mit wem du sprichst?«

Die subtilen Asymmetrien des Sprechens und Zuhörens werfen vielleicht auch ein wenig Licht auf die weitverbreitete Klage, daß Männer zu Hause so mundfaul sind. Der Anthropologe Gerry Philipsen verbrachte zweieinhalb Jahre mit männlichen Teenagern in einem italienischen Arbeiterviertel. Diese Jungen unterhielten sich laut und wortreich, wenn sie mit ihren Freunden an den Straßenecken oder in der örtlichen Kneipe herumlungerten. Aber sie sprachen nur mit ihresgleichen. Mit Leuten, denen sie sich über- und unterlegen fühlten, unterhielten sie sich nicht. Wenn sie etwas von einer Autoritätsperson wollten, nahmen sie Vermittlerdienste in Anspruch, so, wie sie auch eher einen Heiligen um Fürsprache baten, statt direkt zu Gott zu beten. Auf Leute in untergeordneten Positionen – Kindern, Frauen oder Jungen mit niedrigerem Status – reagierten sie mit Demonstrationen physischer Stärke, nötigenfalls sogar gewalttätig. Mit jemandem zu reden, der einen höheren Status innehatte, wäre ihnen unverschämt, anmaßend und regelwidrig vorgekommen. Mit jemandem zu reden, der einen niedrigeren Status innehatte, wäre ohne praktischen Nutzen und hätte nach Schwäche und Unterwürfigkeit ausgesehen.

In zwei Weisen ähnelt die Kultur dieser »Macho«-Teenager derjenigen von Frauen und Mädchen. Wie die Mädchen gewinnen auch diese Jungen Status durch Beziehungen: Je einflußreicher ihre Bekannten sind, desto mehr Status erhalten sie. Doch ihnen geht es bei den Beziehungen hauptsächlich um Macht: Sie nutzen ihre Bindungen, um etwas durchzusetzen. Für Mädchen sind Beziehungen ein Zweck in sich: Ihr Ansehen steigt, wenn sie mit einem Mädchen von höherem Status befreundet sind. Diese Jungen gleichen den Mädchen insofern, als sie sich nur im

Gespräch mit Gleichgestellten wohl fühlen. Aber warum mögen sie sich nicht mit Mädchen unterhalten? Vielleicht, weil sie davon ausgehen, daß Mädchen einen niedrigeren Status haben, während Mädchen glauben – oder glauben wollen –, daß Partnerschaften, auch die mit Männern, gleichberechtigt sind.

Klassenunterschiede spielen beim Gesprächsstil vielleicht eine weit größere Rolle, als gemeinhin angenommen wird. Die Soziologin Mirra Komarovsky kommt in ihrer schon klassischen Studie *Blue Collar Marriage* zu dem Schluß, daß Mann und Frau sich um so mehr als Partner begreifen, je stärker sie von der Mittelschicht geprägt sind. Unter High-School-Abgängern herrschte die Ansicht vor, daß ein Ehemann mit seiner Frau reden sollte. Leute ohne High-School-Abschluß hielten Frauen, die von ihren Ehemännern erwarteten, daß sie sich mit ihnen unterhielten, für übermäßig anspruchsvoll. Sie fanden, daß Ehefrauen sich mit weiblichen Verwandten unterhalten und ihre Männer in Ruhe lassen sollten.

Gegenseitige Vorwürfe

In Anbetracht dieser Verhaltensmuster ist es nicht überraschend, wenn viele Frauen sich darüber beklagen, daß ihre Partner ihnen nicht zuhören. Aber auch Männer erheben diesen Vorwurf, wenn auch weniger häufig. Die Beschuldigung »Du hörst nicht zu« bedeutet in Wahrheit oft: »Du verstehst das, was ich sage, nicht so, wie ich es gemeint habe« oder »Ich bekomme nicht die Reaktion von dir, die ich wollte«. Zuhören kann eine Metapher für Verständnis und Anerkennung sein. In früheren Arbeiten habe ich darauf hingewiesen, daß Frauen oft den Eindruck haben, daß Männer ihnen nicht zuhören, obwohl sie es tun. Das liegt daran, daß Männer ihr Interesse anders zeigen als Frauen. Wie die Anthropologen Maltz und Borker darlegen, neigen Frauen eher dazu, Fragen zu stellen. Sie zeigen auch mehr bestätigende Reaktionen – lassen immer wieder kleine Wörter wie *mhm, aha, ja* einfließen, wenn sie jemandem zuhören, und sorgen so für ein fortlaufendes Feedback. Und sie reagieren positiver und begeisterter, indem sie zum Beispiel zustimmen und lachen.

Mit diesem ganzen Verhalten leisten sie Zuhörerarbeit. Es ist auch eine Form der Beziehungssprache, weil Gemeinsamkeiten unterstrichen werden und der andere zum Weitererzählen ermutigt wird. Die entsprechenden Strategien der Männer – sie zeigen insgesamt weniger Reaktionen, neigen mehr zu Behauptungen als zu Fragen und ziehen eher etwas in Zweifel, als daß sie Zustimmung äußern – kann man als Wettkampftaktik auffassen, die eher dem Ziel dient, selbst zu Wort zu kommen, statt anderen zuzuhören.

Maltz und Borker zufolge signalisieren Frauen nicht nur stärkeres Interesse, die gegebenen Signale haben auch unterschiedliche Bedeutungen für Männer und Frauen, die der Sprecher-/Hörer-Aufstellung *(alignment)* entspricht. Frauen benutzen »Ja« als Ausdruck von »Ich bin bei dir, ich kann dir folgen«, während Männer nur »Ja« sagen, wenn sie dem Sprecher zustimmen. Es ist klar, daß sich daraus Mißverständnisse ergeben können. Wenn ein Mann mit einer Frau konfrontiert wird, die »Ja«, »Ja«, »Ja« gesagt hat, und es sich dann herausstellt, daß sie ihm eigentlich gar nicht zustimmt, könnte er daraus schließen, daß sie unehrlich war oder beigepflichtet hat, ohne wirklich zuzuhören. Wenn eine Frau mit einem Mann konfrontiert wird, der *nicht* »Ja« – oder irgend etwas in der Art – sagt, könnte sie daraus den Schluß ziehen, daß *er* nicht zugehört hat. Der Gesprächsstil von Männern ist stärker auf die Mitteilungsebene eines Gesprächs fixiert, während Frauen sich auf die Beziehungs- oder Metaebene konzentrieren.

Ein Mann erwartet, daß man ihm ruhig und aufmerksam zuhört, und wird deshalb eine Frau, die dauernd ein Feedback einfließen läßt, für zu geschwätzig halten. Eine Frau erwartet von einem Zuhörer, daß er aktiv und begeistert Interesse, Aufmerksamkeit und Unterstützung demonstriert, und wird deshalb von einem Mann, der einfach nur still dasitzt, glauben, er höre überhaupt nicht zu; sie wird denken, daß er sich statt dessen aus dem Gespräch ausgeklinkt, seine Zuhör-Murmeln eingesammelt und sich im Geiste verabschiedet hat.

Aufgrund dieser Verhaltensmuster haben Frauen oft den Eindruck, daß Männer ihnen nicht zuhören, obwohl sie es eigentlich tun. Allerdings bin ich in letzter Zeit zu der Ansicht gekommen, daß Männer tatsächlich seltener zuhören als Frauen, weil das Zuhören verschiedene Bedeutungen für sie hat. Manche Männer hören *nicht* gern längere Zeit zu, weil sie glauben, es würde sie als unterlegen einrahmen. Viele Frauen hören durchaus gern zu, erwarten aber, daß das Zuhören reziprok ist: ›Jetzt höre ich dir zu, später hörst du mir zu.‹ Sie sind frustriert, wenn immer jetzt und nie später ist.

Beiderseitige Unzufriedenheit

Viele Frauen finden es unbefriedigend, immer nur zuhören zu müssen, aber die Unzufriedenheit ist vielleicht gegenseitig. Wenn eine Frau das Gefühl hat, in die Rolle des schweigenden Zuhörers gedrängt zu werden, bedeutet das nicht, daß der Mann sie in diese Rolle drängen wollte – und auch nicht, daß ihm diese rigide Aufstellung unbedingt gefällt.

Während ich an diesem Buch arbeitete, war ich einmal zu einer Buch-Party eingeladen, auf der viele Leute waren, die ich kaum kannte. Ich begann ein Gespräch mit einem charmanten jungen Mann, der sich als Maler entpuppte. Ich erkundigte mich nach seiner Arbeit und fragte ihn, nachdem er mir darüber Auskunft gegeben hatte, ob es in der zeitgenössischen Kunst eine Rückkehr zur gegenständlichen Malerei gebe. Er beantwortete meine Frage, indem er mir eine Menge über Kunstgeschichte erzählte – soviel, daß er zum Schluß meinte: »Das war eine lange Antwort auf Ihre Frage.« Ich hatte längst vergessen, daß ich eine Frage gestellt, geschweige denn, was für eine Frage ich gestellt hatte. Es hatte mich nicht gestört, daß er einen Monolog gehalten hatte – es war sehr interessant gewesen –, aber mir wurde schlagartig bewußt, daß ich gerade ein Opfer der Dynamik geworden war, über die ich geschrieben hatte.

Ich beschloß, das Risiko einzugehen, meinen sympathischen neuen Bekannten vor den Kopf zu stoßen, um etwas über seine Meinung zu diesem Thema zu erfahren. Schließlich war es ja eine Buch-Party, und ich konnte vielleicht mit etwas Nachsicht rechnen, wenn ich die Regeln des Dekorums im Interesse eines neuen Buches brach. Ich fragte ihn, ob es ihm oft passiere, daß er lang und breit erzähle, während jemand anders zuhöre. Er dachte einen Moment nach und meinte dann, ja, das würde ihm öfter so gehen, weil er Ideen gern in allen Einzelheiten erkläre. Ich fragte ihn, ob es einen Unterschied mache, ob er sich mit einem Mann oder einer Frau unterhalte. Er dachte wieder einen Moment nach und meinte dann: »Nein, mit Männern habe ich mehr Probleme.« Ich fragte, was er mit Problemen meine, und er entgegnete: »Männer unterbrechen immer. *Sie* wollen es *mir* erklären.«

Nachdem dieser junge Mann mit so entwaffnender Offenheit über unsere Unterhaltung und über seinen eigenen Gesprächsstil gesprochen hatte, fragte ich ihn schließlich, was er vorziehe: daß eine Frau ihm still zuhöre und ihn zum Reden ermutige oder daß sie eigene Meinungen und Ideen anbiete. Er meinte, es wäre ihm lieber, wenn sie auch etwas beizusteuern hätte, weil das Gespräch dadurch interessanter würde.

Wenn Männer anfangen, anderen Männern Vorträge zu halten, haben die Zuhörer Erfahrung darin, die Vorlesung zu sabotieren, sie abzubrechen oder es dem Vortragenden gleichzutun. Bei diesem System können gebieterische Behauptungen einen *Austausch* von Informationen einleiten. Aber Frauen sind nicht darin geübt, auf diese Weise zu reagieren. Sie sehen kaum eine andere Möglichkeit für sich, als aufmerksam zuzuhören und darauf zu warten, daß man ihnen das Wort erteilt, statt es selbst zu ergreifen. In derartigen Situationen ist der Mann vielleicht genauso gelangweilt und frustriert wie die Frau, wenn sein Versuch, einen Informationsaustausch einzuleiten, damit endet, daß er einen Vortrag hält. Für ihn stellt es sich so dar, daß die Frau passiv Informationen aufsaugt, sie also aller Wahrscheinlichkeit nach keine eigenen Kenntnisse hat, die sie beisteuern könnte. Wenn das Gespräch zwischen Mann und Frau so oft in einen Monolog des Mannes ausartet, dann zum Teil deshalb, *weil* Frauen aufmerksam zuhören und die Aussagen nicht in Frage stellen, nicht vom Thema ablenken oder eigene Informationen anbieten.

Bei der Konversation mit meinen Kollegen, von der ich zu Beginn dieses Kapitels berichtete, war dies vielleicht der entscheidende Unterschied. Als ich mich mit der Frau unterhielt, erzählten wir beide von unseren Forschungsgebieten, weil wir uns gegenseitig dazu ermutigten. Als ich den Mann ermunterte, von seiner Arbeit zu berichten, kam er der Aufforderung nach, ohne später mit einer entsprechenden Gegenfrage zu reagieren. Das kann bedeuten, daß es ihn nicht interessierte, muß aber nicht notwendigerweise so gewesen sein. In ihrer Studie über Diskussionsgruppen von Collegestudenten kommt Aries zu dem Schluß, daß Frauen, die viel redeten, sich mit der Zeit unwohl fühlten; sie zogen sich zurück und baten oft stillere Gesprächsteilnehmer um ihre Meinung. Das fügt sich nahtlos in das weibliche Harmonie- und Gleichheitsbedürfnis. Frauen erwarten, daß man sie zum Weiterreden ermutigt. Männer fordern einen stilleren Gesprächspartner für gewöhnlich nicht zum Sprechen auf, weil sie davon ausgehen, daß jemand, der etwas zu sagen hat, das schon tun wird. Wenn der andere schweigt, sind Männer wahrscheinlich genauso enttäuscht von der Unterhaltung wie die Frauen.

Und Männer finden oft auch die Gesprächsthemen von Frauen genauso langweilig wie Frauen die Männerthemen. Während ich wünschte, der Ex-Royal-Air-Force-Pilot würde mir etwas von seinen persönlichen Erfahrungen in Griechenland erzählen, wunderte er sich wahrscheinlich, warum ich ihn mit meinen persönlichen Erlebnissen langweilte, und staunte über meine mangelnden Geschichtskenntnisse über ein Land, in dem ich gelebt hatte. Vielleicht hätte er es für ein gutes Gespräch gehalten, wenn ich seine Auslegung der griechischen Geschichte bezweifelt oder verbessert hätte, statt ihm stumm zuzuhören. Wenn Männer hören, welchen Beruf ich ausübe, und meine Forschungsmethoden dann in Frage stellen, fordern sie mich auf, ihnen Informationen zu geben und meinen Sachverstand unter Beweis zu stellen – etwas, das ich außerhalb des Klassenzimmers und Vorlesungssaals sehr ungern tue, aber etwas, zu dem Männer sich wahrscheinlich gern provozieren lassen.

Die Publizistin, die aufmerksam zuhörte, als sie über eine Radiostation informiert wurde, erklärte mir, daß sie nett zu dem Produzenten sein wollte, um ihren Autoren den Weg in seinen Sender zu ebnen. Wenn Männer eine Frau für sich einnehmen möchten, setzen sie eher auf den Zauber ihrer eigenen sprachlichen Darbietung als auf den Charme aufmerksamen Zuhörens. Ich erinnere mich an ein Essen, an dem ich teilnahm, bevor ich einen Vortrag vor einer Gruppe ehemaliger College-Studenten halten sollte. Mein großzügiger Gastgeber sorgte für meine Unterhaltung und beglückte mich die ganze Zeit bis zu Beginn meines Vortrages mit seinen Computerkenntnissen; ich heuchelte freundliches Interesse, während ich mich innerlich zu Tode langweilte und das Gefühl hatte, mit einem Haufen irrelevanter Informationen überschüttet zu werden, an die ich mich nie im Leben erinnern würde. Und doch bin ich überzeugt, daß mein Gastgeber sich und seine Ausführungen für interessant hielt, und wahrscheinlich hätten einige seiner männlichen Gäste diese Ansicht geteilt. Ich möchte damit nicht sagen, daß alle weiblichen Gastgeberinnen mich immer auf perfekte Weise unterhalten würden. Ich weiß noch, wie ich einmal zu einem Vortrag eingeladen und vorher von einigen Frauen zum Essen ausgeführt wurde. Sie schenkten meinem Sachverstand so viel Aufmerksamkeit und bedrängten mich derart mit Fragen, daß ich bereits erschöpfend Auskunft gegeben hatte, bevor das Essen zu Ende war und der offizielle Vortrag begonnen hatte. Im Vergleich dazu hat der Mann, der die Computervorlesung hielt, mir sozusagen eine Ruhepause gegönnt.

Wenn Männer sich unverhältnismäßig häufig in der Rolle des Vortragenden und Frauen sich in der des Publikums wiederfinden, so ist dieses Ungleichgewicht nicht die Schuld eines Interaktionspartners allein. Es ist nicht etwas, was die Männer den Frauen antun. Und es ist auch nicht etwas, was die Frauen selbst verschulden, weil sie es »zulassen« oder »herausfordern«. Das Ungleichgewicht entsteht durch die unterschiedlichen Gesprächsgewohnheiten von Männern und Frauen.

Behindernder Gesprächsstil

»Krieg mit Japan«, eine Geschichte von Frederick Barthelme, handelt von einem Mann, der sich darauf zurückzieht, seinem Sohn Vorträge zu halten, nicht, weil er es will, sondern weil es vertraut und sicher ist. Die Geschichte beginnt damit, daß der

Erzähler ankündigt, er werde aus seinem Haus ausziehen und in eine Wohnung über der Garage ziehen, weil er und seine Frau »eine Art Streit gehabt haben«. Er überlegt, ob er seinen zwölfjährigen Sohn bitten soll, ihm beim Umzug zu helfen:

> Einerseits denke ich, ich sollte die Gelegenheit nutzen und ihm erklären, warum ich in die Garage ziehe, und dann denke ich wieder, ich sollte es lieber nicht tun, weil ich es vielleicht nicht klar genug ausdrücken kann. Ich weiß nicht, warum ich ihm immer etwas erklären will – ich möchte ihn wohl für mich gewinnen...

Als der Erzähler zu seinem Sohn geht und ihm sagt, daß er sich mit ihm unterhalten möchte, hört sich das so an:

> »Ich wollte dir sagen, daß vieles jetzt falsch ist, was vorher richtig war. Ich schätze, du wirst schon merken, daß was falsch ist, und dich fragen, *warum*, deshalb dachte ich, ich erklär's dir schon mal, weißt du? Tu meine Pflicht.«
>
> Er sieht verunsichert aus, deshalb sage ich: »Ich geb' dir ein Beispiel. Ich saß hier drin und dachte an einen Krieg mit den Japanern. Also, Charles, ein Krieg mit den Japanern ist nicht gerade sehr wahrscheinlich, das verstehst du doch, oder?«

Es endet damit, daß der Vater seinem Sohn einen Vortrag über die Japaner, die Russen, die amerikanische Regierung und Gesellschaft hält. Er macht Witze. Er sagt nichts über sich selbst, über seine Gefühle, über den Umzug oder über die Beziehung zur Mutter des Jungen und zum Jungen selbst. Die Geschichte ist ironisch und traurig, weil klar ist, daß der Vater seinen Sohn so nicht »gewinnen« wird. Der Vortrag über einen Krieg mit Japan ist weder interessant für den Jungen, noch ist es das, was der Vater eigentlich sagen wollte. Er fing an zu erklären, was in der Welt passierte, weil es ein vertrauteres Thema für ihn war. Darüber zu reden fiel ihm leichter, als zu erklären, was mit der Familie passierte.

Der Vater scheint seiner Furcht nachgegeben zu haben, daß er nicht »klar genug ausdrücken« könnte, warum er in die Garage zog. Er glaubt, er müsse wie bei einem Gespräch über Politik fertige Antworten und Erklärungen parat haben. Vielleicht könnte er freier über seine Gefühle sprechen, wenn er nicht überzeugt wäre, daß all seine Aussagen genauestens durchdacht sein müßten. Sein Sohn hätte mehr davon gehabt, wenn er etwas über die Gedanken und Gefühle seines Vaters erfahren hätte, auch wenn sie nicht perfekt formuliert gewesen wären. Der Mann in dieser Geschichte war durch seinen gewohnheitsmäßigen Gesprächsstil gehandikapt.

Es bedeutet eine erhebliche Einschränkung für Frauen, wenn sie immer nur eine reaktive und kaum eine aktive Rolle übernehmen. Diese Tendenz hat weitreichende Konsequenzen für sexuelle Beziehungen. Philip Blumstein und Pepper Schwartz stellen in ihrer Studie *American Couples* fest, daß lesbische Frauen seltener Sex machen als schwule Männer oder heterosexuelle Paare. Die beiden Soziologen glauben, daß das darauf zurückzuführen ist, daß – wie sie feststellten – bei heterosexuellen Paaren meistens der Mann die Initiative ergreift und die Frau entweder darauf eingeht oder von ihrem Einspruchsrecht Gebrauch macht. Bei homosexuellen Männern übernimmt zumindest einer der Partner die aktive Rolle. Aber bei lesbischen Frauen fühlt sich laut Blumstein und Schwartz häufig keine der Partnerinnen in der aktiven Rolle wohl, weil keine als zu fordernd erscheinen möchte.

Hoffnung für die Zukunft

Was können wir für die Zukunft hoffen? Müssen wir die uns zugewiesenen Rollen weiterspielen, bis der Vorhang fällt? Obwohl wir leicht in unseren gewohnten Sprachgebrauch zurückfallen, oft dieselben Ausdrücke und Sätze wiederholen, lassen sich Gewohnheiten durchbrechen. Wenn Frauen und Männer den Gesprächsstil des anderen Geschlechts verstehen – und lernen, ihn gelegentlich zu benutzen –, können beide Seiten viel gewinnen.

Frauen, die sich unfreiwillig in die Rolle des Zuhörers gedrängt fühlen, sollten üben, aus dieser Rolle auszubrechen, statt geduldig zu warten, bis der Vortrag vorüber ist. Vielleicht müssen sie die Überzeugung aufgeben, daß sie darauf zu warten haben, bis ihnen das Wort erteilt wird. Wenn sie etwas zu einem Thema zu sagen haben, sollten sie sich dazu zwingen, es auch zu tun. Wenn ein Thema sie langweilt, könnten sie den Gesprächsverlauf beeinflussen und ein Thema anschneiden, das sie mehr interessiert.

Wenn Frauen die befreiende Erfahrung machen, daß sie nicht immer nur zuhören müssen, empfinden es vielleicht auch die Männer als gewisse Erleichterung, daß sie nicht dauernd einen interessanten Gesprächsstoff auf den Lippen haben müssen, wenn sie einer Frau gefallen oder sie unterhalten wollen. Eine Journalistin interviewte mich einmal zu der Frage, wie man am besten ein Gespräch anfängt. Sie erzählte mir, daß ein anderer – männlicher – Experte vorgeschlagen habe, daß man mit einer interessanten Information aufwarten solle. Ich fand das sehr amüsant, weil es so typisch für die männliche Vorstellung von einem guten Gespräch und so untypisch für die weibliche schien. Männer könnten soviel unbefangener an ein Gespräch herangehen, wenn sie wüßten, daß sie nur zuhören müssen. Eine Frau, die einen Brief an den Herausgeber von *Psychology Today* schrieb, formulierte es folgendermaßen: »Wenn ich einen Mann treffe, der mich fragt ›Wie war dein Tag?‹, und es wirklich wissen will, dann bin ich im siebten Himmel.«

VI

Gemeinsam und gegeneinander: Sprechweisen im Streit

Wenn die Wege von zwei Menschen sich kreuzen, kommt es zwangsläufig zu Interessenkonflikten: Wir können nicht zu zweit auf derselben Stelle stehen, ohne daß einer dem anderen auf dem Fuß steht. Wenn keiner beiseite tritt, wird einer getreten. Zwei Menschen können nicht zu einer Einheit verschmelzen, wir haben unterschiedliche Wünsche und Vorstellungen, so daß Konflikte unvermeidlich sind. Weil nicht beide ihren Willen durchsetzen können, kommt es zu Machtkämpfen.

Auf den ersten Blick scheint es so, als ob Konflikt das Gegenteil von Einvernehmen und Gemeinsamkeit sei. In vielen Untersuchungen über den unterschiedlichen Stil von Männern und Frauen wird behauptet, daß Männer wettbewerbsorientiert und streitlustig, Frauen dagegen kooperativ und auf andere bezogen sind. Aber auch das Austragen von Konflikten ist eine Möglichkeit, sich auf andere einzulassen. Obwohl es sicher wahr ist, daß viele Frauen in ihrem Sprachgebrauch dazu neigen, Gemeinsamkeit auszudrücken, während Männer dazu tendieren, Sprache als Mittel der Selbstdarstellung zu benutzen, ist die Situation in Wahrheit komplizierter, denn wenn die Selbstdarstellung Teil eines gemeinsamen Streits ist, zeugt sie auch von Verbundenheit. Konfliktbereitschaft kann also durchaus ein Zeichen von Anteilnahme und Interesse sein.

Die meisten Frauen sehen in Konflikten eine Bedrohung von Bindung, die um jeden Preis vermieden werden sollte. Sie regeln Meinungsverschiedenheiten am liebsten ohne direkte Konfrontation. Aber für viele Männer sind Konflikte ein notwendiges Mittel der Statusaushandlung, das sie akzeptieren und unter Umständen sogar bereitwillig und freudig in Kauf nehmen.

Der Wissenschaftler Walter Ong, der sich mit Kulturlinguistik beschäftigt, zeigt in seinem Buch *Fighting for Life*, daß »Gegnerschaft« (*adversativeness*) – d. h. ein Verhalten, bei dem eigene Bedürfnisse, Wünsche oder Fähigkeiten denjenigen anderer entgegengesetzt werden – ein wesentlicher Teil des Menschseins ist, daß aber »offen gezeigte oder ausgedrückte Gegnerschaft im Leben von Männern einen weit größeren Raum einnimmt als im Leben von Frauen«. Ong macht deutlich, daß ein gegnerschaftliches Verhalten, das Kampf, Auseinandersetzung, Konflikt, Konkurrenz und Streit umfaßt, für Männer typisch ist. Das Verhalten von Männern ist von ritualisierten Kämpfen durchzogen, wie es sich besonders deutlich bei rauhen Sport- und Wettkampfspielen zeigt. Frauen neigen dagegen eher zu einem vermittelnden Verhalten oder kämpfen lieber aus konkreten als aus rituellen Anlässen. Männerfreundschaften umfassen häufig einen großen Anteil freundschaftlicher Aggressionen, die Frauen leicht als echte Aggressionen mißverstehen.

Ong demonstriert, wie unauflöslich sprachlicher Akt und wettkampfmäßige Beziehungen miteinander verknüpft sind. Ein mündlicher Disput – von der formalen Debatte bis zum Studium formaler Logik – ist vom Wesen her immer kontrovers. So gesehen, ist es ein Überbleibsel dieser Tradition, wenn Männer häufig zu der Erwartung neigen, daß Diskussionen und Streitgespräche sich an die Regeln der Logik halten sollten. Außerdem ist ein sprachlicher Akt, der der Selbstdarstellung dient – das, was ich Berichtssprache genannt habe –, Teil eines umfassenderen Gesamtverhaltens, nach dem viele Männer das Leben als Wettstreit begreifen.

Frauen, in deren Vorstellungswelt Kampfrituale kaum eine Rolle spielen, finden das Gegeneinander im männlichen Gesprächsverhalten oft verwirrend und übersehen die *rituelle* Bedeutung freundschaftlicher Aggression. Dabei kann die Demonstration von Gemeinsamkeiten genauso ritualisiert sein wie die Inszenierung von Wettstreit. Hinter der scheinbaren Gemeinschaft von Frauen können sich Machtkämpfe verbergen, und die scheinbare Übereinstimmung maskiert vielleicht tiefgreifende Meinungsverschiedenheiten. Männer sind von weiblichen Sprachritualen häufig ebenso verwirrt wie die Frauen von männlichen. Diese Verwirrungen sind im Gesprächsleben von Paaren an der Tagesordnung.

»Sag mir nicht, was ich zu tun habe«

Eine Frau, die ich Diana nennen will, leitet ihre Aussagen häufig mit »Laß uns« ein. Sie sagt zum Beispiel »Laß uns heute zum Brunch gehen« oder »Laß uns alles wegräumen, bevor wir Mittag essen«. Nathan macht das wütend. Er hat das Gefühl, daß sie ihn herumkommandiert, ihm sagt, was er zu tun hat. Diana kann das nicht verstehen. Für sie ist klar, daß sie Vorschläge macht und keine Forderungen stellt. Wenn ihr Vorschlag ihm nicht gefällt, muß er das nur sagen. Sie würde nicht auf einem Wunsch bestehen, wenn sie wüßte, daß er keine Lust hat.

Loraine äußert sich oft anerkennend und dankbar, wenn Sidney die Küche saubermacht oder die Wäsche erledigt. Statt sich über das Lob zu freuen, nimmt Sidney es übel. »Es gibt mir das Gefühl, als ob du verlangen würdest, daß ich es immer tue«, erklärt er. Ein anderer Mann äußerte sich ähnlich über seine Mutter. Sie lobte ihn, weil er sie anrief: »Du bist wirklich ein guter Mensch.« Er hatte den Eindruck, sie wolle ihn zwingen, regelmäßig anzurufen, denn für ihn implizierte ihr Lob, daß er ein schlechter Mensch wäre, wenn er es nicht täte.

In ihrer Studie über das Intimleben amerikanischer Paare zitieren Philip Blumstein und Pepper Schwartz einen jungen Mann, der sich über die sexuelle Beziehung zu seiner Freundin folgendermaßen äußerte: »Wir waren im Bett, und sie sagte dauernd: ›Streichel mich‹ oder ›Sei zärtlicher‹, bis ich ihr erklärt hab', daß sie es schon mir überlassen muß, wie ich es mache, wenn ich mit ihr schlafe... Ich will mich schließlich nicht herumkommandieren lassen...‹«

Bei all diesen Beispielen beklagten Männer sich darüber, daß sie in ihrer Unabhängigkeit und Freiheit eingeschränkt würden. Ihr Frühwarnsystem ist darauf eingestellt, bei jedem Anzeichen von Bevormundung sofort Alarm zu schlagen – selbst bei einer so scheinbar verbindenden Aktivität wie dem Liebesakt. Solche Vorwürfe überraschen und verwirren Frauen, deren Frühwarnsysteme auf eine ganz andere Gefahr eingestellt sind. Wenn die Welt ein kämpferischer Ort ist, wo Männer ihre Fähigkeiten beweisen und sich gegen andere behaupten müssen, macht es Sinn, vor Bedrohungen der Unabhängigkeit auf der Hut zu sein. Wenn ein Mann das Leben als Freiheitskampf versteht, ist es nur natürlich, daß er sich dagegen wehrt, kontrolliert und bevormundet zu werden.

Das Klischee vom Pantoffelhelden ist ein Produkt dieser Weltsicht: Viele Männer lehnen alles ab, was auch nur im entferntesten den Eindruck erwecken könnte, daß sie tun, was ihre Frauen wollen. Das Leben von Frauen ist, historisch gesehen, immer von den Forderungen anderer eingeschränkt worden – von den Forderungen ihrer Familien und Ehemänner –, und doch gibt es kein entsprechendes Bild von der »Frau unterm Pantoffel«, auch wenn einzelne Frauen vielleicht über tyrannische Ehemänner klagen. Warum nicht? Frauen gehen von einem Zustand gegenseitiger Abhängigkeit aus und erwarten daher, daß ihre Handlungen von anderen beeinflußt werden und daß in Übereinstimmung gehandelt wird. Frauen kämpfen darum, Bindungen zu festigen, die Gemeinschaft aufrechtzuerhalten und sich anderen anzupassen, und sie tun ihr möglichstes, um eigene Bedürfnisse und Wünsche zu unterdrücken. Kämpft ein Mann darum, stark zu sein, so kämpft eine Frau um eine starke Gemeinschaft.

Laßt uns nochmals von den Kindern sprechen

Die Mißverständnisse zwischen Diana und Nathan lassen sich auf den gewohnheitsmäßigen Gesprächsstil von Männern und Frauen zurückführen – auf Sprechweisen, die sich bei den ersten Gesprächen spielender Kinder herausbilden. Dianas Tendenz, Vorschläge zu machen, die mit »Laß uns« beginnen, ist nicht einfach eine persönliche Marotte. Wissenschaftler, die das Spiel von Kindern untersuchen, haben festgestellt, daß Mädchen aller Altersstufen zu dieser Sprechweise neigen.

Die Psychologin Jacqueline Sachs und ihre Mitarbeiter, die

Vorschulkinder im Alter zwischen zwei und fünf Jahren beobachteten, haben herausgefunden, daß Mädchen die Tendenz zeigten, Vorschläge mit Formulierungen wie »Laß uns« einzuleiten, während Jungen sich häufig gegenseitig Befehle erteilten. Beim Doktorspielen sagten die kleinen Jungen zum Beispiel:

> »Leg dich hin.«
> »Du hast jetzt was mit dem Herzen.«
> »Gib deinen Arm her.«
> »Versuch mal, mir Medizin zu geben.«

Wenn die Mädchen Doktor spielten, sagen sie: »Laßt uns das spielen. Wir wollen uns alle hinsetzen.«

Marjorie Harness Goodwin entdeckte genau dasselbe Verhaltensmuster bei einer ganz anderen Gruppe – bei den Straßenspielen von sechs- bis vierzehnjährigen Schwarzen in Philadelphia. Die Jungen, die (wettkampfmäßig) Schleudern für eine anstehende Bandenfehde bastelten, gaben sich gegenseitig Befehle:

> »Gib mir die Zange!«
> »Die brauch' ich jetzt, laß mich in Ruhe, Mensch.«
> »Ey, gib sie her. Wenn du das da fertig hast, gibst du sie mir.«
> »Verschwinde.«

Die Mädchen, die Glasringe aus Flaschenhälsen anfertigten, gaben sich keine Befehle. Sie machten Vorschläge, die sie mit »Laßt uns« einleiteten:

> »Laßt uns zu Subs und Suds gehen« (ein Lokal an der Straßenecke).
> »Laßt uns fragen, ob sie ein paar Flaschen für uns haben.«
> »Kommt schon, laßt uns ein paar besorgen.«
> »Ach was, laßt uns umkehren, diese haben wir schon mal sicher.«
> »Laßt uns erst diese wegbringen.«

Andere Formulierungen, die die Mädchen benutzten, um ihre Vorschläge einzuleiten, lauteten: »Wir machen« (»Wir machen eine richtige Ausstellung mit den Ringen«), »Wir könnten« (»Wir könnten etwas Sandpapier gebrauchen« – [um die spitzen Kanten der Glasringe abzuschmirgeln]), »Vielleicht« (»Vielleicht könnten wir sie so schneiden«) und »Wir sollten« (»Wir sollten noch ein paar Flaschen sammeln«). Bei all diesen Formulierungen handelt es sich um Versuche, die Handlungen der anderen zu beeinflussen, ohne ihnen Kommandos zu geben. Gleichzeitig stärken sie das Gemeinschaftsgefühl der Mädchen.

Vielleicht werden Kinder von den Sprechweisen ihrer Eltern beeinflußt, so, wie Erwachsene von dem geprägt sind, was sie selbst als Kinder gelernt haben. Die Psycholinguistin Jean Berko Gleason untersuchte, wie Eltern mit ihren Kindern reden; sie fand heraus, daß Väter öfter Befehle geben als Mütter und daß sie Söhnen häufiger Anordnungen erteilen als Töchtern. Die Soziolinguistin Frances Smith beobachtete ein ähnliches Verhaltensmuster in einer Situation öffentlichen Sprechens. Sie verfolgte Übungspredigten von Studenten an einem Baptistenseminar: Die Männer erteilten der Gemeinde häufig Anordnungen, wenn sie auf Kapitel und Psalme in ihrer Exegese hinwiesen, wie »Hören Sie aufmerksam zu, wenn ich Lukas, Kapitel siebzehn, vorlese«. Die Frauen dagegen benutzten kaum Imperative, sondern forderten die Zuhörer eher zur Teilnahme auf, wie zum Beispiel mit: »Lassen Sie uns nun zurückkehren zu den Versen fünfzehn und sechzehn.«

In Anbetracht dieses Verhaltensmusters liegt Nathan nicht völlig falsch, wenn er die Aufforderung »Laß uns« mit einem Befehl gleichsetzt. Es *ist* ein Versuch, eigene Vorstellungen durchzusetzen. Und doch hat auch Diana recht, wenn sie sagt, er hätte keinen Grund, sich eingeengt zu fühlen. Sie sind unterschiedlicher Meinung, weil die Sozialstrukturen von Jungen und Mädchen, Männern und Frauen vollkommen anders sind. Im Rahmen der hierarchischen Ordnung, in der Jungen und Männer sich befinden oder zu befinden glauben, gewinnt man tatsächlich Status, indem man anderen Anordnungen gibt oder sich weigert, Anordnungen zu befolgen. Nachdem Nathan erkannt hat, daß Diana mit »Laß uns« auf ihre Weise versucht, ihren Willen durchzusetzen, ist die logische Konsequenz, daß er sich weigert, ihren Wünschen zu entsprechen. Doch die Gemeinschaft, in der Mädchen und Frauen sich befinden oder zu befinden glauben, wird durch Konflikte gefährdet. Deshalb formulieren sie Forderungen als Vorschläge und nicht als Befehle, denn das gibt den anderen die Gelegenheit, Gegenvorschläge zu machen, und verhindert Konfrontationen. Weil Mädchen nicht daran gewöhnt sind, daß jemand ihnen ihren Willen einfach nur deshalb aufzwingen will, um eine überlegene Position zu begründen, haben sie nicht gelernt, Forderungen anderer einfach aus Prinzip abzulehnen, und glauben auch nicht, daß andere sich so verhalten würden.

Es ist nicht so, daß Frauen ihren Kopf nicht durchsetzen wollten, aber sie wollen es nicht um den Preis eines Konflikts. Die Ironie von Interaktionen wie der zwischen Nathan und Diana liegt darin, daß der unterschiedliche Gesprächsstil von Männern und Frauen ihre Anstrengungen von vornherein zum Scheitern verurteilt. Die von Frauen angewandten Methoden der Konfliktvermeidung sind häufig genau diejenigen, die im Gespräch mit Männern den Konflikt auslösen. Sobald Männer den Eindruck gewinnen, daß jemand versucht, sie zu bevormunden, ohne das direkt und offen auszusprechen, fühlen sie sich manipuliert und von einem Feind bedroht, der um so heimtückischer ist, weil er sich nicht offen zeigt.

»Ich bin der Doktor, und du bist das Baby«

Dieses unterschiedliche Konfliktverhalten zeigt sich auch in vielen anderen Gesprächssituationen. Sachs fand bei ihrer Untersuchung des Spielverhaltens von Vorschulkindern heraus, daß es unter den kleinen Jungen normalerweise hieß »Ich bin der Doktor«, wenn sie Arzt spielen wollten. Jungen wollten zu 79 Prozent der Zeit der Doktor sein und ließen sich häufig auf langwierige Debatten ein, wenn es darum ging, wer diese hochrangige Rolle übernehmen sollte. Andere Wissenschaftler entdeckten ähnliche Verhaltensmuster. Die Linguistin Elaine Anderson ließ Kinder im Vorschulalter Szenen zwischen Arzt und Patient mit

Handpuppen spielen. Auch sie stellte fest, daß die Jungen den Doktor, die Rolle mit hohem Status, übernehmen wollten und sich im allgemeinen weigerten, den Patienten oder das Kind zu markieren. Die Mädchen wollten die Doktorrolle nur zu einem Drittel der Zeit spielen; sie wollten häufig auch Patient, Kind oder Mutter sein.

In Sachs' Untersuchung wiesen die Jungen im allgemeinen den anderen ihre Rollen zu (»Los, du spielst den Doktor«). Im Gegensatz dazu fragten die Mädchen sich für gewöhnlich gegenseitig, welche Rolle sie spielen wollten (»Möchtest du jetzt mal der Patient sein?«), oder machten einen gemeinschaftlichen Vorschlag (»Ich bin die Krankenschwester und du die Ärztin«; »Jetzt können wir beide Doktor sein«; »Wir können beide krank sein«; oder »Na gut, ich bin der Doktor für mein Baby, und du bist der Doktor für dein Baby«). Viele dieser Vorschläge dienten nicht nur dazu, Konflikte zu vermeiden oder Anweisungen zu umgehen, sondern waren auch kreative Wege, um gleichen Status aufrechtzuerhalten.

Spiegeln diese experimentellen Studien, bei denen die Kinder in Untersuchungslaboren spielten, ihr normales Spielverhalten in vertrauter Umgebung wider? Ein Artikel von Rodger Kamenetz – einem Vater – spricht dafür:

> Meine Tochter Anya, sechs Jahre, und ihre Freundin Rosemary, sieben Jahre, spielten zusammen in Anyas Zimmer. Die Tür stand offen, und als ich einige gurrende Geräusche vernahm, guckte ich hinein und sah, daß jedes der Mädchen eine Flickenpuppe im Arm wiegte. »Du wickelst jetzt dein Kind«, sagte Rosemary zu Anya, »und ich wickle meins.«

Als ich diese Beschreibung las, war ich beeindruckt von der Symmetrie im Spiel der Mädchen. Rosemary schlug vor, daß sie sich beide zur selben Zeit derselben Aktivität widmen sollten. Statt Anya die Rolle des Kindes und damit den niedrigeren Status aufzudrängen, reservierte sie diese Rolle für die willigen Flikkenpuppen.

Andere Sozialstrukturen

Die unterschiedlichen Methoden, mit denen Mädchen und Jungen versuchen, Einfluß auf das Verhalten anderer zu nehmen, spiegeln – und erzeugen – verschiedene soziale Strukturen. Als die Jungen in Goodwins Studie sich auf ihren Schleuderkampf vorbereiteten, organisierten sie sich hierarchisch: Die Anführer erzählten den anderen, was sie zu tun hatten. Anführer war, wer Befehle gab und sie durchsetzen konnte. Ein Sprecher, der Kommandos erteilt, unterscheidet sich per definitionem vom Adressaten und rahmt sich als mächtiger ein. Im Gegensatz dazu waren die Mädchengruppen nach einem Gleichheitsprinzip organisiert; dazu Goodwin: »Bei der Erledigung einer zielgerichteten Aktivität nehmen schon bei Vier- und Fünfjährigen alle gemeinsam mit einem Minimum an Statusverhandlungen am Entscheidungsprozeß teil.« Wenn die Mädchen ihre Vorschläge mit Formulierungen wie »Laßt uns« und »Wir« einleiteten, implizierten sie, daß sie sich als Teil einer Gemeinschaft verstanden und daß die Einwilligung in einen Vorschlag nicht die Macht des einzelnen, sondern die Gemeinschaft stärken würde.

Außerdem gaben die Jungen im allgemeinen keine Gründe für ihre Forderungen an. Ein Junge, der eine Anführerrolle übernommen hatte, stellte zum Beispiel Forderungen auf wie:

> »ZANGE! ICH WILL DIE ZANGE!«
> »Hör mal, ich brauch' jetzt sofort die Drahtschere.«

Die Mädchen dagegen begründeten ihre Vorschläge:

> Sharon: Wir müssen sie zuerst *saubermachen*, weißt du?
> Pam: Ja, ich weiß.
> Sharon: Wegen der Keime.
> Pam: Wir spülen sie aus und wischen sie ab, nur für den Fall, daß Keime drin sind.

Die *fehlenden* Begründungen der Jungen unterstrichen den kämpferischen Charakter ihrer Forderungen. Einwilligung war ein Zeichen von Unterwerfung unter die Autorität des Anführers, obwohl Unterwerfung auch ein kooperativer Akt ist, insofern er die reibungslose Zusammenarbeit der Gruppe fördert. Die Mädchen wandten andere Methoden an, um ihren Willen durchzusetzen. Sie begründeten ihre Vorschläge nicht nur, ihre Begründungen hatten etwas mit dem Gemeinwohl zu tun: Die Flaschen sollten gereinigt werden, um alle vor einer Infektion zu schützen. Als Pam sich kooperativ zeigte, indem sie Sharons Vorschlag wie auch ihre Begründung wiederholte, wirkte es eher so, als ob sie am Entscheidungsprozeß beteiligt wäre, und nicht, als ob sie Anweisungen befolgte. Das heißt jedoch nicht, daß es nicht gewisse Regeln geben könnte, wessen Vorschläge am ehesten akzeptiert werden, und es bedeutet auch nicht, daß ein Mädchen, dessen Vorschläge häufig aufgegriffen werden, nicht eine gewisse persönliche Befriedigung dabei empfindet und kein Prestige in der Gruppe gewinnt.

Die unterschiedlichen Sozialstrukturen bei Mädchen und Jungen entsprachen gewissen Präferenzen bei ihren Aktivitäten. Die Jungen bevorzugten Spiele mit deutlichem Wettbewerbscharakter wie Fußball und Basketball. Sogar bei Spielen ohne offensichtliche Gewinner oder Verlierer spalteten die Jungen sich häufig spontan in verschiedene Teams, um miteinander konkurrieren zu können. Die Mädchen waren an organisierten Spielen oder Mannschaftssportarten kaum interessiert. Sie bevorzugten gemeinschaftliche Aktivitäten, an denen die ganze Gruppe teilnehmen konnte, wie Seilspringen oder ›Himmel und Hölle‹.

Goodwin stellte fest, daß die Jungen ihren Rang danach einschätzten, wie gut sie bei einzelnen Aktivitäten waren, und daß sie oft mit ihren Leistungen und Besitztümern prahlten. Wie die von Sachs beschriebenen kleinen Jungen, die darüber diskutierten, wer der Doktor sein würde, so diskutierten auch die von Goodwin untersuchten Teenagerjungen um Status – darüber, wer der Beste bei irgend etwas war und wer wem Befehle erteilen durfte. Die Mädchen besprachen, welchen Eindruck sie machten, und unterhielten sich über ihre Beziehungen zu anderen und darüber, was die anderen über sie sagten. Während die Jungen prahlten, sie seien die Besten, wurde ein Mädchen, das sich benahm, als ob es sich für etwas Besseres hielt, als »angeberisch« oder »hochnäsig« kritisiert.

Die Jungen kommandierten sich nicht nur herum, sie beschimpften und bedrohten sich auch. Wenn sie sich über einen anderen Jungen ärgerten, pflegten sie das in seiner Gegenwart deutlich auszusprechen. Die Mädchen dagegen äußerten ihre Vorwürfe für gewöhnlich nur, wenn das Objekt ihrer Kritik abwesend war.

Die Mädchen versuchten, offene Konfrontationen möglichst zu vermeiden, was zu einem Verhalten führte, das traditionell als negativ gilt – sie redeten hinter dem Rücken anderer. Diese negative Sicht brachte ein Mann zum Ausdruck, der meinte, daß die Mädchen Aufrichtigkeit um der Harmonie willen opferten. Der Vorwurf der »Unaufrichtigkeit« ist bei interkultureller Kommunikation weit verbreitet, weil Menschen aus unterschiedlichen Kulturen unterschiedlicher Meinung darüber sind, was ein angemessenes Gesprächsverhalten ist. Kritik offen zu äußern und damit eine direkte Konfrontation herauszufordern mag »aufrichtig« scheinen, wenn man überzeugt ist, daß offene Konfrontation die Freundschaft stärkt. Aber in einem System, in dem Konfrontationen zu Entzweiungen führen, wäre es keineswegs »aufrichtig«, weil offen geäußerte Kritik und die Provozierung eines Streits die Metamitteilung aussenden würden, daß man das Band der Freundschaft schwächen will.

»Du hast nicht gesagt, warum«

Diese unterschiedlichen Kindheitserfahrungen führen zu unterschiedlichen Erwartungen, Überzeugungen und Verhaltensweisen und damit zu Mißverständnissen in Gesprächen von Erwachsenen. Das folgende Streitgespräch entbrannte, weil eine Frau erwartete, daß ein Mann seine Äußerungen begründete, während der Mann nicht daran gewöhnt war, seine Entscheidungen zu rechtfertigen. Maureen und Philip versuchten einen Termin für eine Dinnerparty festzusetzen.

Maureen: Ich glaube, das Wochenende am 10. Oktober ist das einzige, an dem wir noch nichts vorhaben.

Philip: Da wird die Jagdsaison eröffnet.

Maureen: Also laß es uns Samstag- oder Sonntagabend machen.

Philip: Na gut, dann Samstag.

Maureen: Bist du sicher, daß du nicht lieber auf die Jagd gehen willst, wenn die Saison eröffnet wird?

Philip (verärgert): Ich sagte *Samstag*, also ziehe ich diesen Tag offensichtlich vor.

Maureen (jetzt auch verärgert): Ich habe nur versucht, Rücksicht auf dich zu nehmen. Du hast nicht gesagt, warum es dir am Samstag lieber ist.

Philip: Ich nehme mir Donnerstag und Freitag frei, um auf die Jagd zu gehen, also werd' ich wohl Samstagabend erst mal genug haben.

Maureen: Warum hast du das nicht gleich gesagt?

Philip: Ich weiß wirklich nicht, warum ich das hätte tun sollen. Und ich finde deine Fragerei ziemlich aufdringlich.

Maureen: Und ich finde deine Reaktion ziemlich verletzend!

Weil Philip keinen Grund dafür angab, warum er den Samstag vorzog, vermutete Maureen, daß er vielleicht Rücksicht auf ihre Wünsche nehmen wollte, so, wie sie es im umgekehrten Fall auch getan hätte – und tatsächlich gerade tat. Sie wollte ihn wissen lassen, daß es nicht nötig war, und fühlte sich verletzt, weil er so schroff reagierte. Philip dagegen hatte den Eindruck, daß er Rechenschaft darüber ablegen sollte, wie er seine Zeit verbrachte, als Maureen nach seinen Gründen fragte. Für ihn ist es klar, daß jeder sich für seine eigenen Interessen einsetzt, deshalb empfindet er es als aufdringlich, wenn Maureen in seinen Motiven herumstochert. Maureens Versuch, einen möglichen Interessenkonflikt zu vermeiden, war genau das, was den Konflikt auslöste.

Ein richtig schöner handfester Krach

Die grundsätzlich andere Haltung, was Konflikte angeht, zeigt sich in ganz gewöhnlichen Alltagsgesprächen. Gail haßt Streit. Wenn Norman wütend wird und rumschreit, ist sie tief beunruhigt. »Ich kann nicht mit dir reden, wenn du mich anbrüllst«, sagt sie. »Warum können wir nicht ganz vernünftig und wie erwachsene Leute miteinander reden?« Norman versteht das nicht. Mit jemandem streiten zu können ist für ihn ein Zeichen von Intimität. Die endlosen, monotonen Diskussionen, die Gail als Ausdruck von Intimität versteht, sind ihm dagegen ein Greuel. Er findet diese Debatten einfach nur zermürbend. Aber nach einem handfesten Krach fühlt er sich richtig gut – ganz im Gegensatz zu Gail, bei der diese lautstarken Auseinandersetzungen ein Gefühl der Leere und Erschöpfung hinterlassen. Für Norman sind solche Streitereien eine Art ritueller Kampf, und er sieht darin einen Ausdruck von Verbundenheit, denn nur Leute, die sich wirklich nahestehen, streiten miteinander.

In vielen Kulturen wird das Streiten als spielerischer und positiver Ausdruck von Intimität betrachtet. Amerikaner, die sich in Griechenland aufhalten, glauben oft, Zeuge eines Streits zu sein, während sie in Wahrheit einer freundlichen Unterhaltung beiwohnen, bei der es nur hitziger zugeht als bei einem vergleichbaren Gespräch unter Amerikanern. Der Linguistin Deborah Schiffrin zufolge gilt freundliches Streiten bei in Philadelphia lebenden osteuropäischen Juden als Ausdruck der Geselligkeit, und zwar sowohl bei Männern als auch bei Frauen. Die Linguistin Jane Frank hat Gespräche eines jüdischen Paares analysiert: Wenn die beiden sich in Gesellschaft befanden, vertraten sie häufig kontroverse Ansichten und zeigten sich streitlustig. Aber sie bekämpften sich nicht. Sie inszenierten eine Art sprachlichen Boxkampf mit Publikumsbeteiligung, bei dem die Sparringspartner auf derselben Seite kämpften.

Viele Griechen demonstrieren ihre Zuneigung, indem sie anderen Ratschläge geben. Eine Griechin, die in den USA studierte, überraschte und verärgerte ihre Zimmergenossinnen mit Fragen wie »Warum läßt du die Kühlschranktür solange offen?« und »Warum ißt du sowenig? Du mußt mehr essen«. In Griechenland wären solche Fragen unter Freundinnen nichts Ungewöhnliches und würden als Zeichen von Interesse und Anteilnahme verstanden werden. Aber Amerikaner halten solche Fragen für aufdringlich und fühlen sich kritisiert. Die amerikanischen Zimmergenossinnen reagierten darauf, indem sie die Griechin »Mom« nannten. Was als Ausdruck freundschaftlicher Fürsorge gemeint war, wurde als Statusdemonstration, als anmaßende Bemutterung aufgefaßt.

Die Soziologen William Corsaro und Thomas Rizzo untersuchten Kinder im Alter zwischen zwei und vier Jahren in amerikanischen und italienischen Kindergärten. Sie fanden heraus, daß eine der Lieblingsbeschäftigungen der italienischen Kinder darin bestand, sich auf eine jener hitzigen Debatten einzulassen, die die Italiener *discussione* nennen, die in Amerika jedoch als handfester Streit gelten würde. Die Wissenschaftler geben ein Beispiel für ein typisches Gesprächsritual, das gewöhnlich mehrmals in der Woche durchgespielt wurde, wenn die Kinder sich eigentlich still mit ihren Filzstiften beschäftigen sollten: Ein Junge, Roberto, macht sich unter großem Aufheben auf die Suche nach einem roten Filzstift. Nachdem er sichergestellt hat, daß jeder am Tisch ihn beobachtet, probiert er nacheinander alle am Tisch vorhandenen Rotstifte aus und legt sie wieder beiseite, dann steht er auf und holt sich einen Filzer von einem anderen Tisch. Die Kinder an dem anderen Tisch beachten ihn gar nicht – oder, was wahrscheinlicher ist, tun so, als würden sie ihn gar nicht beachten. Aber es dauert nicht lange, da fragt das Mädchen Antonia, das an diesem Tisch sitzt, laut: »Wo ist rot?«, und dann begibt *sie* sich demonstrativ auf die Suche nach einem roten Filzstift und macht viel Aufhebens davon, alle Stifte am Tisch durchzuprobieren und mißbilligend abzulehnen.

Damit beginnt das Drama. Corsaro und Rizzo beschreiben es folgendermaßen:

Antonia schlägt sich mit der flachen Hand gegen die Stirn und schreit: »Wir sind bestohlen worden!«

Dieser Ausruf löst mehrere Dinge gleichzeitig aus. Roberto schaut von seiner Arbeit hoch und lächelt den anderen Kindern an seinem Tisch zu. Sie alle lächeln verschwörerisch zurück und signalisieren damit, daß sie wissen, was passieren wird. Gleichzeitig schauen mehrere Kinder vom dritten Tisch zu Antonias Tisch und dann schnell zu Robertos hinüber.

Schließlich springt Maria auf, die zu Antonias Gruppe gehört, zeigt auf Roberto und ruft: »Roberto war's!« Augenblicklich marschieren Antonia, Maria und einige andere Kinder zu Robertos Tisch hinüber. Als sie sich nähern, greift Luisa nach sieben oder acht Filzstiften (einschließlich des von Roberto entwendeten) und versteckt sie unter dem Tisch in ihrem Schoß. Antonia beschuldigt Roberto offen des Diebstahls an dem roten Filzstift. Er leugnet die Tat, fordert Antonia und die anderen Kinder auf, den gestohlenen Stift vorzuweisen. Als Antonia und Maria nach dem Stift zu suchen beginnen, greift Bruna in die Auseinandersetzung ein, unterstützt von mehreren anderen Kindern vom dritten Tisch. Sie erklärt, Roberto habe den Stift tatsächlich gestohlen und Luisa verstecke ihn. Luisa schreit: »Das ist nicht wahr!« Aber Antonia faßt unter den Tisch und greift nach den von Luisa versteckten Filzern. An diesem Punkt hat die Auseinandersetzung ihren Höhepunkt erreicht, alles schreit, gestikuliert, schubst und stößt, bis der Lehrer einmal mehr vermittelnd eingreifen muß, um den Streit zu schlichten.

Diese Kinder zanken sich nicht um einen roten Filzer; es sind mehr als genug Stifte vorhanden. Wie Corsaro und Rizzo es formulieren – die Kinder möchten einfach lieber diskutieren als zeichnen. Und das gilt in italienischen Vorschulen für Mädchen offenbar ganz genauso wie für Jungen.

Um Freundschaft kämpfen

Im Gegensatz zu den Jungen und Mädchen der italienischen Vorschule, die das *discussione* – lautstarkes Debattieren aus Spaß an der Freude – gleichermaßen genießen, weisen amerikanische Mädchen und Jungen weit weniger Übereinstimmungen bei Konflikten auf. Eine oppositionelle Haltung ist bei Jungen weit häufiger ein Beweis von Verbundenheit und ein Mittel, um Freundschaften zu knüpfen, als bei Mädchen. Jungen necken ein Mädchen, wenn sie es gern haben, und drücken damit ihre Zuneigung auf kämpferische Weise aus. Ein typisches Beispiel ist die klassische Situation, wo der Junge das Mädchen an den Zöpfen zieht. Ich kenne kein Mädchen, das sich gern an den Zöpfen ziehen ließe, aber wenn sie den Jungen mag, sind ihr seine Aggressionen vielleicht lieber, als gar nicht von ihm beachtet zu werden. Das war der Fall bei dem polnischen Mädchen Eva Hoffmann, die sich in ihrem Buch *Lost in Translation* an ihren Jugendfreund Marek erinnert:

> Ich liebe ihn. Ich kann nicht ohne ihn sein, obwohl er mir manchmal richtig gemeine Jungenstreiche spielt: Er läßt ein enorm dickes Buch auf meinen Kopf fallen, wenn ich an seinem Fenster vorbeigehe, und einmal hat er versucht, mich im Wald in eine Grube zu schubsen, die die Deutschen dort ausgehoben hatten und in der vielleicht immer noch ein paar Minen liegen.

Mareks Verspieltheit war lebensgefährlich. Nichtsdestotrotz schreibt Hoffmann in ihren Erinnerungen: »Wir können uns endlos unterhalten, und wenn wir mit anderen Kindern spielen, sind wir ein Team.« Und »trotz dieser gefährlichen Sachen, die wir beide anstellen, bin ich fest davon überzeugt, daß seine überlegene Körperkraft meinem Schutz dient«.

Für Jungen und Männer schließt Aggression Freundschaft nicht aus. Ganz im Gegenteil – sie halten Aggressionen für eine gute Möglichkeit, in Interaktion zu treten und Verbundenheit herzustellen. Eine Frau erzählte mir, wie überrascht sie gewesen sei, als sie als Mitglied einer gemischten Studentengruppe ein Basketballspiel an der Universität von Michigan besuchte. Obwohl sie Platzkarten hatten, war es bei den Studenten gängige Praxis, daß Zuschauer sich dort hinsetzten, wo gerade etwas frei war – wer zuerst kommt, mahlt zuerst. Diesem ungeschriebenen Gesetz folgend, setzten sie sich in die erste Reihe der Galerie. Es dauerte nicht lange, da erschien eine Gruppe männlicher Studenten von einer anderen Universität, die davon ausgingen, daß ihnen die auf ihren Karten ausgewiesenen Plätze zustünden. Als sie feststellten, daß ihre Plätze besetzt waren, forderten sie die Leute zum Aufstehen auf. Als die anderen sich weigerten, entspann sich eine lautstarke Auseinandersetzung, bei der die Männer der jeweiligen Gruppe sich gegenseitig beschimpften und bedrohten, während die Frauen sich auf ihren Stühlen so klein wie möglich machten. Nach einer Weile ließen die Besucher sich neben den umkämpften Plätzen nieder. Dann begannen die Männer, die gerade ein erbittertes Wortgefecht ausgetragen hatten, eine freundliche Plauderei über die beiden Mannschaften, über ihre Unis und das bevorstehende Spiel. Die Frauen waren sprachlos. Sie hätten sich nie im Leben auf einen derartigen Streit eingelassen, aber sie waren sicher, daß, falls sie es doch getan hätten, es sie für immer zu Todfeinden gemacht hätte, die nicht von einem Augenblick zum nächsten wieder die dicksten Freunde sein könnten.

Die Erkenntnis, daß ein Streit eine Freundschaft eher begründen als ausschließen könnte, war wie eine Offenbarung für mich, als ich die Umschriften von Corsaro und Rizzo las. Für mich war die Freundschaftskultur der Kindergartenjungen wie ein Blick in eine fremde Welt. Die beiden beschreiben zum Beispiel die folgende Episode, die sich zwischen amerikanischen Vorschuljungen ereignete:

> Zwei Jungen (Richard und Denny) sitzen auf der Treppe, die zur Spielhütte der Vorschule führt, und spielen mit einem Slinky, einer Springfeder aus Metall. Zwei andere Jungen (Joseph und Martin) kommen herein und stellen sich unten an die Treppe.

Denny: Haut ab!

(Martin läuft jetzt weg, aber Joseph bleibt stehen und kommt schließlich die Treppe halb hoch.)

Joseph: Ihr seid ganz schöne Angeber.
Richard: **Ich box' ihm genau aufs Auge.**
Joseph: **Ich box' dir genau auf die Nase.**
Denny: **Ich verpass' ihm einen tierischen Faustschlag.**
Joseph: **Ich werd'-ich-ich –**
Richard: **Wir verhauen ihn zusammen, und dann kracht er holterdipolter, holterdipolter die Treppe runter.**
Joseph: **Ich-ich-ich werd'-ich kann dir die Augen wegschießen mit meiner Pistole. Ich hab' eine Pistole.**
Denny: **Eine Pistole! Ich kann-ich-ich-sogar wenn –**
Richard: Ich hab' auch eine Pistole.
Denny: **Und ich hab' auch Pistolen, und meine ist viel größer als deine** und macht puppup. Das ist doch Pipikram.

(Alle drei Jungen lachen über Dennys Pipikram.)

Richard: **Jetzt hau ab.**
Joseph: **Pah – von mir aus kannst du dir deine – steck dir deine Pistole doch an 'n Hut – dann pupst sie dir genau ins Gesicht –**
Denny: Also –
Richard: **Ich knall' dir gleich den Slinky ins Gesicht.**
Denny: **Und meine Pistole knallt genau –**

Bis zu diesem Punkt sieht es so aus, als ob Richard und Denny sich in einer erbitterten Auseinandersetzung mit Joseph befinden, der versucht hat, ihr Slinky-Spiel zu stören. Denny schlägt einen scherzhaften Ton an, als er von »Pipikram« spricht, was alle zum Lachen bringt. Aber die Jungen bedrohen sich weiter. Corsaro und Rizzo beschreiben, was dann geschah:

> An diesem Punkt kommt ein Mädchen (Debbie) herein, erklärt, sie sei Batgirl, und fragt, ob die Jungen Robin gesehen hätten. Joseph sagt, er sei Robin, aber sie entgegnet, sie würde einen anderen Robin suchen, und läuft dann weg. Nachdem Debbie gegangen ist, klettern Denny und Richard in das Spielhaus, und Joseph folgt ihnen. Von diesem Zeitpunkt bis zum Ende dieser Episode spielen die Jungen zusammen.

Nachdem die Jungen einen erbitterten Streit ausgefochten haben, bei dem sie drohten, sich gegenseitig zusammenzuschlagen und sich den Slinky ins Gesicht zu schleudern, spielen sie friedlich zusammen. Die heftige Auseinandersetzung hielt sie nicht davon ab, gemeinsam zu spielen – sie ebnete im Gegenteil den Weg dafür. Ich glaube, daß Joseph den Streit anfing, um mit den anderen beiden Kontakt aufzunehmen, und als Denny und Richard sich auf den Streit einließen, zeigten sie damit ihr Entgegenkommen.

Lieb tun

Interessant an dieser Vorschulepisode ist auch die Rolle des Mädchens, Debbie. Ihr Auftauchen als Batgirl führt zur Beendigung des Wortgefechts und zum friedlichen Zusammenspiel der Jungen. Es ist fast so, als wäre Debbie tatsächlich Batgirl, das in einer Friedensmission herabgeschwebt kommt.

Als die Jungen versuchten, sie in einen Streit zu verwickeln, ging das Mädchen nicht darauf ein. Debbie widersprach den Jungen nicht, obwohl sie in Wahrheit anderer Meinung war als sie. Als sie erklärt, sie würde Robin suchen, und Joseph behauptet, er sei Robin, entgegnet Debbie nicht: »Nein, das bist du nicht!« Sie akzeptiert statt dessen seine Prämisse und sagt, daß sie einen anderen Robin suche.

Die Rolle der Frau als Friedensstifterin taucht wieder und wieder auf. In der folgenden Szene aus »Volpone«, einer Geschichte von Jane Shapiro, übernimmt die Tochter die Rolle der Friedensstifterin in einem Streit zwischen ihrer Mutter und ihrem Bruder. Der Streit bricht aus, weil Mutter und Sohn andere Schwerpunkte setzen, wenn sie Interesse an anderen zeigen. Der Mutter geht es um Intimität, dem Sohn um Unabhängigkeit.

In dieser Geschichte besucht die Erzählerin ihren Sohn Zack im College. Er hat an einer Demonstration gegen Investitionen seiner Universität in Südafrika teilgenommen und die Nacht in einer der Hütten verbracht, die die Studenten im Rahmen dieser Protestaktion auf dem Campus errichtet hatten. Als er mit dem Familienbesuch (der seine Schwester Nora, seinen Vater William und seinen Großvater Pep umfaßt) zu Mittag ißt, erklärt Zack, daß er frustriert sei, weil sein Collegepräsident, im Gegensatz zu Leitern anderer Universitäten, wo man den Studenten *»routinemäßig* den Schädel einschlägt«, den Protest toleriere und sogar unterstütze, aber keinen Druck auf die Sponsoren ausübe, damit sie ihre Investitionen zurückzögen.

In den Worten von Zacks Mutter, die die Geschichte erzählt, hört sich das folgendermaßen an:

> Nach einer Pause sagte ich: »Also, es tut mir leid, wenn ihr nicht mehr Eindruck auf die Sponsoren macht, aber als Mutter muß ich doch sagen, daß ich manchmal wirklich froh bin, daß du nicht in Berkeley oder irgendeiner anderen Universität studierst, wo man dir routinemäßig den Schädel einschlägt.«
>
> Zack warf mir einen seltsamen Blick zu, während Nora sich zurücklehnte und mich amüsiert ansah: *»Als Mutter«*, sagte sie. »Normalerweise versuchst du, diesen Ausdruck zu vermeiden.«

Als Nora sich zurücklehnt und ihre Mutter daran erinnert, daß sie normalerweise nicht »als Mutter« reden will, versucht sie offenbar, dem Gespräch eine andere Richtung zu geben. Aber die Erzählerin läßt sich nicht beirren und fährt fort – mit katastrophalen Folgen:

Ich sagte: »Also, ich meine, ich bin gespalten. Natürlich unterstütze ich dich; ich bin stolz auf dich, und ich finde es auch wichtig, daß du zu deinen Überzeugungen stehst; und selbstverständlich würde ich um *nichts* in der Welt versuchen wollen, meine Kinder davon abzuhalten, selbständig zu ›operieren‹ und zu tun, was sie für richtig halten. Gleichzeitig sagt ein Teil von mir, daß ich um jeden Preis vermeiden möchte, daß man dir den Schädel einschlägt.« Obwohl etwas pathetisch, klang das für mich unbestreitbar vernünftig. William nickte zustimmend und abwesend mit dem Kopf. »Es ist ein innerer Konflikt, den ich noch nicht gelöst habe«, sagte ich, »und – «

»Es ist irgendwie irrelevant, Mutter, ob *du versuchen willst*, uns davon abzuhalten, auf bestimmte Art und Weise zu ›operieren‹«, sagte Zack. »Wir sind eigenständige Menschen. Wir ›operieren‹ bereits. Es ist nett, daß du den Versuch machst, deiner Aussage einen liberalen Anstrich zu geben. Aber deine Vorstellungen, Mom, darüber, ob du *uns lassen* solltest oder nicht, sind irgendwie – ich weiß nicht, sind nicht so ganz passend.«

William ruft dann seinen Sohn zur Ordnung, um seine Frau zu verteidigen, und Vater und Sohn sind beide erzürnt. Nora mischt sich ein, um den Streit zu schlichten und alle wieder miteinander zu versöhnen.

Nora lehnte sich vor und legte ihre Hand auf Peps Arm. »Seid friedlich, Leute«, sagte sie.

Es entstand ein Schweigen, in dem Nora zu Zacks Teller hinübergriff und seine letzte zusammengerollte Garnele aufpickte, während sie mit warmer Stimme sagte: »Möchtest du?« Er bewegte seinen Kopf vor und zurück. Nora hielt die Garnele mit den Fingern hoch, bevor sie sie in ihren Mund fallen ließ, und meinte: »Das ist ganz unbestreitbar eine Vermont-Garnele.« Sie grinste Pep an. »Dieser Garnele tut alles von Herzen leid.«

Als der Scherz sein Ziel verfehlt, versucht Nora es mit einem direkten Appell, gemildert durch die Benutzung eines Spitznamens, der ihre Bindung an Zack unterstreicht: »Komm schon, Z.«

Zacks zornige Reaktion kommt für die Mutter überraschend. Sie ist der Meinung, daß sie Anteilnahme im Sinne von Verständnis und Bindung demonstriert, aber er interpretiert ihre Kommentare im Sinn von Status und Kontrolle: Wenn sie ihm erlaubt, eigenständig zu handeln, dann ist seine Autonomie nicht echt, sondern von ihr gewährt. Zack hat das Gefühl, daß seine Mutter ihn mit ihren Worten als Kind einrahmt, weil er Beschützen mit Überlegenheit verbindet. Als der Vater versucht, den Streit durch sein gebieterisches Auftreten beizulegen, unterstreicht er noch Zacks niedrigen Status: Er weist den Jungen zurecht und verbietet ihm, in diesem Ton mit seiner Mutter zu reden. Die Rolle der Friedensstifterin wird schließlich von der Tochter übernommen, die Zack durch ihre offen gezeigte Zuneigung aus seinem Groll herauszulocken sucht.

Meinst du nicht auch?

Die Friedensstifterin symbolisiert die unter Frauen weitverbreitete Tendenz, nach Übereinstimmung zu suchen. Wenn Marge John erzählt, was sie denkt, oder eine Bemerkung wiedergibt, die jemand anders gemacht hat, reagiert John häufig damit, daß er die Schwachstellen in ihrer Argumentation herausstreicht oder alternative Sichtweisen vorschlägt. Marge fühlt sich dabei nicht besonders wohl. Eines Tages wiederholte sie eine Bemerkung von jemandem, der sich zu einem Thema genauso geäußert hatte wie John. Sie war sicher, daß er sagen würde: »Ja, genau. Das ist völlig richtig.« Tatsächlich wiederholte sie die Bemerkung hauptsächlich deshalb, um John durch eine Bestätigung seiner Ansichten zu erfreuen. Doch Marge mußte die überraschende und betrübliche Erfahrung machen, daß John die andere Seite herausstrich. Selbst wenn sie überzeugt war, Übereinstimmung zu säen, erntete sie nichts als Widerspruch. John hält eine abweichende Meinung für einen interessanteren Beitrag als reine Zustimmung. Aber Marge ist verstimmt über Unstimmigkeiten, weil das Gespräch dadurch eine kämpferische Note bekommt.

Für Marge senden Meinungsverschiedenheiten die Metamitteilung gefährdeter Intimität aus. John sieht fehlende Übereinstimmung nicht als Bedrohung. Er bewertet im Gegenteil die Fähigkeit, abweichende Meinungen auszudrücken, als einen Beweis von Intimität. Ein Mann erklärte mir, daß er es als seine Pflicht betrachte, die andere Seite aufzuzeigen, wenn jemand ihm seine Ansichten unterbreite. Wenn jemand sich über das Verhalten anderer beklagt, fühlt er sich verpflichtet, die möglichen Motive des anderen darzulegen. Wenn jemand auf einem festen Standpunkt steht, findet er es hilfreich, diesen Standpunkt zu untergraben und den Advocatus Diaboli für die entgegengesetzte Haltung zu spielen. Bei all dem hält er sich für unterstützend, und in gewisser Weise ist er das auch, aber seine Unterstützung basiert auf einem gegnerschaftlichen Verhalten – einem Verhalten, das bei Männern verbreiteter und beliebter ist als bei Frauen.

Sich dem Herausforderer stellen

Diese unterschiedliche Haltung, was Übereinstimmung oder Herausforderung angeht, läßt sich auch in Ausbildungsstätten beobachten. Ein Kollege ließ die Studenten seines Linguistikkurses mein Buch *That's Not What I Meant!* als Übungstext lesen. Dann stellte er ihnen die Aufgabe, Fragen dazu zu formulieren und mir ein Dutzend zur Beantwortung zuzuschicken. Von den zwölf Studenten, deren Fragen ich erhielt, waren zehn Frauen und zwei Männer. Die zehn Frauen stellten unterstützende oder nachforschende Fragen, sie baten um Verdeutlichung, Erklärungen oder persönliche Informationen und schrieben zum Beispiel: »Könnten Sie näher erläutern, was...?«, »Können Sie ein weiteres Beispiel nennen?«, »Sind die Unterschiede angeboren oder anerzogen?«, »Woher bekommen Sie Ihre Beispiele?«, »Wie würde die Gesellschaft aussehen, wenn Ihre Ideen verwirklicht würden?«, »Warum haben Sie Ihren Mann geheiratet?«. Die Fragen der zwei männlichen Studenten waren herausfordernd. Eine lautete sinngemäß etwa: »In Ihrem Buch ist viel von Psychologie die Rede; warum mißfiel Ihnen die Art, wie ein Psychologe Sie in Ihrem Seminar befragte?« Der andere schrieb: »Gehört nicht viel von dem Material Ihres Buches eigentlich in den Bereich Rhetorik und Kommunikation und nicht in den Bereich Linguistik?«

Die Fragen der Frauen fand ich charmant, die der Männer unverschämt. Ich erzählte meinem Mann von dem Verhaltensmuster. »Das war doch klar«, lautete sein Kommentar. »Wieso?« fragte ich. »Also«, sagte er, »der Professor hat praktisch zu ihnen gesagt: ›Hier ist eure Chance – hier ist eine Expertin.‹ Es war eine Gelegenheit, dich herauszufordern.« Da war es schon wieder: Mein Mann hielt es für normal, daß man einen Experten herausfordert. Ich dagegen denke – wie die Studentinnen –, daß die Bekanntschaft mit einem Experten die Chance eröffnet, Insider-Informationen zu bekommen und persönliche Kontakte zu knüpfen.

Was also ist die »Bedeutung« einer Herausforderung? Ich habe die Fragen der Männer als Versuch verstanden, meine Autorität zu untergraben. Beide schienen auszudrücken: »Du bist keine wirkliche Linguistin«, und der eine bezweifelte außerdem meine Interpretation meines eigenen Beispiels. Ich mochte das nicht. Ich mochte die Fragen der Frauen lieber: Sie gaben mir das Gefühl, daß meine Autorität anerkannt wurde. Ich hatte nicht mal was gegen die aufdringliche Frage nach meiner Ehe, weil sie mir Gelegenheit gab, eine amüsante und ironische Antwort zu verfassen. Aber jemanden herauszufordern kann auch eine Form von Respekt sein. Ein männlicher Kollege meinte, daß »Softball«-Fragen sinnlos seien, wenn es um etwas wirklich Ernsthaftes gehe. Ein anderer männlicher Kollege argumentierte ähnlich und meinte in Anbetracht einer recht kritischen Buchbesprechung, die er verfaßt hatte: »In gewisser Weise ehrst du jemanden, wenn du dich auf einen Ringkampf mit ihm (ja, oder mit ihr) einläßt.« Ich war erstaunt, daß beide Männer eine gegnerschaftliche Metapher wählten – aus sportlichen Wettkämpfen –, um zu erklären, warum eine Herausforderung (für sie) unzweifelhaft konstruktiv für eine wissenschaftliche Diskussion ist. Ich schätze, ich unterscheide mich nicht sehr von anderen Frauen, wenn ich Herausforderungen irgendwie für mehr als reines Ritual halte und mich nicht geschmeichelt, sondern eher persönlich angegriffen fühle, wenn man mit mir »ringen« will.

Inzwischen erscheint es mir wahrscheinlich, daß die jungen Männer, die mir herausfordernde Fragen stellten, mich in ein wissenschaftliches Streitgespräch verwickeln wollten. Aber sie gingen in die »interkulturelle« Falle: Ich genieße »Ringkämpfe« nicht, wenn ich mich persönlich angegriffen fühle, obwohl intellektuelle Auseinandersetzungen mir durchaus Spaß machen, wenn ich das Gefühl habe, daß meine Autorität anerkannt wird. Ich hätte ihre Fragen zu schätzen gewußt, wenn sie sie anders formuliert hätten: »Könnten Sie näher erläutern, warum Sie das Verhalten des Psychologen in dem von Ihnen angeführten Beispiel mißbilligten?« und »Könnten Sie die Beziehung zwischen Ihrer Arbeit und den Bereichen Kommunikation und Rhetorik weiter ausführen?«. Man hat mir ähnliche Fragen gestellt, die folgendermaßen lauteten: »Ich stimme Ihnen zu, finde es aber oft problematisch, wenn jemand mich fragt, wieso das, was ich tue, mit Linguistik zu tun hat. Wie beantworten Sie derartige Fragen?« Mit diesen Formulierungen entlockt man dieselben Informationen, nimmt aber eher die Rolle eines Verbündeten als die eines Gegners ein.

Der Kampf ums Nettsein

Nachdem ich dieses Muster erkannt hatte, war ich erstaunt, wie oft Männer in freundlicher Absicht das Thema Aggression anschneiden. Ein Gastsprecher in einem meiner Kurse wollte zum Beispiel erklären, daß ein scheinbar merkwürdiges Benehmen die unterschiedlichsten Ursachen haben kann. Um das zu illustrieren, sagte er: »Nehmen Sie zum Beispiel diese junge Dame hier in der ersten Reihe. Stellen Sie sich vor, sie würde plötzlich aufspringen und anfangen, die junge Dame, die neben ihr sitzt, zu würgen.« Auf der Suche nach einem Beispiel für ein unerwartetes Verhalten fiel ihm spontan ein Angriff ein.

Ein anderer Mann eröffnete gerade einen Workshop für ungefähr dreißig Leute in einem Raum, der fünfzig Platz geboten hätte. Die Teilnehmer hatten sich weit nach hinten gesetzt und eine Menge leerer Bankreihen vor dem Sprecher frei gelassen. Als seine anfängliche Bitte, weiter aufzurücken, wirkungslos blieb, ging der Redner zu scherzhaften Drohungen über: »Wenn Sie nicht sofort nach vorne aufrücken, werde ich Sie nachher verfolgen und meuchlings ermorden.«

Ein Hypnotiseur versuchte einer Frau zu helfen, sich wieder an ihr Japanisch zu erinnern, das sie einmal sehr gut beherrscht, aber vergessen hatte, seit sie fließend Chinesisch konnte. Nachdem er sie in einen leichten Trancezustand versetzt hatte, suggerierte er ihr: »Stellen Sie sich vor, daß jemand sie auf japanisch herumkommandiert. Brüllen Sie laut auf japanisch: ›Verschwinden Sie von hier!‹« Bei dem Versuch, eine emotionsgeladene Situation heraufzubeschwören, dachte er automatisch an eine, die für Männer von zentraler Bedeutung ist. Aber ich fragte mich – und hatte meine Zweifel –, ob die Frau sie auch besonders eindrucksvoll finden würde. Als der Hypnotiseur seine Vorgehensweise später erläuterte, sagte er: »Wir wollen doch mal sehen, ob wir den Japaner nicht zum Armdrücken kriegen könnnen, damit er den Chinesen besiegt.«

Wolfsworte im Schafspelz

Während Jungen und Männer oft in Opposition gehen, um Kontakt zu knüpfen, benutzen Frauen scheinbare Zusammenarbeit und Verbundenheit für Konkurrenzkampf und Kritik. Goodwin kam zum Beispiel zu dem Ergebnis, daß die Mädchen einen bestimmten Springseil-Reim besonders gern mochten, weil er die Möglichkeit bot, mitzuzählen, wie viele Sprünge jemand machte. Auch Klatsch kann eine Form von Wettbewerb sein, wenn man darum wetteifert, wer die Neuigkeit als erster weiß.

Die Entwicklungspsychologin Linda Hughes zeigt den subtilen Balanceakt zwischen Kooperation und Wettbewerb bei Mädchen der vierten und fünften Klasse, die ein Spiel namens Viereck spielen. Dabei stehen vier Mädchen in vier auf die Erde gezeichneten Vierecken, während sie einen Ball hin- und herwerfen. Wenn ein Mädchen den Ball verfehlt, beim Fangen auf die Linie tritt oder ihn zweimal aufprallen läßt, scheidet es aus: Es verläßt das Spiel, und ein anderes Kind kommt herein. Obwohl bei diesem Spiel im Grunde jeder für sich allein spielt, taten die Mädchen so, als ob sie Teams angehörten: Sie versuchten, ihre Freundinnen herein- und andere Mädchen hinauszubekommen.

Hughes erklärt, daß das Spiel einem komplexen Verhaltenskodex folgte, nach dessen Regeln die Mädchen – wie sie es selbst ausdrückten – »nett« und nicht »gemein« sein sollten. Leute rauszuschmeißen war gemein, aber es war nicht *wirklich* gemein, wenn es dem Ziel diente, nett zu jemand anders zu sein – und zum Beispiel die Freundin reinzuholen. Die Mädchen mußten miteinander konkurrieren; die ganze Zeit nett zu sein und nie jemanden ausscheiden zu lassen wäre gemein gegenüber all den Kindern, die in der Schlange warteten und die dann nie mitspielen könnten. Aber sie mußten der Konkurrenz einen kooperativen Anstrich geben. So rief zum Beispiel ein Mädchen, das im Begriff stand, einen harten Ball zu schmettern, ihrer Freundin zu: »Sally, ich hol' dich rein!« Damit kündigte sie für alle gut verständlich an, daß es ihr nicht darum ging, gemein zu dem Mädchen zu sein, das Gefahr lief auszuscheiden; sie war nur nett zu ihrer Freundin. Die Mädchen bezeichneten dieses vorgeschriebene Verhalten als »nett gemein«. Sie erzählten Hughes, daß sie nicht gern mit Jungen spielten, weil die Jungen einfach nur versuchen würden, alle abzubaggern.

Die Anthropologin Penelope Brown illustriert anhand dramatischer Beispiele, wie Tenejapa-Frauen ihre Mißbilligung mit scheinbarer Zustimmung demonstrieren. Die Frauen dieser mexikanischen Mayagemeinschaft drücken ihren Zorn oder einen Streit nicht offen aus. Wenn sie wütend sind, zeigen sie es, indem sie sich weigern zu sprechen, zu lächeln oder andere zu berühren. Wie setzen sie dann aber Konflikte in Szene, wenn die Situation es verlangt – zum Beispiel vor Gericht? Brown filmte eine Gerichtsverhandlung, die aus Anlaß eines ungewöhnlichen und skandalösen Vorfalls stattfand: Eine junge Braut hatte ihren frischangetrauten Ehemann verlassen, um einen anderen Mann zu heiraten. Die Familie des Bräutigams verklagte die Familie der Braut auf Herausgabe der Geschenke, die sie der Braut nach alter Sitte gemacht hatte.

Die beiden Familien wurden vor Gericht von den Müttern der Braut und des Bräutigams vertreten. Als die beiden Frauen den Fall aus ihren Augen schilderten, stritten sie erbittert miteinander – und zwar, indem sie sich gegenseitig in ironischem und sarkastischem Ton zustimmten. Als zum Beispiel die Mutter des Bräutigams behauptete, sie habe der Braut einen Gürtel geschenkt, der zweihundert Pesos wert sei, entgegnete die Brautmutter: »Er hat wohl mehr als hundert Pesos gekostet, was?« Damit implizierte sie ironisch: »Er war nur hundert Pesos wert.« Einen Rock, den ihre Tochter bekommen hatte, verunglimpfte sie ebenfalls, indem sie sagte: »Vielleicht ist es ja tatsächlich reine Wolle, wer weiß!« – und behauptete damit indirekt, daß das nicht der Fall sei. Die Mutter des Bräutigams konterte: »Vielleicht war er ja auch gar nicht teuer« und unterstellte damit: »Er war teuer!« Die andere entgegnete: »Normalerweise ist so was ja sehr teuer, was?« – und meinte damit: »Es war spottbillig.«

Weil diese Frauen ihren Ärger und ihre Mißbilligung nicht offen zeigen durften, drückten sie sich auf die Weise aus, die ihnen zur Verfügung stand – mit freundlichen, zustimmenden Worten. Dieses Beispiel aus einer exotischen Kultur mag extrem scheinen, aber das Muster unterscheidet sich nicht sehr von den Wegen, die moderne Frauen manchmal beschreiten, um mit scheinbar positiven Mitteln negative Ziele zu erreichen. All die sprachlichen Formen des »Nettseins«, die von Frauen erwartet werden, können sowohl zu verletzenden als auch zu heilenden Zwecken genutzt werden.

Eine verbreitete Methode, jemanden scheinbar unbeabsichtigt zu verletzen, besteht darin, eine kritische Bemerkung zu wiederholen, die eine dritte Person geäußert hat, und zwar unter Verwendung der Zu-deinem-eigenen-Besten-Einleitung: »Ich dachte, du solltest das wissen.« Hilda erzählte Annemarie zum Beispiel, daß Annemaries Schwägerin ein ganzes Zimmer voller Frauen gut unterhalten habe, indem sie Geschichten über Annemaries Probleme mit ihrem pubertären Sohn zum besten gab. Annemarie war gekränkt, als sie erfahren mußte, daß ihre Familienprobleme öffentlich diskutiert worden waren. Weil sie ihrem Mann nicht sagen wollte, daß er sich seiner Schwester nicht mehr anvertrauen sollte, und sie auch keinen Streit mit ihrer Schwägerin anzetteln wollte, hatte sie das Gefühl, daß ihr nichts anderes übrigbliebe, als still vor sich hin zu schmoren. Wenn man ihr nichts gesagt hätte, wäre sie nicht gekränkt gewesen. Es war also ihre »Freundin« Hilda, die sie verletzt hatte, nicht ihre Schwägerin.

Was die Sache noch schlimmer machte, war, daß Hilda von nun an bei jedem Treffen vor Mitleid überströmte, Annemarie mit teilnahmsvollen Blicken bedachte und fragte: »Wie *geht* es dir? Wie *läuft's* denn so?« Das gab Annemarie das Gefühl, ein hysterisches Nervenbündel zu sein und nicht eine ganz normale Mutter, deren Kinder ganz normale Probleme hatten. Jede Form von Unterstützung läßt sich dazu benutzen, anderen eins auszuwischen. Mit offen demonstrierter Anteilnahme kann man sich selbst als Psychologen, der sie alle beisammenhat, und den anderen als Patienten einrahmen.

Auch hilfreiche Ratschläge können indirekte Kritik enthalten. Eine Frau namens Sarah zum Beispiel schlug ihrer Freundin Phyllis vor, daß es doch praktischer wäre, wenn sie ihre Eltern beim nächsten Besuch in einem Hotel statt in ihrer Einzimmerwohnung einquartieren würde. Statt dankbar für den Rat zu sein, verstand Phyllis ganz richtig, daß Sarah ihre Elternbindung für zu stark hielt. Auch mit Lob läßt sich ordentlich was austeilen, wenn man die Kritik löffelweise daruntermischt. Wenn jemand zu dir sagt: »Dein Neuer ist fabelhaft – nicht so langweilig wie der letzte«, hört sich das im ersten Moment wie ein Lob für den neuen Freund an, und doch löst der Seitenhieb auf den alten ein nagendes Gefühl in dir aus. Ähnlich verhält es sich mit dem Kompliment: »Dein Vortrag war phantastisch. Er war auch viel verständlicher als der letzte« – was dich mit der Vision eines sich ratlos am Kopf kratzenden Publikums bei deinem letzten Vortrag zurückläßt.

Eine andere Form, Kritik einfließen zu lassen, ohne daß der Urheber die Verantwortung dafür übernehmen müßte, ist Spekulation über die Beweggründe anderer. Patricia zum Beispiel dachte laut darüber nach, warum ein Mann, den sie kennengelernt hatte, sie nicht anrief. Nadine hatte eine Idee: »Vielleicht hält er dich für eingebildet, weil er dich Patricia und nicht Patty nennen sollte.« Patricia wußte jetzt zwar noch immer nicht, was in dem Mann vorging, aber sie hatte erfahren, was Nadine davon hielt, daß sie ihren vollen Namen benutzte.

Mitteilungen und Metamitteilungen im Streit

Obwohl Frauen vielleicht vor offenem Streit zurückschrecken und Männer vielleicht zu spielerischen Auseinandersetzungen neigen, gibt es viele Situationen, in denen Männer und Frauen einen gemeinsamen Konflikt offen und ernsthaft austragen wollen. Solche Streitgespräche lösen häufig Frustrationen aus, nicht nur über den Gegenstand des Streits, sondern auch über die Argumentationsweise des anderen. Von zentraler Bedeutung ist auch hier der Unterschied zwischen Mitteilung und Metamitteilung.

Ein Mann erzählte mir von dem folgenden Gespräch, weil es seiner Ansicht nach treffend illustrierte, warum er es frustrierend fand, mit einer Frau zu streiten. Die Auseinandersetzung begann damit, daß sie ihn mitten in der Nacht weckte.

> Er: Was ist los?
> Sie: Du machst dich so breit.
> Er: Tut mir leid.
> Sie: Das machst du immer.
> Er: Was?
> Sie: Mich ausnutzen.
> Er: Moment mal. Ich hab' geschlafen. Du kannst mich doch nicht für etwas verantwortlich machen, was ich tue, wenn ich schlafe.
> Sie: Und was war damals, als...

Sie zog ihn dann für vergangene Verfehlungen zur Rechenschaft.

Es war schwer für dieses Paar, eine gemeinsame Basis für seinen Streit zu finden, weil es sich auf verschiedenen Ebenen bewegte. Er war auf die Mitteilungsebene konzentriert: Er machte sich im Bett zu breit. Aber sie war auf die Meta-Ebene fixiert: In seinen Schlafgewohnheiten zeigte sich, daß er sie auch sonst ausnutzte, daß er sich in der Beziehung »zu breit« machte. Sie ergriff die Gelegenheit dieser konkreten Verfehlung, um das Verhaltensmuster, das sich darin spiegelte, zu diskutieren. Er empfand es als unfair, daß sie lauter alte Geschichten aus dem Hut dieses ungewollten Fehlverhaltens zog, als ob es lauter bunte Taschentücher in einem Zaubertrick wären.

Genau dieselben Ansichten, in ähnlicher Zuordnung, kennzeichnen einen Dialog in Anne Tylers Roman *Die Reisen des Mr. Leary*. Macon und Muriel leben seit längerem zusammen, aber Macon ist noch immer mit einer anderen Frau verheiratet. Macon macht eine beiläufige Bemerkung über Alexander, Muriels Sohn:

> »Ich glaube nicht, daß Alexander die richtige Ausbildung bekommt«, sagte er eines Abends zu ihr.
>
> »Oh, das reicht ihm.«
>
> »Ich habe ihn aufgefordert auszurechnen, wieviel Wechselgeld wir wohl herausbekommen haben, als wir heute Milch gekauft haben, und er hatte nicht die leiseste Ahnung. Er hat nicht einmal gewußt, daß er subtrahieren muß.«
>
> »Er ist ja erst in der zweiten Klasse«, sagte Muriel.
>
> »Ich denke, er sollte auf eine Privatschule gehen.«
>
> »Privatschulen kosten Geld.«
>
> »Und? Dann zahle ich eben dafür.«
>
> Sie hörte auf, den Speck zu wenden, und sah zu ihm hinüber. »Was soll das heißen?« fragte sie.
>
> »Bitte?«
>
> »Was soll das heißen, Macon? Soll das heißen, du willst dich festlegen?«

Muriel erzählt Macon dann, daß er sich endlich entscheiden müsse, ob er sich scheiden lassen und sie heiraten wolle: Sie könne ihren Sohn nicht auf eine neue Schule schicken und ihn dann wieder herausreißen, wenn Macon zu seiner Frau zurückkehre. Das Gespräch endet damit, daß Macon ungläubig sagt: »Aber ich möchte doch nur, daß er Subtrahieren lernt!«

Wie bei dem Ehepaar, das sich mitten in der Nacht stritt, ist Macon auf die Mitteilungsebene fixiert, auf nichts weiter als Alexanders Rechenkünste. Aber Muriel geht es um die Metamitteilung: Was würde es für ihre Beziehung bedeuten, wenn Macon anfangen würde, die Ausbildung ihres Sohnes zu bezahlen?

Bei einem Streit, der zwischen einem wirklichen Ehemann und seiner Frau entbrannte, zeigt sich dasselbe Muster. Bei diesem Streit, der von Jane Frank aufgenommen und (unter anderen Gesichtspunkten) analysiert wurde, kam ein Ehemann nach Hause und brachte seine Frau in Harnisch: »Du wirst wohl zu Kreuze kriechen müssen.« Sie hatte gesagt, daß es unmöglich sein würde, ein Gemälde von ganz bestimmter Größe und Form zu finden, das er haben wollte. Jetzt hatte er genau so ein Bild gefunden und wollte, daß sie ihren Irrtum eingestand. Statt dessen behauptete die Frau, daß sie gesagt hätte, es würde schwierig, aber nicht unmöglich sein, so ein Bild zu finden. Sie schlug einen Kompromiß vor: Ihre Bemerkung sei anders gemeint gewesen, als er sie aufgefaßt habe. Aber davon wollte er nichts wissen. Sie hatte es gesagt; er hatte bewiesen, daß sie unrecht hatte; sie sollte ihre Niederlage eingestehen. Ihr Streit, der sehr hitzig wurde, konnte nicht gelöst werden, weil er keinen Schritt von der Mitteilungsebene – dem genauen Buchstabensinn ihrer Aussage – abwich, während sie sich sehr bald dem zuwandte, was sie für wichtiger hielt, nämlich der Metamitteilung, die seine Haltung über ihre Beziehung aussandte: »Warum willst du mir immer beweisen, daß ich unrecht habe und dir unterlegen bin?«

»Das erinnert mich an die Geschichte...«

Diese unterschiedlichen Weltsichten prägen unsere Sprechweisen in jeder Gesprächssituation. Eine Situation, die von Linguisten und Anthropologen untersucht wurde, ist das Geschichtenerzählen – der Austausch persönlicher Erfahrungsberichte in Konversationen. Und die Geschichten, die wir bei Unterhaltungen hören und erzählen, prägen unsere Sicht der Welt. Die Erfahrungsberichte anderer formen unsere Überzeugungen, was richtiges und falsches Verhalten angeht. Und die unterschiedliche Form, in der Frauen und Männer von ihren Erfahrungen berichten, spiegelt und erzeugt ihre unterschiedlichen Welten.

In jedem Semester nehmen Studenten meines Kurses ganz normale Gespräche auf, an denen sie zufällig teilnehmen, und halten einen Gesprächsausschnitt, in dem Leute von persönlichen Erfahrungen berichten, schriftlich fest. In einem Jahr analysierten zwei Studenten alle Transkriptionen, um die Geschichten von Männern und Frauen zu vergleichen. Die Unterschiede, die sie feststellten, fügen sich in das von mir beschriebene Muster.

Die vierzehn Geschichten, die von Männern erzählt worden waren, handelten alle von ihnen selbst. Von den zwölf Geschichten, die die Frauen erzählt hatten, handelten nur sechs von ihnen selbst; bei den anderen sechs ging es um Erlebnisse anderer Leute. In den Schilderungen der Männer gab es Protagonisten und Antagonisten, bei den Frauen nicht. Bei den von Männern erzählten Vorfällen kamen sie selbst zum überwiegenden Teil gut weg. Zwei Männer berichteten zum Beispiel von Situationen, wo sie durch ihre herausragenden Leistungen ihrem Team zum Sieg verholfen hatten. Viele der Frauen erzählten Geschichten, bei denen sie die Dummen waren. Eine Frau berichtete zum Beispiel, wie sie gar nicht bemerkt hatte, daß ihre Nase gebrochen war, bis ein Arzt sie Jahre später darauf aufmerksam machte. Eine andere schilderte, wie sie fürchterlich wütend geworden war, weil ihre Radkappe in ein Schlagloch gefallen war; sie hatte den Wagen angehalten, vergeblich in einem Haufen Radkappen, die ein ähnliches Schicksal erlitten hatten, herumgesucht und schließlich eine für sie völlig nutzlose Mercedes-Radkappe mitgenommen, weil sie nicht mit leeren Händen wieder abziehen wollte.

Der informelle Vergleich meiner Studenten führte zu ähnlichen Ergebnissen wie eine Studie von Barbara Johnstone, die fünfundachtzig Erzählungen ihrer Studenten aufzeichnete. Johnstone stellte fest:

> Die Geschichten der Frauen handeln eher von Gemeinschaft, während es in denen der Männer eher um Wettstreit geht. Die Männer erzählen von menschlichen Wettstreiten – sowohl von physischen Kämpfen wie zum Beispiel Schlägereien als auch von sozialen Kämpfen, bei de-

> nen sie ihre sprachlichen und/oder intellektuellen Fähigkeiten einsetzen, um ihre Ehre zu verteidigen. Sie erzählen vom Wettstreit mit der Natur – vom Jagen und Fischen. Die Geschichten über Auseinandersetzungen mit Menschen oder Tieren können die Form von *Tall Tales* annehmen, die in sich wieder eine Art Wettbewerb zwischen Erzähler und Zuhörer ist. Wenn ein männlicher Geschichtenerzähler nicht der Protagonist seiner Geschichte ist, ist der Protagonist dennoch auf jeden Fall ein Mann; Männer erzählen selten Geschichten, in denen Frauen vorkommen.
>
> Im Gegensatz dazu handeln die Geschichten der Frauen von den Normen der Gemeinschaft und von gemeinsamen Aktivitäten mehrerer Menschen. Die Frauen erzählen von Erlebnissen, bei denen sie soziale Regeln verletzt haben und deshalb verlegen oder ängstlich sind; von Leuten, die anderen Leuten aus der Klemme helfen; von Geistererscheinungen, die dann von anderen aufgeklärt werden; wie sie ihren Partner kennengelernt haben und wie sie in den Besitz einer Katze gekommen sind. Die Frauen berichten von Leuten, die sich merkwürdig benehmen, dramatisieren deren absonderliches Verhalten und setzen es unterschwellig gegen soziale Normen ab. Sie erzählen Geschichten von sich selbst, von anderen Frauen und von Männern.

Die Frauen in Johnstones Studie erzählten seltener als die Männer von Situationen, wo sie allein gehandelt hatten, und wenn sie es taten, nahmen ihre Geschichten einen anderen Ausgang. Die überwiegende Mehrheit der Männer, die Alleingänge schilderten, berichtete auch von einem glücklichen Ende. Die Mehrheit der Frauen stellte Einzelunternehmungen so dar, daß sie sich am Ende selbst geschadet hatten. Nur in sehr wenigen der von Männern erzählten Geschichten (in vier von zwanzig) erhielt der Protagonist Hilfe oder Ratschläge von anderen. Im Vergleich dazu handelten die Geschichten der Frauen relativ oft davon, daß die Heldin Rat oder Hilfe bekam (elf von sechsundzwanzig).

Johnstone kommt zu dem Schluß, daß Männer in einer Welt

leben, wo Macht daraus resultiert, wie der einzelne im Kampf mit anderen und mit den Kräften der Natur handelt. Für sie ist das Leben ein Wettstreit, bei dem sie dauernd auf die Probe gestellt werden und handeln müssen, um die Gefahr möglicher Niederlagen zu vermeiden. Für Frauen dagegen, so Johnstone, ist Gemeinschaft die Quelle der Macht. Betrachten Männer das Leben als Wettstreit, als Kampf gegen die Natur und gegen andere Männer, so sehen Frauen das Leben als Kampf gegen die Gefahr, von ihrer Gemeinschaft abgeschnitten zu werden.

Gegenseitige Fehlurteile

Diese Muster schaffen einen neuen Kontext, in den sich Thomas Fox' Beobachtungen über die Männer und Frauen eines Schreibkurses einordnen lassen. Mr. H. versuchte, Einfluß auf die Gruppe auszuüben. Ms. M. war darum bemüht, sich nicht hervorzutun oder andere zu verletzen. Die Selbstbeschreibung von Mr. H. zeigte deutlich, daß er die Welt vor allem als einen Ort sah, wo Wettkämpfe und Konflikte ausgetragen werden. Mr. Fox zufolge handelten die Essays von Mr. H. »von Wettbewerb und Konflikten – mit seinen Kadettenkameraden während seiner einjährigen Stationierung in West Point, mit Basketballmannschaften und Schiedsrichtern, mit Schulkameraden und vor allem – so Mr. H. – mit seinem Bruder«.

Mr. H. wirkte selbstsicher, doch seine Essays enthüllen die schmerzlichen Erfahrungen, die aus seiner kämpferischen Welt resultieren. Weil er sich immer in irgendeiner Hierarchie befindet, hat er unter Situationen, in denen er sich unterlegen fühlte, gelitten: während seiner kurzen Militärzeit, als alle darauf aus waren, den Neulingen das Gefühl zu geben, der »letzte Dreck« zu sein, und in seiner Familie, weil er glaubte, daß sein Bruder und seine Schwester ihm vorgezogen würden. Fox führt dazu aus:

> Mr. H.s Essays sind Litaneien über Hierarchien, angefangen bei den Beförderungen von Kameraden in West Point über die Beschreibung eines Basketballspiels, bei

> dem der Schiedsrichter den Spieler unberechtigterweise bestraft, bis hin zu der Art und Weise, wie er seine Familie als eine Privilegienhierarchie darstellt, an deren Spitze die Eltern stehen, gefolgt von seinem Bruder, dann seiner Schwester und schließlich ihm selbst am unteren Ende. All diese Hierarchien spielen zusammen, um Mr. H. zu schaden, und, wie er mit einem wunderbar treffenden Orthographiefehler behauptet, »verbuttern« ihn.

Mit anderen Worten, was wie männliches Selbstvertrauen wirkt, kann wie die scheinbare weibliche Unsicherheit auch ein Ergebnis leidvoller Erfahrungen sein.

Wir alle neigen dazu, Angehörige des anderen Geschlechts im Rahmen unseres eigenen Gesprächsstils zu beurteilen, weil wir davon ausgehen, daß wir alle in derselben Welt leben. Einem anderen jungen Mann in Fox' Autorenkurs fiel auf, daß seine Mitschülerinnen davor zurückschreckten, einen gebieterischen Ton anzuschlagen. Er glaubte, der Grund dafür sei, daß sie Angst hätten, etwas Falsches zu sagen. Für ihn war es eine Wissensfrage, eine Frage individueller Fähigkeiten. Es kam ihm nicht in den Sinn, daß sie nicht Angst hatten, etwas Falsches zu sagen, sondern Angst, andere vor den Kopf zu stoßen. Den Frauen ging es um die Gemeinschaft: um ihre Beziehung zur Gruppe.

Sowohl Mr. H. als auch Ms. M. brachten zum Ausdruck, daß sie mit den Rollen, die sie zu spielen gelernt hatten, unzufrieden waren. Ms. M. führte ihr Verhalten auf ihren Vater zurück, der sie davor gewarnt hatte, ihr Wissen offen zu zeigen. Mr. H. machte die Wettkampfwelt für sein Rollenverhalten verantwortlich:

> Im Grunde war ich ein offener, sehr freundlicher und sensibler Mensch: Tief in mir drin bin ich das immer noch. Doch durch den Konkurrenzkampf in meiner Familie und in der Schule habe ich meine Persönlichkeit verändert, mich »hart gemacht« und andere nicht mehr an mich rangelassen.

Opposition kann ein Mittel sein, um Verbundenheit herzustellen, doch die hierarchische, wettbewerbsorientierte Welt der

Jungen kann auch zu schmerzlichen Erfahrungen führen und mit dem Wunsch nach Nähe in Konflikt geraten.

Eine andere Komplexität

Leute, die von den in diesem Kapitel beschriebenen geschlechtsspezifischen Unterschieden hören, reagieren häufig damit, daß sie fragen oder mir erzählen, welches Verhalten das bessere sei. Selbst Wissenschaftler fällen manchmal Werturteile. Janet Lever kommt in ihrer vergleichenden Studie über das Spielverhalten von Fünftkläßlern zu dem Schluß, daß die Spiele der Jungen sie besser auf die Arbeitswelt vorbereiten, weil sie komplexere Regeln und Rollen beinhalten. Aber auch Spiele von Mädchen sind sehr komplex – was den sprachlichen Umgang mit zwischenmenschlichen Beziehungen angeht. Penelope Eckert, die Schüler und Schülerinnen an einer High School beobachtete, weist darauf hin, daß Jungen ihren Status ganz einfach und simpel definieren – über die Fähigkeiten und Leistungen des einzelnen, vor allem im Sport –, während Mädchen »ihre Gesamtpersönlichkeit einbringen müssen, was eine *wesentlich kompliziertere* Art der Statusgewinnung darstellt«.

Lever beschreibt ein Spiel der Fünftkläßlerinnen, das sie für »monoton« hielt. Mehrere Mädchen stellten sich im Kreis auf und vollführten vorgeschriebene Bewegungen, wobei sie ein Lied mit dem Titel »Doktor Knickerbocker Nummer neun« rezitierten. Ein Mädchen drehte sich mit geschlossenen Augen in der Mitte des Kreises und blieb mit ausgestrecktem Arm stehen. Das Mädchen, auf das sie zeigte, mußte zu ihr in die Mitte kommen, wo sie sich auf dieselbe Weise drehte und ein weiteres Mädchen herauspickte. Als neun Mädchen in der Mitte des Kreises waren, wurde das neunte zur neuen Nummer eins, und die anderen acht reihten sich wieder in den äußeren Kreis ein.

Warum machte das Spaß? Lever erklärt: »Aus der Mitte des Kreises ertönten Freudenrufe, wenn eine Freundin ausgewählt worden war, um mit hineinzukommen. Tatsächlich konnte ein Mädchen ihre Popularität durch die Lautstärke ihres Jubelgeschreis erhöhen.« Mit anderen Worten, das Spiel macht Spaß, weil damit ein für Mädchen wichtiges Gut angesprochen und ausgespielt wird: die Stärke ihrer Bindungen, genauso, wie bei den Spielen der Jungen deren bevorzugtes Gut, nämlich Leistung, ausgespielt wird. Das Spiel der Mädchen experimentiert mit wechselnden Bündnissen. Ihr Spiel ist im Grunde ein Wettkampf, bei dem jedoch nicht um die bessere Leistung, sondern um Popularität konkurriert wird.

Marjorie Harness Goodwin und Charles Goodwin beschreiben ein sorgfältig ausgefeiltes Gesprächsritual, das eine der Lieblingsbeschäftigungen der vorpubertären und pubertären Teenagermädchen der schwarzen Arbeitergegend ist, in der die Goodwins gelebt und gearbeitet haben. Dieses sprachliche Ritual, das die Mädchen »Er-sagte-sie-sagte« nennen, wird »in Gang gesetzt«, wenn ein Mädchen einem anderen erzählt, daß ein drittes hinter ihrem Rücken schlecht über sie geredet hat. Die Goodwins merken an, daß die »untersuchten Männer kein vergleichbar komplexes Schema für längere Diskussionen« besaßen.

Es ist also durchaus nicht so, daß das Verhalten von Jungen generell von größerer Komplexität ist. Es ist vielmehr so, daß Mädchen und Jungen Komplexität auf unterschiedlichen Gebieten entwickeln – Jungen auf dem Gebiet komplexer Regeln und Aktivitäten, Mädchen auf dem Gebiet komplexer Netzwerke von Beziehungen und komplexer sprachlicher Ausdrucksformen zur Vermittlung dieser Beziehungen.

Welches Verhalten ist besser?

Stimmt es, daß die Spiele von Jungen besser auf die Arbeitswelt vorbereiten? Sicher kann die Überzeugung, daß man nicht allein handeln kann oder soll, eine Behinderung für Frauen sein, die schnelle Entscheidungen treffen müssen. Aber die Überzeugung, daß man immer unabhängig handeln und seinen Weg allein finden *muß*, ist ein Hindernis für Männer, denn es gibt Situationen, in denen man nicht alle nötigen Informationen zur Verfügung hat, um eine Entscheidung zu fällen. Außerdem haben Studien gezeigt, daß Frauen *und Männer*, die in den traditionellen Männerdomänen der Wirtschaft und Wissenschaft erfolgreich sind, *nicht* besonders wettbewerbsorientiert sind. Sie zeichnen sich vielmehr durch »berufliche Kompetenz« oder »Meisterschaft« aus. Sie machen ihre Arbeit einfach extrem gut.

Die Tendenz von Frauen, nach Übereinstimmung zu suchen, könnte im Management sogar ein Vorteil sein. Viele Leute sind der Meinung, daß Frauen bessere Manager abgeben, weil sie eher bereit sind, andere um Rat zu fragen und ihre Mitarbeiter in den Entscheidungsprozeß mit einzubeziehen; und Angestellte, die das Gefühl haben, daß sie an der Einführung einer neuen Maßnahme beteiligt waren, sind zweifellos eher bereit, sie wirkungsvoll umzusetzen. Ein Mann beschrieb die kleine Firma seiner Frau als einen unkonventionellen Ort, wo die Angestellten seine Frau mit Vornamen anreden, keine Hemmungen haben, unangemeldet in ihr Büro zu kommen, und sich als Team und nicht als Untergebene fühlen. In seinem eigenen Geschäft dagegen redeten die Angestellten ihn mit »Mister« an, kämen nie unaufgefordert in sein Büro und wären – wie er meinte – weniger zufrieden mit ihrer Arbeit.

Obwohl es in manchen Fällen vorteilhafter sein kann, eine eher gemeinschaftliche als hierarchische Atmosphäre zu schaffen, haben Leute, die keine Konflikte scheuen, einen Vorteil in unzähligen und unvermeidlichen Situationen, wo andere ihren Willen durchsetzen wollen. Wer bereit ist, eine Szene zu machen, hat unter Umständen ein wirkungsvolles Machtmittel zur Verfügung. Im folgenden ein banales, aber aufschlußreiches Beispiel dafür:

Ein Konzert in einer großen Konzerthalle war nur spärlich besucht. Viele Leute saßen ganz hinten in den obersten Rängen, während in der Nähe der Bühne zahlreiche freie Plätze waren, deshalb rückten einige der Besucher nach vorne auf und suchten sich einen Platz im Parkett. Als die Menge sich gerade umsetzte und das Konzert begann, kam eine Platzanweiserin herein. Sie pickte sich ein Paar heraus, dessen Umzug sie beobachtet hatte, leuchtete den beiden mit ihrer Taschenlampe ins Gesicht und forderte sie auf, wieder zu ihren eigenen Plätzen zurückzukehren. Die Frau war bereit, der Aufforderung nachzukommen, der Mann jedoch brüllte die Platzanweiserin wütend an, die augenblicklich verschwand, weil das die einzige Möglichkeit war, die lautstarke Störung des Konzerts zu beenden.

In einem anderen Beispiel prahlte ein Handlungsreisender vor seinen Kollegen, welch mächtigen Einfluß er im Verkaufsstab habe. Wenn er bei einem Verkaufstreffen redete, wurde ihm nur selten widersprochen. Darauf war er stolz, weil er es seinem hohen Status zuschrieb. Tatsächlich war es so, daß niemand ihm widersprach, weil er für sein aufbrausendes Temperament und seine spitze Zunge bekannt war und niemand das Bedürfnis hatte, zur Zielscheibe eines solchen Ausbruchs zu werden. Ob ein Verhalten von Furcht oder Respekt bestimmt ist, läßt sich manchmal nur schwer unterscheiden.

Frauen, die zu Wutausbrüchen nicht fähig sind, sind unfähig, diese Art von Macht auszuüben. Weit schlimmer ist, daß ihre Konfliktscheu sie ausnutzbar macht. Kurz, sie stehen nicht für ihre Interessen ein. Auch prominente Frauen sind nicht immun gegen dieses Verhaltensmuster. Oprah Winfrey hat zum Beispiel gesagt: »Mein größter Fehler ist meine Unfähigkeit, Leuten offen die Meinung zu sagen. Nach all den Shows, die ich gemacht, all den Büchern, die ich gelesen, all den Psychologen, mit denen ich gesprochen habe, lasse ich mich immer noch bis zum Gehtnichtmehr ausnutzen. Ich schiebe es vor mir her und zermartere mir tagelang den Kopf, bis ich endlich den Nerv aufbringe, irgend etwas zu sagen. Manchmal denke ich, daß ich mich lieber vor einen Lastwagen schmeißen würde, als jemanden zur Rede zu stellen, der mich ausnutzt.«

Es handelt sich hierbei nicht um eine individuelle Schwäche Oprah Winfreys, sondern um ein Problem, das unzählige Frauen haben. Tatsächlich ist es nicht so sehr eine Schwäche als eine Stärke, die aber in oppositionellen Kontexten nicht funktioniert. Erfolgreiche Frauen sind für diese Schwäche vielleicht besonders anfällig, weil sie ihren Erfolg wahrscheinlich gerade dem Umstand verdanken, daß sie gut mit Leuten auskommen – und nicht mit ihnen streiten. Viele Frauen lernen, Konfrontationen zu vermeiden, damit sie gut mit anderen auskommen und gemocht werden. Aber es ist leichter, jemanden auszubeuten, der Konfrontationen aus dem Weg geht, als jemanden, der die Welt von einer kämpferischen Warte aus betrachtet.

Eine Studentin rief mich einmal an einem Sonntag zu Hause an und stellte mir einen Haufen Fragen zu ihrer Dissertation. Nachdem ich eine Menge Zeit damit verbracht hatte, ihre Fragen zu beantworten, wies ich sie darauf hin, daß sie sich für diese Auskünfte eigentlich an ihren »Mentor« wenden sollte, einen Kollegen von mir, der für die Betreuung ihrer Dissertation vorrangig zuständig (und vorrangig bezahlt) war. Die Studentin erwiderte, daß sie die Antworten unbedingt sofort gebraucht hätte und ihren Mentor nicht zu Hause stören wollte.

Warum war es in Ordnung, mich an einem Sonntag zu Hause zu stören und ihn nicht, obwohl das, worum sie mich bat, sein Job war? Frauen werden meistens für zugänglicher gehalten als Männer. Dafür gibt es viele mögliche Gründe. Vielleicht hält man die Zeit von Frauen für weniger kostbar als die von Männern. Viele von uns haben die Erfahrung gemacht, daß die Zeit unserer Mütter zu unserer Verfügung stand, die unserer Väter jedoch für wichtigere Aufgaben außerhalb des Hauses reserviert war; wir mußten darauf warten, daß er Zeit für uns erübrigen konnte – die Zeit, die er uns widmete, schien also wertvoller zu sein. Doch ein anderer Grund für die größere Zugänglichkeit von Frauen ist ihre Konfliktscheu, die es unwahrscheinlicher macht, daß sie aufbrausend reagieren, wenn sie verärgert sind.

Wer immer auf Konfrontationskurs ist, verpaßt unter Umständen viel, was er wirklich genießen würde. Und wer sich immer gefällig zeigt, akzeptiert vielleicht viel, auf das er lieber verzichten würde. Ein Mann beschrieb mir einmal, was er und seine Ex-Frau immer als das Ich-mag-Hähnchenrücken-Phänomen bezeichnet hatten. Wenn es bei ihnen zu Hause Hähnchen gab, mußte einer den Rücken essen, und in seiner Familie war es immer seine Frau, die den anderen versicherte: »Ich mag gern Hähnchenrücken.« Aber niemand mag Hähnchenrücken wirklich gern. Die Frau hatte sich selbst überzeugt, daß sie Hähnchenrücken mochte – und ausgelaufenes Eigelb und verbrannten Toast –, um gefällig zu sein. Aber Jahre der Gefälligkeit ließen einen Berg von Frustrationen anwachsen, der, wie sie beide glaubten, zum Scheitern der Ehe beigetragen hatte.

Sogar bei Paaren, die sich nicht scheiden lassen, können Gefälligkeiten ihren Tribut fordern. Wieder ist es eine prominente

Frau, die ein gutes Beispiel liefert. Die Schauspielerin Jayne Meadows erklärte in einem Interview, daß ihr Mann, der Komiker Steve Allen, sie am Anfang ihrer Ehe dazu »manipuliert« habe, große Angebote auszuschlagen. Sie führte ein Beispiel an: »Steve hielt mich davon ab, die Hauptrolle in *Will Success Spoil Rock Hunter?* zu übernehmen.« Als Allen in einer Talk-Show zu diesem Vorwurf Stellung nehmen sollte, meinte er, er habe ledig lich gesagt: »Die Einführungsszene ist ein bißchen albern«, und Meadows selbst habe entschieden, das Angebot abzulehnen. Jayne Meadows unterstellte offenbar – wahrscheinlich zu Recht –, daß es ihrem Mann lieber war, wenn sie die Rolle nicht spielte. Aber mußte sie seinen Wünschen Rechnung tragen? Zu jenem Zeitpunkt glaubte sie das wohl, rückblickend jedoch wünschte sie, sie hätte es nicht getan.

Und jetzt etwas völlig anderes

Für viele Frauen ist es undenkbar, sich den Wünschen anderer – oder dem, was sie dafür halten – offen zu widersetzen. Ironischerweise denken manche Frauen eher daran, den Partner zu verlassen. Das war der Fall bei einer Frau, die ich Dora nennen will und die zu spät erkannte, daß ihre Ehe nicht zusammengebrochen wäre, wenn sie sich den Wünschen ihres Mannes einmal widersetzt hätte. Die Ehe brach zusammen, weil sie es nicht tat und immer frustrierter wurde, weil sie nie eigene Vorstellungen durchsetzen konnte.

Eine ständige Quelle des Ärgers für Dora war zum Beispiel eine Serie von Gebrauchtwagen. Dora war diejenige, die mit dem Auto zur Arbeit fuhr und die es in die Werkstatt bringen mußte, aber Hank war derjenige, der die Autos auswählte, die sie kauften. Hank begeisterte sich regelmäßig für Autos, die billig, interessant und reparaturanfällig waren. Nachdem Dora durch einen schrottreifen Renault mit hoffnungslos defekten Bremsen beinahe den Tod gefunden hätte, ging es erneut um den Kauf eines gebrauchten Autos.

Hank heftete seine Aufmerksamkeit auf einen fünfzehn Jahre alten Alfa Romeo, den ein befreundeter Mechaniker gerade instand setzte, um ihn zu verkaufen. Dora wollte die Gelegenheit nutzen, ein neueres VW-Modell von einer Freundin zu erstehen, die ins Ausland gehen wollte. Entschlossen, eine gemeinsame Entscheidung herbeizuführen, suchte sie auf jede erdenkliche Weise Hank auf verbalem Weg zu überzeugen, daß es vernünftiger wäre, den langweiligen, aber verläßlichen VW zu kaufen als den aufregend antiken Alfa Romeo, aber Hank ließ sich nicht überzeugen.

Zu irgendeinem früheren Zeitpunkt hätte Dora in dieser Situation den Wünschen ihres Mannes nachgegeben und ihn dann später jedesmal aus tiefstem Herzen verflucht, wenn sie mit dem Alfa Romeo zur Arbeit – oder zur Reparatur – gefahren wäre. Aber dieser Vorfall ereignete sich, als die Eiszeit ihrer Ehe bereits angebrochen war. Weil sie also nicht viel zu verlieren hatte, kaufte sie den VW von ihrer Freundin und wappnete sich innerlich für den Wutausbruch, den sie auf sich zukommen sah. Zu ihrer Überraschung protestierte Hank mit keinem Wort. Als sie ihm erzählte, welche Reaktion sie erwartet hatte, meinte er, daß sie sich idiotisch verhalten hätte: Sie hätte einfach von Anfang an tun sollen, was sie wollte, wenn ihr soviel daran lag. Er konnte nicht verstehen, warum sie seinen Segen für etwas brauchte, was ihrer Meinung nach das einzig Richtige war.

Das extremste Beispiel für die Überzeugung, daß Anpassung der beste Weg ist, um häusliche Harmonie herzustellen, war für mich der Fall einer Frau, die sich von ihrem Ehemann mißhandeln ließ. Die beiden hatten sehr jung geheiratet, und der Mann war so gewalttätig, daß sie ständig um ihr eigenes und das Leben ihrer Kinder gefürchtet hatte. Um mir zu erklären, warum sie seine Schläge toleriert hatte, erzählte sie, daß ihr Mann eine schwierige Kindheit gehabt habe und ohne Liebe aufgewachsen sei. Sie hatte geglaubt, ihre bedingungslose Liebe würde seine Verletzungen – und die ihrer Beziehung – heilen können. Einmal hatte er sie bewußtlos geschlagen. Als sie wieder zu sich kam, sagte er: »Ich schätze, jetzt ist wohl endgültig Schluß.« Sie antwortete: »Ich liebe dich noch immer.« Ein Schlag, den er für so brutal und bösartig hielt, daß seine Frau ihn dafür zweifellos verlassen würde, erschien ihr als Chance, ein für allemal zu beweisen, daß sie ihn wirklich bedingungslos liebte. Selbst bei einer solchen Provokation zog sie nicht in Betracht, mit Widerstand oder Protest zu reagieren.

Gleichgültig, wie unbefriedigend ein Resultat sein mag, das Verhalten, mit dem ein bestimmtes Resultat erzielt werden soll, wird nur selten in Frage gestellt. Wenn das, was wir tun, nicht funktioniert, versuchen wir nicht etwas völlig anderes. Statt dessen verdoppeln wir unsere Anstrengungen, um mit der uns selbstverständlich erscheinenden Methode ans Ziel zu kommen. Aber wenn die Vorgehensweisen verschieden sind, löst eine Intensivierung des einen Verhaltens die Intensivierung des anderen Verhaltens aus. Das führt letztlich dazu, daß unsere Bemühungen das Problem nicht lösen, sondern es im Gegenteil verschlimmern.

Das zeigte sich an dem Erfahrungsbericht eines Paares namens Molly und George. Molly kann es nicht ertragen, wenn George herumbrüllt. Aber George empfindet es als normal herumzubrüllen, weil er aus einer Familie kommt, in der sein Vater, seine beiden Brüder und er immer in Opposition waren und sich pausenlos stritten, balgten und in der Wolle hatten. Gelegentlich überrascht Molly George damit, daß sie zurückbrüllt. Sie haßt das, aber er mag es. George erklärte: »Wenn ich wütend über etwas werde und jemanden attackiere, erwarte ich Widerstand. Wenn ich keinen Widerstand finde, bin ich frustriert, und dann werde ich wirklich wütend.«

Wie dieses Beispiel zeigt, kann der Versuch, einen Konflikt zu vermeiden, bei Leuten, die Konflikte als Ausdruck von Verbundenheit schätzen, das Gegenteil bewirken. Diese Erfahrung machte auch ein ernster amerikanischer Austauschstudent bei einem Gespräch mit seiner spanischen Gastgeberin in Sevilla. Die Gastgeberin wetterte gern gegen die Katalanen, Angehörige einer ethnischen Gruppe im Nordosten Spaniens, und sie wußte, daß der Amerikaner ihre Ansichten nicht teilte. Einmal versuchte sie ihn zu provozieren, indem sie sagte: »Alle Katalanen sind Schweinehunde.« Der junge Student versuchte es mit einer versöhnlichen Bemerkung: »Sie haben Ihre Meinung, und ich habe meine, also lassen wir es dabei bewenden.« Diese Weigerung, sich auf eine Diskussion einzulassen, war zur Vermeidung eines Streits nicht nur äußerst ungeeignet, sondern löste im Gegenteil einen wütenden Angriff der erbosten Spanierin aus. Sie mußten eine Stunde lang diskutieren, bis sie eine teilweise Einigung erzielten – nicht über die Katalenen, sondern über die Einstellung zu Streitgesprächen.

Auf der Suche nach Flexibilität

Wenn gewohnte Verhaltensweisen nicht den gewünschten Erfolg haben, kann eine Intensivierung dieses Verhaltens das Problem nicht lösen. Von mehr Flexibilität jedoch könnten sowohl Männer als auch Frauen profitieren. Für Frauen, die Konflikte um jeden Preis vermeiden, wäre es besser, wenn sie lernen würden, daß ein kleiner Konflikt sie nicht umbringt. Und für Männer, die gewohnheitsmäßig in Opposition gehen, wäre es besser, wenn sie sich von ihrer Streitsucht befreien würden.

Weil die Menschen verschieden sind, nicht nur was das Geschlecht, sondern auch was ihren kulturellen Hintergrund angeht, werden Freunde, Liebende und Fremde auch weiterhin geteilter Meinung sein, wenn es um das Thema verbaler Opposition geht. Aber diese unterschiedlichen Haltungen sind besonders wahrscheinlich – und besonders problematisch – in langwährenden Beziehungen, bei denen es in der Natur der Sache liegt, daß Machtkämpfe und widersprüchliche Bedürfnisse entstehen. Wenn man nach verschiedenen Regeln spielt – oder verschiedene Spiele spielt –, ist es ziemlich schwierig, das Beziehungsspiel zusammen zu spielen.

Weil Männer und Frauen grundsätzlich anderer Auffassung darüber sind, was Konflikte bedeuten und wie man damit umgehen sollte, ist dies eine Arena, in der die unterschiedlichen Vorgehensweisen von Männern und Frauen mit hoher Wahrscheinlichkeit aufeinanderprallen. Die einfache Erkenntnis, daß ein scheinbar unfaires oder irrationales Verhalten das Ergebnis eines anderen Gesprächsstils sein könnte, hilft, Frustrationen abzubauen. Konflikte wird es trotzdem geben, aber man könnte sich dann wenigstens über wirkliche Interessenkonflikte statt über den Gesprächsstil des anderen streiten.

VII

Wer unterbricht wen?: von Dominanz und Kontrolle

Dies ist ein Lieblingswitz meines Vaters:

> Eine Frau will sich scheiden lassen. Als der Richter sie nach den Gründen fragt, erklärt sie, daß ihr Mann seit zwei Jahren nicht mehr mit ihr geredet habe. Der Richter fragt den Mann: »Warum haben Sie seit zwei Jahren nicht mehr mit Ihrer Frau gesprochen?« Er erwidert: »Ich wollte sie nicht unterbrechen.«

In diesem Witz spiegelt sich das verbreitete Klischee, daß Frauen geschwätzig sind und den Männern ins Wort fallen.

In offenem Widerspruch zu diesem Klischee steht eines der am häufigsten zitierten Ergebnisse wissenschaftlicher Untersuchungen zu Geschlecht und Sprache, das besagt, daß es die Männer sind, die Frauen unterbrechen. Ich habe noch nie einen populärwissenschaftlichen Artikel zu diesem Thema gelesen, in dem dieses Ergebnis nicht zitiert wurde. Es ist zutiefst befriedigend, weil es dem frauenfeindlichen Klischee weiblicher Geschwätzigkeit entgegentritt und weil es den Erfahrungen der meisten Frauen, die das Gefühl haben, daß Männer ihnen oft das Wort abschneiden, Rechnung trägt.

Beide Behauptungen – daß Männer Frauen unterbrechen und daß Frauen Männer unterbrechen – spiegeln und bestätigen die Annahme, daß derjenige, der einem anderen ins Wort fällt, sich feindselig verhält und eine Art Konversationsrowdy ist. Der Unterbrechende wird als böswilliger Aggressor betrachtet, der Unterbrochene als unschuldiges Opfer. Diese Ansichten gehen von der Voraussetzung aus, daß es eine persönliche Beeinträchtigung, ein Herumtrampeln auf den Rechten anderer und ein Herrschaftsversuch ist, wenn man jemanden unterbricht.

Der Vorwurf, anderen ins Wort zu fallen, ist besonders schmerzlich in engen Beziehungen, wo dieses Verhalten mit einer Last von Metamitteilungen beladen ist – wie zum Beispiel, daß man gleichgültig ist, nicht zuhört, kein Interesse hat. Diese Klagen berühren den Kern einer Beziehung, weil die meisten von uns von ihren Beziehungen vor allem Aufmerksamkeit und Anerkennung erwarten. Doch wenn man das Gefühl hat, daß jemand einem ins Wort fällt, muß das nicht unbedingt heißen, daß der andere es darauf angelegt hat. Und der Vorwurf, jemanden unterbrochen zu haben, wenn man genau weiß, daß man nicht die Absicht hatte, ist genauso frustrierend wie die Erfahrung, daß jemand einem das Wort abschneidet, bevor man zum Zuge gekommen ist.

Weil der Vorwurf »Du hast mich unterbrochen« in persönlichen Beziehungen so weit verbreitet ist und weil dieser Vorwurf mit Fragen von Herrschaft und Kontrolle zusammenhängt, die für die Geschlechterpolitik von grundlegender Bedeutung sind, will ich im folgenden näher auf das Verhältnis von Unterbrechung und Dominanz eingehen. Dafür ist es nötig, genauer zu untersuchen, durch was Gesprächsunterbrechungen entstehen und wie sie im einzelnen beschaffen sind.

Unterbrechen Männer Frauen?

Die Wissenschaftler, die zu dem Ergebnis gekommen sind, daß Männer Frauen nicht ausreden lassen, haben Gespräche aufgezeichnet und die Unterbrechungen gezählt. Bei dieser Auswertung haben sie die Gesprächssubstanz, d. h. Gesprächsthema, Absichten des Sprechers, Reaktionen der Gesprächsteilnehmer aufeinander und Auswirkungen der »Unterbrechung« auf die Unterhaltung, nicht berücksichtigt. Die Unterbrechungen wurden statt dessen anhand mechanischer Kriterien ermittelt. Experimentelle Untersuchungen, bei denen etwas gezählt wird, benötigen mechanische Kriterien, um die zu zählenden Dinge definieren zu können. Aber den ethnographischen Wissenschaftlern – den Leuten, die die Menschen in ihrer natürlichen Umgebung bei den Dingen beobachten, die sie verstehen wollen – sind mechanische Kriterien ebenso suspekt, wie sie den experimentellen Wissenschaftlern lieb und teuer sind. Die Frage, ob eine Unterbrechung anhand mechanischer Kriterien zu ermitteln ist, bildet ein Paradebeispiel für diese unterschiedlichen wissenschaftlichen Standpunkte.

Der Linguist Adrian Bennett erklärt, daß »Überlappungen« sich objektiv feststellen lassen: Jeder, der einem Gespräch oder der Tonbandaufnahme eines Gesprächs zuhöre, könne entscheiden, ob zwei Leute auf einmal reden oder nicht. Doch ob man etwas als Unterbrechung beurteilt, hängt zwangsläufig davon ab, wie man die Rechte und Pflichten der jeweiligen Gesprächsteilnehmer interpretiert. Um zu entscheiden, ob ein Sprecher die Rechte eines anderen Sprechers verletzt, muß man eine Menge über die Gesprächspartner und die Situation wissen. Zum Beispiel: Worüber reden sie? Wie lange hat jeder von ihnen schon gesprochen? In welcher Beziehung standen sie bislang zueinander? Wie empfinden sie es, wenn man sie unterbricht? Und, das Wichtigste, welchen Inhalt hat der Kommentar des zweiten Sprechers in Beziehung zum ersten: Ist es eine Bestätigung, ein Widerspruch oder ein Themenwechsel? Mit anderen Worten, welche *Absicht* hat der zweite Sprecher? Scheinbare Unterstützung kann ein subtiler Angriff sein, und ein scheinbarer Themenwechsel kann ein indirektes Mittel der Unterstützung sein – wie zum Beispiel, wenn ein adoleszenter Junge nicht die Gelegenheit nutzt, seinen Freund zu bemitleiden, weil er die unterlegene Position des Freundes nicht unterstreichen will.

All diese und andere Faktoren haben Einfluß darauf, ob die Gesprächsrechte einer Person verletzt worden sind oder nicht und, wenn ja, wie bedeutsam die Verletzung ist. Manchmal fühlt man sich unterbrochen, ohne daß es einem etwas ausmacht. Ein anderes Mal macht es einem eine ganze Menge aus. Verschiedene Sprecher haben verschiedene Gesprächsstile, einer der Gesprächsteilnehmer könnte sich also unterbrochen *fühlen*, sogar wenn der andere gar nicht die *Absicht* hatte.

Mit dem folgenden Beispiel illustrierten Candace West und Don Zimmerman, wie ein Mann eine Frau unterbricht. In diesem Fall halte ich die Unterbrechung im Rahmen der Gesprächssituation für berechtigt. (Die vertikalen Linien zeigen Überlappungen.)

Frau: Du kannst doch nun wirklich nicht mekkern, wo du alles am selben Tag hast (4.2), während ich meinen Physikprofessor fragen mußte, ob ich nicht tau | schen könnte
Mann: | Faß das nicht an |
(1.2)
Frau: Was?
(Pause)
Mann: Ich hab' mein Notizbuch grade geordnet, du bringst alles durcheinander, wenn du so wild darin herumblätterst.

West und Zimmerman betrachten das als Unterbrechung, weil der zweite Sprecher zu reden anfängt, während der erste mitten in einem Wort ist (*tauschen*). Aber in Anbetracht des Gesprächsinhalts ist die Sprecherin vielleicht gar nicht in ihren Rechten verletzt worden. Obwohl es andere Aspekte gibt, die diesen Mann wie einen Gesprächsrowdy wirken lassen, wird die Frau durch die Unterbrechung an sich – die Aufforderung, nicht weiter im Notizblock zu blättern – nicht in ihren Kommunikationsrechten eingeschränkt. Viele Leute, die jemanden mit ihrem Eigentum auf eine Weise umgehen sähen, die ihre ganze sorgfältige Organisation zunichte macht, würden sich im Recht fühlen, wenn sie diese Person aufforderten, sofort damit aufzuhören, ohne erst auf den geeigneten syntaktischen oder rhetorischen Zeitpunkt für eine Unterbrechung warten.

Der Soziologe Stephen Murray gibt ein Beispiel für einen seiner Meinung nach prototypischen Fall von Unterbrechung – eine Person fällt der anderen ins Wort und schneidet ein völlig anderes Thema an, obwohl der erste Sprecher noch gar nicht zum Zuge gekommen ist. Hier das Beispiel:

H: Ich glaube, | daß
W: | Möchtest du noch etwas Salat?

Dieser einfache Austausch zeigt, wie komplex Unterhaltungen sein können. Viele Leute meinen, daß ein Gastgeber das Recht, wenn nicht die Pflicht hat, seinen Gästen etwas zu essen anzubieten, gleichgültig, ob gerade ein Gespräch in Gange ist oder nicht. Etwas zu essen anzubieten wie auch die Bitte, das Salz oder ein anderes Gewürz herüberzureichen, hat Priorität; wenn der Gastgeber mit seiner Aufforderung warten würde, bis alle still sind, und die Gäste warten würden, bis niemand mehr etwas sagt, bevor sie um eine Schüssel vom anderen Tischende bitten, dann würden um so mehr Gäste hungrig nach Hause gehen, je besser das Gespräch ist.

Das soll nicht heißen, daß der Zeitpunkt, zu dem jemand etwas zu essen anbietet, immer der richtige Zeitpunkt ist. Wenn ein Gastgeber die anderen *gewohnheitsmäßig immer dann* mit seiner Frage unterbricht, wenn jemand gerade den Höhepunkt einer Geschichte oder den Gag eines Witzes erzählt, könnte man das als Verletzung von Rechten oder Ausdruck von mißgünstigen Motiven betrachten. Aber der Vorwurf, andere zu unterbrechen, kann sich nicht wie in diesem Fall auf ein einziges Beispiel stützen.

Ein unterschiedlicher Gesprächsstil trübt einen klaren Kommunikationsfluß. Der eine ist vielleicht in einer redelustigen Familie aufgewachsen, in der Aufforderungen zum Essen sich mit der laufenden Unterhaltung überlappten, während der andere vielleicht aus einer Familie kommt, wo wenig gesprochen und Essen nur dann angeboten wurde, wenn eine Gesprächspause entstand. Wenn zwei derartige Leute zusammenleben, wird der eine wahrscheinlich erwarten, daß der andere gleich weitererzählt, wenn er zwischendurch etwas zu essen anbietet, während der überlappungsaversive Partner sich unterbrochen fühlt und sich vielleicht sogar weigert, das Gespräch wiederaufzunehmen. Beide wären im Recht, weil Unterbrechungen nicht nach einem allgemeingültigen Maßstab definierbar sind. Die Beurteilung ist eine Sache der individuellen Wahrnehmung von Rechten und Pflichten, die sich ihrerseits aus individuellen Erfahrungen und Erwartungen ableiten.

Unterbrechungen ohne Überlappungen

Bei den angeführten Beispielen ist das Überlappen – zwei Leute, die auf einmal reden – nicht zwangsläufig eine Unterbrechung, d. h. eine Verletzung der Rederechte eines anderen. Es gibt aber auch Fälle, wo die Sprecher das Gefühl haben, in ihren Rechten beeinträchtigt zu werden und sich vielleicht sogar unterbrochen fühlen, wenn keine Überlappung auftritt. Ein Beispiel für so einen Fall taucht in Alice Greenwoods Analyse von Tischgesprächen auf, die ihre drei Kinder (die Zwillinge Denise und Dennis, zwölf, und Stacy, elf) mit ihren Freunden führten. In dem folgenden Beispiel spielen Denise und Stacy ein gewohntes Gesprächsritual durch, um den vierzehnjährigen Mark, den Freund ihres Bruders, zu erfreuen. Die beiden Schwestern führen diesen Dialog, den Greenwood die Betty-Routine nennt, häufig auf. Bevor sie anfangen, lenken sie Marks Aufmerksamkeit auf sich: »Hör mal zu, Mark. Hör mal zu.« Dann kündigen Denise und Dennis an: »Das ist total witzig.« Aber Mark ist anderer Meinung:

Denise (mit Betty-Stimme): Entschuldigung, bist du Betty? ...
Stacy: O ja, das bin ich.
Denise (mit Betty-Stimme): Betty wer?
Stacy (mit Betty-Stimme): Bettybitabittabuttabut.
(Dennis, Denise und Stacy lachen.)
Mark: Waaaas?
(Dennis, Denise und Stacy lachen hysterisch.)

Dieser Standarddialog löste bei den drei Geschwistern – und bei anderer Gelegenheit auch bei ihren Freunden – fröhliches Gelächter aus, aber Mark stimmte nicht ein und behauptete, den Witz nicht verstanden zu haben. Denise und Stacy versuchten, es ihm zu erklären:

Denise: Ich hab' gesagt: »Betty wer?«, so, wie du vielleicht »Betty Jones« sagst. Und sie antwortet: »Bettybitabitabitta –«

→Dennis: Hat schon jemand was gegessen?

Mark: Nein. Was ich eigentlich sagen wollte, kann ich mal ein bißchen Suppe haben? Die sieht wirklich lecker aus.

Denise: Hör mir zu, hör doch mal zu, hör mir zu.

Mark: Sag's noch mal ganz langsam, ja?

Stacy: Betty biß in Brittas bittre Butter, und sie sagt: »Die Butter'st bitter. Krieg' ich keine bess're Butter, bin ich Butter-Britta bitter. So bittet Betty Britta bitter – «

→Denise: Hast du das noch nie gehört?

Mark: Nein, noch nie.

Denise: Echt nicht, Mark?

Mark: Echt nicht.

Denise: Es ist wie der tollste Zun– |

→Stacy: | Zungenbrecher.

Mark: Nein. Der tollste Zungenbrecher ist Fritz Pfiffig pflückt– |

→Denise: | Ja, genau. Bei dem ist es genauso.

Mark: **Du unterbrichst mich dauernd.**

In diesem Gesprächsausschnitt schneiden Denise und Stacy sich wiederholt das Wort ab, wie die Pfeile und vertikalen Linien zeigen, aber es gibt keine Anzeichen dafür, daß sie das übelnehmen. Als jedoch ihr Bruder Dennis ihnen ins Wort fällt, um nach dem Essen zu fragen (»Hat schon jemand was gegessen?«), stört es sie offenbar, weil er sie damit in ihren Erklärungen unterbricht (Denise protestiert: »Hör mir zu, hör doch mal zu, hör mir zu«). Die Mädchen unterstützen sich gegenseitig und reden als Team.

Besonders auffällig ist Marks Vorwurf: »Du unterbrichst mich dauernd.« Er ist deshalb so interessant, weil Mark mit seinen Ausführungen (»Nein. Der tollste Zungenbrecher ist Fritz Pfiffig pflückt –«) eigentlich die Erklärung der Mädchen unterbrochen hat, auch wenn die Äußerungen der Sprecher sich nicht überlappt haben. Dasselbe gilt für die andere »Unterbrechung« der Mädchen. Als Denise gerade sagte: »In Ordnung. Paß mal auf«, begann Mark zu fragen: »Ist es so lustig wie –«, aber er konnte den Satz nicht beenden, weil Dennis zu lachen anfing und Denise das angekündigte Gesprächsritual einleitete. Marks Protest wirkt damit wie ein praktisches Beispiel für den scherzhaften Satz: »Rede nicht, wenn ich dich unterbreche.«

Mark nahm darüber hinaus eine oppositionelle Haltung ein, auch wenn er den Mädchen nicht widersprach, sondern sie zu bestätigen schien. Die Mädchen sagten gerade, daß ihr radebrecherischer Spruch »*wie* der tollste Zungenbrecher« sei. Wenn Mark sie einfach nur mit der Darbietung des »tollsten Zungenbrechers« (Fritz Pfiffig pflückt fleißig Pfifferlinge) unterbrochen hätte, wäre er damit bestätigend auf Denise eingegangen und hätte ihre Erklärung ausgeschmückt. Statt dessen begann er seinen Satz mit einem »Nein«, so, als ob die Mädchen behauptet hätten, ihr Spruch *sei* der beste Zungenbrecher.

Bei dieser Unterhaltung haben die Mädchen versucht, Mark in ihre freundliche Neckerei mit einzubeziehen. Greenwood fand heraus, daß ihre Kinder Unterhaltungen mit Freunden um so mehr genossen, je mehr Unterbrechungen in einem Gespräch vorkamen. Aber Mark weigerte sich, bei ihrem Spaß mitzumachen, indem er auf seinem Recht beharrte, reden zu können, ohne unterbrochen zu werden. Vielleicht hing es damit zusammen, daß er einige Jahre älter war als die anderen. Vielleicht wollte er nicht in die Rolle des Zuhörers gedrängt werden. Vielleicht fühlte er sich auch herabgesetzt, als Denise ihn fragte: »Hast du das noch nie gehört?... Echt nicht, Mark?« Was immer die Gründe sein mögen, Denise, Stacy und Dennis benutzten eher eine Beziehungssprache, während Mark eher zu einer Art Berichtssprache tendierte. Es ist nicht überraschend, daß Denise später ihrer Mutter gegenüber bemerkte, daß sie Mark nicht leiden könne.

Obwohl Denise Mark tatsächlich »unterbrochen« hat, um ihm mitzuteilen, daß er den Sinn begriffen habe (»Ja, genau. Bei dem ist es genauso«), deutet nichts darauf hin, daß sie ihn dominieren wollte. Und obwohl Denise und Stacy sich gegenseitig ins Wort fielen, weist auch hier nichts darauf hin, daß eine die andere beherrschen wollte. Es gibt jedoch einige Anzeichen dafür, daß Mark, obwohl seine Äußerungen sich nicht mit denen der anderen überschneiden, versucht haben könnte, Denise und Stacy zu dominieren, wie zum Beispiel, als er sich weigerte, über ihre Witze zu lachen, oder als er die Erklärungen zurückwies, die sie für ihr Gesprächsritual anboten. Ob ein Gesprächsteilnehmer den anderen dominieren will, hängt also nicht von Unterbrechungen ab, sondern ist eine Frage der Intentionen, die der einzelne mit seinen Äußerungen verbindet.

Überlappungen ohne Unterbrechungen

Die These, daß, jemanden zu unterbrechen, ein Zeichen von Dominanz sei, geht davon aus, daß ein Gespräch ein kommunikatives Geschehen ist, bei dem jeweils einer zur Zeit redet, was allerdings eher theoretischen Vorstellungen als praktischen Erfahrungen entspricht. Die meisten Amerikaner *meinen*, daß immer nur einer zur Zeit reden *sollte*, unabhängig davon, was sie tatsächlich tun. Ich habe Gespräche aufgenommen, bei denen viele Sprecher auf einmal zu hören waren und alle sich offenkundig gut amüsierten. Wenn ich die Beteiligten hinterher nach ihren Eindrücken zu dem Gespräch befragte, erzählten sie mir, daß sie es sehr genossen hätten. Aber wenn ich das Band zurückspulte und sie hörten, wie alle durcheinandergeredet hatten, waren sie peinlich berührt und gaben Kommentare ab wie: »O Gott, sind das wirklich wir?«, als ob man sie bei einem verbalen Striptease erwischt hätte.

In einem Buch mit dem Titel *Conversational Style* habe ich eine zweieinhalbstündige Unterhaltung analysiert, die sechs Freunde beim Essen führten. Rückblickend meinten einige dieser Freunde später, daß bestimmte Leute das Gespräch »dominiert« hätten – und als ich mir die Aufnahme das erste Mal anhörte, hatte ich auch diesen Eindruck. Aber die Angeklagten plädierten auf unschuldig: Sie behaupteten, sie hätten nicht die Absicht gehabt, das Gespräch zu dominieren; sie hätten sich gewundert, warum die anderen so zurückhaltend gewesen seien. Ich konnte dieses Rätsel erst lösen, als ich verschiedene Abschnitte des Gesprächs miteinander verglich.

Die unbeabsichtigten Unterbrechungen – und der Eindruck von Dominanz – entstanden, weil die Freunde einen unterschiedlichen Gesprächsstil hatten. Ich nenne diese Sprechweisen »besonders rücksichtsvoll« und »besonders involviert«, weil es bei der einen primär darum ging, sich nicht in den Vordergrund zu drängen, um anderen gegenüber rücksichtsvoll zu sein, und bei der anderen primär darum, begeistertes Engagement zu zeigen. Zu einigen scheinbaren Unterbrechungen kam es, weil besonders rücksichtsvolle Sprecher längere Pausen zwischen einem Sprecherwechsel erwarteten. Während sie auf einen passenden Einsatz warteten, hatten die besonders involvierten Sprecher das Gefühl, die anderen wüßten nichts zu erzählen, und sprangen ein, um kein peinliches Schweigen entstehen zu lassen.

Andere unbeabsichtigte Unterbrechungen ergaben sich, wenn die besonders involvierten Sprecher sich einmischten, um Bestätigung und Interesse zu demonstrieren: Die besonders rücksichtsvollen Sprecher mißverstanden diesen Ermunterungschor als Versuche, ihnen das Wort zu entreißen, und hörten auf zu reden, weil sie ein für ihre Ohren mißtönendes Stimmengewirr vermeiden wollten. Ironischerweise waren die scheinbaren Opfer nicht nur diejenigen, die diesen Vorgang als Unterbrechung interpretierten – sie erzeugten ihn auch. Wenn die besonders involvierten Sprecher haargenau die gleiche Praktik untereinander anwandten, war das Ergebnis positiv statt negativ: Wenn jemand sich einmischte, hielt das die anderen nicht vom Weiterreden ab. Es förderte den reibungslosen Ablauf des Gesprächs und regte die Unterhaltung an.

Hier sind zwei Beispiele aus meiner Studie, die diese kontrastierenden Situationen illustrieren und zeigen, wie unterschiedlich Überlappungen sich in einer Unterhaltung auswirken können. Das erste Beispiel zeigt eine Überlappung, die in einem Gesprächsabschnitt, wo drei besonders involvierte Sprecher sich unterhalten, einen positiven Effekt hatte. Das zweite Beispiel zeigt Überlappungen zwischen besonders involvierten und besonders rücksichtsvollen Sprechern, die zum Abbruch der Unterhaltung führten. Das Geschlecht hat bei den hier präsentierten Gesprächen keinen Einfluß auf das Überlappungsmuster;

doch nur, wenn man versteht, wie Überlappungen grundsätzlich funktionieren – oder nicht funktionieren –, läßt sich das Verhältnis von Geschlecht und Unterbrechung begreifen.

Erfolgreiches kooperatives Überlappen

Das erste Beispiel stammt aus dem Kontext einer Diskussion über den Einfluß des Fernsehens auf Kinder. Nur drei der sechs Freunde beteiligten sich, die drei besonders involvierten Sprecher: Steve (der Gastgeber), Peter (Steves Bruder, der bei ihm zu Gast war) und Deborah (die Autorin dieses Buches, die ebenfalls eingeladen war). Steve stellte die Behauptung auf, daß fernsehen schlecht für Kinder sei, und ich antwortete darauf mit der Frage, ob Steve und Peter als Kinder ferngesehen hätten. Vielleicht war es kein Zufall, daß ich als Frau einen anderen Schwerpunkt setzte und auf eine abstrakte, unpersönliche Aussage mit einer persönlichen Frage reagierte.

Steve: Ich denke, daß es grundsätzlich schädlich für Kinder ist. Das Gute, das vielleicht dabei ist, wird vom Schlechten überwogen. |
→Deborah: | Habt ihr zwei als Kinder Fernsehen geguckt?
Peter: Sehr wenig. Wir hatten einen Fernseher in den Nissen– |
→Deborah: | Wie alt wart ihr, als eure Eltern ihn anschafften? |
Steve: | Wir hatten zwar einen Fernseher, aber wir saßen nicht dauernd davor. Wir waren noch ziemlich klein. Ich war vier, als meine Eltern sich einen Fernseher anschafften. |
→Deborah: | Vier?
Peter: Ich weiß sogar noch genau, wie das war. | Was ich nicht mehr weiß / ??/
→Steve: | Ich weiß noch, daß sie den Fernseher

kauften, bevor wir 1954 in die Nissenhütten gezogen sind. |

→ Peter: | Ich glaub', sie haben ihn erst gekauft, als wir schon in den Nissenhütten wohnten.

Deborah (gluckst): Ihr habt in Nissenhütten gewohnt? Wie alt wart ihr da?

Steve: Weißt du, der Zahnarzt meines Vaters fragte ihn: »Was ist eine Nissenhütte?« Und er antwortete: »Mein Gott, Sie müssen ja jünger sein als meine Kinder?« Er war jünger. Jünger als wir beide.

Wie die vertikalen Linien und Pfeile andeuten, enthält diese Konversation viele Überlappungen und »Einklinkungen« – Fälle, wo ein zweiter Sprecher zu reden beginnt, ohne eine wahrnehmbare Pause eintreten zu lassen. Dennoch zeigen die Sprecher keine Anzeichen von Ärger oder Unbehagen. Alle drei Sprecher klinken sich abwechselnd in Äußerungen der anderen ein oder unterbrechen sie. Bei diesem Gespräch operieren die Brüder Steve und Peter als Duo, ähnlich wie Denise und Stacy in dem vorher angeführten Beispiel.

Die Unterhaltung enthält einen Hinweis darauf, warum es besonders involvierten Sprechern nichts ausmacht, wenn ihre Äußerungen sich überlappen. Diese Sprecher lassen Einmischungen zu, wenn ihnen danach zumute ist, wenn nicht, geben sie keine Antwort oder ignorieren die Einmischung völlig. Als Peter zum Beispiel sagt: »Wir hatten einen Fernseher in den Nissen [Hütten]«, unterbreche ich ihn mit der Frage: »Wie alt warst du, als deine Eltern ihn anschafften?« Steve beantwortet meine Frage nicht gleich. Statt dessen beendet er zunächst Peters Ausführungen: »Wir hatten zwar einen Fernseher, aber wir saßen nicht dauernd davor.« Erst dann wendet er sich der Beantwortung meiner Frage zu: »Wir waren noch ziemlich klein. Ich war vier, als meine Eltern sich einen Fernseher anschafften.« An anderer Stelle ignoriert Steve meine Frage. Ich erkundige mich: »Ihr habt in Nissenhütten gewohnt? Wie alt wart ihr da?« Ohne überhaupt auf meine Frage einzugehen, erzählt Steve von einem

Erlebnis seines Vaters, das ihm bei der Erwähnung der Nissenhütten eingefallen ist. Wenn Steve meine Fragen nicht als störend empfindet, so liegt das zum Teil daran, daß er sich nicht verpflichtet fühlt, sie zu beantworten – aus demselben Grund habe ich keine Hemmungen, reichlich damit um mich zu werfen. Die Überlappungen sind auch deshalb kooperativ, weil sie das Thema nicht wechseln, sondern vertiefen.

Mißlungene kooperative Überlappungen

Der Erfolg dieser kurzen Unterhaltung hatte nichts damit zu tun, ob die Sprecher sich überlappten oder unterbrachen; es war ein erfolgreiches Gespräch, weil die Sprecher ähnliche Gewohnheiten und Einstellungen hatten, was Gesprächsüberlappungen angeht. Das nächste Beispiel zeigt eine Phase desselben Tischgesprächs, das nicht erfolgreich verlief. Peter und ich wirkten dabei wieder mit, aber statt mit Steve unterhalten wir uns diesmal mit David, einem Vertreter des besonders rücksichtsvollen Stils.

David, ein Dolmetscher für amerikanische Zeichensprache, erzählt uns von seinem Fachgebiet. Peter und ich überlappen uns beim Zuhören und klinken uns mit unterstützenden Fragen ein, so, wie ich es vorher bei Peter und Steve gemacht hatte. Auch in diesem Fall zeigen die Fragen eher Interesse an den Aussagen des Sprechers als einen Themenwechsel an. Aber sie haben einen ganz anderen Effekt:

David: Und dies ist jetzt typisch Berkeley. Dies ist das Berkeley-Zeichen für | Weihnachten.
→Deborah: | Kommt man von allein auf diese, diese, ähm, Entsprechungen? Oder –
David: | /?/ |
wenn man die Zeichen lernt, erklärt einem jemand die Bedeutung?
David: Oh, du meinst, ob jemand es | kontrolliert? Wie – |

→Deborah: | Weil ich mir vorstellen könnte, daß man das Symbol zwar kennt, aber gar nicht auf die Idee kommt, daß es etwas mit Weihnachtsschmuck zu tun hat.

David: Nein. M-man weiß einfach, daß es etwas damit zu tun hat. |

→Deborah: | Weil es dir jemand erzählt? Oder kommt du von | allein drauf?

→David: | Nein.
| Oh. Meinst du, du willst wissen, wie ich es mache?

Deborah: Genau.

David: Oder wie ein Taubstummer es macht? |

→Deborah: | Wie du es machst. Du.

David: Ich? Ähm, normalerweise erzählt es mir jemand. Aber viele kann ich auch so erkennen. Ich meine, die Bedeutung ist offensichtlich. Je besser ich werde, desto leichter kann ich sie deuten. Je länger ich dabei bin, desto besser verstehe ich, was sie sagen. | Ohne | das Zeichen

→Deborah: | Ach so. | Das ist ja interessant.

David: direkt zu kennen. |

→Peter: | Aber wie erkennst du ein neues Zeichen?

David: Wie ich ein neues Zeichen erkenne? |

→Peter: | Ja, genau, ich meine, wenn zum Beispiel Victor etwas erzählt und urplötzlich ein Zeichen für Thanksgiving benutzt, das du vorher noch nie gesehen hast.

Peters und meine Kommentare klinken sich alle in Davids Aussagen ein oder überlappen sie, wie die Pfeile verdeutlichen. Aber nur zwei von Davids sieben Bemerkungen überlappen sich mit unseren. Außerdem macht David mit diesen beiden Äußerungen – mit der einen, die nicht zu verstehen ist (angezeigt durch die Schrägstriche und das Fragezeichen), und mit der anderen, als er »Nein« sagt – wahrscheinlich den Versuch, den ersten Teil meiner zweigeteilten Frage zu beantworten (»Kommt man von allein auf diese, diese, ähm, Entsprechungen?« und »Erklärt einem jemand die Bedeutung?«). Davids Pausen, sein Zögern, die Wiederholungen und Umschreibungen deuten darauf hin, daß er sich unbehaglich fühlt. Als ich ihm diesen Gesprächsabschnitt vorspielte, meinte er, daß das Gesprächstempo im allgemeinen und die Fragen im besonderen ihn unvorbereitet getroffen hätten und daß er sich bedrängt gefühlt habe.

Es ist mir unangenehm, dieses Gespräch gnadenlos abgedruckt vor mir zu sehen, weil es mich so tyrannisch erscheinen läßt. Und doch weiß ich genau, daß ich David gegenüber (der nach wie vor einer meiner engsten Freunde ist) die besten Absichten hatte und mich über seine vagen Antworten wunderte. Als ich verglich, welchen Effekt meine »Maschinengewehr-Fragen« bei David und welchen sie bei Steve und Peter gehabt hatten, habe ich zu meiner Erleichterung festgestellt, daß sie im Gespräch mit anderen besonders involvierten Sprechern ihren beabsichtigten Zweck erfüllten: Sie wurden als ein Zeichen von Interesse und Anteilnahme verstanden; sie ermutigten und bestärkten den Gesprächspartner. Aber besonders rücksichtsvolle Sprecher fühlten sich dadurch unterbrochen und gestört. Die Unterbrechungen und das Unbehagen wurden nicht durch die Überlappungen oder das schnelle Tempo ausgelöst, sondern durch den *unterschiedlichen Gesprächsstil*. Urteile wie *schnelles Tempo* oder *Pausen* sind das Ergebnis eben dieser Stilunterschiede. Ein »schnelles Tempo« ist kein inhärentes Merkmal, sondern resultiert aus den Sprechweisen der Beteiligten *im Verhältnis zueinander*. Ich könnte hinzufügen, daß ich durch die Arbeit für dieses Buch gelernt habe, keine Maschinengewehr-Fragen oder kooperative Überlappungen bei Leuten zu benutzen, denen das unangenehm ist – ein positiver Nebeneffekt, der durch mein besseres Verständnis für unterschiedliche Gesprächshaltungen ausgelöst wurde.

Kulturelle Unterschiede

Die drei besonders involvierten Sprecher in meiner Tischgesprächsstudie waren New Yorker Juden. Zwei der drei besonders rücksichtsvollen Sprecher waren Katholiken aus Südkalifornien, und einer stammte aus London. Obwohl ein Beispiel mit drei Leuten überhaupt nichts beweist, ist es eine weitverbreitete Ansicht, daß viele (natürlich nicht alle) jüdischen New Yorker, viele nicht-jüdische New Yorker und viele Juden, die nicht aus New York stammen, einen stark involvierten Gesprächsstil haben und daß sie *Gesprächspartner anderer Herkunft* – wie die Kalifornier in diesem Beispiel – oft unterbrechen. Aber zahlreiche Kalifornier erwarten kürzere Pausen als viele Leute aus dem Mittelwesten oder aus Neuengland, so daß bei einer solchen Zusammensetzung die Kalifornier diejenigen sind, die den anderen ins Wort fallen. Als ich in New York lebte, galt ich als außergewöhnlich freundlich, in Kalifornien dagegen manchmal als grob – ähnlich ging es einer freundlichen Kalifornierin aus meinem Bekanntenkreis, die nach Vermont zog und schockiert und verletzt war, als man ihr rüdes Benehmen vorwarf.

Der Kreis ist endlos. Die Linguisten Ron und Suzanne Scollon zeigen, daß Amerikaner aus dem Mittelwesten, die in Unterhaltungen mit Leuten von der Ostküste vielleicht oft unterbrochen werden, zu aggressiven Wortabschneidern werden, wenn sie sich mit athapaskischen Indianern unterhalten, die ihrerseits weit längere Pausen erwarten. Viele Amerikaner lassen schwedische und norwegische Gesprächspartner nicht ausreden, doch die Finnen, die noch längere Pausen machen, halten ihrerseits die Schweden und Norweger für Gesprächsrowdys, wobei es in Finnland auch wieder regionale Unterschiede gibt, was die Länge der Pausen oder der Gesprächseinsätze angeht. Aufgrund dieser regionalen Unterschiede – so die finnischen Linguisten Jaakko Lethonen und Karl Sajavaata – gelten Finnen aus bestimmten Landesteilen als schnellschwätzende Aufdringlinge und Finnen aus anderen Regionen als stockend redende Tölpel.

Anthropologen berichten von vielen Völkern auf der ganzen Welt, bei denen das Auf-einmal-Reden in Alltagsplaudereien hoch geschätzt ist. Dies scheint in mehr Teilen der Welt die anerkanntere Norm zu sein als die nordeuropäische Regel des Einer-zur-Zeit. Karl Reisman prägte den Begriff der *kontrapunktischen Konversation*, um die überlappende Sprechweise zu beschreiben, die er in Antigua beobachtet hatte. Karen Watson lieh seinen Begriff aus, um eine Sprechgewohnheit hawaiischer Kinder zu verdeutlichen, die gemeinsam Witze erzählen und ein »Geschichtengespräch« führen. Watson erklärt, daß für diese Kinder die Beteiligung an einem Gespräch nicht eine Sache des persönlichen Ausdrucks, sondern »ausgedrückte Partnerschaft« ist. Michael Moerman hat ähnliche Beobachtungen bei thailändischen Konversationen gemacht. Reiko Hayashi hat entdeckt, daß japanische Sprecher bei zwanglosen Gesprächen wesentlich häufiger gleichzeitig reden als Amerikaner. Jeffrey Shultz, Susan Florio und Frederick Erickson haben festgestellt, daß ein italo-amerikanischer Junge, der in seiner Schule als schwer verhaltensgestört galt, sich lediglich auf eine Art und Weise in Gespräche einmischte, die bei ihm zu Hause als angemessen und normal betrachtet wurde. Alle diese Wissenschaftler dokumentieren Beispiele überlappenden Sprechens, das weder destruktiv noch darauf angelegt ist, andere zu dominieren oder in ihren Rechten zu verletzen. Es ist vielmehr etwas Kooperatives, ein Mittel, um Gemeinsamkeit, Teilnahme und Verbundenheit zu demonstrieren. Kurz gesagt – gleichzeitiges Sprechen kann durchaus eine Form von Beziehungssprache sein.

Frauen als kooperative Überlapper

Es ist paradox (in Anbetracht der Männer-unterbrechen-Frauen-Forschung) und äußerst bedeutsam für unsere Fragestellung, daß auch Frauen zu den Bevölkerungsgruppen gehören, die Gespräche mit mehreren gleichzeitig redenden Personen bevorzugen. Die Volkskundlerin Susan Kalcik zeichnete die Gespräche einer Frauengruppe auf und machte damit als eine der ersten die wissenschaftliche Entdeckung, daß Frauen eine überlappende Sprechweise anwenden. Die Linguistinnen Deborah James und Janice Drakich haben vergleichende Studien über das Interaktionsverhalten bei reinen Männer- und bei reinen

Frauengesprächen ausgewertet und festfestellt, daß dokumentierte Unterschiede sich hauptsächlich darauf bezogen, daß Frauen mehr zu Unterbrechungen neigten.

Die Linguistin Carole Edelsky stieß unbeabsichtigt auf die weibliche Vorliebe für eine überlappende Sprechweise, als sie der Frage nachging, wer bei einer Reihe von Fachbereichssitzungen mehr redete. Sie fand heraus, daß die Männer mehr sagten als die Frauen, wenn eine Person sprach und die anderen schweigend zuhörten, aber in Phasen, in denen mehrere Leute gleichzeitig redeten, sagten die Frauen genausoviel wie die Männer. Mit anderen Worten, Frauen nahmen relativ selten am Gespräch teil, wenn die Situation den Charakter der Berichtssprache hatte, relativ häufig, wenn die Situation den Eindruck von Beziehungssprache weckte. Kooperatives Überlappen gab den Sitzungen teilweise einen beziehungssprachlichen Rahmen.

Im folgenden ein Beispiel für eine ungezwungene Unterhaltung zwischen drei Frauen, die sich gegenseitig äußerst kooperativ überlappen. Es stammt aus einem Gespräch, das die Linguistin Janice Hornyak aufzeichnete, als sie mit Familienmitgliedern am Küchentisch saß. Jan und ihre Mutter Peg, die in den Südstaaten leben, waren zu Besuch bei Verwandten im Norden, wo Jan zum erstenmal in ihrem Leben Schnee sah. Die Schwägerinnen Peg und Marge erzählen Jan von den Strapazen, die es bedeutete, kleine Kinder in einem Teil des Landes großzuziehen, wo es Schnee gibt. (Jans ältere Geschwister wuchsen im Norden auf, aber vor Jans Geburt zog die Mutter in den Süden.)

Peg: Am meisten gehaßt hab' ich all diese Winterhosen und Stiefel | und
→Marge: | O ja, das war das Schlimmste daran
Peg: | und Schals,
→Marge: | und wenn man sie dann in die Stiefel und all das Zeug verpackt hatte, dauerte es keine halbe Stunde, da kamen sie wieder rein, von oben bis unten mit Schnee bedeckt und total *schlackig* |
→Peg: | das ganze nasse

Zeug und

→Jan: Deshalb mögen Erwachsene also keinen Schnee, was?

Marge: Genau.

Peg: dann hat man alles gerade in den Trockner gestopft, und wenn sie 'ne halbe Stunde im Haus gesessen | haben,

→Marge: | Und es dauerte nicht lange, da wollten sie wieder raus.

Peg: dann wollen sie wieder raus.

Wie in dem vorhin geschilderten Gespräch zwischen Steve, Peter und mir beginnen alle drei Sprecherinnen ihren Part, indem sie sich in Äußerungen der anderen einklinken oder sie unterbrechen. Wie Denise und Stacy und wie Steve und Peter in den früheren Beispielen, spielen Peg und Marge ein Konversationsduett: Sie übernehmen zusammen die Rolle eines Gesprächsteilnehmers, überlappen sich gegenseitig, ohne daß es Anzeichen (oder Klagen) gäbe, daß diese Unterbrechungen übelgenommen würden.

Hornyak weist auf den noch interessanteren Aspekt hin, daß die Äußerungen dieser Sprecherinnen oft mit der Konjunktion *und* enden, so daß der Eindruck entsteht, sie würden unterbrochen, obwohl das gar nicht der Fall ist, so zum Beispiel, wenn Peg sagt: »All das nasse Zeug und.« Hornyak erklärt, daß diese Strategie von vielen Sprechern in ihrer Familie benutzt werde und dort auch befriedigend und effektiv sei. Außerhalb der Familie stößt diese Methode jedoch häufig auf Kritik und löst Verwirrung aus. Manche Leute haben vielleicht sogar den Eindruck, daß jemand, der einen Satz mit *und* beendet, selbst nicht weiß, ob er ausgeredet hat oder nicht.

Warum sollte irgend jemand den Eindruck erwecken wollen, er würde unterbrochen, wenn das gar nicht der Fall ist? Ein Grund, daß Sprecher aus einigen kulturellen Gruppen kaum oder gar keine Pausen zwischen einzelnen Äußerungen lassen, ist, daß sie Schweigen in einem freundlichen Gespräch als Zeichen fehlenden Einvernehmens betrachten. Überlappen ist eine Möglichkeit, die Konversation aufrechtzuerhalten, ohne ein Schweigen zu riskieren. Ich sollte allerdings anmerken, daß

Hornyak und die Familienmitglieder, deren Unterhaltung sie aufzeichnete, nicht laut oder schnell oder alle auf einmal reden. Ihre Überlappungen sind zwar häufig, aber kurz: Wenn man einen Satz mit *und* enden läßt, kann man auch bei minimalen Überlappungen den Eindruck von Unterbrechung erwecken.

Obwohl Hornyak meint, daß die Methode, einen Satz mit *und* zu beschließen, um Überlappung vorzutäuschen, eine spezifische Angewohnheit ihrer Familie sei, habe ich auch schon von anderen gehört, daß sie Leute kennen, die so verfahren. Wenigstens ein Mann, mit dem ich mich unterhielt, berichtete, daß seine Mutter (zum Ärger seines Vaters) ihre Äußerungen regelmäßig mit *und so* beschließt und daß *ihre* Mutter und alle ihre Schwestern das ebenfalls tun – aber ihr Vater und ihre Brüder nicht. Auch dieser Mann sah das als Familienangewohnheit. Obwohl Familien natürlich einen bestimmten Gesprächsstil pflegen, wird er offenbar in erster Linie vom Geschlecht in Kombination mit dem jeweiligen kulturellen Hintergrund geprägt.

Geschlecht und Kultur spielen auch bei einem anderen Beispiel, wo fälschlicherweise der Eindruck von Unterbrechung erweckt wird, eine Rolle. William Labov und David Fanshel dokumentierten ein psychotherapeutisches Gespräch zwischen der neunzehnjährigen Patientin Rhoda und ihrer Psychologin; sie zeigen, daß Rhoda nicht einfach zu reden aufhörte, wenn sie eine Aussage abschließen wollte. Statt dessen begann sie, sich selbst zu wiederholen, wenn sie ihre Ausführungen beendet hatte. Ihre Wiederholungen waren eine Aufforderung an die Psychotherapeutin, sie zu unterbrechen, um selbst das Wort zu ergreifen. Beide – Patientin und Psychotherapeutin – waren New Yorkerinnen, Jüdinnen und Frauen.

Die Fragwürdigkeit kultureller Erklärungen

Die Erkenntnis, daß Menschen mit ähnlichem kulturellem Hintergrund zu ähnlichen Sprechweisen neigen, ist eine große Erleichterung und fast so etwas wie eine Offenbarung, wenn Leute glaubten, einen persönlichen Tick oder sogar ein ernsthaftes psychisches Problem zu haben. Ein griechisch-amerikanischer

Mann zum Beispiel, den ich im Rahmen einer Untersuchung über Indirektheit in Konversationen interviewte, hatte von Freunden und Liebhaberinnen ein Leben lang zu hören bekommen, daß etwas mit ihm nicht stimmte, weil er immer um den heißen Brei herumreden würde, statt direkt zu sagen, was er wollte. Er berichtete mir, daß seine Eltern genauso sprächen, und ich erwiderte, daß ich die Feststellung gemacht hätte, daß Griechen häufiger als Amerikaner dazu tendierten, etwas indirekt zu sagen, und daß Amerikaner griechischer Abstammung irgendwo dazwischenständen. Dieser Mann war ungeheuer erleichtert und meinte, daß meine Erklärung ihn auf eine Idee gebracht habe. Er fuhr fort:

> Manchmal halte ich es für kühne Individualität und manchmal für eine wirkliche Behinderung... Meistens halte ich es für ein Problem. Und irgendwie läßt es sich auch nicht von meiner Familie und meiner Herkunft trennen... Ich weiß nicht, ob es etwas typisch Griechisches ist. Ich weiß nur, daß es typisch für mich ist. Und irgendwie fühle ich mich besser, wenn ich weiß, daß es etwas typisch Griechisches ist.

Seinen »Familienstil« als ethnischen Stil sehen zu können befreite diesen Mann von der Last individueller Pathologie, die sich vorher damit verbunden hatte, anders zu sein als die meisten Leute, mit denen er kommunizierte. Doch die Tendenz, daß Leute mit ähnlichem kulturellem Hintergrund ähnliche Sprechgewohnheiten entwickeln, die sich untereinander gleichen, sich aber von den Sprechweisen anderer Kulturen unterscheiden, hat auch unglückselige und sogar tragische Konsequenzen gehabt. Wenn Leute, die als kulturell anders zu erkennen sind, einen anderen Gesprächsstil haben, wird ihre Sprechweise zur Grundlage negativer Stereotype. Ich habe vorhin darauf hingewiesen, daß jüdische Menschen in anti-semitischen Vorurteilen gewöhnlich als laut, aggressiv und »aufdringlich« dargestellt werden – indem man einfach Sprechweisen mit Charaktereigenschaften gleichsetzt. In einem Brief an Henry Miller beschreibt Lawrence Durrel einen jüdischen Schriftstellerkollegen beispielsweise so: »Er ist unzuverlässig, zappelig, hat einen schlechten Geschmack, ist laut, aufdringlich, vulgär, durch und durch jüdisch...«

Wenn man Juden (oder New Yorker – was für viele Leute so ziemlich dasselbe ist) als laut und aufdringlich betrachtet, macht man die Minderheit für die Wirkung ihres Gesprächsstils *bei Interaktionen mit Leuten, die einen anderen Gesprächsstil benutzen*, verantwortlich. Der Anthropologe Thomas Kochman zeigt, daß dem Stereotyp der rücksichtslosen, tyrannischen und lauten Schwarzen-»Gemeinde« ein ähnlicher Stilunterschied zugrunde liegt. Wenn Angehörige bestimmter Gruppen die Macht haben, Angehörige anderer Gruppen zu verfolgen, haben solche Fehlurteile wahrhaft tragische Konsequenzen.

Wenn kulturelle Unterschiede leicht zu Fehlurteilen in persönlichen Beziehungen führen, so führen sie bei internationalen Beziehungen ganz sicher dazu. Ich würde die Behauptung wagen, daß die oft zitierte Antipathie zwischen Nancy Reagan und Raissa Gorbatschowa aus kulturell geprägten unterschiedlichen Sprechweisen resultierte. Nancy Reagan meinte: »Vom ersten Moment unserer Begegnung an redete und redete und *redete* sie – so viel, daß ich kaum ein Wort, geschweige denn einen vollständigen Satz unterbringen konnte.« Würde irgend jemand Raissa Gorbatschowa fragen, würde sie wahrscheinlich antworten, daß sie sich gewundert habe, warum ihre amerikanische Gesprächspartnerin die ganze Zeit über keinen Ton gesagt und ihr die ganze Konversationsarbeit allein überlassen habe.

Natürlich sind nicht alle Russen oder alle Juden oder alle New Yorker oder alle Schwarzen besonders involvierte Sprecher. Viele von uns zeigen diesen Gesprächsstil bei manchen Gelegenheiten und bei anderen nicht. Manche Leute haben solche kulturellen Sprechweisen ausgemerzt, angepaßt oder überhaupt niemals benutzt. Es gibt keine völlig homogene Gruppe; die besonders involvierte Sprechweise, die ich beschrieben habe, ist unter Osteuropäern beispielsweise verbreiteter als unter deutschen Juden. Aber viele jüdische Sprecher greifen in einigen Situationen auf eine Variation der besonders involvierten Sprechweise zurück, genauso wie viele Italiener, Griechen, Spanier, Südamerikaner, Slawen, Armenier, Araber, Afrikaner und Leute vom Cap Verde – und Angehörige anderer Gruppen, die ich hier nicht erwähnt habe.

Ein Wort der Warnung

Die Gegenüberstellung dieser zwei Themenkomplexe – Geschlecht und Unterbrechung auf der einen und ethnisch geprägter Gesprächsstil auf der andere Seite – stellt uns vor ein entscheidendes und schwieriges Problem. Wenn es theoretisch falsch, empirisch nicht haltbar und moralisch fragwürdig ist, zu behaupten, daß Sprecher aus bestimmten ethnischen Gruppen aufdringlich, herrschsüchtig oder rücksichtslos sind, weil sie Angehörige anderer, »populärerer« ethnischer Gruppen scheinbar unterbrechen, kann man dann eine Wissenschaft gutheißen, die »beweist«, daß Männer Frauen dominieren, weil sie sie in Gesprächen scheinbar oft unterbrechen? Wenn die Wissenschaftler, die herausgefunden haben, daß Männer Frauen in Gesprächen unterbrechen, meine Tonbandaufnahmen der Unterhaltung zwischen New Yorker Juden und kalifornischen Christen »analysieren« würden, kämen sie zweifellos zu dem Schluß, daß die New Yorker die anderen »unterbrochen« und »dominiert« hätten – und damit zu demselben Eindruck, den die anwesenden Kalifornier hatten. Dieser Eindruck entsprach jedoch nicht den Intentionen der New Yorker und – was entscheidend ist – war nicht allein ein Ergebnis ihres Verhaltens. Das Muster scheinbarer Unterbrechungen resultierte vielmehr aus den *unterschiedlichen* Sprechweisen. Mit anderen Worten, eine derartige »Forschung« würde wenig mehr tun, als die ethnozentrischen Normen der Mehrheitsgruppe auf das kulturell andere Verhaltensmuster der Minderheitsgruppe anzuwenden.

Ähnlich verhält es sich mit der These, daß Männer Frauen dominieren, weil sie sie in Gesprächen unterbrechen: Auch hier wird unterschwellig von der Voraussetzung ausgegangen, daß Konversation ein kommunikativer Vorgang ist, bei dem nur ein Sprecher zur Zeit reden sollte. Diese irreführende Unterstellung hat äußerst negative Folgen für Frauen. Wenn Frauen unter sich sind und ungezwungene, freundliche und beziehungsorientierte Gespräche führen, benutzen sie häufig Überlappungen: Hörer und Sprecher reden oft gleichzeitig, um Interesse und Bestätigung auszudrücken. Es ist die Beobachtung dieser Praktik, die bei Männern zu dem Stereotyp der laut schnatternden Gänseschar geführt hat. Und Frauen, die solche Unterhaltungen genießen, wenn sie daran teilnehmen, fühlen sich hinterher oft verlegen und schuldig, weil sie die Ein-Sprecher-zur-Zeit-Ethik akzeptiert haben, die eher dem »öffentlichen« Gesprächsstil bzw. der Berichtssprache von Männern angemessen ist als dem »privaten« Gesprächsstil bzw. der Beziehungssprache von Frauen.

Vergleicht man die Forschungsergebnisse, die besagen, daß Männer Frauen unterbrechen, mit meiner Tischgespräch-Analyse, ergeben sich Parallelen im Linguistischen, aber Widersprüche im Politischen. Juden sind eine Minderheit in den Vereinigten Staaten, so wie Schwarze und Angehörige anderer Gruppen, für die eine besonders involvierte Sprechweise charakteristisch ist. Minderheiten sind im Nachteil. Aber bei der Mann-Frau-Konstellation ist es die Frau, die sozial und kulturell im Nachteil ist. Und insofern gleicht die Situation der Frauen derjenigen der ethnischen Minderheiten, die aus politischen Gründen dem Vorwurf der Dominanz ausgesetzt sind.

Die meisten Leute würden zustimmen, daß in unserer Kultur die Frauen als Klasse von den Männern als Klasse beherrscht werden, wie in den meisten, wenn nicht allen Kulturen dieser Welt. Deshalb würden viele es ablehnen, die Geschlechterfrage als interkulturelles Kommunikationsproblem zu betrachten, weil es für sie der Versuch wäre, tatsächliche Herrschaftsstrukturen zu verschleiern und mit einem Mantel kultureller Unterschiede zu bedecken. Obwohl ich diese Haltung gut verstehen kann, sagt mein Gewissen mir, daß man nicht beides haben kann. Wenn wir die Forschungsergebnisse in einem Bereich – in dem des Männer-unterbrechen-Frauen – akzeptieren, kommen wir zwangsläufig in eine Position, in der wir die Behauptung akzeptieren müssen, daß besonders involvierte Sprecher, wie Schwarze und Juden und, sehr oft, Frauen, aufdringlich, aggressiv oder rücksichtslos oder laut und dumm sind.

Die Konsequenzen einer solchen Haltung sind besonders gefährlich für Amerikanerinnen aus ethnischen oder regionalen Bevölkerungsgruppen, die einen stark involvierten Gesprächsstil bevorzugen. Die USA haben ein dramatisches Beispiel solcher Auswirkungen erlebt, als Geraldine Ferraro, eine New Yorkerin italienischer Abstammung sich für das Amt der Vizepräsidentin bewarb und von Barbara Bush, einer Frau mit »Mehrheits«-Herkunft, als »Schlampe« bezeichnet wurde. Wenn man die besonders involvierte Sprechweise in Anlehnung an die Männer-unterbrechen-Frauen-These als Dominanz betrachtet, führt das zu der häßlichen Schlußfolgerung, daß viele Frauen (einschließlich zahlreicher Frauen, die afrikanischer, karibischer, südeuropäischer, südamerikanischer, levantinischer, arabischer und osteuropäischer Herkunft sind) dominierend, aggressiv und aufdringlich sind – also Eigenschaften haben, die bei Frauen weit negativer bewertet werden als bei Männern.

Viele Frauen berichten davon, wie schwierig es sein kann, sich in Interaktionen mit Männern (vor allem in »öffentlichen« Situationen) Gehör zu verschaffen. Als Frau, die diese Schwierigkeiten aus persönlicher Erfahrung kennt, bin ich versucht, die Männer-unterbrechen-Frauen-These bereitwillig zu akzeptieren: Es würde mir die Möglichkeit geben, meine Erfahrungen auf eine Weise zu erklären, die andere zu Sündenböcken macht. Als besonders involvierte Sprecherin jedoch bin ich gekränkt, wenn ein Aspekt meiner Konversationsweise aufgrund des Standards von Leuten, die sie weder verstehen noch teilen, als abstoßend qualifiziert wird. Als in New York aufgewachsene jüdische Frau, die die negativen Vorurteile gegenüber New Yorkern und Frauen und Juden nicht nur kränkend, sondern auch beängstigend findet, schrecke ich davor zurück, wenn wissenschaftliche Forschung der Untermauerung eines Stereotyps dient, das einer bestimmten Sprechergruppe negative Intentionen und Charaktereigenschaften zuschreibt. Als Linguistin und Wissenschaftlerin weiß ich, daß Gespräche nach wesentlich komplexeren Mustern ablaufen. Als Mensch möchte ich verstehen, was vor sich geht.

Wer unterbricht wen?

Der Schlüssel für ein Verständnis dieser Vorgänge liegt, zumindest teilweise, in der Unterscheidung von Beziehungs- und Berichtssprache – d. h. in der charakteristischen Weise, in der die meisten Frauen Sprache benutzen, um Gemeinschaft herzustellen, und in der viele Männer Sprache benutzen, um Kämpfe auszutragen. Diese unterschiedlichen Sprechweisen führen dazu, daß, obwohl Männer und Frauen beide den Vorwurf erheben, vom anderen unterbrochen zu werden, sie sich jeweils über ein ganz anderes Verhalten beschweren.

Ich habe viele Leute zu diesem Thema befragt; Männer haben mir oft erzählt, daß sie sich unterbrochen fühlten, wenn Frauen zustimmende oder bestätigende Kommentare abgaben oder vorwegnahmen, was der Mann ihrer Meinung nach meinte oder sagen wollte. Wenn eine Frau die Erzählung eines Mannes unterstützte, indem sie sich ausführlich über einen ganz anderen als den beabsichtigten Aspekt ausließ, fühlte der Mann sich in dem Recht auf seine eigene Geschichte verletzt. Er sah die Einmischung als Versuch, das Gespräch zu kontrollieren.

Ein Mann erzählte mir zum Beispiel, wie er einmal ehrenamtlich die Aufgabe des Kassierers bei einem Wohltätigkeitsbasar übernommen hatte. Als er am Ende des Tages Kassensturz machte, entdeckte er einen Fehlbetrag, den er aus eigener Tasche bezahlen mußte. Eine Frau, die seinen Schilderungen zuhörte, überlappte seine Geschichte mit Kommentaren und Sympathiebekundungen; sie ließ sich ausführlich darüber aus, wie unfair es ihm gegenüber gewesen sei, daß er das Geld ersetzen sollte, wo er schon seine Zeit geopfert habe. Aber dem Mann ging es bei dieser Geschichte gar nicht um die erlittene Ungerechtigkeit; er fühlte sich unterbrochen und »manipuliert«, weil er das Gefühl hatte, daß die Frau ihm seine Geschichte entreißen wollte. Ihre Verfehlung bestand in einer (seiner Ansicht nach) überzogenen Beziehungssprache.

Das führt mich zurück zu meinem Vater und warum er vielleicht so gern den Witz über den Mann erzählt, der nicht mit seiner Frau sprach, weil er sie nicht unterbrechen wollte. Mein Vater glaubt, daß immer nur einer zur Zeit reden sollte. Deshalb hat er oft einen schweren Stand, wenn er in Unterhaltungen, die meine Mutter, meine zwei Schwestern und mich einschließen, zu Wort kommen will, weil wir uns überschneiden und keine Pausen zwischen unseren Äußerungen lassen. Er findet auch, daß, wenn er dann einmal zu Wort kommt, ihm gestattet sein sollte, so lange fortzufahren, bis er seine Ideen vollständig und zu seiner Befriedigung dargelegt hat. Meine Mutter, meine Schwestern und ich halten es für akzeptabel, daß man in ungezwungenen Gesprächen im Familien- oder Freundeskreis dazwischengeht, wenn man zu wissen glaubt, auf was der andere hinauswill; wenn man sich irrt, steht es dem anderen frei, den Fehler zu korrigieren, aber wenn man recht hat, genießen alle das Gefühl von Verbundenheit und Harmonie, das sich einstellt, wenn man verstanden wird, ohne alles aussprechen zu müssen.

Was mein Vater davon hält, wurde vor einigen Jahren deutlich, als er etwas erzählte und meine Mutter sich einmischte. Er stieß einen wehmütigen Seufzer aus und sagte zu meiner Mutter: »Du hast einen Vorteil, meine Liebe. Wenn ich etwas sagen möchte, muß ich warten, bis alle still sind. Aber du kannst jederzeit alles sagen, was dir gerade einfällt.« Meine Mutter ihrerseits kann nicht verstehen, warum mein Vater irgendwelche Sonderrechte braucht, um etwas zu erzählen – warum geht er nicht einfach dazwischen, wie wir anderen auch? Und ich kann mich noch gut erinnern, daß ich mich als Teenager immer wie ein Mitglied der Jury fühlte, das gerade einem Plädoyer zuhört, wenn mein Vater, der als Anwalt arbeitet, mir etwas erklären wollte.

Sowohl der Mann als auch die Frauen in meiner Familie fühlen sich also gelegentlich durch die Sprechweisen des anderen unterdrückt – er, weil er unterbrochen wird und nicht die nötigen Pausen entdecken kann, die er braucht, um selbst das Wort zu ergreifen, und wir, weil er sich Überlappungen verbietet, sie vermeidet und sich nicht einfach wie alle anderen am Gespräch beteiligen will. Die Frauen in meiner Familie schätzen Überlappungen und Unterbrechungen als Zeichen der Verbundenheit bei ihrer beziehungsorientierten Sprechweise, während der Mann in meiner Familie es mehr schätzt, wenn er bei seiner berichtsorientierten Sprechweise nicht bedrängt wird. Und er behandelt ungezwungene häusliche Gespräche eher wie ein Berichtsgespräch als die Frauen.

Warum beklagen sich dann aber Frauen, daß sie von Männern unterbrochen würden? Meine Schwestern, meine Mutter und ich erwarten von meinem Vater, daß er genauso wie wir kurze Bemerkungen einstreut. Genauso hält vielleicht ein Mann, für den Konversation ein Kampf um die Gesprächsführung ist, Frauen für gleichberechtigt und erwartet, daß sie genauso um die

Rolle des Wortführers konkurrieren wie er selbst. Aber bei Frauen ist ein solches Verhalten sehr unwahrscheinlich, weil sie Unterhaltungen nicht als Wettstreit verstehen und wenig Erfahrung darin haben, sich die Aufmerksamkeit zu erkämpfen. Elisabeth Aries stellte im Gegenteil fest, daß Frauen, die in Diskussionsrunden viel redeten, häufig schweigsamere Gesprächsteilnehmer zum Sprechen ermutigten.

Unkooperative Überlappungen

Sind Männer oft verärgert, weil Frauen mit ihren kooperativen Überlappungen das Thema scheinbar überflüssig ausschmükken, ärgern Frauen sich oft über Männer, weil sie ein Thema usurpieren oder es einfach wechseln. Ein Beispiel für diese Art von Unterbrechung wird in »Häßlich sind Sie auch«, einer Kurzgeschichte von Lorrie Moore, skizziert. Die Heldin dieser Geschichte, eine Geschichtsprofessorin namens Zoe, hat wegen eines Magengeschwürs einen Ultraschalltest machen lassen. Als sie nach der Untersuchung nach Hause fährt, betrachtet sie sich im Rückspiegel und erinnert sich an einen Witz:

> Sie dachte an den Witz, bei dem ein Mann zum Arzt geht und der Arzt sagt: »Also, ich muß Ihnen leider die traurige Mitteilung machen, daß Sie nur noch sechs Wochen zu leben haben.«
>
> »Dazu möchte ich noch eine zweite Meinung einholen«, sagt der Mann...
>
> »Sie möchten eine zweite Meinung? In Ordnung«, erwidert der Arzt. »Häßlich sind Sie auch.« Sie mochte den Witz. Sie fand ihn ungeheuer, ungeheuer lustig.

Später in der Geschichte besucht Zoe eine Halloweenparty und unterhält sich mit einem kürzlich geschiedenen Mann namens Earl, den ihre Schwester bei ihr abgeladen hat. Earl fragt: »Was ist Ihr Lieblingswitz?« Dann passiert folgendes:

»Oh, mein Lieblingswitz ist wohl – okay, in Ordnung. Ein Mann geht zum Arzt, und –«

»Den kenne ich, glaub' ich«, unterbrach Earl sie eifrig. Er wollte ihn selbst erzählen. »Ein Mann geht zum Arzt, und der Arzt sagt, er habe eine gute und eine schlechte Nachricht für ihn – richtig?«

»Ich weiß nicht«, sagt Zoe. »Das ist vielleicht eine andere Version.«

»Der Typ sagt also: ›Geben Sie mir zuerst die schlechte Nachricht‹, und der Arzt sagt: ›Okay, Sie haben noch drei Wochen zu leben.‹ Und der Mann schreit: ›Drei Wochen zu leben! Doktor, wie lautet die gute Nachricht?‹, und der Arzt antwortet: ›Haben Sie die Sekretärin im Vorzimmer gesehen? Ich hab' sie endlich gevögelt.‹«

Zoe runzelt die Stirn.

»Ist das nicht der Witz, den Sie meinten?«

»Nein.« Ihre Stimme klang vorwurfsvoll. »Meiner war anders.«

»Oh«, sagte Earl. Er schaute weg und sah sie dann wieder an. »Welches Spezialgebiet unterrichten Sie in Geschichte?«

Earl unterbricht Zoe nicht, um sie beim Erzählen des Witzes zu unterstützen, sondern um ihn selbst zu erzählen. Um das Unglück voll zu machen, ist sein Witz nicht nur anders, sondern auch noch anstößig. Als Earl merkt, daß es nicht der Witz war, den Zoe meinte, fragt er sie nicht nach ihrem. Statt dessen schneidet er ein völlig anderes Thema an (»Welches Spezialgebiet unterrichten Sie in Geschichte?«).

Die meisten Leute würden zustimmen, daß Zoe durch Earls Unterbrechung in ihren Rederechten verletzt wurde, weil sie gerade im Begriff war, ihren Witz zu erzählen, als er die Rolle des Witzeerzählers usurpierte. Aber Zoe überließ Earl widerstandslos den Vortritt. Schon als Earl sagte »eine gute und eine schlechte Nachricht«, war klar, daß er an einen anderen Witz dachte. Statt aber seine Frage »... richtig?« mit »Nein« zu beantworten, entgegnet Zoe: »Ich weiß nicht. Das ist vielleicht eine andere Version.« Damit geht sie auf sein Angebot ein und läßt eine Übereinstimmung möglich erscheinen, obwohl es sich in Wahrheit um verschiedene Witze handelt. Jemand, für den Konversation ein Wettstreit ist, hätte zu diesem Zeitpunkt, wenn nicht schon vorher, wieder das Wort ergreifen können. Aber Zoe hielt eine Unterhaltung offenbar für ein Spiel, bei dem die Teilnehmer die Äußerungen des anderen unterstützen sollten. Wenn die beiden sich gut genug gekannt hätten, um sich später über diesen Zwischenfall zu streiten, hätte Earl vielleicht herausfordernd gefragt: »Warum hast du mich nicht unterbrochen, als du gemerkt hast, daß ich einen anderen Witz erzähle, statt mich weiterreden zu lassen und dann hinterher sauer zu sein?«

Eine andere Stelle derselben Geschichte macht deutlich, daß Unterbrechungen nicht durch Überlappung entstehen, sondern durch Gesprächstaktiken, die die Unterhaltung in eine andere Richtung drängen. Zoe hat Magenschmerzen, entschuldigt sich und verschwindet im Badezimmer. Als sie zurückkommt, fragt Earl, ob sie sich besser fühle, und sie erzählt ihm, daß sie eine Reihe ärztlicher Untersuchungen hinter sich habe. Statt sich nach ihrem Gesundheitszustand zu erkundigen, reicht Earl ihr etwas von dem Essen herüber, das angeboten wurde, während sie im Badezimmer war. Kauend sagt Zoe: »Bei meinem Glück wird es bestimmt eine Gallenblasenoperation.« Earl wechselt das Thema: »Ihre Schwester heiratet also? Sagen Sie doch mal ehrlich, was halten Sie von der Liebe?«

> »In Ordnung. Ich erzähl' Ihnen, was ich von der Liebe halte. Mit einer Liebesgeschichte. Dieser Freund von mir –«
>
> »Sie haben da was am Kinn«, sagte Earl, und er streckte seine Hand aus, um es wegzumachen.

Jemandem einen Krümel aus dem Gesicht zu entfernen mag gelegentlich – wie die Aufforderung zum Essen – Priorität in einem Gespräch haben, aber es in dem Moment zu tun, wenn Zoe gerade etwas erzählen will, wirkt wie ein Zeichen mangelnden Interesses an ihrer Geschichte und mangelnden Respekts für ihr Recht, sie zu erzählen. Außerdem ist es kein isolierter Einzelfall, sondern einer in Serie. Als Zoe ihre Krankheit enthüllte, ging Earl nicht darauf ein, er stellte keine Fragen, zeigte keine Anteilnahme und bot weder einen Rat noch vergleichbare Erfahrungen an. Statt dessen schnitt er ein anderes Gesprächsthema – Liebe – an, das ihm vielleicht geeigneter schien als eine Gallenblasenoperation, um eine romantische Beziehung anzuknüpfen. Aus demselben Grund wollte er sich vielleicht auch nicht die günstige Gelegenheit entgehen lassen, den Krümel von ihrem Kinn zu entfernen und so ihr Gesicht berühren zu können. Tatsächlich dienen offenbar viele seiner Taktiken dem Zweck, das Gespräch auf einen Flirt zuzusteuern.

Wer fährt?

Eine Unterbrechung hat also wenig damit zu tun, ob man anfängt, verbale Geräusche von sich zu geben, während jemand anders spricht, aber sie hat viel mit Fragen der Dominanz, Kontrolle und der Demonstration von Interesse und Anteilnahme zu tun. Frauen und Männer fühlen sich vom anderen unterbrochen, weil sie unterschiedliche Absichten mit einem Gespräch verfolgen. Männer, die an eine Konversation wie an einen Wettstreit herangehen, werden wahrscheinlich nicht viel Mühe darauf verwenden, die anderen in ihren Aussagen zu unterstützen, sondern das Gespräch eher in eine andere Richtung lenken, eine Richtung, die ihnen vielleicht ermöglicht, sich selbst in den Vordergrund zu stellen, indem sie eine Geschichte oder einen Witz erzählen oder mit ihrem Wissen glänzen. Doch wenn sie sich so verhalten, erwarten sie, auf den Widerstand ihrer Gesprächspartner zu stoßen. Frauen, die vor diesem Ansturm zurückweichen, tun das nicht, weil sie schwach oder unsicher oder respektvoll sind, sondern weil sie wenig Erfahrung darin haben, jemanden abzuwehren, der das Gesprächssteuer an sich reißt. Wenn jemand die Unterhaltung in eine andere Richtung lenkt, ist das für sie keine Spieltaktik, sondern eine Verletzung der Spielregeln.

Der Vorwurf, andere zu unterbrechen, wenn man weiß, daß man nicht die Absicht dazu hatte, ist genauso frustrierend, wie unterbrochen zu werden. Nichts ist enttäuschender in einer engen Beziehung als der Vorwurf, etwas in böser Absicht zu tun, wenn man nur das Beste wollte, vor allem, wenn der Vorwurf von jemandem erhoben wird, den man liebt und der einen besser kennen sollte als alle anderen. Die Anteilnahme, die Frauen ausströmen, kann etwas für Männer Ärgerliches sein, weil sie sich lieber auf einen verbalen Boxkampf einlassen würden. Andererseits kann der linke Haken, den man in diesem freundschaftlichen Sinne austeilt, leicht zum K. o. führen, wenn der Sparringspartner seine Fäuste gar nicht kampfbereit erhoben hat.

VIII

Wehe, du machst das!

Morton, ein Psychologe an einer Privatklinik, hat ein Problem mit der Klinikleiterin Roberta. Auf Personalversammlungen leitet Roberta einzelne Diskussionspunkte im allgemeinen damit ein, daß sie alle Angestellten um ihre Meinung bittet. Sie fordert dazu auf, das Pro und Kontra eines Vorschlages zu diskutieren, aber irgendwie ist es am Ende der Diskussion immer so, daß – übereinstimmend – das beschlossen wird, was Roberta für das Beste hält. Die weiblichen Angestellten sind mit Roberta als Leiterin sehr zufrieden. Sie haben das Gefühl, daß sie ihnen zuhört, und gemeinsam beschlossene Entscheidungen sind ihnen lieber als Anweisungen von oben. Aber Morton findet, daß Roberta sie manipuliert. Wenn sowieso das gemacht wird, was sie will, warum läßt sie die anderen ihren Atem verschwenden, um ihre Meinung auszudrücken? Er würde es vorziehen, wenn sie einfach Anweisungen erteilen würde, weil sie der Boß ist.

Mortons Eindruck, daß Roberta sich nicht so verhält, wie ein Boß es tun sollte, ist das Ergebnis von Stilunterschieden. Sie *verhält* sich wie ein Boß – ein weiblicher Boß. Sie zieht es vor, auf der Grundlage gemeinsamer Entscheidungen zu regieren, und den Frauen ihrer Belegschaft gefällt das. Aber Morton ärgert sich über ihre indirekte Art; er findet, sie sollte Befehle geben.

Am unterschiedlichen Gesprächsstil liegt es vielleicht auch, wenn man Frauen, die einen hohen Status oder einflußreiche Stellungen erreicht haben, manchmal nachsagt, daß sie sich nicht so verhalten, wie es ihren Positionen angemessen wäre. Aber hier spielt möglicherweise noch ein weiterer Faktor mit. Seit Matina Horners bahnbrechender Studie haben viele Psychologen die Beobachtung gemacht, daß Frauen offenbar Angst vorm Erfolg haben. Untersuchungen über das Spielverhalten von Kindern sind auch hier aufschlußreich.

Nehmen wir zum Beispiel Marjorie Harness Goodwins Studie über die Sprechgewohnheiten von vorpubertären und pubertären Mädchen, die sich gegenseitig hinter ihrem Rücken kritisieren. Es ist bezeichnend – und traurig –, daß bei den von Goodwin angeführten Gesprächsbeispielen Erfolg der zentrale Kritikpunkt ist: Mädchen werden kritisiert, wenn sie aus irgendeinem Grund besser erscheinen als andere. Bei zwei der von Goodwin beschriebenen Diskussionen bestand die Verfehlung des einen Mädchens darin, eine Klasse übersprungen und lauter Einser im Zeugnis zu haben; das andere Mädchen erregte den Zorn ihrer Freundinnen, weil sie modischere und teurere Sachen trug als die anderen.

Bei den Videoaufnahmen von Gesprächen zwischen Freunden, die ich für meine eigene Untersuchung sammelte, erheben zwei Sechstkläßlerinnen einen ähnlichen Vorwurf gegen ein anderes Mädchen:

> Shannon: Sie muß ja unbedingt *jeden* Tag ein Polo anhaben.
> Julia: Ich weiß. Ich mag ja auch gern Polos, aber – *mein Gott!*
> Shannon: *Jeden Tag!?*
> Julia: Also wirklich!
> Shannon: Denk nur mal, wieviel – und sie-sie hält sich für was *Besseres*.

Besser zu erscheinen als andere ist eine Verletzung der egalitären Mädchenethik: Es wird erwartet, daß Verbundenheit und Gemeinsamkeit betont werden.

In Anbetracht dieser und anderer Untersuchungen von authentischen Mädchengesprächen ist es kein Wunder, daß Mädchen die Ablehnung ihrer Altersgenossinnen fürchten, wenn sie zu erfolgreich sind. Ganz im Gegensatz zu Jungen. Jungen lernen von klein auf, daß sie ihr Ziel – höheren Status – erreichen können, wenn sie ihre Überlegenheit unter Beweis stellen. Mädchen lernen, daß offen gezeigte Überlegenheit sie ihrem Ziel – der Zugehörigkeit zu anderen – nicht näher bringt. Für diese Zugehörigkeit müssen sie den Eindruck erwecken, genauso – und nicht besser – zu sein als ihre Freundinnen.

Scheinbare Gemeinsamkeit bedeutet nicht, daß tatsächliche Gleichheit besteht. Penelope Eckert, die mehrere Jahre mit High-School-Schülerinnen einer Stadt im amerikanischen Mittelwesten verbrachte, erklärt, wie komplex die Regelwerke der Mädchen sein können, wenn es um Statusmaskierung geht. Die beliebten Mädchen entscheiden, wann die Mode gewechselt wird – zum Beispiel von Sommer- zu Winterkleidung. Wenn weniger beliebte Mädchen Baumwollsachen anziehen, während die beliebten Mädchen immer noch Wolle tragen, haben sie einen Fauxpas begangen, sich als Außenseiter gezeigt. Wenn sie den Kleidungsstil wechseln, nachdem die beliebten Mädchen zu Baumwolle übergegangen sind, demonstrieren sie, daß sie zum Kreis der Eingeweihten gehören. Das Ziel ist, so gekleidet zu sein wie die anderen: Wenn sie den Wechsel am selben Tag wie die beliebten Mädchen vollziehen, dann haben sie ihre Gleichheit glorreich unter Beweis gestellt – und subtil deutlich gemacht, daß sie Bescheid wissen.

Niemals protzen oder prahlen

Die unumstößliche Regel, nicht besser zu erscheinen als andere, umfaßt auch, daß jede Angeberei streng verboten ist. Die unterschiedlichen Einstellungen von Männern und Frauen, was das Prahlen angeht, führen zu vielen Verurteilungen – und zu einigen merkwürdigen sprachlichen Verhaltensweisen bei Frauen.

Eine Collegestudentin namens Connie zum Beispiel erzählte ihren Freundinnen von einem Gespräch mit dem Studienberater an ihrer High School. Er hatte versucht, ihr das College auszureden, das die Mädchen inzwischen alle besuchten. Der Berater war der Meinung gewesen, daß Connies Bewerbung die Chancen eines anderen Mädchens, Sylvia, von derselben High School verringern würde. Um die Haltung ihres Gesprächspartners zu erklären, führte Connie aus: »Sylvias Noten waren nicht – ich meine –, es hört sich so angeberisch an, aber Sylvias Noten waren nicht so gut wie meine.« Connie konnte es kaum über sich bringen, eine einfache faktische Aussage über ihre Zensuren zu machen, weil es einen Beigeschmack von Prahlerei hatte.

Margaret und Charles sind beide erfolgreiche Anwälte. Obwohl sie sich phantastisch verstehen, wenn sie allein sind, kommt es gelegentlich zu Auseinandersetzungen, wenn sie mit neuen Bekannten zum Essen aus waren, vor allem, wenn es sich um hochrangige und einflußreiche Leute aus dem Steuerrecht, Charles' Spezialgebiet, handelt. Margaret findet Charles angeberisch: Er prahlt öffentlich damit, wie wichtig er ist; er erzählt anderen von dem Lob, das ihm zuteil wurde, von seinen erfolgreich gewonnenen Fällen und von bedeutenden Leuten, die er kennt (in Margarets Augen ein eindeutiger Beweis). Bei dem eifrigen Versuch, Eindruck zu schinden, schmückt er seine eigenen Verdienste manchmal etwas aus und läßt durchblicken, daß er mit Leuten gut bekannt ist, die er in Wahrheit nur ein- oder zweimal getroffen hat. Margaret ihrerseits versucht, ihren Erfolg zu verbergen. Wenn einflußreiche Leute erwähnt werden, mit denen sie bekannt ist, läßt sie sich absichtlich nichts anmerken, und nie spielt sie auf ihre hervorragenden Leistungen an.

Charles ärgert sich über Margaret genauso wie sie sich über ihn. Wenn sie nicht zugeben will, wie erfolgreich sie ist, dann tut er das für sie. Das macht Margaret sogar noch wütender. Sie empfindet seine Prahlerei auf ihre Kosten als genauso unhöflich, als wenn sie es selbst tun würde, und alle Alternativen, die ihr zur Verfügung stehen, sind wenig reizvoll: Sie kann Charles' Versuche, für sie zu reden, entweder ignorieren, oder sie kann ihn unterbrechen, was unhöflich wäre und außerdem der Solidarität, der sie sich ihm gegenüber verpflichtet fühlt, zuwiderlaufen würde; sie kann ihn an ihrer Statt reden lassen, was sie wie ein kleines Kind aussehen ließe, das nicht für sich selbst sprechen kann; oder sie kann sich beteiligen und so reden, wie sie nicht reden möchte – nämlich angeberisch.

Margaret glaubt, daß man sie nicht mögen wird, wenn sie prahlt; ihr wäre es lieber, die Leute würden von anderen erfahren, wie erfolgreich sie ist, und sie dann für ihre Bescheidenheit loben. Sie fürchtet auch, daß die Leute Charles nicht mögen, wenn er prahlt, und das beunruhigt sie, weil Charles und sie zusammengehören, so daß dieses Urteil auf sie zurückfallen würde. Charles dagegen glaubt, daß man ihn nur respektiert, wenn er deutlich macht, daß er Respekt verdient. Er denkt auch, daß die Leute Margaret mehr respektieren, wenn sie wissen, daß sie eine erfolgreiche Anwältin und nicht einfach nur seine Frau ist.

Sowohl Margaret als auch Charles beurteilen die Sprechweise des anderen als Ausdruck seiner Persönlichkeit – und beide bewerten den Konversationsstil des anderen mit moralischen Maßstäben. Margaret unterstellt, daß ein guter Mensch rücksichtsvoll und bescheiden ist. Charles hält die Zurschaustellung von Leistung für eine Notwendigkeit, nicht für eine Möglichkeit, und er sieht in Margarets Bescheidenheit eine dumme Selbstherabsetzung, ein Zeichen von Unsicherheit. Beide meinen, daß sie vom anderen lediglich erwarten, daß er sich gut benimmt, aber ihre Definition eines guten Menschen ist unterschiedlich, weil ›gute Mädchen‹ und ›gute Jungen‹ andere Ansprüche erfüllen müssen.

Mädchen und Frauen schrecken in bestimmten Situationen vor Prahlerei zurück; das zeigt sich an zwei bemerkenswert ähnlichen Beispielen aus ganz unterschiedlichen Kontexten. Ingmar Bergmans *Szenen einer Ehe* beginnt damit, daß ein Ehepaar von einer Frau namens Palm für einen Zeitschriftenartikel interviewt wird. Marianne und Johan reagieren sehr unterschiedlich auf Frau Palms Frage: »Wie würdet ihr euch selbst mit einigen wenigen Worten beschreiben?« Hier Johans Antwort:

> Ja, es kann ja wie Aufschneiderei klingen, wenn ich mich selbst als äußerst intelligent, erfolgreich, jugendlich, ausgeglichen und sexy beschreibe. Als einen Mann mit Weltgewissen, gebildet, belesen, als beliebten Gesellschafter. Ich weiß nicht, was mir noch einfallen soll – vielleicht kameradschaftlich. Ich bin auf angenehme Weise kameradschaftlich, auch gegenüber Leuten, denen es schlechter geht. Ich bin sportlich. Ein guter Familienvater. Ein guter Sohn. Ich habe keine Schulden und bezahle meine Steuern. Ich respektiere unsere Regierung, was immer sie auch anstellt, und ich liebe unser Königshaus. Ich bin aus der Staatskirche ausgetreten. Ist dies genug, oder willst du noch mehr Einzelheiten? Ich bin ein großartiger Liebhaber. Nicht wahr, Marianne?

Mariannes Antwort lautet:

> Tja, was soll ich denn jetzt sagen. Ich bin mit Johan verheiratet und habe zwei Töchter.

Auch als sie bedrängt wird, läßt Marianne sich kaum mehr Informationen entlocken:

> Marianne: Im Augenblick fällt mir nichts anderes ein.
> Frau Palm: Denk nach.
> Marianne: Ich finde Johan ziemlich nett.
> Johan: Danke, das war lieb.
> Marianne: Wir sind seit zehn Jahren verheiratet.
> Johan: Ich habe soeben den Vertrag verlängert.
> Marianne: Ich habe vielleicht nicht die gleiche selbstverständliche Wertschätzung meiner Vortrefflichkeit wie Johan. Aber wenn ich ehrlich sein soll, so bin ich ziemlich froh, daß ich das Leben leben darf, das ich lebe. Es ist ein gutes Leben, wenn du verstehst, was ich meine. Nun, was soll ich denn sonst noch sagen. O je, das ist schwierig.
> Johan: Sie hat eine hübsche Figur.
> Marianne: Du machst nur Witze. Ich, ich versuche, die Frage ernst zu nehmen. Ich habe zwei Töchter, Karin und Eva.
> Johan: Das hast du eben schon gesagt.

An dieses fiktive Gespräch mußte ich denken, als ich den folgenden authentischen Dialog in Carol Gilligans *Die andere Stimme* las. Gilligan untersuchte die Herausbildung des moralischen Bewußtseins bei Kindern und interviewte im Rahmen dieser Studie zwei elfjährige Kinder namens Amy und Jake. Eine der Fragen, die sie ihnen stellte, lautete: »Wie würdest du dich selbst beschreiben?« In Jakes und Amys Antworten hörte ich das deutliche Echo von Johan und Marianne. Hier zunächst Jakes Antwort:

Perfekt. Das ist meine eingebildete Seite. Was wollen Sie – ich kann mich beschreiben, wie ich will? (*Wenn du deine eigene Person in einer Weise beschreiben solltest, daß du dich wiedererkennst, was würdest du dann sagen?*) Ich würde zunächst sagen, daß ich elf Jahre alt bin. Jake (Familienname). Ich müßte hinzufügen, daß ich (Stadt) lebe, weil das ein wichtiger Teil von mir ist, und auch, daß mein Vater Arzt ist, weil ich glaube, daß mich das etwas beeinflußt, und daß ich nicht an Verbrechen glaube, außer, wenn man Heinz heißt (dies ist ein Bezug auf eine Frage, die Jake in anderem Zusammenhang gestellt worden war); daß ich die Schule langweilig finde, weil ich glaube, daß das auch den Charakter etwas beeinflußt. Ich weiß eigentlich nicht, wie ich mich beschreiben soll, denn ich kann nicht in mich hineinsehen. (*Wenn du beschreiben solltest, wie du eigentlich bist, was würdest du dann sagen?*) Ich mag alberne Witze. Ich strenge mich nicht gern an, aber ich kann das alles, was man in der Schule können muß. Jede Aufgabe, die wir in der Schule bekamen, habe ich lösen können, außer denjenigen, die Wissen voraussetzen, und sobald ich etwas darüber gelesen habe, habe ich auch diese lösen können. Aber manchmal habe ich keine Lust, meine Zeit mit leichten Hausaufgaben zu verschwenden. Außerdem betreibe ich unheimlich gern Sport. Zum Unterschied von vielen anderen Menschen glaube ich, daß es noch Hoffnung für die Welt gibt... Die meisten Menschen, die ich kenne, mag ich, und ich habe ein gutes Leben, mindestens so gut wie die meisten anderen, die ich kenne. Und ich bin groß für mein Alter.

Amy beantwortete die Frage folgendermaßen:

Meinen Sie meinen Charakter? (*Was meinst du?*) Hm, ich weiß nicht. Ich würde mich beschreiben als, hm, was *meinen* Sie? (*Wenn du deine eigene Person in einer Weise beschreiben solltest, daß du dich wiedererkennst, was würdest du dann sagen?*) Nun, ich würde sagen, daß ich jemand bin, der die Schule und das Lernen mag, und das

> will ich in meinem Leben machen. Ich möchte eine Art Wissenschaftlerin werden und Dinge tun, und ich möchte Menschen helfen. Und ich glaube, daß ich so ein Mensch bin oder zu sein versuche. Und so würde ich mich wahrscheinlich selbst beschreiben. Und ich möchte etwas tun, um anderen Menschen zu helfen. (*Warum?*) Nun, weil ich glaube, daß es in dieser Welt viele Probleme gibt, und ich finde, jeder sollte versuchen, jemand anderem in irgendeiner Weise zu helfen, und der Weg, den ich wähle, ist die Wissenschaft.

Was mir bei den Antworten der beiden Kinder auf dieselbe Frage besonders auffiel, war einmal, wieviel länger Jakes Ausführungen waren (und die Auslassung nach »gibt« deutet wohl an, daß er sogar noch mehr sagte), und zum anderen, wie sehr er prahlte – im Gegensatz zu Amy, die überhaupt nicht protzte. Jake sagt, er sei perfekt, sein Vater sei Arzt, er könne »jede Aufgabe« in der Schule lösen, obwohl er die Schule langweilig finde, ihm gehe es besser als allen, die er kenne, und er sei groß. Es ist möglich, daß seine Bemerkung »manchmal habe ich keine Lust, meine Zeit mit leichten Hausaufgaben zu verschwenden«, der Rechtfertigung einer weniger als hervorragenden Leistung in der Schule dient. Im Gegensatz dazu sagt Amy, sie möge die Schule und lerne gern, sagt aber nicht, ob sie gut ist, und erzählt, daß sie durch ihre Tätigkeit als Wissenschaftlerin Menschen helfen möchte.

Sowohl Johan in Bergmans Drehbuch als auch Jake in Gilligans Interview sind sich bewußt, daß ihre Aussagen »eingebildet« klingen, und machen einen Witz darüber. Tatsächlich wirkt Johans gesamte Antwort ironisch, wie auch die Kommentare, die er in Mariannes Antwort einfließen läßt. Das ändert aber nichts an den Aussagen. Obwohl Amy ein bißchen mehr zu sagen hat als Marianne, ist es nicht sehr viel mehr. Sowohl Amy als auch Marianne wiederholen sich lieber, als die Frage auf eine Weise zu beantworten, die prahlerisch klingen könnte. Marianne erwähnt nicht, daß sie Rechtsanwältin ist. Amy sagt, sie möchte gern Wissenschaftlerin werden, aber sie betont, daß sie damit eher anderen helfen will, als Geld, Ruhm oder Status zu gewinnen.

Wenn Frauen das Gefühl haben, daß sie nicht prahlen sollten, so liegt das sowohl am eindeutigen Training als auch am Gruppendruck. Dieses Training wird in einem internen Mitteilungsblatt ehemaliger Collegestudentinnen beschrieben, die einer der anspruchsvollsten High Schools des Landes angehörten. Eine Frau verfaßte einen Nachruf auf ihre Schwester, die die mit Abstand beste Schülerin ihrer Abschlußklasse gewesen und die vor kurzem gestorben war. Die hochbegabte Schwester hatte eine nur mäßig erfolgreiche Karriere gemacht, die ihren herausragenden Fähigkeiten nicht entsprochen hatte. Die Autorin kommentiert, daß ihre Schwester sich die Ermahnungen der Mutter zu sehr zu Herzen genommen habe: »Halte dich im Hintergrund; prahle nie; gib immer dein Bestes.«

Diese Beispiele illustrieren, daß von Frauen erwartet wird, in relativ öffentlichen Situationen nicht aufzuschneiden, aber es wäre eine irreführende Annahme, daß Frauen überhaupt nicht prahlen. Ich komme auf das Pärchen zurück, das ich Margaret und Charles genannt habe, um einen Fall zu schildern, wo Charles seine Frau für zu angeberisch hielt. In der vorhin beschriebenen Situation fand Margaret, daß Charles sich vor neuen Bekannten »nicht aufspielen« sollte. Bei anderer Gelegenheit hatte Charles den Eindruck, daß Margaret unverhältnismäßig dick auftrug. Als Margaret sich engen Freunden gegenüber beklagte, weil sie nicht so schnell zum Partner befördert worden war wie die Männer in der Kanzlei, die weit weniger Umsatz gemacht und viel weniger abrechenbare Stunden gehabt hätten als sie, zählte sie ihre ganzen früheren Erfolge auf. Charles erzählte ihr später, daß er ihr Verhalten für wenig einfühlsam gehalten habe, weil einer der befreundeten Gesprächsteilnehmer, ein junger Anwalt, in seinem Beruf alles andere als schnell vorankam. Charles ist der Ansicht, daß selbstverherrlichende Informationen der Statusgewinnung in der Öffentlichkeit dienen und daher besonders angebracht sind, wenn man neue Leute kennenlernt oder Leute trifft, die einen höheren Status haben – oder zu haben scheinen. Margaret dagegen meint, daß Selbstlob nur im privaten Kreis, im Rahmen der Beziehungssprache angebracht ist – bei Unterhaltungen mit Freunden und guten Bekannten, denen sie vertraut und die sie nicht verurteilen, wenn sie auf ihre

Leistungen stolz ist. Beim Umgang mit guten Freunden vergißt sie deren jeweiligen Status – einen Beziehungsaspekt, den Charles niemals vergißt.

Die unterschiedlichen Ansichten über Status und Bindung scheinen ein weiteres Mal gegen die Frauen zu wirken. Frauen schrecken davor zurück, ihre Leistungen öffentlich zur Schau zu stellen, weil sie glauben, dann weniger liebenswert zu sein; doch durch die Statusbrille betrachtet, erscheinen Frauen unsicher und selbstzweiflerisch und werden systematisch unterschätzt. Man ist versucht, den Frauen vorzuschlagen, mehr mit ihren Leistungen zu protzen, damit ihnen die verdiente Anerkennung zuteil wird. Unglücklicherweise werden Frauen jedoch nach weiblichen Verhaltensnormen beurteilt.

Das zeigte sich zum Beispiel deutlich auf einer Fakultätssitzung, wo es um Beförderungen ging und der Erfolg einer Professorin zur Sprache kam: Sie hatte viele Bücher und Artikel veröffentlicht und war eine anerkannte Kapazität auf ihrem Gebiet. Ein anwesender Mann kommentierte anerkennend: »Sie trägt es mit Fassung.« Mit anderen Worten, sie wurde dafür gelobt, daß sie sich ihren Erfolg nicht anmerken ließ. Das heißt auch: Hätte sie sich so benommen, wie ihre Leistungen es gerechtfertigt hätten, wäre sie nicht gelobt worden – und vielleicht unbeliebt gewesen.

Seine Höflichkeit ist ihre Ohnmacht

Es gibt viele Belege dafür, daß Männer und Frauen unterschiedlich beurteilt werden, sogar wenn sie genauso sprechen. Diese Tendenz macht viel böses Blut in Diskussionen über Frauen, Männer und Macht. Wenn eine Frau ein bestimmtes sprachliches Verhalten zeigt, wird es als wirkungslos betrachtet. Bei einem Mann gilt dasselbe Verhalten als effektiv. Wenn »Frauensprache« als »Sprache der Ohnmacht« bezeichnet wird, spiegelt sich darin oft die männliche Sicht weiblichen Verhaltens.

Weil Frauen nicht um Überlegenheit kämpfen, werden sie oft als unterlegen eingerahmt. Jede Situation ist offen für Fehlinterpretationen, weil Status und Bindung mit denselben Taktiken ausgespielt werden. Diese Mehrdeutigkeit verleitet sowohl

Fachleute als auch Laien dazu, die beziehungsorientierte Sprechweise von Frauen falsch zu deuten und als ohnmächtig zu brandmarken. Diese inhärente Ambiguität zeigte sich mehr als deutlich in einem kurzen Zeitungsartikel, in dem ein Mann und eine Frau, beide Psychologen, gemeinsam interviewt wurden. Der Journalist fragte das Paar, was es unter »sehr höflich« verstehen würde. Die beiden Wissenschaftler antworteten gleichzeitig und unterschiedlich. Der Mann sagte: »Unterwürfigkeit.« Die Frau: »Sensibilität.« Beide hatten recht, aber sie beschrieben ihren geschlechtsspezifischen Standpunkt.

Fachleute und Laien neigen gleichermaßen dazu, in allem, was Frauen tun, ein Zeichen der Ohnmacht zu sehen. Derselbe Zeitungsartikel zitiert die Aussage eines anderen Psychologen: »Während ein Mann vielleicht sagen würde: ›Gehst du bitte einkaufen?‹, sagt eine Frau wahrscheinlich: ›O Gott, ich brauche unbedingt ein paar Sachen vom Kaufmann, aber ich bin so müde.‹« Die Sprechweise der Frau wird als »verdeckt« bezeichnet, ein Ausdruck, mit dem man negative Bedeutungen wie »hinterlistig« oder »unter der Hand« assoziiert. Als Grund für dieses Verhalten wird Macht angeführt: Die Frau glaubt, daß sie nicht direkt fragen darf.

Zweifellos haben Frauen in unserer Gesellschaft einen niedrigeren Status als Männer. Aber das ist nicht zwangsläufig der Grund, aus dem sie es vorziehen, keine direkten Forderungen zu stellen. Die Indirektheit von Frauen könnte genausogut mit ihrem Wunsch nach Bindung zusammenhängen. Wenn man seinen Willen mit einer Forderung durchsetzt, erringt man einen Statuserfolg: Man ist überlegen, weil andere tun, was man ihnen gesagt hat. Aber wenn man etwas erreicht, weil andere zufällig dasselbe wollen oder es von sich aus vorschlagen, ist das ein Beziehungserfolg. Man ist weder über- noch unterlegen, sondern befindet sich in glücklicher Übereinstimmung mit anderen, die dasselbe Ziel haben. Wenn die Indirektheit darüber hinaus von beiden Seiten verstanden wird, ist nichts Verdecktes dabei: Es ist klar, daß eine Bitte geäußert wird. Eine indirekte Aussage als »verdeckt« zu bezeichnen spiegelt die Ansichten von jemandem, dem die direkte Art »natürlich« und »logisch« erscheint – eine bei Männern weitverbreitete Ansicht.

Indirektheit an sich ist noch kein Zeichen von Machtlosigkeit. Man kann sich leicht Situationen vorstellen, wo Indirektheit das Vorrecht der Mächtigen ist. Ein wohlhabendes Ehepaar zum Beispiel, das weiß, daß das Personal seinen Forderungen nachkommen wird, muß keine direkten Befehle aussprechen, sondern kann einfach einen Wunsch äußern: Wenn die Frau des Hauses sagt: »Es ist kühl hier«, wird der Bedienstete die Heizung höher stellen. Wenn der Hausherr sagt: »Es ist Zeit zum Essen«, wird der Diener dafür sorgen, daß es auf den Tisch kommt. Vielleicht besteht die höchste Form von Indirektheit darin, jemanden zu einer Tätigkeit zu veranlassen, ohne überhaupt etwas zu sagen: Die Gastgeberin läutet eine Glocke, und das Mädchen serviert den nächsten Gang; oder ein Elternteil betritt das Zimmer, wo die Kinder gerade Unsinn treiben, stemmt einfach die Hände in die Hüften, und die Kinder benehmen sich sofort wieder ordentlich.

Ganze Kulturen funktionieren nach ausgefeilten Systemen der Indirektheit. Bei einem kleineren Forschungsprojekt stellte ich zum Beispiel fest, daß die meisten Griechen der Ansicht waren, daß eine Frau, die fragt: »Möchtest du gern zu der Party gehen?«, damit andeuten will, daß sie selbst gern hingehen möchte. Sie waren überzeugt, daß die Frau das Thema gar nicht anschneiden würde, wenn es anders wäre. Sie meinten auch, daß die Frau ihren Wunsch nicht offen aussprechen würde, weil das zu sehr nach einer Forderung klingen würde. Die indirekte Aussage war die angemessene Form, um ihrem Wunsch Ausdruck zu geben.

Die japanische Kultur hat die Indirektheit zu einer hohen Kunst entwickelt. Harumi Befu, ein japanischer Anthropologe, beschreibt zum Beispiel den feinen Austausch von Indirektheiten, der für eine einfache Einladung zum Essen erforderlich ist. Als seine Freundin die Einladung aussprach, mußte Befu zunächst entscheiden, ob es sich um eine tatsächliche Einladung handelte oder ob sie nur *pro forma* gemeint war, so, wie ein Amerikaner vielleicht sagen würde: »Sie müssen unbedingt mal zum Essen kommen«, aber nie erwarten würde, daß Sie plötzlich vor seiner Tür stehen. Nachdem Befu entschieden hatte, daß die Einladung tatsächlich als solche gemeint war, und sie angenommen hatte, sollte er sagen, was er gern essen würde. Befu antwortete der Konvention entsprechend, daß ihm alles recht sei, aber seine Freundin, ebenfalls der Konvention entsprechend, drängte ihn, konkrete Wünsche zu äußern. Dieses Ritual wurde von Gastgeberin und Gast mehrere Male durchgespielt, bis Befu den Eindruck hatte, daß der Höflichkeit Genüge getan wäre, um – höflich – anzudeuten, daß Tee und Reis ein schönes Essen wären. Bei seinem Besuch wurden ihm dann tatsächlich Tee und Reis serviert – als letzter Gang eines üppigen Menüs. Befu war von dem festlichen Mahl nicht überrascht, weil er wußte, daß das Protokoll es so vorschrieb. Hätte man ihm angeboten, um was er gebeten hatte, wäre er beleidigt gewesen. Aber das Protokoll schrieb auch vor, daß er sehr überrascht tun mußte.

Dieser Aufwand an beiderseitiger Indirektheit für eine Essenseinladung wird Amerikanern vielleicht als übertrieben erscheinen. Doch bei den meisten Völkern der Welt wird ein ausgefeiltes System der Indirektheit dem direkten Ausdruck vorgezogen. Nur die modernen westlichen Gesellschaften geben einer direkten Kommunikation den Vorrang, und selbst bei uns handelt es sich dabei eher um einen theoretischen als einen praktischen Wert.

Beispiele aus anderen Kulturen machen auch deutlich, daß Indirektheit an sich kein Zeichen von niedrigerem Status ist. Es sind eher unsere Ansichten über die Stellung der Frau, die uns dazu zwingen, alles, was Frauen tun, als Widerspiegelung eines niedrigen Status aufzufassen. Die Anthropologin Elinor Keenan fand zum Beispiel heraus, daß in einem Dorf auf Madagaskar die Frauen diejenigen sind, die sich auf direkte Art ausdrücken, während die Männer indirekt sind. Und die Dorfbewohner halten die indirekte Art der Männer, die Benutzung von Metaphern und Sprichwörtern, für die bessere. Für sie ist die indirekte Sprechweise – wie die Männer, die sie benutzen – etwas Höherrangiges. Sie halten die direkte Art der Frauen für unbeholfen und ungehobelt, für minderwertig im Vergleich mit der feinen Hintersinnigkeit der Männersprache. Ob es die Frauen oder die Männer sind, die einen direkten oder indirekten Gesprächsstil verwenden, ist von Fall zu Fall verschieden – gleichbleibend ist nur, daß der Stil der Frauen negativ bewertet wird – und als minderwertig gilt.

Bei Männern ist das was anderes

Untersuchungen in unserer eigenen Kultur haben mit zahllosen Beispielen belegt, daß dasselbe Verhalten unterschiedlich beurteilt wird, je nachdem, ob es bei einem Mann oder bei einer Frau beobachtet wird. Nehmen wir den Fall der »Frageanhängsel« – Aussagen, denen am Ende kleine Fragen hinzugefügt werden, wie zum Beipsiel »Schöner Tag heute, nicht wahr?«. Die Linguistin Robin Lakoff hat als erste darauf hingewiesen, daß Frauen weit häufiger Frageanhängsel benutzen als Männer. Obwohl Untersuchungen, die Lakoffs Beobachtung wissenschaftlich zu belegen suchten, teilweise zu unterschiedlichen Ergebnissen führten, wird sie von den meisten bestätigt. Jacqueline Sachs hat schon bei zwei- bis fünfjährigen Kindern festgestellt, daß die Mädchen mehr als doppelt so viele Frageanhängsel benutzten wie die Jungen. Und Untersuchungen haben ergeben, daß von Frauen *erwartet* wird, so zu sprechen. Die Psychologen David und Robert Siegler führten ein Experiment durch, bei dem sie Erwachsene aufforderten, das Geschlecht von bestimmten Sprechern zu erraten: Wenn Frageanhängsel verwendet wurden, tippten die Probanden auf eine Frau, wenn nicht, auf einen Mann. Und das Klischee kann sich als stärker erweisen als die Realität: Bei einem anderen Experiment spielten die Psychologinnen Nora Newcombe und Diane Arnkoff mehreren Erwachsenen Gespräche vor, bei denen Frauen und Männer jeweils gleich viele Frageanhängsel benutzten: Die Testpersonen waren überzeugt, daß die Frauen mehr benutzt hätten.

Das Schlimmste ist, daß Frauen und Männer unterschiedlich beurteilt werden, selbst wenn sie ganz genauso sprechen. Die Kommunikationsforscherin Patricia Hayes Bradley fand heraus, daß Frauen, die Frageanhängsel verwendeten oder eine Aussage einschränkten, für weniger intelligent und sachverständig gehalten wurden *als Männer, die genau das gleiche taten.* Wenn Frauen ihre Argumente nicht gut begründeten, bezweifelte man ihre Intelligenz und ihren Sachverstand, *aber wenn Männer ihre Aussagen nicht belegten, wurde nicht daran gezweifelt.* Mit anderen Worten, wenn Frauen auf eine Weise redeten, die als typisch weiblich gilt, führte das zu Negativurteilen, wenn Männer genauso redeten, hatte das nicht diese Auswirkung. Es ist also nicht so sehr die Sprechweise, die diesen Effekt auslöst, sondern die Einstellung gegenüber dem jeweiligen Geschlecht.

Viele andere Untersuchungen kommen zu ähnlichen Ergebnissen. Die Psychologen John und Sandra Condry baten Testpersonen, Babygeschrei zu interpretieren. Wenn ihnen vorher erzählt worden war, daß es sich bei dem Baby um einen Jungen handelte, meinten die Leute, es würde vor Wut schreien. Wenn man ihnen gesagt hatte, es sei ein Mädchen, glaubten sie, es würde weinen, weil es Angst hätte. Anne Macke und Laurel Richardson sowie Judith Cook stellten fest, daß Studenten es als Zeichen von Inkompetenz werteten, wenn es im Unterricht eines Professors zu lebhaften Diskussionen der Schüler kam – aber nur, wenn der Professor eine Frau war.

Schweigen ist Gold – oder Blei

Und auch die Wissenschaft selbst ist diesem doppelten Standard zum Opfer gefallen. In Studien, die die These vertreten, daß Männer Macht ausüben, weil sie mehr reden als Frauen, wird das Schweigen der Frauen als Zeichen ihrer Ohnmacht angeführt. Gleichzeitig wird in anderen Studien behauptet, daß das Schweigen der Männer oder ihre Weigerung zu sprechen ein Beweis ihrer Machtausübung sei. Mirra Komarovsky kommt in ihrer klassischen Untersuchung *Blue Collar Marriage* immer wieder darauf zurück, daß viele der befragten Ehefrauen angaben, sie würden mehr reden als ihre Männer (»Seine Zunge ist wie angewachsen«, beschrieb eine Ehefrau ihren Mann und eine andere: »Mein Mann ist ein Meister im Nichtssagen«). Die Mehrheit der Frauen möchte – mit ihren Männern – über anfallende Probleme sprechen. Im Gegensatz dazu ziehen die meisten Ehemänner sich am liebsten zurück, wenn Probleme auftauchen (»Wenn es mir schlecht geht, mach' ich das mit mir selbst ab und belaste sie nicht damit«) oder wenn es um emotionalen Streß oder »Ansprüche« der Ehefrau geht. Und doch besteht kein Zweifel daran, daß diese Männer in ihren Ehen »dominierend« sind. Schweigen kann also durchaus ein Machtinstrument sein. Komarovsky zitiert eine Ehefrau und Mutter, die über ihren Mann bemerkt: »Er sagt nicht viel, aber wenn er etwas sagt, dann meint er es auch so, und die Kinder gehorchen ihm.«

Jack Sattel glaubt, daß Männer ihr Schweigen benutzen, um Macht auf Frauen auszuüben, und er illustriert seine These mit der folgenden Szene aus Erica Jongs *Angst vorm Fliegen*. Der erste Satz des Dialogs wird von Isadora gesprochen, der zweite von ihrem Mann Bennett.

> »Warum mußt du mir das immer wieder antun? Ich fühle mich dann so allein.«
>
> »Das ist deine eigene Schuld.«
>
> »Wie meinst du das? Ich wollte heute abend froh und glücklich sein. Es ist Weihnachten. Warum bist du böse? Was habe ich getan?«
>
> Schweigen.
>
> »Was habe ich getan?«
>
> Er sieht sie an, als sei die Tatsache, daß sie das nicht weiß, eine zusätzliche Kränkung.
>
> »Gehn wir schlafen. Vergessen wir das Ganze.«
>
> »Was soll ich vergessen?«
>
> Er sagt nichts.
>
> »Soll ich vergessen, daß du böse mit mir bist? Vergessen, daß du mich strafst – für nichts? Vergessen, daß ich einsam bin und friere, daß Weihnachten ist und daß du mir diesen Abend wieder mal verdorben hast? Ist es das, was ich vergessen soll?«
>
> »Ich will nicht darüber reden.«
>
> »Worüber? *Worüber* willst du nicht reden?«
>
> »Sei still. Ich will nicht, daß du hier im Hotel so rumschreist.«
>
> »Es ist mir scheißegal, was du willst oder nicht willst. *Ich* will anständig behandelt werden. Vielleicht hättest du zumindest die Güte, mir mitzuteilen, warum du so 'ne Scheißlaune hast. Und sieh mich nicht so an...«
>
> »Wie?«
>
> »Als ob es die schwerste Sünde wäre, daß ich deine Gedanken nicht lesen kann. Ich *kann* deine Gedanken

nicht lesen. Ich *weiß* nicht, warum du so 'ne Wut im Bauch hast. Ich kann nicht jeden Wunsch von dir erraten. Wenn du das von einer Frau verlangst, dann hast du die falsche Frau.«

»Das dürfte stimmen.«

»Was ist es denn? Sag es mir doch bitte.«

»Das solltest du auch so wissen.«

»Großer Gott! Erwartest du im Ernst von mir, daß ich Gedanken lesen kann? Ist das die Bemutterung, die du dir vorstellst?«

»Wenn du auch nur eine Spur von Einfühlungsvermögen hättest...«

»Aber ich geb' mir doch Mühe. Mein Gott, du gibst mir ja gar keine Gelegenheit.«

»Du schaltest ab. Du hörst nie zu.«

»Es war irgendwas im Film, nicht wahr?«

»Was war im Film?«

»Wieder eine Gegenfrage. Mußt du mich eigentlich immer verhören wie so 'nen Verbrecher. Mußt du ein *Kreuzverhör* mit mir anstellen?... Es war die Beerdigungsszene... Wie der kleine Junge seine tote Mutter ansah. Das hat dich irgendwie... Seitdem bist du so deprimiert.«

Schweigen.

»Nicht wahr, das *war's* doch?«

Schweigen.

»Los, Bennett, du machst mich *rasend*. Bitte sag es mir. Bitte.«

»Was war mit der Szene im Film, die mich ›irgendwie‹...? (Die Worte kommen einzeln wie kleine Almosen. Wie kleine, harte Kotstückchen.)

»Frag nicht, Bennett. *Sag* es mir!« (Sie schlingt die Arme um ihn. Er macht sich los. Sie fällt zu Boden und umklammert sein Bein. Es sieht weniger nach einer Umarmung als nach einer Rettungsszene aus: Sie droht zu ertrinken, und er überläßt ihr widerstrebend sein Bein als Halt.)

»Steh auf!«

(Sie weint.) »Nur, wenn du es mir sagst.«
Er macht sein Bein frei. »Ich geh' schlafen.«

Diese quälende Szene scheint Sattels Behauptung, Bennett benutze sein Schweigen als Waffe gegen seine Frau, zu bestätigen. Mit jeder Weigerung, ihr zu erzählen, was ihn ärgert, holt Bennett zu einem neuen Schlag aus, der sie immer tiefer in die Knie zwingt – bis sie schließlich im buchstäblichen Sinn zu Boden geht. Aber würden wir die Situation anders interpretieren, wenn die Rollen vertauscht wären?

Mit vertauschten Rollen scheint die Szene unmöglich. Man kann sich schwer vorstellen, daß ein Mann seine Frau anfleht, ihm zu sagen, was er falsch gemacht hat. Bei dem Versuch, die Szene mit vertauschten Rollen zu lesen, sah ich unwillkürlich die Situation vor mir, daß der Mann sich zurückzieht und damit ihr Schweigen zu einer unbrauchbaren Waffe macht. Bennetts Schweigen wirkt so peinigend, weil Isadora so beharrlich versucht, ihn zum Reden zu bringen. Es ist das Zusammenspiel dieser beiden Verhaltensweisen – sein Rückzug und ihr beharrlicher Versuch, ihm zu entlocken, was sie falsch gemacht hat –, das sich verheerend für beide auswirkt. Wenn Bennett Isadoras Ansicht wäre, daß man Probleme ausdiskutieren sollte, oder wenn Isadora ebenfalls die Angewohnheit hätte, sich bei auftauchenden Problemen zurückzuziehen, wäre es nie zu dieser qualvollen Szene gekommen.

»Tut mir leid, aber ich entschuldige mich nicht«

Es gibt viele weibliche Sprechweisen, die in reinen Frauengesprächen effektiv und sinnvoll sind, die aber in Unterhaltungen mit Männern den Eindruck von Ohnmacht und Selbstherabsetzung wecken. Eines dieser Verhaltensmuster ist, daß Frauen sich dauernd zu entschuldigen scheinen. Wer sich entschuldigt, wird als unterlegen aufgefaßt. Das mag vielleicht selbstverständlich klingen. Aber das folgende Beispiel zeigt, daß eine scheinbare Entschuldigung ganz anders gemeint sein kann.

Eine Lehrerin hatte Ärger mit einem Schüler, der allgemein als unverbesserlich galt. Schließlich schickte sie den Jungen zum Direktor. Der Schulleiter kam später im Lehrerzimmer zu ihr und erzählte ihr, daß er den Schüler suspendiert habe. Die Lehrerin antwortete: »Tut mir leid«, worauf der Direktor ihr versicherte: »Es ist nicht Ihre Schuld.« Die Lehrerin war betroffen von der beruhigenden Versicherung des Schulleiters, weil ihr überhaupt nicht in den Sinn gekommen war, daß sie an der Suspendierung des Schülers schuld sein könnte. Sie hatte »Tut mir leid« nicht im Sinne von »Ich möchte mich entschuldigen« gemeint, sondern im Sinne von »Es tut mir leid, das zu hören«. Sie hatte ihre Solidarität mit dem Schulleiter ausdrücken wollen: »Ich weiß, daß es eine schwere Entscheidung für Sie war, und kann mir vorstellen, wie Ihnen zumute ist; mich belastet das alles auch sehr.« Sie gab sich den Rahmen einer Verbündeten, die seine Gefühle teilte. Als der Schulleiter ihre anteilnehmenden Worte als Entschuldigung auslegte, weckte er den Eindruck eines möglichen Fehlverhaltens ihrerseits und rahmte sich selbst als Überlegenen ein, der in der Lage war, ihr Absolution zu erteilen.

Der weitere Verlauf dieser Geschichte deutet darauf hin, daß diese unterschiedlichen Ansichten mit dem Geschlecht zusammenhängen. Als die Lehrerin ihrer erwachsenen Tochter von dem Vorfall erzählte, fand diese die Reaktion des Direktors auch merkwürdig. Aber als sie ihrem Mann und ihrem Sohn davon berichtete, fragten beide vorwurfsvoll, warum sie sich entschuldigt hätte, obwohl gar kein Anlaß bestand. Die beiden Männer interpretieren »Tut mir leid« ebenfalls als Entschuldigung.

Mehrere Faktoren wirken zusammen, wenn der Eindruck entsteht, daß Frauen sich zu oft entschuldigen. Einerseits neigen Frauen vielleicht eher dazu, weil sie nicht instinktiv vor dem Risiko einer untergeordneten Position zurückschrecken. Das soll nicht heißen, daß sie gern unterlegen sind, es ist nur weniger wahrscheinlich, daß solche Situationen automatisch Alarmglokken in ihren Köpfen auslösen. Ein weiterer Faktor ist, daß Frauen oft unterstellt wird, sie würden sich entschuldigen, auch wenn sie gar nicht die Absicht haben. Frauen sagen oft »Tut mir leid«, um Sympathie und Anteilnahme auszudrücken, und nicht, weil sie sich entschuldigen wollen.

Diese Verwirrung hängt damit zusammen, daß die Formulierung »Tut mir leid« mehrdeutig ist. Die folgende kleine Geschichte liefert ein gutes Beispiel dafür. Ein zwölfjähriges japanisches Mädchen, das in den USA lebte, schrieb einen Beileidsbrief an ihre Großmutter in Japan, weil der Großvater gestorben war. Das Mädchen schrieb auf japanisch, obwohl englisch ihr eigentlich geläufiger war. Sie begann den Brief in angemessener Form mit: »Tut mir leid, daß Großvater gestorben ist.« Aber dann hielt sie inne und sah sich den Satz genauer an. »Das hört sich irgendwie falsch an«, sagte sie zu ihrer Mutter. »Ich hab' ihn ja nicht umgebracht.« Weil sie in einer Sprache schrieb, die ihr nicht zur zweiten Natur geworden war, wurde dem Mädchen bewußt, daß ein Ausdruck, den die meisten Leute ganz automatisch benutzen, etwas anderes bedeuten kann, wenn man ihn wörtlich nimmt. »Tut mir leid«, eine Aussage, mit der man ganz allgemein seine Anteilnahme bekundet, könnte, wörtlich genommen, als »Ich entschuldige mich« ausgelegt werden.

Der Unterschied zwischen gewohnheitsmäßigem und buchstäblichem Sprachgebrauch spielt auch im folgenden Beispiel eine Rolle. Eine Geschäftsfrau namens Beverly kehrte von einer Reise zurück und fand auf ihrem Anrufbeantworter eine Nachricht ihres Abteilungsleiters. Die Nachricht lautete, daß er in einem Bericht, den ihre Assistentin geschrieben hatte, eine enorme Anzahl von Fehlern entdeckt habe. Er teilte ihr mit, daß er die Fehler angestrichen, den Bericht an die Assistentin zurückgegeben und einen Terminaufschub erwirkt habe, damit sie die Korrekturen einfügen könne. Beverly war überrascht, weil sie den Bericht vor ihrem Urlaub selbst gelesen und für gut befunden hatte, aber sie sagte: »Tut mir leid« – und war gekränkt, als er entgegnete: »Ich geb' ja niemandem die Schuld.« Das schien zu implizieren, daß er ihr *doch* die Schuld gab, weil er das Thema angeschnitten hatte.

»Bitte nimm meine Entschuldigung nicht an«

Beverly bat die Assistentin um den korrigierten Bericht und wurde wütend, als sie entdeckte, daß zwar auf der Hälfte aller Seiten »Fehler« angestrichen waren, aber nur weniges tatsächlich falsch war. Die Korrekturen betrafen fast ausschließlich die Interpunktion, und zwar meistens in Fällen, wo es eine persönliche Ermessensfrage war, ob man Zeichen setzte oder nicht, wie zum Beispiel nach kurzen Einleitungssätzen oder vor der Konjunktion *und*. Bei vielen Stellen hatte sie den Eindruck, daß der Abteilungsleiter Interpunktionsfehler in Sätze eingeführt hatte, die vorher völlig korrekt gewesen waren.

Später an diesem Tag traf sie den Vorgesetzten auf einer Bürofeier und platzte sofort damit heraus, wie wütend sie auf ihn sei und warum. Sie erkannte an seiner Reaktion, daß sie seine Gefühle verletzt hatte, weil das Thema in Gegenwart Dritter angeschnitten worden war. Sie entschuldigte sich, weil sie ihrem Ärger so ungestüm Luft gemacht und sich nicht diplomatischer ausgedrückt hatte; später suchte sie ihn dann noch einmal in seinem Büro auf, um sich ein zweites Mal zu entschuldigen. Sie war überzeugt, daß, wenn sie es bedauern würde, den falschen Ton zur falschen Zeit angeschlagen zu haben, er sich im Gegenzug dafür entschuldigen würde, daß er lauter überflüssige Korrekturen in dem Bericht angebracht und sich dann statt an sie an die Assistentin gewandt hatte. Statt dessen sagte er großmütig: »Ich nehme Ihre Entschuldigung an« und ging leutselig zu einem firmenpolitischen Thema über.

Nun ist das Annehmen einer Entschuldigung wohl in jedem Fall ein ziemlich rüdes Benehmen. Vom Bindungsaspekt her sollte eine Entschuldigung mit einer entsprechenden Gegenentschuldigung beantwortet werden. Und vom Statusaspekt her sollte man davon ablenken. Von dieser Perspektive aus übernimmt eine Person, die sich entschuldigt, eine untergeordnete Position, und die Annahme der Entschuldigung bewahrt diese Asymmetrie, während die Ablenkung vom Thema das Gleichgewicht wiederherstellt. Beverly fühlte sich einen Moment lang spontan unbehaglich. Doch erst nachdem sie das Büro in bestem

Einvernehmen verlassen hatte, wurde ihr bewußt, daß der Bereichsleiter ihre Entschuldigung grob akzeptiert und sich selbst nicht entschuldigt hatte.

Männer und Frauen sind sich des Statusaspekts nicht gleichermaßen bewußt, und das berührt Beverlys Problem vielleicht noch in einem grundsätzlicheren Sinn. Sie hatte eine gute Meinung von ihrem Vorgesetzten; sie mochte ihn; sie betrachtete ihn als Freund. Für sie, wie für viele Frauen, bedeutet Freundschaft, daß Statusunterschiede heruntergespielt, wenn nicht sogar völlig ignoriert werden. Als sie mit ihrem Ärger herausplatzte, verstand sie das nicht als Kritik an einem Vorgesetzten in Gegenwart anderer. Doch weil der Abteilungsleiter sich des Statusunterschiedes trotz der freundschaftlichen Beziehung bewußt blieb, wäre es für ihn einer öffentlichen Erniedrigung gleichgekommen, wenn er ihre Kritik akzeptiert hätte. Wäre sie auf den Statusunterschied statt auf ihre Freundschaft konzentriert gewesen, hätte sie ihn anders behandelt. Dem Firmenpräsidenten gegenüber hätte sie zum Beispiel ein anderes Verhalten gewählt.

Frauen passen sich männlichen Normen an

Bei all diesen Beispielen werden die eher männertypischen Sprechweisen positiver bewertet und als Norm anerkannt. Zu einer ähnlichen und vielleicht noch gravierenderen Asymmetrie kommt es, wenn Männer und Frauen in größeren Gruppen zusammen sind, weil die Spiele, die dann gespielt werden, fast immer die Spiele der Männer sind.

In Ursula Le Guins Geschichte »In and Out« erinnert sich eine ehemalige Sekretärin an ein reines Frauentreffen:

> Wie damals, als die Sekretärinnen alle zusammenkamen, um eine Diskussionsveranstaltung zum Thema Frauen in der Stadtverwaltung zu planen; das Treffen war so toll gelaufen, man sagte Sachen, von denen man nicht mal gewußt hatte, daß man sie dachte, und alle machten Vorschläge, und niemand wurde schikaniert.

Die Aussage läßt darauf schließen, daß es bei den Zusammenkünften, an denen die Sekretärin sonst teilgenommen oder die sie beobachtet hatte, nicht die Norm war, daß die Beteiligten sagten, was sie dachten, und niemand schikaniert wurde, sondern daß es ein hervorstechendes Merkmal dieses reinen Frauentreffens war.

Eine Professorin bemerkte einmal, wie angenehm sie es finde, in reinen Frauenkomitees zu arbeiten, verglichen mit den gemischten Komitees, denen sie sonst meistens angehöre. Aber als sie diese Äußerung auf einer gemischten Dinner-Party wiederholte, erhob einer der anwesenden Männer energisch Einspruch. Er sagte, er habe zwischen reinen Männer- und gemischten Komitees nicht den geringsten Unterschied feststellen können. Nach der Erfahrung des Mannes war das zweifellos die Wahrheit, denn wenn Frauen und Männer zusammenkommen, folgt die Interaktion männlichen und nicht weiblichen Normen. Für einen Mann macht es daher kaum einen Unterschied, ob er an einer gemischten oder an einer gleichgeschlechtlichen Zusammenkunft teilnimmt.

Untersuchungen aus den unterschiedlichsten Disziplinen zeigen, daß Frauen sich in gemischten Gruppen stärker anpassen als Männer. Elizabeth Aries verglich die Körperhaltungen von jungen Männern und Frauen in reinen Männer-, reinen Frauen- und gemischten Diskussionsgruppen und stellte fest, daß die Männer mehr oder weniger in derselben Haltung saßen, ob Frauen dabei waren oder nicht: Sie streckten sich »entspannt« aus und beanspruchten viel Platz um sich herum. Die Frauen in Aries Untersuchung nahmen dagegen in Gesellschaft von Männern eine enge und »damenhafte« Haltung an, saßen aber offen und entspannt, wenn sie unter sich waren. Mit anderen Worten, die Männer zeigten dieselbe Körperhaltung, gleichgültig, ob Frauen anwesend waren oder nicht, die Frauen jedoch fühlten sich in Gegenwart von Männern offenbar »auf der Bühne«, während reine Frauenrunden ihnen das Gefühl gaben, »hinter den Kulissen« zu sein.

Ein ähnlicher Aspekt taucht in Alice Deakins' Studie über die Gesprächsthemen von Männern und Frauen auf. Deakins führte eine sogenannte »Lauschaktion« durch: Sie setzte sich allein in eine Kantine für Bankangestellte und belauschte, worüber die

Leute an den Nebentischen redeten. Es handelte sich nicht um Gespräche zwischen Männern in leitenden Positionen mit ihren Sekretärinnen oder Ehefrauen. Die männlichen und weiblichen Bankangestellten in Deakins' Studie waren gleichberechtigte Kollegen. Die Wissenschaftlerin stellte fest, daß die Männer unter sich hauptsächlich über Geschäftliches und nie über Leute redeten, nicht einmal über Kollegen. Das zweithäufigste Thema war das Essen. Weitere beliebte Gesprächsstoffe waren Sport- und Freizeitaktivitäten. Wenn Frauen unter sich waren, sprachen sie am häufigsten über Menschen – und zwar nicht in erster Linie über Arbeitskollegen, sondern eher über ihre Freunde, Kinder und Partner. Der zweithäufigste Gesprächsstoff war die Arbeit und der dritte Gesundheit, was auch das Thema Diät umfaßte.

Wenn Frauen und Männer zusammensaßen, tendierten sie dazu, die jeweiligen Lieblingsthemen zu vermeiden und sich auf Themen zu konzentrieren, die beide Gruppen interessierten. Aber bei der Diskussion dieser Themen *richteten sie sich ausschließlich nach dem Gesprächsstil der Männer*. Eine Unterhaltung übers Essen wurde so geführt, wie es bei den Männern üblich war; man sprach darüber, was man gerade aß, und über Restaurants und kaum über Gewichtskontrolle oder Gesundheit. Wenn über Freizeit und Erholung geredet wurde, dann auf Art der Männer, das Gespräch konzentrierte sich auf Sport und Urlaub statt auf gesundheitliche Aspekte oder Figurtraining, wie es bei den Frauen beliebt war. Und wenn die Bankangestellten über Häuser und Wohnungen redeten, dann so, wie die Männer es taten, das Gespräch drehte sich um Standort, Eigentumswerte und Arbeitswege und nicht, wie bei den Frauen üblich, um das Hausinnere (wie zum Beispiel Raumaufteilung und Isolierung) oder um innerhäusliche Angelegenheiten (zum Beispiel, wie man eine Putzhilfe findet).

Deborah Lange entdeckte bei ihrer Analyse privater Teenagergespräche ein ähnliches Verhaltensmuster. Wenn die Mädchen allein waren, sprachen sie über Beziehungsprobleme; wenn Jungen allein waren, unterhielten sie sich über gemeinsame Aktivitäten und Pläne und gaben Kommentare über Freunde ab. Wenn Jungen und Mädchen sich gemeinsam unterhielten, sprachen sie über gemeinsame Aktivitäten und Pläne und gaben Kommentare über Freunde ab. Mit anderen Worten, in gemischten Gesprächsgruppen redeten die Mädchen mehr oder weniger so, wie die Jungen redeten, wenn keine Mädchen dabei waren. Aber wenn die Mädchen sich allein unterhielten, redeten sie ganz anders als in Gegenwart von Jungen.

Alle diese (und andere) Studien belegen, daß Mann-Frau-Gespräche mit größerer Wahrscheinlichkeit einem reinen Männergespräch als einem reinen Frauengespräch gleichen. Wenn Männer und Frauen sich miteinander unterhalten, machen zwar beide Zugeständnisse, aber die Frauen mehr als die Männer. Frauen sind in gemischten Gruppen im Nachteil, weil sie weniger Erfahrung mit dieser Art der Gesprächsführung haben. Das macht vielleicht auch verständlicher, warum Mädchen in reinen Mädchenschulen besser abschneiden als in gemischten Schulen, während Jungen in beiden Schulformen relativ gleichbleibende Leistungen zeigen. Es erklärt vielleicht auch, warum bei der von Aries durchgeführten Untersuchung die Frauen, nicht aber die Männer angaben, daß sie gleichgeschlechtliche Diskussionsgruppen bevorzugten. Alle diese Untersuchungen tragen zur Beantwortung der Frage bei, warum Frauen Gespräche mit ihren männlichen Partnern so unbefriedigend finden, während die Männer als Teilnehmer derselben Gespräche wesentlich seltener Kritik äußern.

Die Sprechweise, die für Zusammenkünfte und Diskussionsrunden typisch ist, ist relativ öffentlich und entspricht eher der Berichtssprache. In Anbetracht ihrer Vorliebe für die Beziehungssprache ist es nicht überraschend, daß viele Frauen es schwierig finden, auf Zusammenkünften zu Wort zu kommen, obwohl auch Männer es manchmal schwerhaben, sich in Unterhaltungen von Frauen einzuschalten, die sich bei ihrer beziehungsorientierten Sprechweise überlappen. Wenn Frauen es problematisch finden, in gemischten Gruppen das Wort zu ergreifen und zu behalten, so liegt das zum Teil daran, daß sie nicht um die Gesprächsführung konkurrieren wollen. Doch in diesem Kapitel sind nur einige von vielen Studien vorgestellt worden, die belegen, daß Frauen, auch wenn sie sich genauso verhalten wie Männer, auf andere Reaktionen stoßen. Das wirft die Frage auf, inwieweit die Schwierigkeiten von Frauen, sich in größeren Gruppen Gehör zu verschaffen, mit ihren Sprechgewohnheiten zusammenhängen und inwieweit mit der Tatsache, daß sie Frauen sind. Bei dieser Fragestellung geht es auch um die unterschiedlichen Möglichkeiten, die Männern und Frauen zur Verfügung stehen.

Gleiche Diskriminierung

Viele Frauen haben die Erfahrung gemacht, daß sie sich auf Zusammenkünften oder Konferenzen mit Wortbeiträgen melden, die ignoriert werden. Später macht ein Mann genau die gleiche Bemerkung, und sie wird beifällig aufgegriffen oder kontrovers diskutiert und dem Mann statt der Frau zugeschrieben. Die meisten Frauen führen das darauf zurück, daß den Äußerungen einer Frau nicht soviel Beachtung geschenkt wird, und die oben erwähnten Untersuchungen bestätigen das teilweise. Aber die *Art und Weise*, in der Beiträge geäußert werden, könnte ebenfalls eine Rolle spielen. Das folgende Beispiel weist darauf hin, daß das der Fall ist, macht aber auch deutlich, daß Frauen und Männern nicht dieselben Möglichkeiten zur Verfügung stehen.

Professor A, ein Biochemiker, der an einer bedeutenden Universität unterrichtet und als Kapazität auf seinem Gebiet gilt, berichtete mir von dem folgenden Erlebnis. Er ist normalerweise sehr zurückhaltend und spricht nicht gern in der Öffentlichkeit, aber nach einem Vortrag im Fachbereich für Biologie raffte er einmal all seinen Mut zusammen und meldete sich zu Wort. Er formulierte seinen Beitrag als Frage: »Haben Sie die chemischen Auswirkungen auf den biologischen Prozeß, den Sie gerade beschrieben haben, berücksichtigt?« Der Vortragende antwortete darauf sinngemäß etwa: »Nein, habe ich nicht«, womit die Sache abgetan wurde. Kurze Zeit später meldete sich jedoch ein anderer Mann, Professor B, zu Wort. Er begann: »Ich würde gern noch einmal auf den Punkt zurückkommen, den mein Kollege, Professor A, angesprochen hat und der mir sehr wichtig erscheint.« Dann ging er langatmig und ausführlich auf diesen Punkt ein. Der Beitrag wurde zum Gegenstand einer ausgedehnten Diskussion, und jeder, der sich dazu äußerte, sagte einleitend: »Ich würde gern noch weiter auf den wichtigen Aspekt eingehen, den Professor B angesprochen hat.«

Wäre Professor A eine Frau gewesen, würde man normalerweise vermuten, daß der Beitrag zunächst einmal ignoriert wurde, weil er von einer Frau kam, und später aufgegriffen wurde, weil ein Mann sich äußerte. Aber in diesem Fall handelte es sich bei beiden Sprechern um Männer, das Geschlecht kann also nicht die Ursache für die unterschiedlichen Reaktionen gewesen sein. Unterschiedlich war die Art und Weise, in der die Männer »dieselbe« Idee ausdrückten. Vielleicht hatte Professor A seine Idee nicht detailliert genug beschrieben, um ihre Bedeutung klarzumachen. Wahrscheinlicher ist, daß die Art und Weise, wie er sie vortrug – zögernd, kurz und in Form einer Frage –, seinen Beitrag unwichtig erscheinen ließ, während die Art und Weise, wie Professor B sprach – ausführlich und mit lauter, deklamierender Stimme –, derselben Aussage eine andere Metamitteilung gab: »Dies ist wichtig. Paßt auf!«

Dieses Beispiel macht deutlich, daß es wichtig ist, *wie* etwas gesagt wird, gleichgültig, welchem Geschlecht die Sprecher angehören. Aber es zeigt auch, daß Frauen im Nachteil sind, weil sie eher als Männer dazu neigen, ihre Beiträge als Fragen zu formulieren, weniger Zeit auf ihre Fragen verwenden und leiser und schneller sprechen. Das Beispiel demonstriert, daß Männer, die sich nicht so energisch verhalten, wie es von Männern erwartet wird, ebenfalls im Nachteil sind. In dieser Hinsicht befand Professor A sich in derselben Position wie eine Frau, die auf dieselbe Weise gesprochen hätte.

Ungleiche Gegenmittel

Aber in einem anderen Sinn unterscheidet sich Professor As Position erheblich von der einer Frau, die einen vergleichbaren Gesprächsstil hat. Wenn Professor A sich entschließen würde, seine Sprechweise so zu ändern, daß sie der von Professor B ähnlicher würde, könnte er mehr Aufmerksamkeit auf sich lenken, wenn das sein Ziel wäre. Und er würde dann auch dem Männlichkeitsmodell unserer Kultur eher entsprechen. Und Frauen, die versuchen, ihren Stil anzupassen, indem sie lauter, länger und selbstsicherer reden, würden dem Männlichkeitsmodell auch eher entsprechen. Sie würden vielleicht mehr Aufmerksamkeit auf sich ziehen und stärker beachtet werden, aber sie würden vielleicht auch auf Ablehnung stoßen und als aggressiv und unweiblich abqualifiziert werden. Tatsächlich braucht eine Frau gar nicht besonders aggressiv zu sein, um kritisiert zu werden. Ein Professor, der eine bekannte Wissenschaftlerin zu einem Vortrag eingeladen hatte, war schockiert, als einige seiner Studenten – Männer wie Frauen – später kommentierten, daß sie die Frau arrogant gefunden hätten. Ihm war sie durchaus nicht arrogant vorgekommen. Sie hatte sich einfach nicht erwartungsgemäß »weiblich« gezeigt und weder ununterbrochen gelächelt noch ihre Aussagen eingeschränkt oder den Kopf auf charmante Art in den Nacken geworfen.

Die mit Männlichkeit assoziierten Sprechweisen werden auch mit Führungsqualitäten und Autorität assoziiert. Die als typisch weiblich geltenden Sprechweisen dagegen nicht. Was immer ein Mann tut, um seine Autorität zu steigern, steigert auch seine Männlichkeit. Aber wenn eine Frau ihren Gesprächsstil der einflußreichen Stellung, die sie erreicht hat oder erreichen möchte, anpaßt, riskiert sie, daß ihre Weiblichkeit in Frage gestellt wird.

Als Frau, die auf ihrem Fachgebiet einen hohen Status errungen hat, habe ich mit diesem Widerspruch täglich zu kämpfen. Wenn ich an wissenschaftlichen Tagungen teilnehme, treffe ich oft Kollegen von anderen Universitäten, die mich nur von meinen Veröffentlichungen und meiner wissenschaftlichen Reputation kennen. Nicht selten erzählen mir solche neuen Bekannten, daß sie überrascht sind, weil ich so nett oder so weiblich sei. »Ich hatte Sie mir ganz anders vorgestellt«, habe ich wiederholt zu hören bekommen. »Sie sind gar nicht aggressiv.« Andere kommentieren: »Ich dachte, Sie wären kalt« oder »hart« oder »ehrgeizig«. Wenn ich sie dränge, mir zu sagen, warum sie das erwartet haben, sagen sie: »Ich habe einfach gedacht, daß jede Frau, die so erfolgreich ist wie Sie, so sein müßte.«

Derartige Erwartungen werden in einer Studie von Harriet Wall und Anita Barry beschrieben, die die Erwartungshaltung von Collegestudenten gegenüber männlichen und weiblichen Professoren untersuchten. Die Wissenschaftlerinnen legten den Studenten identisches Material über zukünftige Professoren vor – Informationen über ihren akademischen Hintergrund, über Veröffentlichungen und Empfehlungsschreiben – und forderten die Studenten auf, vorauszusagen, wie die Kandidaten im Fall einer Einstellung abschneiden würden, einschließlich der Frage, ob sie Chancen hätten, einen Preis für gutes Unterrichten zu gewinnen. Einige, die das Material unter dem Namen einer Frau bekamen, prophezeiten, daß sie den Preis nicht gewinnen würde, denn, wie einer es formulierte: »Zuviel Arbeit, zuwenig Persönlichkeit.« Niemand machte derartige Einlassungen, wenn ihm genau dieselbe »Akte« unter einem Männernamen vorgelegt wurde.

Ein weiterer Grund, warum weibliche Professoren kritischer beurteilt werden als männliche, ist, laut Wall und Barry, daß an Frauen größere Ansprüche gestellt werden. Diejenigen Studenten, die glaubten, eine Frau zu bewerten, erwarteten ein größeres Maß an Fürsorglichkeit, auch außerhalb der Unterrichtsstunden, als diejenigen, die glaubten, einen Mann zu beurteilen. Die Wissenschaftlerinnen weisen darauf hin, daß eine wirkliche Professorin, die den Studenten mehr Zeit widmet als ihr männlicher Kollege, wahrscheinlich weniger Anerkennung findet als er, weil die Frau letztlich nur den Erwartungen entspricht, während der Mann mehr tut. Beim Lesen dieser Studie mußte ich automatisch an die Studentin denken, die mich sonntags zu Hause angerufen hatte, weil sie ihren Mentor nicht zu Hause stören wollte.

Sprache hält Frauen auf ihrem Platz

Nirgends ist der Konflikt zwischen Weiblichkeit und Autorität deutlicher als bei Frauen, die in die Politik gehen. Die Merkmale eines guten Mannes und die eines guten Politikers sind identisch, aber eine Frau muß sich entscheiden, ob sie als starke Führungspersönlichkeit *oder* als gute Frau gelten will. Wenn ein Mann durchsetzungsfähig, logisch, direkt, kompetent und mächtig erscheint, erhöht er seinen Wert als Mann. Wenn eine Frau durchsetzungsfähig, logisch, direkt, kompetent und mächtig erscheint, riskiert sie, ihren Wert als Frau zu untergraben.

Wie Robin Lakoff in *Language and Woman's Place* demonstriert, wirkt Sprache für Frauen von zwei Seiten: durch das, was sie sagen, und durch das, was über sie gesagt wird. Wenn ich schreiben würde: »Nach der Antrittsrede in Ohnmacht gefallen!«, würden Sie wissen, daß ich von einer Frau spreche. Männer fallen nicht in Ohnmacht; sie kippen um. Und diese Formulierungen haben völlig andere Konnotationen, die unser Männer- und Frauenbild widerspiegeln und es gleichzeitig beeinflussen. *Ohnmächtig werden* beschwört eine zerbrechliche Gestalt herauf, die in starke Männerarme sinkt, wobei sie den Handrücken gegen die Stirn gepreßt hält – was, abgesehen von dem dramatischen Effekt, kaum einen praktischen Wert zu haben scheint. *Umkippen* deutet an, daß jemand der Länge nach hinschlägt.

Ein Artikel in *Newsweek* aus dem Präsidentschaftswahlkampf von 1984 zitierte einen Wahlkampfsprecher Reagans, der Ferraro »eine garstige Frau« nannte, die Ronald Reagan am liebsten »die Augen auskratzen« würde. Ignorieren wir einmal die Garstigkeit der Bemerkung und die der Zeitschrift, die damit ihren Artikel einleitete. Auf einen Mann angewandt, wäre *garstig* so zahm, daß es harmlos wirken würde. Männer kratzen auch nicht; sie schlagen und stoßen, mit entsprechend wirkungsvolleren Ergebnissen. Das Verb *kratzen* spiegelt und intensiviert gleichzeitig die stereotype Metapher der katzenartigen Frau. Jedesmal, wenn jemand einen Ausdruck benutzt, der mit dieser Metapher assoziiert ist, bestätigt er sie neu und spielt darauf an, daß Frauen generell etwas Katzenhaftes an sich haben.

Sogar wenn der Artikel etwas scheinbar Positives über Ferraro anmerkte, wurden Ausdrücke benutzt, die vor Klischees nur so trieften. Ferraro wurde eine »bemerkenswerte Gabe scharfer politischer Rhetorik« bescheinigt, denn sie »stichelt gegen Ronald Reagan, dem sie mangelnde Fairneß vorwirft, und macht sich über die Reagan-Bush-Kampagne lustig, weil Bush die Auseinandersetzung mit ihr scheue«. Wenn man Subjekt und Objekt vertauschen würde, würden »stichelt« und »macht sich lustig« nicht gerade wie Lobpreisungen der rhetorischen Fähigkeiten Ronald Reagans klingen – oder der irgendeines anderen Mannes.

(Ich werde Abstand davon nehmen, auf die Konnotationen des Wortes »scharf« einzugehen, weil ich annehmen will, daß die Zweideutigkeit unbeabsichtigt war.)

In seinem Buch *The Language of Politics* gibt Michael Geis mehrere Beispiele für Begriffe, die zur Beschreibung – und Demontage – Ferraros verwendet wurden. Eine Schlagzeile bezeichnete sie als »munter« und »quirlig«. Wie Geis anmerkt, benutzt man *munter* und *quirlig* nur für kleine Wesen, denen es an wirklicher Macht gebricht; man würde es vielleicht von einem Pekinesen sagen, aber nicht von einer Dogge, vielleicht von Mikkey Rooney, aber nicht von John Wayne – mit anderen Worten von jeder durchschnittlich großen Frau, nicht aber von einem durchschnittlich großen Mann.

Ich bin überzeugt, daß die Journalisten, die Ferraro auf diese Weise beschrieben haben, sie damit unterstützen und nicht demontieren wollten. Vielleicht hatten sie das Gefühl, forsche, eingängige Formulierungen gewählt zu haben. Aber die Worte bewirkten das Gegenteil und verkleinerten die Vizepräsidentschaftskandidatin, weil die Ausdrücke, wenn vielleicht auch unbeabsichtigt, die Diskrepanz zwischen Ferraros weiblichem und politischem Image hervorhoben. Wir denken vielleicht, daß wir Sprache benutzen, aber in Wahrheit ist es oft so, daß unsere Sprache uns benutzt.

Es geht nicht darum, ob Journalisten, andere Schreibende oder ganz normale Sprecher absichtlich, oder auch unabsichtlich, »sexistisch« in ihrem Sprachgebrauch sind. Der entscheidende Punkt ist vielmehr, daß Geschlechtsunterschiede in Sprache eingebaut sind. Die Worte, die uns zur Verfügung stehen, um Frauen und Männer zu beschreiben, sind nicht dieselben Worte. Und, schlimmer noch, die Sprache prägt und formt unsere Bilder und Vorstellungen. Einfach schon dadurch, daß wir die Wörter unserer Sprache verstehen und benutzen, verinnerlicht und tradiert jeder von uns unterschiedliche, asymmetrische Vorstellungen von Männern und Frauen.

Körpersprache

Auch die Körpersprache ist äußerst aufschlußreich. Politische Kandidaten müssen zwangsläufig Familienfotos kreisen lassen. Auf dem typischen Familienfoto schaut der Kandidat direkt in die Kamera, während seine Frau zu ihm aufblickt. Das lenkt den Blick und das Interesse des Betrachters auf den Kandidaten. In einem häufig veröffentlichten Familienfoto blickte Ferraro zu ihrem Mann auf, während er in die Kamera sah. Es ist ein ansprechendes Bild, das sie als gute Frau erscheinen läßt, ihn jedoch unpassenderweise zum Mittelpunkt macht, so, wie seine finanzielle Situation zum Mittelpunkt der finanziellen Enthüllungen über die Politikerin Ferraro wurde. Hätte der Familienfotograf Ferraro direkt in die Kamera und ihren Mann bewundernd zu ihr aufblicken lassen, wäre es kein wirkungsvolles Wahlkampf-Foto gewesen, weil es so ausgesehen hätte, als ob sie eine herrschsüchtige Frau und er ein trotteliges Muttersöhnchen wäre.

Ironischerweise haben Frauen es in einer relativ gleichberechtigten Gesellschaft wie der amerikanischen wahrscheinlich schwerer als in einer eher hierarchisch strukturierten. Eine Amerikanerin, die einen englischsprachigen Zeitungsverlag in Athen führt, erzählte mir, daß griechische Geschäftskollegen sofort alle Aufmerksamkeit auf sie richteten, sobald sie wüßten, daß sie den Verlag leitet. Amerikaner dagegen würden sich unweigerlich an ihren männlichen Verlagsassistenten wenden. Offenbar spielte der Status der Verlegerin für die Griechen eine größere Rolle als das Geschlecht, während Amerikaner, die sich vom Status weniger leicht einschüchtern lassen, das Geschlecht nicht vergessen konnten.

Ich habe in diesem Buch gezeigt, daß der unterschiedliche Gesprächsstil von Männern und Frauen zu symmetrischen Mißverständnissen führt. Männer und Frauen lernen ihre Sprache in verschiedenen Mädchen- und Jungenwelten, und jede Gruppe interpretiert die Sprechweisen der anderen nach den Regeln ihrer eigenen Welt. Aber in vieler Hinsicht sind die Unterschiede im Gesprächsstil nicht symmetrisch. Wenn Männer und Frauen in Gruppen zusammenkommen, sprechen sie wahrscheinlich eher so, wie es den Männern vertraut und geläufig ist. Und sowohl männlicher als auch weiblicher Sprachgebrauch werden im allgemeinen nach den Maßstäben des männlichen Stils beurteilt, der als Norm gilt. Und das Schlimmste ist, daß Frauen in einer nach Gleichberechtigung strebenden Gesellschaft, wo sie mehr und mehr in hochrangige Positionen eindringen, vor einem unlösbaren Konflikt stehen. Wenn sie so sprechen, wie es von Frauen erwartet wird, spricht man ihnen ihre Führungsqualitäten ab. Wenn sie so sprechen, wie man es von Führungskräften erwartet, stellt man ihre Weiblichkeit in Abrede. Der Weg zum Erfolg ist steinig für Frauen, und am Ende des Weges wartet ein dorniges Lager auf sie.

IX

»Sieh mich an, wenn ich mit dir spreche!«: Wortwechsel in wechselndem Alter

Zu diesem Buch hat mich unter anderem die Teilnahme an einem Forschungsprojekt angeregt, bei dem es darum ging, wie Freunde bzw. Freundinnen in verschiedenen Ausbildungsstufen, die vom zweiten Schuljahr bis zur Universität reichten, miteinander reden. Obwohl ich nicht die Absicht hatte, geschlechtsspezifische Sprechweisen zu untersuchen, war ich angesichts der von Bruce Dorval zusammengestellten Videoaufnahmen überwältigt von den Unterschieden, die Frauen und Männer jeden Alters voneinander trennten, und den bemerkenswerten Gemeinsamkeiten, die die Angehörigen des jeweiligen Geschlechts über alle Altersstufen hinweg miteinander verbanden. In vieler Hinsicht waren die Zweitkläßlerinnen den fünfundzwanzigjährigen Frauen ähnlicher als ihren gleichaltrigen männlichen Klassenkameraden.

Die Unterschiede, die mir bei den männlichen und weiblichen Sprechern auf diesen Videoaufnahmen besonders auffielen, betrafen Gesprächsthemen und Körpersprache, also wie die Teilnehmer sich mit Körperhaltung und Blicken aneinander orientierten.

Wie unterschiedlich die physische Aufstellung oder Körpersprache ist, springt jedem sofort ins Auge, der einzelne Abschnitte der Videobänder nacheinander betrachtet. In jedem Alter sitzen die Mädchen und Frauen dichter zusammen und sehen sich direkt an. In jedem Alter sitzen die Jungen und Männer voneinander abgewandt – in einem Fall fast parallel – und sehen sich nie direkt an. Ich bezeichne diese visuelle Grundhaltung als *Verankerungsblick*. Die Mädchen und Frauen verankern ihren Blick im Gesicht ihrer Gesprächspartnerin und wenden ihn nur gelegentlich ab, während die Jungen und Männer ihren Blick an irgendeinem Einrichtungsgegenstand festmachen und sich nur selten ansehen.

Daß Jungen und Männer einen direkten Blickkontakt vermeiden, ist sehr aufschlußreich, weil Wissenschaft und Volksweisheit immer betont haben, daß Mädchen und Frauen zu einer indirekteren Gesprächshaltung neigen als Jungen. Tatsächlich ist es so, daß Frauen und Männer in unterschiedlichen Bereichen zu einem indirekten Verhalten neigen. In Körperhaltung und bei Gesprächen über persönliche Probleme tendieren eher die Männer dazu.

Im zweiten Schuljahr: Geschichten erzählen und sich necken

Die zwei Freundschaftspaare aus dem zweiten Schuljahr liefern den augenfälligsten Kontrast, was Körpersprache und Gesprächsstoff angeht. Kevin und Jimmy, die beiden Jungen, sind so zappelig, daß es sie kaum auf den Stühlen hält. Sie schauen sich nie direkt an. Sie lassen den Blick durchs Zimmer wandern, schauen zur Decke und in die aufgestellte Videokamera. Sie winden sich auf ihren Stühlen, springen auf, klopfen einen rhythmischen Takt mit den Füßen, schneiden sich und der Kamera Grimassen und zeigen auf Gegenstände im Raum. Einer der Jungen trommelt unablässig auf die Armlehnen seines Stuhls. Sie singen, imitieren Motorengeräusche, indem sie rollende Rs vor sich hin brummen, und erfinden sinnlose Wörter.

Und worüber reden die Jungen in diesem ganzen Tumult? Sie inszenieren eine Rüpelshow, indem sie Fratzen in die Kamera schneiden, obszöne Ausdrücke verwenden, in Gelächter ausbrechen und dann hinter vorgehaltener Hand kichern und sich gegenseitig »Pst! Pst!« zuraunen. Sie necken sich: Jimmy erzählt Kevin wieder und wieder: »Deine Haare stehen hoch! Dein Haar steht immer ab!«, und Jimmy versucht, seine Frisur zu glätten, weil er keinen Spiegel hat, der ihm zeigen würde, daß er ganz ordentlich aussieht. Sie wechseln sprunghaft die Themen, während sie überlegen, was sie »machen« könnten.

»Was hat er für Spiele?«

Für die Jungen aus der zweiten Klasse ist »was machen« gleichbedeutend mit »Spiele spielen«. Sie schauen sich zum Beispiel in dem Zimmer um, in das man sie geschickt hat (Professor Dorvals Büro), ob nicht irgendwo Spiele aufzutreiben sind:

> Jimmy: Guck mal. Kennst du das – kennst du das Spiel da hinten? Wir spielen – das hatten wir mal in der ersten Klasse.
> Jimmy: Was für Spiele haben wir - hat er?
> Kevin: Ich weiß nicht.
> Jimmy: Wahrscheinlich bloß das eine. Das ist ein blödes Spiel, findest du nicht?
> Kevin: Sieht aber eigentlich ganz gut aus.
> Jimmy: Ich will endlich was spielen.

Weil die beiden keine Spiele finden (oder sich nicht trauen, die vorhandenen zu benutzen), versuchen sie, sich eine andere Beschäftigung auszudenken:

> Jimmy: Also, wenn du was weißt, dann mach's doch.
> Kevin: Jetzt kommt er wieder rein. Wozu hättest du jetzt Lust?
> Jimmy: Fußball spielen.

Obwohl er es offensichtlich nicht sofort tun kann, hat Jimmy keine Probleme, sich etwas auszudenken, was er gern tun würde, nämlich Fußball zu spielen. Er möchte nach draußen, mit anderen Jungen herumtollen und nicht auf einem Stuhl sitzen und sich mit einem Freund unterhalten. Weil die Jungen im Moment körperlich nicht aktiv werden können, reden sie von zukünftigen Aktivitäten; Kevin fragt: »Willst du mich mal zu Hause besuchen? Mit meinem Fahrrad fahren?«

Die Jungen finden etwas, was sie »machen« können, wenn es auch nicht die erste Wahl ist. Mit scherzhafter Ungeduld in der Stimme fordert Jimmy Kevin auf, eine Beschäftigung zu ersinnen; Kevin kommt der Aufforderung nach und macht einen Vorschlag, der dann aufgegriffen wird:

> Jimmy: Würdest *du* vielleicht mal sagen, was wir *machen* können?
> Kevin: Schinkenklopfen.
> Jimmy (lacht): Also, weißt du. Schinkenklopfen. Na gut. Laß uns Schinkenklopfen spielen. Los, mach schon.

Diese Auszüge erwecken den Eindruck, daß es sich um zwei Kinder handelt, die voller Energien stecken – so, wie die meisten Kinder hätte ich wohl gedacht, wenn ich nicht die Videoaufnahmen von den Mädchen desselben Alters gesehen hätte. Das Bild, das sich bei den Mädchen ergibt, scheint tatsächlich aus einer anderen Welt zu stammen. Jane und Ellen sitzen sehr ruhig da, einen großen Teil der Zeit praktisch Nase an Nase. Eins der Mädchen oder beide sitzen auf der Stuhlkante, und sie sehen sich direkt an. Nur wenn sie darüber nachdenken, was sie als nächstes sagen könnten, lassen sie den Blick manchmal ruhig durchs Zimmer wandern. Sie überlegen nicht angestrengt, womit sie sich beschäftigen könnten; sie scheinen zufrieden mit dem zu sein, was sie bereits machen: sich miteinander unterhalten.

Ein genauer Vergleich der beiden Transkriptionen zeigt, wie unterschiedlich die Unterhaltungen verlaufen: Während die Umschrift des Jungengesprächs sich aus einer Anhäufung kurzer Sprechspurte zusammensetzt, bei denen die einzelnen Äußerungen kaum mehr als eine Zeile beanspruchen, weist die Transkription des Mädchengesprächs große Gesprächsblöcke mit vielleicht ein oder zwei Sprecherwechseln pro Seite auf. Der Grund dafür ist, daß die Mädchen Geschichten über eigene und fremde Erfahrungen austauschen. Aber es sind nicht einfach irgendwelche Geschichten. Sie handeln von Unfällen und Mißgeschicken, Krankheiten und Krankenhausaufenthalten.

»Das ist was Ernstes!«

Geschichten über Unglücksfälle zu erzählen schien mir ein ziemlich merkwürdiger Zeitvertreib, bis mir bewußt wurde, daß die Mädchen sich genau an die Anweisungen hielten, die man ihnen gegeben hatte. Dorval hatte ihnen, wie auch den beiden Jungen und allen anderen Freundespaaren seiner Untersuchung, aufgetragen, sich miteinander zu beraten und über ein ernstes Thema zu sprechen. Als er also das Zimmer verließ, steckten die Mädchen eine Weile flüsternd die Köpfe zusammen, rückten dann auseinander, so daß sie sich gegenübersaßen, und fingen an, Geschichten auszutauschen, bei denen es um etwas ging, was sie für etwas Ernstes hielten. Die Geschichten in dem folgenden Ausschnitt sind ziemlich kurz, sonst aber typisch für die Unterhaltung der beiden Zweitkläßlerinnen.

> Ellen: Weißt du noch, als – wie ich dir von meinem Onkel erzählt hab'? Wie er meinem Großvater auf der Leiter hinterherstieg? Er fiel runter und, ähm, schlug sich den Kopf auf? Er war – und weißt du was? Das ist immer noch nicht verheilt.
>
> Jane: Mein Onkel hat, er ist mal, weißt du, auf dieser Bullenfarm? In Millworth? Und der Stier hat ihn aufgespießt, seinen Kopf durchbohrt.
>
> Ellen: Das ist was Ernstes.

Ellens beifälliger Kommentar: »Das ist was Ernstes« macht deutlich, daß die Mädchen mit ihren Katastrophengeschichten den gegebenen Instruktionen entsprechen wollen.

Als ich diese gleichaltrigen Mädchen und Jungen verglich, hatte ich das Gefühl, jeweils eine andere Spezies vor mir zu haben. Die Aufforderung, sich über etwas Ernstes zu unterhalten, erschien den Mädchen offenbar sinnvoll; sie wurden um etwas gebeten, was sie oft von sich aus tun: Sie sollten sich zusammensetzen und reden. Doch für die Jungen hatte dieselbe Aufforderung eine ganz andere Bedeutung, weil es weit weniger wahrscheinlich ist, daß Jungen sich beim Spielen einfach zusammensetzen, um zu reden. Sie sind mehr daran gewöhnt, etwas zusammen zu *machen* – draußen herumzutoben oder drinnen Spiele zu spielen.

Vom Status- und Bindungsaspekt bzw. im Rahmen oppositioneller versus unterstützender Haltungen sind die unterschiedlichen Verhaltensmuster klar erkennbar. Die Jungen, die den anderen jeweils als ihren besten Freund ansehen, geben dem Ausdruck ihrer Zuneigung einen oppositionellen Rahmen. So zum Beispiel, wenn Jimmy Kevin wiederholt aufzieht, weil seine Haare angeblich abstehen. Jimmy seinerseits gibt vor, Kevin zu erschießen, als er erklärt: »Du bist verhaftet.« Und er sagt mit Absicht etwas Gemeines: »Ich weiß, daß William dich auf den Tod nicht ausstehen kann.« Beide Jungen tragen eine Art Schaukampf aus und verteilen harmlose Schläge.

Die Autorität verspotten

Die Jungen zeigen immer wieder, daß sie sich der Autoritätsperson, die sie in diese Situation gebracht hat, bewußt bleiben, wie zum Beispiel in dem oben angeführten kurzen Beispiel, wo Kevin sagt: »Jetzt kommt er wieder rein.« Sie versuchen die Autorität des Untersuchungsleiters zu untergraben, indem sie sich weigern, das zu tun, was ihnen aufgetragen wurde (über etwas Ernstes zu reden), und durch spielerisches Aufbegehren. Sie springen zum Beispiel von den Stühlen auf und schneiden Fratzen in die Kamera, kichern dann und ermahnen sich gegenseitig, still zu sein, tun einen Moment lang wie brave kleine Jungen. Sie beschwören den Untersuchungsleiter herauf, wenn er nirgends zu sehen ist, um seine Autorität zu verspotten, zum Beispiel als Jimmy sagt: »...und macht dann einen Furz – hier kommt er!« Hier, wie auch sonst, scheint ihr »schlechtes Benehmen« auf den Erwachsenen abzuzielen, der ihnen gesagt hat, was sie machen sollen.

In Anbetracht der Anweisung, sich ernsthaft zu unterhalten – welche bessere Möglichkeit des Ungehorsams könnte es geben, als Witze zu erzählen?

Kevin: Klopf klopf.
Jimmy: Wer ist da?
Kevin: Frucht.
Jimmy: Frucht wer?
Kevin: Frucht bar.
Jimmy: Was ist ein armer Reitbursche?
Kevin: Ein Stiefelknecht? Was ist es?
Jimmy: Also? Also?
Kevin: Ich weiß nicht.
Jimmy: Ein Sattelschlepper. Kapiert? Ein Sattel-Schlepper.

Manchmal machen die Jungen Fäkalwitze, wobei deutlich wird, daß sie mit diesem Verstoß gegen das Dekorum die erwachsene Autorität herausfordern wollen.

Kevin: Klopf klopf.
Jimmy: Wer ist da?
Kevin (hüpft auf seinem Stuhl auf und ab): Klopf klopf klopf klopf.
Jimmy: Wer ist da? (Pause) Pu pu. Pu pu wer? Du hast Pu pu in der Hose.
Kevin: Hab' ich gar nicht.
Jimmy: Ich möchte wissen, ob er uns hören kann – bestimmt –, beweg einfach deine Lippen. (Beide Jungen bewegen lautlos die Lippen.)

In diesem kurzen Beispiel ist alles enthalten: Jimmy erzählt einen Witz; er setzt Kevin scherzhaft herab; er schneidet ein Tabuthema an; er zeigt, wie sehr ihn die Autoritätsperson beschäftigt, die diese Regelverletzung mißbilligen könnte; er setzt sich über die Aufgabenstellung hinweg und mokiert sich darüber, als er vorgibt (und Kevin anstiftet), lautlos die Lippen zu bewegen. Wenn das Erzählen von Witzen eine Art Selbstdarstellung ist, die den Sprecher in den Mittelpunkt rückt, so ist Jimmy bei der Darbietung seines Pu-pu-Witzes derart produktiv, daß er gleich alle Rollen, einschließlich die des Publikums, an sich reißt und alle vier Zeilen des Klopf-klopf-Dialogs selbst spricht. Vielleicht will er aber auch nur Kevin aushelfen, der den gewohnten Ablauf mit »Klopf klopf« einleitete, aber offenbar nicht wußte, wie er den Witz weiterführen sollte.

»Interview« spielen

Bei den Jungen weckt die Anweisung, sich zusammenzusetzen und zu unterhalten, offenbar Assoziationen mit der hierarchischen Situation, von einem Erwachsenen befragt zu werden. Jimmy greift die Aufgabenstellung ironisch auf und macht sich darüber lustig, indem er die Rolle des Interviewers spielt:

Jimmy: Ich habe vier Dinge zu sagen.
Kevin: Was denn?
Jimmy: Ich habe vier Dinge zu sagen.
Kevin: Erzähl.
Jimmy: Du bist gut in der Schule, was?
Kevin: Na klar.
Jimmy: Ein guter Fußballspieler?
Kevin: Mhm, ja.
Jimmy: Du bist nett. Was war noch? Wie geht es dir?
Kevin: Gut.
Jimmy: Du bist dran.

Kevins und Jimmys Äußerungen sind alle sehr kurz – jeweils nur ein paar Worte –, mit lediglich zwei Ausnahmen: Einmal erläutert Jimmy ein Videospiel, und ein anderes Mal erklärt er, wie man Schinkenklopfen spielt (obwohl Kevin das Spiel vorgeschlagen hatte). In beiden Fällen übernimmt er die Rolle des Lehrers.

Dies sind nur einige Beispiele für das, was auf der zwanzigminütigen Videoaufzeichnung durchgehend zu beobachten ist: Die Jungen können nicht still sitzen; sie möchten etwas machen, was mit physischer Aktivität verbunden ist; sie sind sich der hierarchischen Struktur ihrer Situation ununterbrochen bewußt und tun ihr möglichstes, um die Situation lächerlich zu machen und sich ihr zu verweigern; und sie zeigen ihre Zuneigung füreinander auf oppositionelle Weise. Sie widersprechen einander offen, obwohl der Widerspruch auch eine automatische Reaktion auf vorangegangene Herabsetzungen und scherzhafte Angriffe ist. Kevin protestiert zum Beispiel mit »Hab' ich gar nicht«, als Jimmy ihm erzählt, er habe »Pu pu« in der Hose, und mit »Nein, bin ich nicht«, als Jimmy ihm mitteilt, daß er verhaftet sei.

Die Unterhaltung der Mädchen in derselben Situation enthält nichts, das der beschriebenen Gesprächshaltung der Jungen auch nur annähernd ähnlich wäre. Auch die Mädchen sind sich der Autorität bewußt, aber sie beugen sich ihr, statt dagegen aufzubegehren oder sich darüber lustig zu machen. Und sie tun alles andere, als sich spielerisch anzugreifen, sie stimmen einander zu und gehen unterstützend auf die Aussagen der anderen ein. Sie verbünden sich nicht gegen die Autorität, sondern versichern sich vielmehr gegenseitig, daß sie die Instruktionen erfolgreich ausführen, wie zum Beispiel, wenn Ellen zu Jane sagt: »Das ist was Ernstes.« Im Gegensatz zu den Jungen, die sich necken und sich gegenseitig unterstellen, etwas falsch zu machen, bestärken die Mädchen sich gegenseitig in dem Gefühl, sich richtig zu verhalten.

Die kurzen Geschichten in dem oben angeführten Ausschnitt zeigen auch exemplarisch, wie die Mädchen ihre Aussagen miteinander verknüpfen und auf gemeinsame Erfahrungen anspielen. Wenn Ellen ihre Aussage mit »Weißt du noch...?« einleitet, erinnert sie Jane daran, daß sie bei dem Ereignis selbst dabei war oder die Geschichte schon einmal gehört hat. Schon diese Zweitkläßlerinnen erzählen ihre Geschichten so, daß sie auf typische Weise mit der Stimme hochgehen, wodurch jeder Satz wie eine Frage klingt. Wie viele andere Sprechweisen, die für Mädchen und Frauen charakteristisch sind, könnte man diese steigende Satzmelodie, von der Statusperspektive her, als Bitte um Zustimmung und damit als Zeichen von Unsicherheit deuten. Aber man könnte darin auch – und, wie ich meine, zutreffender – eine Einladung an den Zuhörer sehen, sich an dem Gespräch durch ein zustimmendes Nicken oder ein aufmunterndes »Hmhm« zu beteiligen. Jane beginnt viele ihrer Aussagen mit dem Namen der Freundin – ein weiterer Ausdruck von Verbundenheit.

Das oben angeführte kurze Beispiel ist für das Gesamtgespräch auch insofern typisch, weil Jane auf Ellens Ausführungen mit einer ähnlichen Geschichte reagiert. Janes Bericht handelt nicht nur ebenfalls von einem Unfall, sondern auch von einem Onkel und einer Kopfwunde.

Wie die Jungen unterhalten sich auch die Mädchen über zukünftige Aktivitäten, aber sie machen ganz andere Vorschläge. Während Kevin Jimmy zu sich einlädt und ihm anbietet, auf seinem Fahrrad zu fahren, erzählt Jane Ellen, sie habe gerade eine Bibelgeschichte gelesen, die ihr sehr gut gefallen habe. Sie fordert Ellen auf, sie zu Hause zu besuchen, damit sie ihr die Geschichte vorlesen kann – oder damit Ellen sie selbst liest. Jane schlägt nicht nur eine sprachliche Aktivität vor – im Gegensatz zu Jimmy, der eine körperliche Betätigung bevorzugen würde –, sie vermeidet auch, Ellen als unterlegen einzurahmen, indem sie ihr versichert, daß sie die Geschichte auch selbst lesen kann, wenn ihr das lieber ist.

Bevor der Untersuchungsleiter ins Zimmer kam und die Mädchen daran erinnerte, daß sie sich über etwas Ernstes unterhalten sollten, tauschten die Mädchen eine andere Art von Geschichten aus. Wie Frauen, die den Austausch von Problemen als eine Form des Beziehungsgesprächs schätzen, erzählten die Mädchen sich mit gegenseitiger Anteilnahme von ihren Kümmernissen. Jane beklagte sich zum Beispiel, weil ihr kleiner Bruder sie dauernd bitte, ihm eine Geschichte vorzulesen, aber nie bis zum Ende zuhöre; dauernd komme er mit irgendeinem neuen Buch angeschleppt. Ellen erzählte daraufhin von einer ähnlichen Erfahrung mit *ihrem* Bruder; ihr Problem war allerdings, daß er ein besonders dickes Buch ausgewählt hatte. Immer wenn sie ein Kapitel zu Ende gelesen hatte und gerade erleichtert das Buch zuschlagen wollte, bestand er darauf, noch eins zu hören. Diese beiden Zweitkläßlerinnen betonten ihre Verbundenheit, indem sie sich über nahestehende Menschen beklagten, ähnliche Erfahrungen austauschten und sich gegenseitig in ihren Erzählungen unterstützten.

Männer und Frauen, denen ich die Videobänder vorspielte, reagierten sehr unterschiedlich. Meine Reaktion war typisch für die der Frauen: Für mich waren Jane und Ellen süße kleine Mädchen; sie brachten mich zum Schmunzeln. Ich fand es rührend, wie eifrig sie bemüht waren, die Forderungen des Versuchsleiters zu erfüllen. Mein Herz flog ihnen entgegen. Aber die kleinen Jungen machten mich nervös. Ich wünschte, sie würden einmal *still sitzen*! Ich fand ihre Witze albern, und es gefiel mir nicht, wie sie zum Schein aufeinander losgingen und sich foppten. Mir tat der arme Kevin leid, der dauernd versuchte, sein Haar zu glätten, und gesagt bekam, daß ein anderer Junge ihn nicht ausstehen könne.

Doch die Männer, denen ich das Band vorspielte, reagierten ganz anders. Sie fanden die Jungen niedlich, ihre Lebhaftigkeit und ihren Übermut rührend. Sie konnten gut nachempfinden, daß die Jungen den Drang verspürten, die Situation ins Lächerliche zu ziehen und die Autorität des Versuchsleiters zu untergraben. Die Mädchen waren für sie transusige Tugendpinsel. Einige Männer kommentierten, daß das Verhalten der Mädchen ihnen suspekt sei; sie waren der Ansicht, daß kleine Kinder es nicht wirklich genießen könnten, so still zu sitzen – die Mädchen würden sich wahrscheinlich verstellen, um sich bei dem Versuchsleiter einzuschmusen.

Da war es wieder: Jungen und Mädchen wachsen in verschiedenen Welten auf, aber wir glauben, daß wir alle in derselben leben, und beurteilen das Verhalten der anderen mit den Maßstäben unserer eigenen Welt.

Wenn das Leben das Experiment einholt

Die Auswirkungen dieser Unterschiede zeigen sich nirgends deutlicher als in der Grundschule, wo die Lehrer von den Kindern erwarten, daß sie still sitzen und tun, was ihnen gesagt wird – so wie die Mädchen in den von mir ausgewerteten Videoaufnahmen –, und nicht, daß sie unruhig herumzappeln, von ihren Plätzen aufspringen, herumalbern und Anweisungen ignorieren – wie die Jungen. In einer Studie über die Unterrichtsmethoden in einem Kindergarten fand ich das mir beschriebene Verhaltensmuster bestätigt. Das angeführte Beispiel aus dem wirklichen Leben veranschaulicht auch, welche Konsequenzen dieses geschlechtsspezifische Verhalten haben kann. Die Ethnographin Jane White hat untersucht, was sie »die gnadenlose Freundlichkeit« von Grundschullehrern nennt. Einer der Artikel beginnt mit einem Gesprächsauszug, in dem eine Kindergärtnerin, Mrs. Bedford, ankündigt, daß sie jetzt Sozialkunde unterrichten werde. Mrs. Bedford sagt:

> Oh, was für reizende Kindergartenkinder! Oh, es macht Mrs. Bedford so *glücklich*, all diese fröhlichen Kinder zu sehen. Also, sitzen wir alle bequem? (Pause) Mal sehen, ob alle da sind. Ja, sieht so aus, als ob keiner fehlt. Unser heutiger Themenführer ist Mark W. (Schüler reden untereinander.) Oh, es gefällt mir so gut, wie ordentlich Barbara und Tammy sich hingesetzt haben. Sie sind wirklich *bereit* für die erste Klasse. Oh, und Corrie und Heather, wie schön... und Colleen und Sherrie, ihr macht das großartig. Joey, könntest du dich umdrehen, damit ich dein Gesicht sehen kann? Steven T., würdest du bitte herkommen und dich hier bei mir hinsetzen? Bobby, setz dich bitte dahin. Stephen S., da drüben ist ein guter Platz für dich. Fühlen sich alle wohl? Sind wir soweit?

White ging es bei ihrer Untersuchung nicht um die Frage geschlechtsspezifischer Unterschiede; sie wollte mit diesem Auszug illustrieren, daß die Lehrerin »freundliche« Aussageweisen benutzte, weil sie zum Beispiel eher gutes Benehmen lobte, schlechtes nicht tadelte und Anweisungen als Fragen formulierte. Aber beim Lesen dieses plastischen und so vertraut klingenden Beispiels fiel mir auf, daß alle Kinder, die dafür gelobt wurden, wie ordentlich sie sich hingesetzt hatten, Mädchen waren, und alle Kinder, die (indirekt) dafür kritisiert wurden, daß sie herumzappelten, Jungen waren.

Denselben Eindruck gewann ich auch bei einem anderen Artikel. Um zu zeigen, daß Grundschullehrer Jungen und Mädchen als verschiedene soziale Gruppen betrachten, zitiert die Soziologin Barrie Thorne einen Lehrer, der sagt: »Die Mädchen sind fertig und die Jungen nicht.« Beide Beispiele aus realen Klassenzimmern veranschaulichen, daß schulgerechtes Benehmen für Mädchen etwas »Natürlicheres« ist als für Jungen.

Bei der vorhin erwähnten Studie von Alice Greenwood, die ihre vorpubertären Kinder bei Tischgesprächen mit Freunden beobachtete, stieß ich auf ein weiteres reales Beispiel für die Verhaltensmuster, die mir bei den gefilmten Gesprächen von Freunden aufgefallen waren. So wie die beiden Zweitkläßlerinnen, die sich gegenseitig versicherten »Das ist was Ernstes«, unterstützen die Mädchen in Greenwoods Studie eine witzige Erzählung oft mit: »Das ist echt lustig.« Darüber hinaus lachten die Mädchen bereits anerkennend, *bevor* eine Geschichte erzählt wurde, sobald eines der Mädchen ankündigte: »Das ist so witzig.« Im Gegensatz dazu meinte der Sohn, ein gutes Gespräch sei eins, »wo wir Witze machen und uns ordentlich fetzen« – also genau das, was die beiden Jungen aus dem zweiten Schuljahr taten.

Diese Beispiele aus dem wirklichen Leben bestätigten mir, daß die beiden Videoaufnahmen, die ich ausgewertet hatte, typisch und keine Ausnahmeerscheinungen waren. Aber meine Entdekkungen werden auch von umfangreichen Studien über das Spielverhalten von kleinen Kindern unterstützt, die belegen, daß Jungen stärker zu körperlichen Aktivitäten und zu Aggressionen neigen, eher gegeneinander als miteinander spielen und stärker zu einer oppositionellen Haltung tendieren. Der Entwicklungspsychologe Campbell Leaper fand zum Beispiel heraus, daß fünfjährige Mädchen auf die Vorschläge anderer in »wechselseitig positiver« Weise eingehen, während Jungen desselben Alters eine »negative Reziprozität« zeigen: Einer der Jungen versucht, die Kontrolle zu übernehmen, und der andere gibt nach. Amy Sheldon entdeckte in ihrer Studie über drei- und vierjährige Kinder in einer Kindertagesstätte, daß sogar, wenn die Mädchen und Jungen aus den gleichgeschlechtlichen Dreiergruppen für sich allein spielten, die Mädchen – im Gegensatz zu den Jungen – miteinander in Verbindung blieben, indem sie laut verkündeten, womit sie sich gerade beschäftigten, und die Kommentare der anderen aufgriffen.

Daß bereits Zweitkläßler Ansätze erwachsener Verhaltensmuster zeigen, ist eine faszinierende Erkenntnis, aber wenn auch Dreijährige sich schon so verhalten, kann man nur noch Bauklötze staunen. Kein Wunder, daß es Männern und Frauen so schwerfällt, die Ansichten des anderen zu verstehen: Wir sehen die Welt aus anderen Blickwinkeln, seit wir zu sehen gelernt haben.

Die sechste Klasse: Probleme mit Menschen und Gegenständen

Bei den Jungen und Mädchen der sechsten Klasse sind die Unterschiede ebenso gravierend wie bei den Zweitkläßlern. Walt, der in einem Holzstuhl mit hoher Rückenlehne und Armstützen sitzt, wirkt genauso ruhelos wie die kleineren Jungen, aber er zeigt es eher dadurch, daß er sich auf dem Stuhl hin und her windet, als daß er dauernd rauf und runter hüpft oder aufspringt und sich wieder hinsetzt. Bei einer Gelegenheit lehnt er sich zur Seite und läßt einen Arm an der Seite des Stuhls herunterhängen, als ob er *Rubber Man* wäre. Der andere Junge, Tom, sitzt relativ ruhig da, aber auch er sieht aus, als ob er sich ziemlich unbehaglich fühlt. Er streckt seine Beine vor sich aus, und die meiste Zeit hat er einen Arm auf der gepolsterten Rücklehne seines Stuhls plaziert. Er wirkt eher steif als ruhig.

Auch diese Jungen schauen sich nicht an. Walt reibt sich dauernd die Augen und versperrt sich damit schon rein physisch den Blick auf Tom. Er spielt mit seinen Fingern und schaut öfter auf seine Hände als auf seinen Freund. Auch Tom sitzt so in seinem

Stuhl, daß er von Walt abgewandt ist. Sie lassen ihren Blick häufig durchs Zimmer wandern, offenbar auf der Suche nach etwas, über das sie sich unterhalten könnten, und entdecken dabei auch oft ein Thema. Sie lassen sich zum Beispiel über die Einrichtung aus (»Das Bild sieht witzig aus« und später »Dong, das ist mal ein Bild«); sie bemerken einen Sprinkler in der Decke, und der eine Junge erklärt dem anderen: »Das ist für den Fall, daß hier etwas Feuer fängt.« Walt guckt in seine Tasche und zieht ein neues Paar Schuhe heraus, das sie gemeinsam inspizieren und zum Gesprächsthema machen.

Bei den Mädchen der sechsten Klasse ergibt sich ein völlig anderes Bild. Statt sich mit ihren Stühlen voneinander abzuwenden, sitzen die Mädchen sich gegenüber und schauen sich direkt an. Shannon hockt ganz still auf der Kante des Holzstuhls, die Arme auf den Lehnen. Julia auf dem gepolsterten Stuhl, aber nicht in weit ausgestreckter Haltung wie Tom, sondern mit angezogenen Armen und Beinen. Sie legt ihren rechten Fuß auf ihr linkes Knie, umfaßt den Fuß mit den Händen und spielt mit den Schnürsenkeln. Sie sieht zwar ab und zu auf ihren Schuh, aber ihr Blick ist im Gesicht der Freundin verankert, ganz im Gegensatz zu Walt, dessen Blick an seinen Fingern haftet.

Julia und Shannon wechseln während des Gesprächs mehrere Male ihre Positionen, aber nicht häufig oder abrupt, und sie bleiben mit Blick und Körperhaltung der anderen immer direkt zugewandt. Die gleichaltrigen Jungen machen den Eindruck, als würden sie ihren Tätigkeitsdrang unterdrücken. Wenn Walt auf seinem Stuhl hin und her rutscht, während Tom völlig regungslos dasitzt, scheint das in beiden Fällen daran zu liegen, daß sie sich unbehaglich fühlen. Die Mädchen sind mit der zugestandenen Bewegungsfreiheit offenbar zufrieden, die Jungen wirken, als ob sie sich gewaltsam im Zaum hielten, als ob sie gelernt hätten, daß sie ihren Bewegungsdrang nicht offen zeigen dürfen. Vielleicht birgt dieser Kontrast einen Hinweis darauf, warum Männer immer ein bißchen versteinert wirken, wenn sie still sitzen.

Die Gesprächsthemen der Jungen und Mädchen könnten ebenfalls kaum unterschiedlicher sein. Während der zwanzigminütigen Unterhaltung berühren Tom und Walt fünfundfünfzig Themen. Sie reden über die Schule, Hausaufgaben, Kabelfernsehen, Sport, Sex und Gewalt im Fernsehen (was sie mißbilligen), über die Einrichtung des Zimmers, über Dinge, die sie sich wünschen (ein Motorrad, einen Computer, ein Gewehr), über Mitschüler, Walts Schuhe, eine Rockgruppe, in der sie mitmachen, über Inflation, darüber, daß Nancy Reagan sich ein Kleid für dreitausend Dollar gekauft hat (was sie mißbilligen), über Mädchen, Waffen, Videos und über ihre Freundschaft. Keins dieser Themen zieht sich über mehrere Sprecherwechsel hin, und die Äußerungen sind jeweils extrem kurz.

Wie bei dem Gespräch der Zweitkläßler umfaßt auch das der Sechstkläßler nur zwei längere Ausführungen; in beiden Fällen handelt es sich um eine Form der Berichtssprache, die den Jungen einen unterschiedlichen Platz in einer hierarchischen Ordnung zuweist: Einmal singt Tom ein Lied, das er vor kurzem für die Rockgruppe komponiert hat, wobei er sich selbst in den Rahmen des Vortragenden und Walt in den des Zuhörers stellt, das andere Mal erzählt er, wie er einen Fahrradunfall hatte.

»Es *tut weh*, wenn du deine beste Freundin verlierst«

Wendet man sich den gleichaltrigen Mädchen zu, hat man auch in diesem Fall das Gefühl, ein fremdes Sternensystem erreicht zu haben. Die Mädchen reden fast die ganze Zeit über Julias Krach mit einer dritten Freundin, Mary. Julia erzählt, wie bekümmert sie über den Verlust der Freundin ist (»Es *tut weh*, wenn du deine beste Freundin verlierst, eine wirklich enge Freundin«). Die Mädchen einigen sich darauf, daß Mary an dem Auseinanderbrechen der Freundschaft schuld ist. Ihr Gespräch offenbart, welch zentrale Rolle Freundschaften in ihrem Leben spielen. Julia sagt: »Wenn ich Freundschaft schließe, dann möchte ich, daß es *für immer* ist« und »Ohne Freunde könnte ich nicht leben«. Shannon pflichtet ihr bei: »Ich glaube auch nicht, daß jemand ohne Freunde leben könnte.« Julia versichert Shannon, daß sie beide »praktisch *immer* Freundinnen bleiben« werden.

Wieder und wieder geben die Sechstkläßlerinnen ihrer Befürchtung Ausdruck, daß Zorn und Wut zum Abbruch von

Freundschaften führen. Julia erklärt, daß ihre Freundschaft mit Mary auseinanderging, weil Mary wütend wurde und deshalb »gemein« zu ihr war. Sie erklärt, daß sie selbst – im Gegensatz zu Mary – niemals wütend reagiere, selbst dann nicht, wenn sie sich über andere ärgert.

Shannon: Es ist zu schade, daß du und Mary keine Freundinnen mehr seid.

Julia: Ich weiß. Gott, es ist – Sie kann so *gemein* sein ... Und – was ich so traurig daran fand, mit einem Mal – ist sie plötzlich total sauer auf dich. Ich meine, wenn sie was macht, was *mir* nicht paßt, also, ich – ich *mag* es einfach nicht, ich meine, dann bin ich ja auch nicht *sauer* auf sie.

Julia: Meine Mom macht oft was, was mir überhaupt nicht paßt – ich meine, na ja, ich bin trotzdem nicht *sauer* auf sie.

Julia denkt – und fürchtet –, daß Leute, die sauer werden, miteinander streiten, und Streit kann zu Trennungen führen. An einem Punkt schneidet sie scheinbar zusammenhanglos ein neues Thema an – daß ihre Eltern sich vielleicht scheiden lassen. Aber in Wahrheit ist es dasselbe Thema: Sie hat Angst, daß ihre Eltern sich trennen könnten, weil sie sie manchmal streiten hört und sie glaubt, daß Mary zum Teil deshalb so schwierig ist, weil ihre Eltern geschieden sind. Auch dieses Verhaltensmuster fand ich in einem Dialog aus dem wirklichen Leben bestätigt, der zwischen zwei ungefähr gleichaltrigen Mädchen geführt wurde. Das Thema »sauer werden« taucht in einem von Deborah Lange aufgenommenen Gespräch zwischen Teenagermädchen auf. Bei dieser Unterhaltung erzählt eins der Mädchen von einem Problem: Sie möchte gern einmal etwas mit all ihren Freundinnen gemeinsam unternehmen, was aber daran scheitert, daß die Freundinnen sich untereinander nicht alle mögen. Als sie ständig beteuert, daß sie nicht sauer ist, klingt sie ein bißchen wie Julia:

> Es ist nicht so, daß ich auf Deena sauer bin. Ich bin nicht sauer auf Rita oder Deena. Aber ich... ich habe immer... Es ist so schwierig, gemeinsame Pläne mit ihnen zu machen.

Statt wütend auf ihre Freundinnen zu sein, versucht sie, alle miteinander zu versöhnen,

> ...denn Rita streitet sich mit Millicent, und Deena findet, daß Millicent eine blöde Ziege ist, und es ist so gemein, weil es nicht fair ist, denn, ähm, ich versuche, nun, ich versuche, ich gebe mir solche Mühe, daß wir mal was zusammen machen können, aber ich-ich möchte lieber, daß sie miteinander auskommen, statt immer, nun, statt daß ich immer versuche, also, ich meine, ich muß mich immer anpassen.

Dieser Auszug zeigt nicht nur, daß Sechstkläßlerinnen Problemgespräche führen und über Beziehungen zu ihren Freunden sprechen, sondern auch, daß sie Konflikte vermeiden und Harmonie bewahren möchten.

»Ich weiß«

Wie die Mädchen aus dem zweiten Schuljahr bestätigen auch Julia und Shannon sich gegenseitig in ihren Gefühlen. Shannon pflichtet Julia zum Beispiel wiederholt in ihrer Meinung über Mary bei. Der folgende Gesprächsausschnitt schließt sich direkt an den Auszug an, in dem Julia sagt, daß Mary sauer reagiert, sie dagegen nicht:

> Shannon: Sie will andere verletzen.
> Julia: Es *gelingt* ihr auch. Und sie guckt einfach zu, wenn ich weine oder so. Sie läßt mich einfach *leiden*.
> Shannon: Und sie findet das gut.
> Julia: Ich weiß. Sie genießt *alles daran*.

Shannon unterstützt Julias Kritik an Mary, indem sie ähnliche Beobachtungen anbietet, und Julia baut Shannons Zusätze in ihre Vorwürfe mit ein.

Dasselbe Thema – mit einem Unterschied

Sogar wenn die Mädchen und Jungen des sechsten Schuljahres über dasselbe Thema sprechen, ist ihr Gespräch ganz unterschiedlich. Beide Freundespaare beginnen ihre Unterhaltung damit, daß sie erzählen, was sie am vorigen Abend erlebt haben, aber Julia berichtet von einem Problem mit ihrem Vater, während Tom von einem Problem mit dem Fernseher erzählt. Zuerst die Jungen:

Tom: Mensch, gestern? Wir saßen zusammen und guckten Kabelfernsehen? Dann donnerte so 'n fetter alter Jet über uns weg, so laut, als ob er gleich landen wollte.
Walt (lacht)
Tom: Und dann ging das Kabelfernsehen kaputt.
Walt: Bei uns auch.

Das war das. Und nun die Mädchen:

Julia: Weißt du, was gestern abend passiert ist?
Shannon: Was denn?
Julia: Also, das war so, ich war, nun, okay. Mein Bruder ist gestern abend mit – also, mein Vater sagte: »Julia, du mußt selbst für dich bezahlen.« Und / ? / ich sagte: »Und wieso mein Bruder nicht?« Mein Vater und ich kriegten einen Riesenkrach, weißt du? Und na ja, mein Gott. Ich bin richtig auf ihn losgegangen. Ich konnte es einfach nicht *glauben*.
Shannon: Oh, Mist, war er sauer auf dich?
Julia: Ja, aber nicht – ich weiß nicht so genau –,

ich bin auf mein Zimmer gegangen. Hab' mich eingeschlossen.

Julia erzählte von der Auseinandersetzung mit einem Menschen, ihrem Vater, und Tom erzählte von der Auseinandersetzung mit einem Gegenstand, dem Fernseher. Julias Geschichte ist außerdem länger als alles, was die gleichaltrigen Jungen sagen. Und Julia berichtet von einem Streit, einem Thema, das Frauen besonders besorgniserregend finden, weil Streit eine Bedrohung der Intimität bedeutet.

Es gibt einen weiteren Aspekt bei Julias Geschichte, der typisch für Mädchen und Frauen ist; sie gibt den dramatischen Verlauf menschlicher Auseinandersetzungen wieder, indem sie die Situation, den Dialog, noch einmal durchspielt. Sie übernimmt die Rolle des Vaters: »Julia, du mußt selbst für dich bezahlen«, und wiederholt wörtlich ihren Protest: »Und wieso mein Bruder nicht?« Weil Mädchen und Frauen an der emotionalen Bedeutung von Interaktionen interessiert sind, benutzen sie häufiger als Männer und Jungen die direkte Rede, um ihre Erlebnisse stärker zu dramatisieren.

»Wenn man sich unterhalten muß, fällt einem nichts ein«

Wie die Mädchen aus dem zweiten Schuljahr scheinen auch die Sechstkläßlerinnen völlig zufrieden damit, daß sie sitzen und reden können. Aber die gleichaltrigen Jungen haben offenbar damit zu kämpfen – damit zu kämpfen, still zu sitzen und ein Gesprächsthema zu finden. Jedenfalls sagen sie genau das:

Tom: Ich hab' die ganze Zeit überlegt, was ich sagen könnte, weil wir gefilmt wurden. Das macht es irgendwie anders.
Walt: Ich weiß.
Tom: Draußen kann man –
Walt: Ich weiß, draußen kann man richtig rumbrüllen, in einer Wohnung nicht.

Tom: Oder reden wie ein Wasserfall.
Walt: Mhm.
Tom: Wenn man sich unterhalten *muß*, fällt einem nichts ein.

Als Tom von »draußen« spricht, glaubt Walt offenbar, daß er sich damit auf die Vorteile bezieht, die es hat, wenn man draußen statt drinnen spielt; er unterstützt die Idee mit dem Beispiel, daß man draußen problemlos herumschreien kann. Aber Tom meint offenbar die Welt außerhalb dieser künstlichen Situation und erklärt, wie schwierig es ist, sich zu unterhalten, wenn man den Auftrag dazu hat.

Toms Äußerungen zeigen, daß er sich bewußt ist, in einer Situation zu sein, wo er Anweisungen erhalten hat. Er weist darauf hin, daß das der Grund ist, warum sie Schwierigkeiten haben, ein Gesprächsthema zu finden. Obwohl es nicht so augenfällig und durchgängig ist wie bei den kleinen Jungen, versucht auch Tom, die Situation ins Lächerliche zu ziehen: »Lächle, Big Brother's watching you.« Das zeigt sich noch deutlicher, als Dorval die Jungen allein läßt, nachdem er sie kurz an die Aufgabenstellung erinnert hat: Tom macht einen Diener – zuerst nur andeutungsweise und offensichtlich ganz automatisch, dann auf übertriebene Weise, offenbar, um sich über seine eigene automatische Unterwerfungsgeste lustig zu machen.

Die Jungen der zweiten Klasse reagierten auf das Unbehagen, das die experimentelle Situation auslöste, indem sie darüber sprachen, was sie gern spielen würden. Die Sechstkläßler malen sich aus, wie es wäre, erwachsen und damit von solchen Situationen befreit zu sein. Das folgende Beispiel zeigt auch, wie die Jungen die Zimmereinrichtung benutzen, um plötzlich das Thema zu wechseln – etwas, was die Mädchen nie tun.

Tom: Mensch, ich kann's gar nicht abwarten, erwachsen zu werden.
Walt: Ja, ich weiß, was du meinst.
Tom: Raus aus dem College, hin zu den Marines. Weg von den Marines, hin zur Luftwaffe. Weg von der Luftwaffe, hin zu 'ner Frau.

Walt: Ja, ich kann's gar nicht abwarten, sechzehn zu sein und Auto fahren zu können.
Tom: Ich kann's gar nicht abwarten, siebzehn zu werden und zu heiraten.
Walt: Ich auch nicht. *Guck dir das da mal an!*

Es ist rührend, wie die Jungen sich danach sehnen, erwachsen zu werden, obwohl leichte Verwirrung zu herrschen scheint, welche Erwachsenentätigkeit sie in welchem Alter ausüben sollten. Keines der Mädchen sagt etwas Vergleichbares. Ich verstehe die Ausführungen als Ausdruck des Unbehagens, das die Jungen empfinden, weil sie als Kinder behandelt werden, denen man sagen kann, was sie zu tun haben, und ich habe den Verdacht, daß es sich um Fluchtphantasien handelt, um Situationen wie dieser zu entkommen. Kevin, einer der beiden Zweitkläßler, äußert, wenn auch in kürzerer Form, ähnliches, als er sich mit seinem Freund über sein Alter unterhält. Obwohl er sich nicht ganz sicher ist, wie alt er ist und was sein Alter zu bedeuten hat (»Ich bin fast zehn, aber ich bin noch nicht ganz acht«), versichert Kevin sich selbst: »Ich werd' die Großen einholen.« Die Jungen sind eifriger daran interessiert, erwachsen zu werden, um nicht länger die Unterlegenen in der Hierarchie zu sein.

Andere Vorstellungen von Freundschaft

Trotz der bemerkenswerten Unterschiede zwischen den Unterhaltungen der Jungen und Mädchen wäre es eine irreführende Annahme, daß es keine Gemeinsamkeiten in ihren Sprechweisen und Interessen gäbe. Die Unterschiede sind nicht absolut, sondern graduell. Allen Kindern liegt zum Beispiel viel daran, ihre Freundschaft aufrechtzuerhalten. Hier, was die Jungen aus dem sechsten Schuljahr dazu sagen:

Tom: Scheint, als ob wir beide immer alles zusammen machen.
Walt: Ja, diesen Sonnabend gehen wir auf die Jagd, richtig?

Tom: Scheint, wenn wir was vorhaben und es gibt irgendwo Streit, hält einer immer zum anderen, oder wenn einer von uns 'ne gute Idee hat, ist der andere automatisch dabei. Und alle wollen irgendwie dagegen angehen. Es paßt ihnen nicht, wenn zwei sich einig sind, dann stänkern sie.

Walt: Ich weiß.

Tom: Denn es gibt immer *eine* Gruppe und dann noch eine. Und es ist die *gute* Gruppe, auf der immer herumgehackt wird.

Sowohl die Jungen als auch die Mädchen sprechen darüber, wie gut sie befreundet sind, aber sie drücken es anders aus. Vor allem diskutieren die Jungen ihre Freundschaft nur sehr kurz, und das Thema wird nicht wieder angeschnitten, während die Mädchen sich ausgedehnt über ihre Freundschaft unterhalten und das Thema öfter wieder aufgreifen. Toms Bemerkung, daß er und Walt gute Freunde sind, bezieht sich in erster Linie auf gemeinsame Unternehmungen (»Scheint, als ob wir beide immer alles zusammen machen«). Und das Kämpferische ist ein zentraler Aspekt ihrer Vorstellungen von Freundschaft. Tom sagt, daß die Übereinstimmung zwischen ihm und Walt andere automatisch gegen sie aufbringe. Tom lebt in einer agonistischen Welt, wo Freundschaft damit zu tun hat, daß man sich gegen andere verbündet.

Im Gegensatz dazu basiert Julias Feststellung, daß sie und Shannon gute Freundinnen sind, auf gegenseitigem Verständnis und langer Vertrautheit:

Julia: Wir beide kennen uns mindestens schon seit dem Kindergarten, und wir wissen, wie die andere wirklich *ist*.

und nicht auf kämpferischen Auseinandersetzungen:

Julia: Wir beide streiten uns eigentlich *nie*.

und auf Gesprächen:

Julia: Ich meine, wenn ich mit dir reden möchte, sagst du: »Red mit *mir*!« Und wenn du mit mir reden willst, red' ich mit *dir*!«

Vergleicht man die Gespräche dieser Jungen und Mädchen der sechsten Klasse, versteht man, warum Frauen und Männer über Kommunikationsschwierigkeiten in ihren Beziehungen klagen. Die Jungen reden ein bißchen über ihre Freundschaft und über andere Leute, aber der größte Teil ihres Gesprächs dreht sich um Objekte und Aktivitäten und Meinungen zu sozialen Fragen. Das einzige Objekt, das die Mädchen inspizieren und diskutieren, ist ein Symbol ihrer Freundschaft. Julia fragt Shannon, ob sie ihr eine Freundschaftsnadel gegeben habe, was Shannon bejaht. Dann sagt Julia, sie habe gelesen, daß man einer wirklich guten Freundin zwei Anstecknadeln schenke; sie greift dann in ihre Tasche und überreicht Shannon eine zweite. Die Mädchen reden ausschließlich über Freundinnen, Freundschaft und Gefühle; ihr Gespräch ist von einer subtilen Komplexität, die im Gespräch der Jungen nicht zu erkennen ist.

Gemeinsame und parallele Gesprächspositionen in der zehnten Klasse

Die Videoaufnahme der Zehntkläßler hat wesentlich zu meinem Verständnis männlicher Kommunikation beigetragen. Die Mädchen dieser Klassenstufe sind den Sechstkläßlerinnen sehr ähnlich. Sie sitzen mit angezogenen Armen und Beinen auf ihren Stühlen, sehen sich direkt an und reden über Probleme, die eines der Mädchen mit ihrer Mutter und ihrem Freund hat. Doch die Jungen der zehnten Klasse unterscheiden sich nicht nur von den Mädchen, sondern auch von den jüngeren Jungen. Sie nehmen die extremste Körperhaltung ein, die auf diesen Videoaufnahmen vorkommt: Sie strecken sich derart aus, daß sie beinahe vor dem Stuhl liegen, auf dem sie eigentlich sitzen sollten. Richard sitzt – wie der Sechstkläßler Tom – fast regungslos da und schaut stur geradeaus, als ob er seinen Freund ebensowenig anschauen dürfte wie einst Orpheus Eurydike. Todd benutzt seine Füße, um einen Drehstuhl heranzuziehen und ihn zur Fußstütze umzufunktionieren, er schiebt ihn mit den Füßen hin und her, während er vor sich hin guckt oder den Blick durchs Zimmer wandern läßt und nur manchmal zu Richard hinübersieht. Beim Anschauen dieser Videoaufnahme meinte einmal jemand, daß diese Jungen wirkten, als ob sie mit dem Auto unterwegs wären: Sie sitzen parallel nebeinander statt sich gegenüber, und sie schauen beide stur geradeaus, der eine wirft seinem Freund gelegentlich einen Blick zu, der andere sieht ihn praktisch überhaupt nicht an.

Aber wenn man den Ton anstellt, entsteht ein völlig anderer Eindruck. Die Jungen reden nicht über unpersönliche Themen. Weit gefehlt. Es handelt sich um die Jungen, deren Unterhaltung ich in Kapitel zwei vorgestellt und diskutiert habe. Sie führen das intimste Gespräch, auf das ich bei diesen Videoaufnahmen gestoßen bin. Während die Mädchen über Probleme mit anderen Menschen redeten – über abwesende Dritte –, setzten diese Jungen sich mit ihrer eigenen Beziehung auseinander, und einer der beiden offenbart tiefe Gefühle des Verlusts, der Verletztheit und der Sehnsucht.

»Ich weiß, was mich nervt«

Wie bereits vorhin erkennbar war, fühlt Todd sich als Außenseiter: Er glaubt, daß man ihn auf Partys links liegenläßt; er hat keine Verabredung für ein bevorstehendes Tanzfest, und er will keins der Mädchen, die er kennt, fragen; er kommt sich komisch vor, wenn er mit Mädchen zusammen ist, die ihn mögen, und mit seinen Kumpels fühlt er sich auch komisch. Er sehnt sich nach der Vergangenheit zurück, als er und Richard meistens allein zusammen waren und mehr miteinander geredet haben. Der folgende Auszug gibt Todds Klage wieder. Um den stockenden Verlauf des Gesprächs zu verdeutlichen, zeigen die Zahlen in Klammern die jeweiligen Pausensekunden an:

Todd: Über was, zum Teufel, sollen wir reden? Ich meine, ich weiß, was mich nervt.

Richard: Was nervt dich?

Todd (kichert): Daß wir nicht miteinander reden.

Richard: Wer redet nicht?

…

Todd: Wir machen es schon wieder.

Richard: Was?

Todd: Nicht miteinander reden.

Richard: Ich weiß. Dann sag doch was.

Todd: Wir machen nicht mal mehr Small talk. (Lacht)

Richard: Gut, okay. (3,4) Ich meine, also, was soll ich dazu sagen? (3,6) Ich meine, wenn du alles, was du letztes Wochenende gesagt hast, auch so gemeint hast, und *ich* alles so gemeint hab', was *ich* gesagt hab'. (1,0)

Todd: Natürlich hab' ich es so gemeint. Aber, na ja, ich weiß nicht. Ich schätze, wir werden allmählich erwachsen. Ich meine, ich weiß nicht. Ich leb' wohl in der Vergangenheit oder so was. Ich fand das wirklich gut damals, als wir immer nächtelang aufgeblieben sind und einfach, du weißt schon, wenn wir stundenlang rumgewandert sind und uns einfach nur unterhalten haben.

Richard: Mhm.

Todd: Das hat irgendwie Spaß gemacht.

Richard: Ja, das *hat* es. (2,2)

Todd: Aber jetzt können wir schon froh sein, wenn wir morgens in der Schule mal ein Wort miteinander wechseln.

Richard (mit scherzhaft-herausfordernder Betonung): Na klar!

Todd: Ich mein' es ernst. Wenn wir uns jetzt morgens treffen, sag' ich »Hallo«, und du antwortest »Selber hallo«, und ab und zu

	schubst du mich noch mal in den Kleiderspind – wenn ich Glück habe. (Lacht) (1,4)
Richard	(protestierend): Wir reden doch miteinander!
Todd:	Nicht mehr so wie früher. (4,8)
Richard:	Ich hatte keine *Ahnung*, daß du *reden* wolltest.

Obwohl die meisten Männer, denen ich dieses Gespräch vorspielte, der Meinung waren, daß es untypisch wäre, hat es doch trotzdem stattgefunden. Am bemerkenswertesten ist der starke Kontrast, fast Widerspruch, zwischen dem, was die Jungen sagen und ihrer Körpersprache. Ihre Worte zeugen von intensiver Beteiligung, doch von der Körperhaltung her wirken sie völlig gelangweilt und desinteressiert.

Sind Männer unbeteiligt?

Als ich einer Familientherapeutin von meiner Beobachtung berichtete, daß die Mädchen sich direkt ansahen und sich einander zuwandten, während die Jungen sich voneinander wegdrehten und überall hinschauten, außer in das Gesicht ihres Gegenübers, meinte sie: »Bei den Familien, mit denen ich zu tun habe, ist das immer so. Die Männer sehen mich nicht an, und sie sehen auch ihre Frauen nicht an. Die Männer sind immer unbeteiligt.« Aber diese beiden Zehntkläßler, die jeden Blickkontakt vermeiden, sind alles andere als unbeteiligt. Sie sind in höchstem Maß aufeinander bezogen, auch wenn sie nonverbal Unverbundenheit demonstrieren. Richard zum Beispiel verzieht sein Gesicht zu einem eindrucksvollen Gähnen, als er sagt: »Ich hatte keine *Ahnung*, daß du *reden* wolltest.«

Die Videoaufnahmen von Mädchen und Jungen unterschiedlichen Alters und die von der Familientherapeutin beschriebene Situation machten mich auf ein massives Ungleichgewicht aufmerksam: Wenn eine Frau ihre Therapeutin und ihren Partner ansieht, tut sie einfach das, was sie schon immer getan hat, was ihr selbstverständlich und normal und richtig vorkommt. Aber wenn ein Mann aufgefordert wird, seine Therapeutin oder seine Frau direkt anzusehen, bedeutet das für ihn etwas anderes – etwas, womit er wenig Erfahrung hat und das ihm vielleicht sogar falsch vorkommt. Männer aufgrund ihrer Körpersprache als »unbeteiligt« zu bezeichnen scheint voreilig und unfair. Es ist ein Urteil, das sich aus den Maßstäben einer anderen Kultur ergibt. Das soll nicht heißen, daß Männer nicht durchaus teilnahmslos sein können, und auch nicht, daß es nicht vielleicht ein Vorteil für sie wäre, wenn sie direkten Blickkontakt im Gespräch mit ihren Therapeuten oder Ehefrauen suchen würden, sondern nur, daß es nicht gerechtfertigt ist, Männer allein wegen ihrer physischen oder visuellen Indirektheit als »unbeteiligt« zu bezeichnen.

Innerhalb der Grenzen ihrer eigenen Kultur gibt es in der Körpersprache der Zehntkläßler zahllose Anzeichen für ihre Beteiligung, eine Fülle von Beweisen, daß sie sich aufmerksam zuhören und aufeinander eingehen. Die Bewegungsabläufe sind genau koordiniert. Sie machen ähnliche Bewegungen in ähnliche Richtungen zu gleicher Zeit. Sie handeln übereinstimmend, als Ensemble (um einen Ausdruck von Ron Scollon zu benutzen) oder (um ein Bild von A. L. Becker zu benutzen) wie zwei Gänse, die ihr Gefieder ordnen und sich dabei gegenseitig gar nicht zu beachten scheinen, obwohl ihre Bewegungen nach einem spiegelbildlich koordinierten Rhythmus ablaufen.

Warum sollten Männer und Jungen den Blick voneinander abwenden und ihn durchs Zimmer wandern lassen, statt sich direkt anzusehen? Eine wahrscheinliche Erklärung ist, daß direkter Blickkontakt mit einem anderen Mann feindselig wirken könnte, wie eine Drohgebärde. Und direkter Blickkontakt mit einer Frau könnte sexuelle Assoziationen wecken, als Flirt gedeutet werden. Ein Kollege von mir, der dieser Ansicht war, wollte sich einmal zu mir setzen. Mir gegenüber stand ein Stuhl. Er rückte ihn ein Stück weiter weg und zur Seite, so daß er mir nicht direkt gegenübersaß. Wir mußten beide lachen, weil er ganz automatisch ein Manöver durchgeführt hatte, um von mir abgewandt sitzen zu können – genauso wie die Jungen und Männer auf den Videaufnahmen, die ich ihm gezeigt hatte.

Gemessen am Standard der Frauen, die sich im Gespräch direkt ansehen, errichten Männer, die wegsehen, eine Barriere und verweigern Nähe. Aber wenn Jungen und Männer den direkten Blickkontakt vermeiden, um keinen feindseligen Eindruck zu machen, dann geben sie mit diesem Verhalten eher ihrer freundschaftlichen Verbundenheit als ihrer Distanz Ausdruck.

Die physischen Aufstellungen der Jungen und Mädchen aus der zehnten Klasse sind unterschiedliche Mittel für denselben Zweck – Verbundenheit – und nicht Ausdruck fehlender oder vorhandener Anteilnahme. Diese Symmetrie ähnelt den unterschiedlichen Herangehensweisen an Problemgespräche. In Kapitel zwei hatten wir gesehen, daß Nancy und Sally die meiste Zeit über Nancys Probleme mit ihrer Mutter und ihrem Freund diskutieren; Sally geht auf Nancys Kummer ein, indem sie sie in ihren Gefühlen bestätigt. Im Gegensatz dazu erzählen Richard und Todd beide von ihren Sorgen, aber ihre Reaktion besteht darin, die Probleme des anderen herunterzuspielen und abzuwiegeln.

Obwohl die Jungen auf die Probleme des Freundes anders reagieren als die Mädchen, ist ihr gegenseitig beruhigendes Verhalten in sich logisch. Wie ihre Körperhaltungen sind auch ihre Gesprächspositionen eher parallel. Jeder erzählt von seinen eigenen Sorgen und spielt die des anderen herunter oder wechselt sogar einfach das Thema. Gemessen am weiblichen Standard, zeigt sich darin ein Mangel an Anteilnahme am anderen und an seinen Problemen. Aber man kann sich auch so verhalten, damit es dem anderen besser geht. Ein Problem wieder und wieder zu besprechen kann ein Ausdruck von Anteilnahme sein, aber es kann das Problem auch größer erscheinen lassen, als es eigentlich ist. Wenn Nancy zum Beispiel traurig war, weil sie die Party früher verlassen mußte, fühlt sie sich vielleicht noch unglücklicher, wenn Sally ihr erzählt, wie sehr es alle anderen beunruhigt hat. Aber von einer anderen Perspektive aus gesehen, beweist Sally ihrer Freundin, daß die anderen Mädchen sich um sie gesorgt und sie vermißt haben, als sie gehen mußte.

Die Mädchen und Jungen aus der zehnten Klasse illustrieren, daß man dasselbe Ziel auf unterschiedlichen Wegen erreichen kann. Beide Gruppen zeigen Zeichen des Unbehagens mit der Situation und ziehen die Anweisungen ins Lächerliche (Sally sagt: »Erzähl von Jerry. Das ist was Ernstes und / oder Intimes«, und Todd meint: »Jetzt müssen wir intim werden«). Beide Freundschaftspaare setzen sich relativ schnell hin und kommen den Anweisungen nach – obwohl der Widerstand der Mädchen, der sich in Form von Kichern und Herumalbern zeigt, länger dauert als der der Jungen. Tatsächlich setzt er sich während der ersten fünf Minuten der Videoaufnahme fort, bis Dorval sie an die Aufgabenstellung erinnert. Während dieser Zeit necken die Mädchen einander, aber jede scherzhafte Herabsetzung wird sofort wieder zurückgenommen: »Bekloppt! Nein, du bist nicht bekloppt.«

Wenn Jungen und Mädchen der zweiten, sechsten und zehnten Klasse so unterschiedlich sind, wie ist es dann bei den Männern und Frauen im Alter von vierundzwanzig bis siebenundzwanzig?

Gespräche zwischen erwachsenen Freunden

In den Videoaufnahmen der Erwachsenengespräche zeigt sich eine natürliche Weiterentwicklung des Gesprächsstils der Jüngeren. Der Sturm und Drang der Gefühle, sich selbst und andere betreffend, haben sich gelegt. Verschwunden ist auch die vorrangige Beschäftigung mit der Autorität der Eltern. Aber die Unterschiede in Körper- und Gesprächshaltung sind auch hier unübersehbar.

Wenden wir uns den fünfundzwanzigjährigen Frauen zu. Obwohl die Untersuchungssituation ihnen nichts auszumachen scheint, sind sie offenbar von ihrer Unterhaltung frustriert. Die Mißstimmigkeiten haben damit zu tun, daß eine der Frauen den Übereinstimmungskodex überzogen hat.

»Ich weiß, daß wir schon mal Streit hatten«

Wie angespannt die Frauen versuchen, Übereinstimmung und Gleichheit zu demonstrieren, läßt sich das ganze Gespräch hindurch beobachten. Interessant ist, daß Spuren einer ähnlichen Anspannung auch schon bei den Sechstkläßlerinnen erkennbar sind. Julia, die eifrig darum bemüht ist, Harmonie zu verbreiten und Konflikte zu vermeiden, betont im Gespräch mit Shannon, daß sie sich nie zanken. Shannon bestreitet das kurz und sagt, sie würden es doch tun.

Julia: Wir beide streiten uns eigentlich *nie*.
Shannon: | /?/ ziemlich lange
Julia: | bis wir eine Mein- Wir haben manchmal Meinungsverschiedenheiten, aber wir *streiten* nicht.
Shannon: Wenn wir ›Himmel und Hölle‹ spielen, haben wir schon mal Meinungsverschiedenheiten und streiten uns und-
Julia: Stimmt. | Aber wir *streiten* nicht.
Shannon: | Aber das ist – (zuckt mit den Achseln)

Shannons Äußerungen sind nicht alle deutlich zu verstehen, aber es ist klar, daß sie eigentlich anderer Ansicht ist, als Julia behauptet, sie würden nie streiten. Sie sagt: »Wenn wir ›Himmel und Hölle‹ spielen, haben wir schon mal Meinungsverschiedenheiten und streiten uns.« Aber Julia beharrt darauf, daß, obwohl sie vielleicht gelegentlich – banale – Meinungsverschiedenheiten haben, sie nicht – ernsthaft – streiten, und Shannon gibt ihren Widerspruch schnell auf.

Diese ansatzweise Unstimmigkeit entwickelt sich in der Unterhaltung zwischen Pam und Marsha, den erwachsenen Frauen, die Dorval filmte, zum beherrschenden und wiederkehrenden Gesprächsthema. Pam beginnt die Unterhaltung mit der Feststellung, daß ihr an Marsha besonders gut gefalle, daß sie immer einer Meinung mit ihr sei. Die Bemerkung ist offenbar als Kompliment gedacht, Pam will ausdrücken, warum sie befreundet sind. Vielleicht will sie begründen, warum sie Marsha als Partnerin für das Experiment ausgewählt hat. Aber Marsha empfindet die Bemerkung anscheinend als herabsetzend, so, als ob Pam andeuten wollte, sie hätte keine eigene Meinung. Im weiteren Verlauf des Gesprächs erklärt Marsha wiederholt, daß sie nicht mit Pam übereinstimmt, und Pam versucht, die Unstimmigkeit herunterzuspielen, mit dem Ergebnis, daß die Unterhaltung sich zu einer ausgedehnten Meinungsverschiedenheit entwickelt.

Marsha: Hm, Pam, ich weiß genau, daß wir schon mal Streit hatten.

Marsha: Aber es gibt eine Menge Sachen, wo wir nicht übereinstimmen. Was das Lernen angeht zum Beispiel. Und weil du so ein selbstsicheres, du hast so ein selbstsicheres –

Pam: Selbstsicher? Du hast mich doch eben gesehen.

Marsha: Hm, na ja, nein, ich meine, du hast so eine – du hast so eine selbstsichere Haltung.

Pam: Nein, hab' ich nicht.

Marsha: Siehst du, das ist einer der Punkte, wo wir uns nicht einig sind. Vielleicht habe ich nicht viel Selbstvertrauen, und du hast wohl, was mir fehlt.

Marsha: Nun, ich – also, was würdest du spontan über meine selbstsichere Haltung zu Computern sagen?

Die Kunst, dem anderen immer um eine Nasenlänge hinterherzuhinken

Marsha versucht zu beweisen, daß sie und Pam nicht einig und nicht gleich sind, indem sie zum Beispiel darauf hinweist, daß Pam eine bessere Studentin ist und mehr Selbstvertrauen hat.

Das führt zu einer beeindruckenden Variante des Hase-und-Igel-Spiels, bei der es darum geht, der Hase zu sein. Pam erklärt, daß sie nicht so selbstsicher und keine so gute Studentin sei, wie Marsha behauptet. Andererseits beschuldigt sie Marsha, eine bessere Studentin zu sein, als sie zugeben will:

Marsha: Nun, das ist auch so was. Du bist immer, ich meine, ich bin so schlecht. Wenn ich einen Kurs belege, kann ich höchstens auf eine Drei hoffen – wenn überhaupt. Ich schätze, es ist schon Ewigheiten her, seit ich mal einen Einser gekriegt hab'.
Pam: So daß du es gar nicht mehr versuchst?
Marsha: Na ja, es ist irgendwie unerreichbar für mich.
Pam: Für mich auch.
Marsha: Na hör mal, Pam, jedesmal, immer wenn ein neues Semester anfängt, bei jedem Kurs, erzählst du mir, daß du unbedingt eine Eins kriegen willst.
Pam: Einser? Ich krieg' Dreien. Ich versuch' es, aber ich krieg' nie eine Eins. Immer nur Dreien. Na ja, vielleicht außer in Psychologie. Aber auch nicht oft.

In diesem Gesprächsausschnitt unterstreicht Pam ihre Verbundenheit mit der Freundin, indem sie Marshas Satz zu Ende führt:

Marsha: Ich schätze, es ist schon Ewigkeiten her, seit ich mal einen Einser gekriegt hab'.
Pam: So daß du es gar nicht mehr versuchst?

Und sie versucht, »Ich bin genauso« zu spielen:

Marsha: Na ja, es ist irgendwie unerreichbar für mich.
Pam: Für mich auch.

Aber Marsha will Pam diese Gleichheit nicht zugestehen:

Marsha: Na hör mal, Pam, jedesmal, immer wenn ein neues Semester anfängt, bei jedem Kurs, erzählst du mir, daß du unbedingt eine Eins kriegen willst.

Pam jedoch bleibt bei ihrer Behauptung und sagt, daß sie eigentlich keine Einser bekommt, und wenn, dann nur selten.

Pam: Einser? Ich krieg' Dreien. Ich versuch' es, aber ich krieg' nie eine Eins. Immer nur Dreien. Na ja, vielleicht außer in Psychologie. Aber auch nicht oft.

Mangelnder Erfolg scheint wie Gleichheit und Übereinstimmung eine Ware zu sein, mit der Pam versucht, eine symmetrische Beziehung zu Pam einzutauschen.

Wie bei Marshas Behauptung, daß Pam selbstsicher sei, scheint Pam auch den Hinweis, daß sie bessere Noten erziele, nicht als annehmbares Kompliment, sondern als Vorwurf aufzufassen, dem sie etwas entgegensetzen muß. Als ob sie zum Gegenangriff übergehen würde, betont Pam, daß Marsha im Religionsunterricht sehr gut abgeschnitten hat: »Du warst toll bei den Tests, du hattest alle fünfzehn Fragen richtig«, während »ich die Kapitel noch nicht mal gelesen hatte«. Marsha reagiert entsprechend und weist jeden Verdienst weit von sich: »Es war einfach nur gesunder Menschenverstand.« Auch für dieses Gesprächsspiel lassen sich erste Ansätze in der Unterhaltung der Sechstkläßlerinnen finden. Zu Beginn ihres Gesprächs tauschen die Mädchen Erfahrungen übers Schlittschuhlaufen aus und erzählen, wie ungeschickt sie sich dabei anstellen.

Für die Frauen und Mädchen sind Übereinstimmung und Gleichheit Mittel, um Harmonie herzustellen. Hervorragende Leistungen, Unterschiede und Streit gefährden die Verbundenheit. Die Jungen handeln auch Verbundenheit aus, aber mit einer anderen Währung: Sie fürchten keine Meinungsverschiedenheiten, und sie haben es offenbar nicht nötig, sich ihre Gleichheit zu bestätigen. Aber jede Strategie kann zu weit getrieben werden, und Marsha nimmt Pam offenbar die Behauptung übel, daß sie immer gleicher Meinung wäre.

Das Tiefstapel-Spiel, das diese Frauen spielen, ähnelt einem Verhaltensmuster in iranischen Interaktionen, das William Beeman die »Unterhand gewinnen« nennt. Aber Beeman erklärt, daß dieses Spiel vom Wesen her zutiefst hierarchisch ist. Wenn ein Iraner sich selbst als unterlegen darstellt, liefert er sich dem Wohlwollen eines Höherrangigen aus, der dadurch verpflichtet wird, etwas für ihn zu tun: Man spielt ein Protektionsschema aus. Obwohl Frauen vielleicht gelegentlich die Rolle der Unterlegenen spielen, um sich von Männern beschützen zu lassen, scheint das Spiel dieser beiden Frauen einem ganz anderen Ziel zu dienen: Ihnen geht es eher um ein symmetrisches als asymmetrisches Verhältnis, sie wollen die Waagschalen im Gleichgewicht halten, auch wenn sie ihre eigene Seite dafür nach unten drücken müssen.

Die Ehe – »ernst genug«

Bei den fünfundzwanzigjährigen Männern ergibt sich ein völlig anderes Bild. Sie sitzen voneinander abgewandt und wirken, als hätte man sie frisch gestärkt oder als wären sie steifgefroren. Timothy sieht Winston so gut wie nie an. Winston schaut zwar beim Zuhören gelegentlich zu Timothy, aber wenn er selbst spricht, sieht er seinen Freund überhaupt nicht an. Die beiden Männer zeigen ein erhebliches Maß an Anspannung und Unbehagen, während sie ein passendes Gesprächsthema zu finden versuchen. Sie nehmen die Anweisung, sich über etwas Ernstes zu unterhalten, sehr ernst und suchen offenbar nach einem Thema von allgemeiner Bedeutung, zu dem sie irgendeinen substantiellen Beitrag leisten können. Sie einigen sich auf folgenden Gesprächsstoff:

Winston: Was hältst du vom Thema Ehe?
Timothy: Das ist ernst genug.
Winston: Ein ernstes Thema, und es wird viel zuwenig beachtet.

Bei ihrer Diskussion über die Ehe, einem potentiell persönlichen Thema, stellen die Männer größtenteils abstrakte und allgemeine Betrachtungen an, ohne etwas Persönliches zu offenbaren:

Timothy: Was meinst du, warum so viele Ehen schieflaufen? So ganz allgemein?

Winston: Ich glaube, zum einen liegt es daran, daß die meisten Leute sich zu schnell hineinstürzen. (6,0) Können es nicht abwarten, verheiratet zu sein.

Timothy: Ich denke, hm, ich denke, die Leute, viele Leute, ich meine nicht, daß es bei *mir* so ist, aber viele Leute haben einfach keine angemessene oder reife, na ja, Definition von Liebe für ihr Leben. Also, hm, ich weiß nicht, aber meiner Meinung nach haben viele Streitereien in Ehen und Beziehungen damit zu tun, daß die Leute, na ja, zu egoistisch sind.

In gewisser Hinsicht ist dieses Gespräch so, wie man es von Männern erwartet, aber in anderer Hinsicht auch wieder nicht. Dem Klischee und einigen wissenschaftlichen Untersuchungsergebnissen zufolge, sprechen Frauen zögernder als Männer. Aber auch Timothy spricht zögernd und verwendet Füllworte wie *weißt du*, *na ja* und *meiner Meinung nach*, was den Eindruck erweckt, als ob er unsicher wäre oder nicht genau wüßte, was er sagen soll. Er fühlt sich offenbar unbehaglich. Allerdings sind seine Aussagen eher abstrakt als persönlich, und insofern entspricht er den Erwartungen, was männliche und weibliche Sprechweisen angeht.

Im weiteren Verlauf des Gesprächs erzählt Timothy von seiner Beziehung zu einer Frau, mit der er sich gelegentlich trifft. Er sagt, daß er manchmal an Heirat denke, aber das wäre bis jetzt auch alles: Er sei vorsichtig und wachsam, weil Ehe etwas für immer sei und die meisten Frauen ganz wild aufs Heiraten wären.

Timothy sagt dann: »Aber ich will nicht einfach nur von mir

sprechen.« Nach einer Pause entgegnet Winston: »Nun, bei mir ist es die Schule. Schule ist wie ein Symbol dafür, daß man noch keinen festen Platz im Leben gefunden hat.« Er scheint zu implizieren, daß er keine Freundin hat, weil er Student ist und deshalb auch noch keinen festen Platz im Leben hat. Aber er drückt es indirekt aus und trifft eine allgemeine Feststellung über seine Situation: »Bei mir ist es die Schule.« Und Timothy formulierte eine indirekte Frage, ebenfalls in Form einer Feststellung (»Aber ich will nicht einfach nur von mir sprechen«), statt sich direkt zu erkundigen: »Wie ist es bei dir?« In anderen Kontexten, wenn es zum Beispiel darum geht, gemeinsame Vorlieben und Entscheidungen auszuhandeln, sind Frauen öfter indirekt als Männer. Aber wenn es darum geht, über persönliche Beziehungen und über Gefühle zu sprechen, sind es eher die Männer.

»Ziemlich mißtrauisch«

Ein deutlicher Fall von Indirektheit ist Winstons Aussage, daß manche Männer vorsichtig werden, was Beziehungen angeht, weil sie verletzt worden sind oder, wie er es ausdrückt, »sich die Finger verbrannt« haben.

> Ich glaube, bei vielen Leuten ist es so, daß sie anfangs, wenn sie jung sind vielleicht, die Einstellung haben, daß man 100 Prozent geben sollte, und dann verbrennen sie sich die Finger. Oder sie denken das. Und dann sind sie wahrscheinlich erst mal eine Weile, na ja, ziemlich mißtrauisch, was Beziehungen angeht.

Winston scheint anzudeuten, daß man ihn verletzt hat und er aus diesem Grund noch keine neue Beziehung eingegangen ist. Aber wenn er das meint, so sagt er es doch nicht direkt. Er sagt überhaupt nichts über seine persönlichen Beziehungen.

Folge dem Anführer

Ein Vergleich der Videoaufzeichnungen der Mädchen und Jungen, Männer und Frauen, die sich unter diesen experimentellen Bedingungen mit ihren Freunden unterhalten, bestätigt das geschlechtsspezifisch unterschiedliche Verhaltensmuster. Die Gespräche zeigen, daß Mädchen und Frauen sich nach Kräften bemühen, verbindende Gemeinsamkeiten zu schaffen, über Probleme in ihren persönlichen Beziehungen reden und angesichts eines zu starken Übereinstimmungsdrucks um die Bewahrung ihrer Individualität kämpfen. Die Jungen und Männer bemühen sich nach Kräften, in einer hierarchischen Welt ihre Unabhängigkeit aufrechtzuerhalten und innerhalb konkurrenzbetonter Strukturen Nähe herzustellen. Aber es wäre irreführend zu glauben, daß die Freundschaften der Mädchen gänzlich egalitär seien. Ein wichtiger Aspekt dieser Videoaufzeichnungen ist die Asymmetrie, die in allen Gesprächsaufstellungen zu beobachten ist.

Unter den Jungen der zweiten Klasse ist Jimmy eindeutig der Anführer: Er ist der einzige mit ausführlichen Redebeiträgen, er erteilt Befehle und gibt Instruktionen, er hänselt Kevin, und er initiiert die meisten Gesprächsbewegungen. Bei den Jungen der sechsten Klasse ist Tom der Anführer, der die meisten Themen anspricht, der Hauptredner ist und in zwei Beispielen von Berichts-Sprechhandlungen die Rolle des Ausführenden übernimmt. Von den fünfundfünfzig in ihrer Interaktion behandelten Themen werden vierzig von Tom aufgeworfen. Walt, der im allgemeinen eine beitragende und unterstützende Rolle übernimmt, bringt fünfzehn Themen auf, von denen sechs mit der Zimmereinrichtung zu tun haben.

Bei den Mädchen ist die Situation wesentlich komplizierter. Die Mädchen der zweiten Klasse sind die einzigen, in deren Verhältnis keine offensichtlichen Asymmetrien feststellbar sind. Die von den Mädchen aus der sechsten und zehnten Klasse eingenommenen Aufstellungen sind auffallend asymmetrisch, obwohl viele ihrer Äußerungen offenbar darauf zielen, Unterstützung und Verbundenheit zu demonstrieren.

Bei den Sechstkläßlerinnen scheint Julia die Anführerin zu

sein. Von vierzehn besprochenen Themen wirft sie zwölf auf. Ein Großteil der Unterhaltung dreht sich um ihre Beziehung zu Mary, die Aufrechterhaltung von Freundschaften und ihre Angst vor Trennung und Verlust. Als der Testleiter nach den verabredeten fünf Minuten kurz den Raum betritt, ist Julia diejenige, die mit ihm redet. Und doch ist es Shannon, die das Gesprächsthema von Julias Beziehung zu Mary »auswählt«, indem sie sagt: »Zu schade, daß du und Mary keine Freundinnen mehr seid.«

Ähnlich ist es bei den Zehntkläßlerinnen; sie besprechen hauptsächlich Nancys Probleme, aber es ist Sally, die das Thema vorschlägt. Auf Nancys Frage: »Na, worüber willst du sprechen?«, erwidert Sally: »Über deine Mutter. Hast du mit deiner Mutter gesprochen?« Was die Anzahl der aufgeworfenen Themen angeht, ist das Verhältnis relativ ausgewogen: Sally spricht neun Themen an, Nancy sieben. Jedoch sind mit Ausnahme eines einzigen alle von Sally angeschnittenen Themen Fragen, die Nancy betreffen. Die frühere Forschung ist häufig davon ausgegangen, daß das Ansprechen eines Themas ein Zeichen für Dominanz in einem Gespräch ist. So gesehen, »kontrolliert« Sally die Unterhaltung, wenn sie Themen anschneidet – obwohl sie auch hier auf Nancys Mitarbeit angewiesen ist, die auf die Fragen eingehen muß, um sie zum Thema zu machen. Aber kann man wirklich sagen, daß Sally in dem Gespräch »dominiert«, wenn die Themen, die sie aufwirft, Nancy betreffen?

In gewisser Weise ist das Gespräch der Jungen aus der zehnten Klasse symmetrischer als das der Mädchen: Nancy und Sally sprechen ausschließlich über Nancys Probleme, während Richard und Todd beide von ihren eigenen Schwierigkeiten berichten und beide so reagieren, daß sie die Probleme des anderen abtun oder herunterspielen. Unter den erwachsenen Frauen und Männern ist Pam eine Art Anführerin: Sie neigt dazu, die Themen zu bestimmen, auf die Marsha dann eingeht. Aber die häufig wiederkehrende Frage, ob sie sich nun einig sind oder nicht, wird aufgrund von Marshas Reaktion auf Pams gesprächseröffnende Bemerkung, daß Marsha ihr ständig zustimme, zum Thema. Bei den erwachsenen Männern ergibt sich eine ähnlich paradoxe Situation: Das Thema Ehe wird von Winston vorgeschlagen, und er ist derjenige, der mit Dorval spricht, als dieser hereinkommt. Aber sechs der sieben Unterthemen ihrer tatsächlichen Diskussion der Ehe werden von Timothy ausgewählt.

Verleiht es einem Mädchen einen höheren Status, wenn eher über ihre Probleme gesprochen wird und sie daher mehr Gesprächsraum einnimmt, oder verleiht es ihr einen niedrigeren Status, weil sie diejenige ist, die Probleme hat? Niemand würde auf die Idee kommen, daß der Patient in einer psychotherapeutischen Sitzung einen höheren Status oder mehr Macht besitzt, weil er am meisten redet und alle Themen bestimmt. Ist das Aufbringen eines Themas ein Zeichen von »Dominanz« im Sinn einer Gesprächs-»Steuerung«, wenn das aufgeworfene Thema vor allem das andere Mädchen betrifft? Ich weiß die Antworten auf diese Fragen nicht, aber ich könnte eher etwas dazu sagen, wenn ich wüßte, ob die Mädchen die Rollen von Problemerzählerin und unterstützender Zuhörerin immer auf diese Weise aufteilen oder ob sie in anderen Gesprächen die Rolle umkehren. In jedem Fall ist offensichtlich, daß die Fragen von Dominanz und Gesprächskontrolle viel komplexer sind, als in oberflächlichen Gesprächsbeschreibungen eingefangen werden kann. Und obwohl die Mädchen und Frauen sich auf Verbundenheit konzentrieren und die Jungen und Männer auf Status, gibt es nichtsdestotrotz Asymmetrien zwischen den Frauen und Mädchen und Symmetrien zwischen den Jungen und Männern.

Bei all ihrer Komplexität zeigen diese Videoaufzeichnungen, daß Jungen und Mädchen sich von frühester Kindheit an bis ins Erwachsenenalter hinein verschiedene Welten erschaffen, in denen sie als Frauen und Männer weiterleben. Es ist nicht überraschend, daß Frauen und Männer, die versuchen, in ihren Beziehungen alles richtig zu machen, ihre Partner als fehlerhaft erleben und sich selbst kritisiert finden. Wir versuchen, ehrlich miteinander zu reden, aber manchmal scheint es, als würden wir verschiedene Sprachen sprechen – oder zumindest verschiedene Genderlekte.

X

Mit der Asymmetrie leben: Kommunikationswege öffnen

Eine Amerikanerin machte im Urlaub eine Kreuzfahrt und landete in einem türkischen Gefängnis. Als ich ihr Buch *Never Pass This Way Again* las, konnte ich sehen, daß Gene LePeres Martyrium ein extremes Beispiel für die verheerenden Konsequenzen war, die sich aus interkulturellen Unterschieden in dem, was ich als Gesprächsstil bezeichne – die Art und Weise, wie wir unsere Aussagen einrahmen und was wir damit auszudrücken glauben –, ergeben können. LePeres Erfahrung illustriert auch auf ungewöhnlich dramatische Weise, wie gefährlich es sein kann, Konflikte vermeiden und auf höfliche Art nein sagen zu wollen.

In der Türkei verließ LePere für eine kurze Besichtigungstour antiker Ruinen ihr Schiff. Auf einer archäologischen Ausgrabungsstätte fiel sie hinter ihre Gruppe zurück, weil sie bewundernd in den Anblick einiger Ruinen versunken war. Plötzlich verstellte ihr ein Andenkenhändler den Weg, an dessen Waren sie kein Interesse hatte. Dennoch fand sie sich kurz darauf mit einem steinernen Kopf in der Hand wieder, und als sie dem Händler höflich mitteilte, daß sie den Kopf nicht wolle, weigerte er sich, ihn zurückzunehmen. Statt dessen drückte er ihr noch einen in die Hand, den sie ebenfalls automatisch annahm. Da der Mann keinen der Köpfe zurücknehmen wollte, sah sie keinen anderen Ausweg, als ein Kaufangebot zu machen. Sie bot ihm den halben Preis und hoffte, er würde ablehnen, damit sie weitergehen könnte. Statt dessen willigte er ein, den Preis zu senken, und sie versenkte die beiden Köpfe in ihrem Beutel. Aber als sie ihm das Geld gab, überreichte er ihr einen dritten Kopf. Wieder beharrte sie drauf, kein Interesse zu haben, aber der Mann trat einfach einen Schritt zurück und weigerte sich, den Kopf wieder in Besitz zu nehmen. Da sie keine Alternative sah, bezahlte sie auch den dritten Kopf und marschierte davon – wütend und mitgenommen. Als sie zum Schiff zurückkam, zeigte LePere ihre Einkäufe den Zollbeamten, die sie verhafteten und unter der Anklage, nationale Kunstschätze aus dem Land zu schmuggeln, ins Gefängnis werfen ließen. Bei dem dritten Kopf hatte es sich um eine echte Antiquität gehandelt.

Da ich lange in Griechenland gelebt habe, ist mir die verbale Kunst des Feilschens gut vertraut: Der Händler hatte die Tatsache, daß LePere sich auf ein Gespräch mit ihm einließ und ihm erklärte, kein Interesse zu haben, so gedeutet, daß sie möglicherweise etwas kaufen würde, wenn der Preis günstiger wäre. Wenn sie wirklich nicht interessiert gewesen wäre, hätte sie überhaupt nicht mit ihm geredet. Sie hätte ihn zur Seite gedrängt und ihren Weg fortgesetzt, ohne überhaupt Blickkontakt herzustellen – und ganz bestimmt hätte sie keinen der Köpfe angenommen, egal, wie beharrlich er sie bedrängte. Jedesmal, wenn sie einen Kopf akzeptierte, wertete er das als Beweis ihres Interesses und als Ermutigung, einen weiteren Kopf zu offerieren. Jeder weitere Schritt seiner zunehmend aggressiven Verkaufstaktik war eine Reaktion auf das, was er wahrscheinlich für ihre Schachzüge beim Feilschen hielt. Sich zu weigern, den Händler anzusehen oder mit ihm zu reden oder, als letzte Rettung, die Köpfe einfach auf den Boden zu legen – das waren undenkbare Alternativen für eine höfliche Amerikanerin.

LePere hat für diesen flüchtigen Zusammenbruch der Kommunikation zwischen verschiedenen Kulturen teuer bezahlt. Obwohl die interkulturelle Kommunikation zwischen Männern und Frauen gewöhnlich weniger drastische Konsequenzen hat, läuft der Prozeß des sich steigernden Mißverstehens doch ähnlich ab. Und in gewisser Weise ist eine fehlschlagende Kommunikation zwischen Männern und Frauen gefährlicher, weil sie unser Leben stärker beeinflußt und wir weniger darauf vorbereitet sind. Wir rechnen mit Unterschieden, wenn wir mit Menschen aus anderen Ländern sprechen; wir haben Worte dafür wie zum Beispiel »Sitten und Gebräuche« und »kulturelle Eigenarten«. Aber von Familienmitgliedern, Freunden, Kollegen und Liebespartnern, die »derselben Kultur« angehören und

»dieselbe Sprache« sprechen wie wir, erwarten wir nicht, daß sie Worte anders verstehen und eine andere Sichtweise der Welt haben. Aber oft ist das der Fall.

Warum alles immer schlimmer wird

Gene LePeres Erlebnis illustriert einen Vorgang, den Gregory Bateson als komplementäre Schismogenese identifiziert und bezeichnet hat – ein Verhalten, bei dem die wechselseitigen Reaktionen der Beteiligten eine stete Steigerung des divergenten Verhaltens provozieren, wie bei einer sich hochschraubenden Spirale. LePeres wachsende Frustration über die Verkaufspraktiken des Händlers führte zu Verhaltensweisen, die ihn ermutigten, noch weiter zu gehen. Zum Beispiel bot LePere einen niedrigen Preis für die beiden Köpfe, weil sie an einem Kauf nicht interessiert war, aber von seinem Standpunkt aus gesehen war das ein Zeichen des Interesses und der Bereitschaft, sich auf das Feilschen einzulassen. Alles, was sie unternahm, um der Situation zu entkommen, verwickelte sie nur um so tiefer hinein.

Zur komplementären Schismogenese kommt es gewöhnlich, wenn bei Frauen und Männern unterschiedliche Empfindlichkeiten und Hyperempfindlichkeiten vorhanden sind. Ein Mann, der den Verlust seiner Freiheit fürchtet, zieht sich beispielsweise beim ersten Anzeichen, das er als einen Versuch, ihn zu »beherrschen«, interpretiert, zurück. Aber das ist genau das Signal, das bei der Frau, die den Verlust der Nähe fürchtet, Alarmglocken auslöst. Ihre Versuche, größere Nähe herzustellen, steigern seine Ängste, und seine Reaktion – weiterer Rückzug – steigert ihre Ängste, und so weiter, in einer sich immer weiter ausweitenden Spirale. Verständnis für den Gesprächsstil des anderen und für die Motive, die ihm zugrunde liegen, ist ein erster Schritt zur Durchbrechung dieses destruktiven Teufelskreises.

Die Ungleichheit beginnt zu Hause

Noch aus einem weiteren Grund sind die Unterschiede zwischen den Geschlechtern soviel beunruhigender als andere interkulturelle Unterschiede: Sie begegnen uns im eigenen Heim. Wir alle spüren, daß der Eintritt in eine völlig fremde Kultur mit Risiken verbunden ist; aus diesem Grund assoziieren wir mit Reisen ins Ausland den Nervenkitzel des Abenteuers. Aber in unserem Zuhause erwarten wir, sicher – und gleich – zu sein.

Der Soziologe Erving Goffman weist darauf hin, daß auf rassischen oder ethnischen Unterschieden beruhende Ungleichheiten verschwinden, wenn Menschen der gleichen Rasse oder der gleichen ethnischen Gruppierung die Tür ihres eigenen Hauses hinter sich schließen. Aber die geschlechtsbedingte Ungleichheit entfaltet ihre volle Wirkung gerade im Privaten und Persönlichen, an den Orten, die wir als sicheren Hafen vor der Außenwelt empfinden. Nicht nur entkommen wir solcher Diskriminierung in unseren intimsten Beziehungen nicht, wir können uns diese ohne geschlechtsabhängige Verhaltensweisen, die inhärent asymmetrisch sind – und einen Statusunterschied implizieren –, kaum vorstellen. Wir können keinen Schritt tun, ohne Haltungen einzunehmen, die uns von der Gesellschaft und unserem Geschlecht genau vorgeschrieben sind. Mit jeder Bewegung, die wir machen, inszenieren und erschaffen wir unsere Geschlechtsrolle – und unsere Ungleichheit – neu.

Physische Konstellationen

Eine Frau und ein Mann können ihre gegenseitige Zuneigung nicht auf dieselbe Art und Weise zeigen. Wenn ein Mann und eine Frau in enger Umarmung die Straße entlanggehen, hat er seinen Arm um ihre Schultern gelegt, und ihr Arm ruht auf seiner Hüfte. Wenn die Haltung des Paares lässiger ist, wird seine Hand vielleicht in der Hosentasche stecken, während sie sich bei ihm einhakt. Diese Haltungen sind nicht symmetrisch. Wenn eine Frau den Arm um die Schulter eines Mannes legt und sein Arm ihre Taille umfaßt, stutzen die Vorübergehenden und sehen sich um. Wenn eine Frau die Hände in die Taschen steckt, während ein männliches Wesen sich an ihrem Arm festhält, oder wenn sie den Arm um die Schultern eines männlichen Wesens gelegt hat, dessen Hände in den Taschen stecken, ist die Frau sehr wahrscheinlich die Mutter und er ihr Sohn...

Manche Leute behaupten, daß Männer ihre Arme um die Schultern von Frauen legen und nicht umgekehrt, weil der Mann gewöhnlich größer ist, so daß es unbequem, wenn nicht unmöglich sei, es andersherum zu machen. Aber diese Rituale werden auch eingehalten, wenn der Mann nicht größer ist als die Frau und er sich strecken muß, um die beschützende Position einzunehmen. Wenn er zu klein ist, um seinen Arm um die Schultern der Frau legen zu können, vertauschen sie ihre Positionen nicht, sondern begnügen sich damit, Händchen zu halten. Zudem erwartet unsere Gesellschaft genau deshalb von Männern, größer (und älter und reicher und klüger) zu sein als ihre Partnerin, weil es ihnen den Rahmen des Beschützers – und Ranghöheren – gibt.

Die Asymmetrie der Aufstellungen von Frauen und Männern spiegelt sich in ihren Körperhaltungen. Sogar die intimsten Momente sind ohne Bezug zum Geschlecht nicht vorstellbar. Wenn eine Frau und ein Mann sich auf eine Decke oder ins Bett legen, liegt er gewöhnlich flach ausgestreckt auf dem Rücken, während sie auf der Seite liegt, ihr Körper gebogen und an ihn geschmiegt. Ihr Kopf ruht an seiner Schulter; er hält sie im Arm. Täglich nehmen Männer und Frauen automatisch diese Position ein, und deren ritualisierte Natur hat etwas Tröstliches; es fühlt sich richtig und gut an, teilweise, weil es einem persönlich vertraut ist, und teilweise, weil es eine Konfiguration widerspiegelt, die wir unzählige Male auf Bildern und im Leben gesehen haben. Aber das Nachspielen des Rituals verstärkt auch die Asymmetrie der Beziehung, denn der Mann ist stabil, stark und beschützend, und die Frau ist instabil, beschützt, ohne ihren Mittelpunkt zu finden.

Ein Gedicht von Cheryl Romney-Brown dreht sich um das immer wiederkehrende Bild einer Frau, die ihr Gesicht an der Schulter eines Mannes vergräbt. Sie zeigt auf, wie diese Geste sich im gesamten Leben einer Frau ständig wiederholt:

IN THE CROOK OF HIS NECK

Fine hairs on his shoulders gleam
like epaulets, reminding me of silk
mulberry threads Penelope used
for tapestries spun waiting
for her hero to come home.
We, women, always long for men
to step out of a myth or a Marlboro ad.

It begins all over again as he
caresses my back. I inhale the scent,
begin to relax. Once more I become
a defenseless girl wanting only
to close my eyes, bury my head
in the crook of his neck.

How old was I the first time,
possibly three? It happened
when Daddy came home. »Please
hold me, protect me, werewolves
are out, their eyes burning hot.
If you don't I know I will die.«
I closed my eyes, buried
my head in the crook of his neck.

When I was sixteen, ripe but pure,
down by the arbor on a hot summer night,
my first beau's lips brushed mine. »My hero,
your Juliet's here.« Pink tulle bound
my heart. I closed my eyes, buried
my head in the crook of his neck.

I am a grown woman, mother of men.
Experience fades; memory stills.
If only for a moment, I am saved.
My hero is here for maybe an hour,
willing to do battle, kill all my foes.

Illusions, myths, whatever is true.
I close my eyes, bury my head
in the crook of his neck.

(in der Übersetzung etwa:

IN DER BEUGE SEINER SCHULTER

*Feine Haare glänzen auf seinen Schultern
wie Epauletten, lassen mich an Seide denken
die Maulbeerfäden, die Penelope in
Bildteppiche webte, während sie auf
die Heimkehr ihres Helden wartete.
Wir, Frauen, sehnen uns immer nach Männern,
die aus einem Mythos oder einer Marlboro-
Werbung heraustreten.*

*Alles beginnt wieder von vorn, als er
meinen Rücken liebkost. Ich atme den Duft ein,
beginne mich zu entspannen. Einmal mehr werde ich
ein schutzloses Mädchen, möchte nur
meine Augen schließen, meinen Kopf vergraben
in der Beuge seiner Schulter.*

*Wie alt war ich das erste Mal,
vielleicht drei? Es geschah,
als Papa nach Hause kam. »Bitte
halt mich, beschütz mich, die Werwölfe
sind los, ihre Augen brennend heiß.
Tust du es nicht, weiß ich, ich werde sterben.«
Ich schloß meine Augen, vergrub
meinen Kopf in der Beuge seiner Schulter.*

*Als ich sechzehn war, reif, aber rein,
unten bei der Laube in einer heißen Sommernacht,
streiften die Lippen meines ersten Beaus die meinen.
»Mein Held,
deine Julia ist hier.« Rosa Tüll band*

mein Herz. Ich schloß meine Augen, vergrub
meinen Kopf in der Beuge seiner Schulter.

Ich bin eine erwachsene Frau, Mutter von Menschen.
Die Erfahrung verblaßt; die Erinnerung verstummt.
Wenn auch nur für einen Augenblick, ich bin gerettet.
Mein Held ist hier, vielleicht eine Stunde lang,
bereit, in den Kampf zu ziehen, alle meine Feinde zu
töten.
Illusionen, Mythen, was auch immer wahr sein mag.
Ich schließe meine Augen, vergrabe meinen Kopf
in der Beuge seiner Schulter.)

Romney-Browns Gedicht fängt die kindliche Natur der asymmetrischen Umarmung ein, bei der eine Frau ihren Kopf an die Schulter eines Mannes legt und sich an ihn schmiegt, und es veranschaulicht die beschützende Bedeutung dieser Gebärde. Die Dichterin führt dieses köstliche Gefühl des Beschütztwerdens auf die Beziehung zurück, die sie als Kind zu ihrem Vater hatte. Vermutlich könnte auch ein kleiner Junge sich so an seinen Vater oder seine Mutter kuscheln, Trost und Schutz suchen. Aber als Erwachsene hat die Frau in dieser Konstellation immer noch die Position des Kindes, während der Mann die Position des Vaters übernommen hat.

Das Gedicht illustriert auch, wie automatisch eine Frau die beschützte Position einnimmt, auch wenn sie mit Männern zusammen ist, die sie nicht tatsächlich beschützen. Das Standardtableau wandelt sich nicht; bei ihrer ersten Verabredung nimmt das junge Mädchen ihre festgelegte Haltung ein, und ein halbes Leben später, nach ihrer Scheidung, tut sie es wieder. Die Rolle der Frau in dieser rituellen Konfiguration ändert sich nicht einmal, als sie als »Mutter von Menschen« schon lange ihre Fähigkeit bewiesen hat, andere zu beschützen.

Die Rigidität dieser rituellen Konstellation kommt in der Schlüsselszene der Verfilmung von Anne Tylers *Die Reisen des Mr. Leary* zum Ausdruck. Der Held Macon taucht aufgelöst und aufgewühlt in der Wohnung von Muriel auf, einer Frau, die ein romantisches Interesse an ihm bekundet hat. Macon erzählt Muriel vom schrecklichen Tod seines Sohnes und gesteht, daß er unfähig ist, darüber hinwegzukommen. Angerührt von seiner Geschichte, führt Muriel Macon zum Bett, um ihn in seinem vernichtenden Verlust zu trösten. Im Bett legt Macon sich auf den Rücken und hebt seinen Arm, um ihn um Muriel zu legen, die sich an ihn schmiegt. Beim Drehen dieser Szene hat der Regisseur offenbar das Gefühl, daß die Anforderungen der Konvention, die verlangen, daß der Mann die physische Position des Beschützers und Trösters einnimmt, stärker seien als die Anforderungen der in Frage stehenden Szene, in der Muriel Macon tröstet.

Die Körperhaltung, die Frauen und Männer einnehmen, wenn sie sich zusammen hinlegen, ist nur eine von vielen Aufstellungen aus einem ganzen Netzwerk von Asymmetrien, mit denen wir unsere Geschlechtsrolle inszenieren und gleichzeitig die Statusunterschiede zwischen Männern und Frauen verstärken. Goffman beschreibt diese Asymmetrien mit großer Eloquenz:

> In allen Schichten unserer Gesellschaft geht noch der zärtlichste Ausdruck von Mitgefühl mit Darstellungen einher, die politisch fragwürdig sind und in denen der Platz, den die Frau einnimmt, ein anderer als der des Mannes und zu diesem reziprok ist. Liebevolle Gesten zwischen den Geschlechtern choreografieren stets das Verhältnis zwischen einem Beschützer und einer Beschützten, dem Umarmenden und der Umarmten, dem Tröster und der Getrösteten, dem Ernährer und der Ernährten, dem Spender von Liebe und Zuneigung und der Empfängerin dieser Gaben; und es wird als ganz natürlich angesehen, daß der Mann umfängt und die Frau sich umfangen läßt. Und dies gemahnt uns nur daran, daß die Herrschaft des Mannes von ganz besonderer Art ist – eine Herrschaft, die sich bis in die zärtlichsten, liebevollsten Momente erstreckt, offenbar, ohne Spannungen zu erzeugen: Ja, diese Momente können wir uns gar nicht frei von solchen Asymmetrien vorstellen.

Das Geschlecht ist eine Kategorie, die nicht verschwinden wird. Goffman weist darauf hin, »daß die Geschlechtszugehörigkeit zu den am tiefsten verankerten Merkmalen des Menschen gehört«. Mit unseren Verhaltensweisen erschaffen wir Männlichkeit und Weiblichkeit und glauben dabei die ganze Zeit, uns einfach nur »natürlich« zu benehmen. Aber unser Bewußtsein von dem, was natürlich ist, ist bei Frauen und Männern unterschiedlich. Und was wir als natürlich männlich und natürlich weiblich ansehen, beruht auf asymmetrischen Aufstellungen.

Um es mit Goffmans Begriffen zu sagen, die Geschlechterbeziehungen sind dem Eltern-Kind-Komplex nachgebildet. Mit anderen Worten, die Art und Weise, in der wir versuchen, unser Geschlecht als gute Frauen und Männer zu inszenieren, ist in ihrer Bedeutung den Eltern-Kind-Beziehungen analog. Goffman weist darauf hin, daß Männer sich Frauen gegenüber verhalten wie Erwachsene Kindern gegenüber: Sie sind liebende Beschützer, die Türen aufhalten, Süßigkeiten anbieten, Sachen von hohen Regalen holen und schwere Lasten tragen. Aber die Privilegien der Kindheit sind untrennbar mit ihren Nachteilen verbunden: Die Aktivitäten von Kindern können jederzeit abgebrochen werden, ihre Zeit und ihr Territorium sind entbehrlich. Mit dem Privileg des Beschütztwerdens gehen der Verlust von Rechten einher und ein Mangel an Respekt. Der Beschützer wird als kompetent und tüchtig eingerahmt, als jemand, dem Respekt gezollt werden muß. Der Beschützte wird als inkompetent und untüchtig eingerahmt, als jemand, dem man mit wohlwollender Nachsicht begegnet.

Asymmetrien in Gesprächen: »Ich hab's doch nur für dich getan«

Bei meinen Gesprächen mit Ehepaaren über die Kommunikation in ihrer Beziehung war ich überrascht, wie oft Männer sich auf ihre Rolle als Beschützer der Frauen bezogen, wenn sie erklären wollten, warum sie dies oder jenes gesagt hatten. Ein Ehepaar berichtete mir zum Beispiel von einem kürzlichen Streit. Der Frau war aufgefallen, daß ihr Mann seinen Arm schonte, und sie fragte, warum. Er sagte, daß sein Arm schmerze. Sie fragte, wie lange schon, und er sagte: »Oh, ein paar Wochen.« Zu seiner Überraschung reagierte sie verletzt und verärgert: »Behandel mich ruhig wie eine Fremde!«

Für sie bedeutete Nähe, sich zu erzählen, was in einem vorgeht, was auch umfaßt, daß man sich mitteilt, wenn man sich krank fühlt. Dadurch, daß ihr Mann nichts von seinem schmerzenden Arm erwähnte, schob er sie von sich weg, schuf Distanz. Die Sichtweise dieser Frau verstand ich instinktiv. Den Standpunkt des Mannes verstand ich nicht sofort. Als er seine Seite der Geschichte erklärte, sagte er: »Ich nehme an, Männer lernen von Anfang an, Frauen zu beschützen.« Das verwirrte mich. Ich fragte, was das damit zu tun hatte, daß er seiner Frau nicht erzählte, daß sein Arm schmerzte. »Dadurch habe ich sie beschützt«, erläuterte er. »Warum sollte ich ihr Sorgen bereiten und ihr von den Schmerzen erzählen? Vielleicht hat es nichts weiter zu bedeuten und verschwindet von selbst wieder.«

Daß der Mann sich in der Beschützerrolle sah, spiegelt sich darin, daß er entscheidet, was er seiner Frau erzählt und was nicht. Aber die Beschützerrolle ist auch Ergebnis und gleichzeitig Bestätigung der Aufstellung, die dem Mann eine überlegene Rolle zuweist. Er ist stärker als seine Frau, und er hat die Macht, ihr durch die Informationen, die er ihr zukommen läßt, Sorgen zu bereiten. Der Mann hat nicht den Eindruck, daß sein Verhalten Distanz schafft – im Gegensatz zu seiner Frau. Für ihn ist Intimität gar nicht das Thema. In der Welt der Frau ist der Austausch persönlicher Informationen die fundamentale Grundlage von Intimität, und die Zurückhaltung solcher Informationen beraubt sie der für sie lebenswichtigen Nähe. Die unterschiedliche Interpretation derselben Information spiegelt einfach die unterschiedlichen Hauptanliegen von Mann und Frau wider. Sie sind auf verschiedene Frequenzen eingestimmt.

Es ist durchaus möglich, daß dieser Mann auch seine Autonomie bewahren wollte, als er die übertriebene Sorge seiner Frau abwehrte. Aber das war nicht der Grund, den er angab. In seinem Erklärungssystem ist die Beschützerrolle entscheidend. Dasselbe gilt für einen anderen Ehemann, dessen Frau sich über ein ganz anders gelagertes Verhalten beschwerte.

Die Ehefrau, die ich Michele nennen möchte, nahm Anstoß an der Gewohnheit ihres Mannes Gary, als Antwort auf ihre Fragen andere Informationen zu liefern als die, um die sie gebeten hatte. Hier sind zwei typische Beispiele, von denen sie berichtete:

Michele: Wann fängt das Konzert an?
Gary: Du mußt um halb acht fertig sein.

Michele: Wie viele Leute kommen zum Abendessen?
Gary: Mach dir keine Gedanken. Wir haben genug zu essen.

Michele ist frustriert, weil sie das Gefühl hat, daß Gary durch die Zurückhaltung von Informationen in ihrer Partnerschaft die Macht an sich reißt. Aber er behauptet, auf sie »achtzugeben«, indem er gleich zum wirklichen Kern ihrer Fragen kommt. Beide Standpunkte sind plausibel. Das Paar interpretiert dasselbe Gespräch anders, weil das Beschützen mehrdeutig ist. Für ihn ist die Aufmerksamkeit, die er ihren Sorgen widmet, beschützend; sie hat den Eindruck, daß er sich mit seiner beschützenden Haltung als überlegen in Kompetenz und Kontrolle einrahmt.

Ein anderer Mann berichtete von ähnlichen Unterhaltungen mit seiner Frau. In diesem Fall waren die Rollen jedoch vertauscht: Es war die Frau, Valerie, die nicht die gestellte Frage beantwortete, sondern das weitergibt, was sie für die relevante Information hält. Und es ist der Mann, Ned, der Anstoß daran nimmt. Es folgen zwei Beispiele für ihre Dialoge:

Ned: Gehst du jetzt?
Valerie: Du kannst ein Nickerchen machen, wenn du willst.

Ned: Bist du fertig damit?
Valerie: Möchtest du jetzt Abendbrot essen?

Valeries Erklärung, mit der sie sich gegen die Vorwürfe ihres Mannes verteidigt, ist völlig anders als die des Ehemannes im vorigen Beispiel. Sie sagt, daß sie nur Neds Wünschen und Anliegen zuvorkommt. Dieser Mann und diese Frau geben verschiedene Erklärungen für dasselbe Verhalten; sie scheinen wirklich überzeugt zu sein, die gleiche Sache aus verschiedenen Gründen zu tun. Entscheidend für ihn ist, der Beschützer zu sein; entscheidend für sie ist, hilfreich zu sein.

Frauen und Männer haben (oder äußern) manchmal unterschiedliche Motive für ähnliche Verhaltensweisen, aber es gibt auch Situationen, in denen die unterschiedlichen Motivationen zu unterschiedlichem Verhalten führen. Jedes Individuum findet für sich einen ganz eigenen Weg des Umgangs mit Statusunterschieden und der Bindung an andere Menschen. Aber wenn wir diese Motivationen als die beiden Enden eines Spektrums sehen, neigen Frauen und Männer dazu, sich an entgegengesetzten Enden zusammenzudrängen. Aufgrund dieser Unterschiede im Standpunkt kann es sein, daß ein Mann und eine Frau die gleiche Szene auf unterschiedliche Weise wahrnehmen und die Motive des anderen falsch interpretieren. Verständnis für diese Unterschiede kann Fehlinterpretationen abwenden und da einen Sinn hineinbringen, wo kein Sinn zu sein schien.

Rätsel lösen

Ein Mann erzählte mir einmal ganz verwirrt von dem rebellischen Freund seiner Kinderzeit, Henry. Henry pflegte sich bei jeder Gelegenheit über die Autorität hinwegzusetzen: mit seiner Frisur (seine Haare standen immer in alle Richtungen ab), mit der Art, wie er sich kleidete (extravagant, absurd), durch das, was er anstellte (verrückte Telefonstreiche, öffentliche Verhöhnung von Lehrern), und durch seine Zukunftspläne (er weigerte sich, das College zu besuchen, und ging statt dessen ins Ausland). Aber ein paar Jahre später kam Henry zurück – und hatte sich in einen Traditionalisten verwandelt. Beispielsweise bestand er darauf, daß seine Freunde bei einem Besuch ihre Ehefrauen mitbrachten, da er von Ehefrauen erwartete, ihre Männer überallhin zu begleiten. Und seine politischen Ansichten wurden zusehends konservativer.

Der rebellische Jugendliche, der sich in einen autoritären Erwachsenen verwandelt, ist ein häufig beobachtetes Paradox. Ich erinnere mich, wie überraschend ich Charlotte Lindes Beobachtungen zunächst fand. Die Polizisten, deren Unterhaltungen sie untersucht hatte, redeten häufig davon, was für »schlimme Jungen« sie gewesen waren, übertrafen sich gegenseitig mit Geschichten über ihre jugendlichen Eskapaden und die schlaue Art, in der sie in ihren wilden Tagen das Gesetz gebrochen hatten. Als ich anfing, die Sichtweise der Welt als einer hierarchischen sozialen Ordnung zu begreifen, paßten die Teile dieses rätselhaften Puzzles plötzlich zusammen. »Geborene Rebellen«, die die Autorität mißachten, haben nicht etwa keinen Sinn für Autorität, sondern reagieren übersensibel auf sie. Die Mißachtung der Autorität ist ein Weg, sich selbst zu bestätigen und sich zu weigern, die untergeordnete Position zu akzeptieren. Wenn sie alt genug sind oder etabliert genug, um die dominierende Position zu übernehmen, wird die Stützung der Autorität der Weg zur Selbstbestätigung, da die Hierarchie nun zu ihrem Vorteil operiert.

Ein weiteres Rätsel, das sich für mich klärte, waren die Ähnlichkeiten, die mich mit meinem Vater verbanden, und unsere Unterschiedlichkeit. Zum Beispiel hat mein Vater mir seine Liebe zum Lesen und für Worte vermittelt. »Was liest du gerade?« hat er mich als Kind regelmäßig gefragt. Aber ich war enttäuscht, als ich als junge Erwachsene versuchte, ihm einige meiner Lieblingsromane zu empfehlen, und er es nicht schaffte, sie durchzulesen. »Sie sind so langweilig«, pflegte er zu sagen. »Nie passiert was.« Und er konnte mich nie dazu überreden, einige der Bücher zu lesen, die er als Kind (*Die drei Musketiere* beispielsweise) oder als Erwachsener (*Der Malteser Falke*) geliebt hatte. Wie die meisten Männer ist mein Vater an *Action* interessiert. Das ist auch der Grund, aus dem meine Mutter oft enttäuscht ist, wenn sie ihm erzählt, daß sie sich nicht wohl fühlt, und er ihr anbietet, sie zum Arzt zu bringen. Er konzentriert sich auf das, was er tun kann, während sie Mitgefühl und Anteilnahme erwartet.

Zwei Wege, um Verbundenheit herzustellen

Das Angebot der Anteilnahme und das Angebot, etwas für einen anderen zu tun, können verschiedene Wege zur Erreichung desselben Ziels sein – Verbundenheit mit anderen zu schaffen. Alle Gespräche dienen sowohl dem universellen menschlichen Bedürfnis nach Bindung als auch dem gleichzeitig vorhandenen, aber entgegengesetzten Bedürfnis nach Unabhängigkeit. Und nicht nur Nähe hat für Frauen und Männer oft eine entgegengesetzte Bedeutung, sondern auch Unabhängigkeit. Wenn jemand menschliche Beziehungen als im wesentlichen hierarchisch sieht, wird er das Gefühl haben, daß er, um unabhängig zu sein, dominieren muß und nicht untergeordnet sein darf. Aber noch eine andere Sichtweise ist möglich. Es ist denkbar, nicht abhängig oder untergeordnet und trotzdem nicht dominierend zu sein. Mit anderen Worten, es gibt eine symmetrische, nicht asymmetrische Unabhängigkeit.

Die These, daß diese beiden Sichtweisen der Unabhängigkeit charakteristisch für Männer und Frauen sind, wird von Philip Blumsteins und Pepper Schwartz' Studie *American Couples* gestützt. Ein von ihnen als typisch eingestufter Ehemann sagte, er brauche das Gefühl, daß er selbst unabhängig und *andere von ihm abhängig* seien. Das ist eine natürliche Folge der Beschützerhaltung, die in das Männlichkeitsbild unserer Gesellschaft eingebaut ist. Der Unterschied zwischen männlichen und weiblichen Einstellungen zur Unabhängigkeit kommt auch in der Haltung gegenüber Geld zum Ausdruck. Blumstein und Schwartz stellen fest, daß Geld Männern ein Gefühl von Macht verleiht, während es für Frauen Sicherheit und Selbständigkeit bedeutet – schlicht die Fähigkeit, nicht abhängig zu sein. Ein faszinierendes Resultat von Blumsteins und Schwartz' Vergleich heterosexueller und homosexueller Paare ist, daß nur bei lesbischen Paaren der Partner mit dem höheren Verdienst nicht mehr Macht und Gewicht in der Partnerschaft hat. Lesben benutzen das Geld zur Vermeidung von Abhängigkeit und nicht zur Herstellung von Dominanz. Und nur bei männlichen, schwulen Paaren fühlte sich einer der Partner erfolgreicher, wenn das Einkommen des anderen niedriger war.

Wenn Stärken zu Verpflichtungen werden

Dieses abweichende Verständnis von Unabhängigkeit erwächst aus den unterschiedlichen Beziehungsformen, die Frauen und Männer als heranwachsende Jungen und Mädchen lernen und einüben. Und der Druck, den diese ungleichen Welten ausüben, ist für jedes der Geschlechter anders. Für Jungen und Männer kann der Druck, gute Beziehungen zu anderen aufrechtzuerhalten und gleichzeitig gewandt und kenntnisreich zu wirken sowie die entsprechende Rangordnung auszuhandeln, zur Bürde werden. Für Mädchen und Frauen kann der Druck, Status zu erwerben und gleichzeitig Konflikte zu vermeiden und nicht besser zu erscheinen als andere, zur Bürde werden.

Frauen leiden manchmal unter einem zu großen Harmoniestreben. Ihre Erwartung, daß eine Problemäußerung mit ähnlich gelagerten Problemen beantwortet werden sollte, kann zum Beispiel als strikte Anforderung, ähnliche Schwierigkeiten zu haben, empfunden werden. Eine Frau sagte über ihre Freundin: »Marian versucht, mich in ihre Neurosen einzubinden, indem sie andeutet, daß ich die gleichen Probleme hätte wie sie. Das gefällt mir nicht, weil es nicht der Fall ist.« Eine andere Frau, Jill, erzählte mir ähnlich frustriert von ihrer Freundin Elizabeth, die zu sagen pflegte: »Das macht uns Schwierigkeiten« oder »Das ist ein Problem für uns«. Wenn Elizabeth eine derartige Äußerung macht, die Jill mit einbezieht, erwartet sie, daß ihre Freundin darauf mit einer gleichartigen Erfahrung reagiert. Wenn Jill antwortet: »Für mich ist das kein Problem«, fühlt Elizabeth sich zurückgestoßen und beschuldigt Jill, sie im Stich zu lassen. »Manche Frauen lassen nicht zu, daß du anders bist«, sagt Jill. »Sie lassen keinen Raum für Individualität.«

Wenn Frauen nicht immer völlig zufrieden sind mit ihren Frauenfreundschaften, so sind auch nicht alle Männer glücklich mit ihren Männerfreundschaften. Ich habe schon von vielen Männern gehört, daß sie als Freunde Frauen vorziehen, weil sie es schwer finden, mit Männern zu reden. Ein Mann erzählte mir, daß er in einer neuen Stadt zwei Jahre gebraucht hätte, um zwei Männer zu finden, die bereit waren, darüber zu reden, wie sie sich fühlten, Probleme einzugestehen und sich seine Probleme anzuhören – Männer, bei denen er nicht das Gefühl hatte, sie würden ihn als Konkurrenz ansehen. Das männliche Bedürfnis, jederzeit stark und unabhängig zu sein, kann als strikte Anforderung, nie Probleme zu haben, empfunden werden. Diese Ansicht vertrat ein geschiedener Mann Catherine Kohler Riessman gegenüber: »Ich glaube, man will um jeden Preis vermeiden, daß irgend jemand weiß, daß man Probleme hat... man versucht immer, sie für sich zu behalten.«

Mehrere Männer haben mir gegenüber bemerkt, daß es insbesondere amerikanische Männer sind, die ein freundliches Gespräch in einen Wettbewerb verwandeln. Ein Brite erzählte mir, daß in England seine besten Freunde Männer gewesen seien, aber seit er in die USA ausgewandert wäre, hätte er hauptsächlich Frauen als Freunde. Bei einem Besuch in England verbrachte er einige Zeit mit einem alten Freund. »Wir haben uns gegenseitig nachgegeben«, sagt er in dem Versuch, mir den Unterschied zu erklären. »Wir haben nicht die ganze Zeit versucht, dem anderen eine Nasenlänge voraus zu sein.« Ein Amerikaner äußerte eine ähnliche Ansicht. Er sagte, es falle ihm leichter, mit europäischen Männern zu reden. »Das Reden mit amerkanischen Männern«, kommentierte er, »ist wie das Betreten eines Kriegsgebietes.«

Und dennoch, der Mann, der zwei Jahre gebraucht hatte, um Männer zu finden, mit denen er sich anfreunden konnte, fand schließlich zwei. Und jeder kennt Frauen und Männer, die auf irgendeine Weise dem anderen Geschlecht ähnlicher sind als ihrem eigenen. Das ist ganz natürlich, da die von den Individuen entwickelten Verhaltensmuster auf unzähligen Einflüssen basieren, wie zum Beispiel dem Ort ihres Aufwachens, dem ethnischen Hintergrund, religiöser oder kultureller Zugehörigkeit, der Klasse und dem riesigen Reservoir persönlicher Erfahrung und genetischen Erbes, was das Leben und die Persönlichkeit jedes Menschen einzigartig macht. Aber die Erkenntnis eines Musters, mit dessen Hilfe die Einschätzung individueller Unterschiede möglich wird, ist ein Ausgangspunkt, der nicht nur die Entwicklung von Selbsterkenntnis, sondern auch von Flexibilität ermöglicht – sie gibt uns die Freiheit, etwas anderes zu versuchen, wenn die automatischen Verhaltensweisen nicht zu völlig zufriedenstellenden Resultaten führen.

Beide, Frauen und Männer, könnten davon profitieren, vom Stil des anderen zu lernen. Viele Frauen könnten von Männern lernen, etwas konfliktfreudiger zu werden und Unterschiede zu akzeptieren, ohne sie als Bedrohung der Intimität zu empfinden. Und viele Männer könnten von Frauen lernen, eine gegenseitige Abhängigkeit zu akzeptieren, ohne darin eine Bedrohung ihrer Freiheit zu sehen.

Die Neigung von Frauen, die Nähe zum anderen durch die Vermeidung von Konflikten zu bewahren, erklärt auch die zunächst überraschende Feststellung von Blumstein und Schwartz, daß Frauen eher den Wunsch haben, etwas ohne ihre Partner zu unternehmen, als Männer. Ich denke, das hat zwei Ursachen. Erstens ist vielen Frauen eine Art der Kommunikation mit ihren Freundinnen möglich, die sie mit ihrem Partner nicht haben, und in Gegenwart des Partners geht das nicht. Zweitens passen Frauen sich eher an, wenn sie mit ihren Partnern zusammen sind, erkaufen Harmonie auf Kosten ihrer eigenen Wünsche und Vorlieben. Aus diesem Grund setzt das Zusammensein mit dem Partner sie größerem Druck aus als Männern, die weniger geneigt sind, sich anzupassen.

Automatische Anpassung ist eine Belastung, aber der automatische Widerstand gegen den Willen des anderen ist das auch. Manchmal ist es effektiver, sich zu verhalten wie ein Verbündeter. Der »beste« Stil ist flexibel. Am freiesten sind die, die wählen können, welche Strategien sie anwenden wollen, nicht die, die sklavisch dasselbe Skript wieder und wieder durchspielen müssen – wozu wir alle neigen. Es ist nichts an sich Falsches am automatisierten Verhalten. Wenn wir nicht die meisten Dinge automatisch erledigen würden, würde es uns enorm viel Konzentration und Energie kosten, überhaupt etwas zu tun. Aber wenn wir uns unseres Gesprächsstils bewußt werden und wissen, wie effektiv er ist, können wir uns über unsere automatischen Impulse hinwegsetzen und unseren gewohnten Stil abändern, wenn er uns nicht dienlich ist.

Es kommt drauf an

In dem Versuch, sich ihres Gesprächsstils wirklich bewußt zu werden, fragen Leute mich oft, was ein bestimmter Ausdruck oder eine Sprechgewohnheit »wirklich bedeutet«. Ich antworte immer, daß keine Redewendung oder Angewohnheit nur eine einzige Bedeutung hat. Was, oberflächlich gesehen, wie derselbe Sprechstil aussieht, wie zum Beispiel das Überlappen – anfangen zu reden, wenn ein anderer bereits spricht –, kann die unterschiedlichsten Bedeutungen und Auswirkungen haben. Ein Zuhörer kann zusammen mit einem Sprecher das Wort ergreifen, um ihn zu unterstützen oder um das Thema zu wechseln. Sogar das Wechseln des Themas kann eine Vielzahl von Bedeutungen haben. Es kann einen Mangel an Interesse aufzeigen, es kann ein Versuch sein, das Gespräch zu dominieren, oder es kann eine Art »Mittel der gegenseitigen Enthüllungen« sein – der Zuhörer bringt Erfahrungen ein, die denen des Redners entsprechen. Sogar gegenseitige Enthüllung kann unterschiedliche Motive haben: Entweder es geschieht in einem Geist der Verbundenheit, um eine Beziehung zu festigen und Gemeinsamkeiten zu betonen, oder im Geist der Konkurrenz, um eine Geschichte zu übertreffen und sich selbst als den Wichtigeren hinzustellen.

Ein von Lee Cronk verfaßter Artikel über das Schenken in verschiedenen Kulturen belegt, daß das gleiche Verhalten ganz unterschiedliche Bedeutungen haben kann. In einem Beispiel aus Afrika beschreibt Cronk einen Brauch namens *hxaro* mit den Worten eines !Kung-Mannes mit dem Namen !Xoma: »Hxaro ist, wenn ich etwas Wertvolles nehme und es dir gebe. Später, viel später, wenn du etwas Gutes findest, gibst du es mir. Wenn ich etwas Gutes finde, werde ich es dir geben, und so werden wir die Jahre verbringen.« Die Frage, was als fairer Austausch gelten würde (wie viele Perlenstränge müßtest du zum Beispiel verschenken, wenn dein Freund dir einen Speer gab?), wollte !Xoma nicht beantworten. Er erklärte, daß jegliche Gegengabe akzeptabel sei, weil »wir nicht mit Dingen handeln, wir handeln mit Menschen«.

Im Gegensatz dazu gibt es in einer Gesellschaft Neuguineas einen *moka* genannten Brauch, in dem Geschenke gemacht werden, um Prestige zu gewinnen und Rivalen zu beschämen. Ein legendäres *moka*-Geschenk aus den siebziger Jahren bestand unter anderem aus mehreren hundert Schweinen, einigen Kühen und wilden Vögeln, einem Lastwagen, einem Motorrad und Tausenden von Dollars. Der Mann, der all dies verschenkte, soll zu dem Empfänger der Gaben gesagt haben: »Ich habe gewonnen. Ich habe dich niedergeschlagen, indem ich soviel gab.«

In diesen beiden kulturellen Ritualen hat die gleiche Handlung – das Geben von Geschenken – eine völlig unterschiedliche Bedeutung. *Hxaro*, ein Brauch unter Freunden, ist kooperativ, wohingegen *moka*, ein Brauch unter Rivalen, konkurrenzbetont ist. Der entscheidende Unterschied zwischen beiden ist Symmetrie im Gegensatz zu Asymmetrie. Bei *hxaro* ist der Austausch der Geschenke symmetrisch, jeder der Freunde revanchiert sich mit einem entsprechenden Geschenk. Aber bei *moka* ist der Austausch asymmetrisch, jeder der Rivalen versucht, die Gaben des anderen zu übertreffen, um so an die Spitze zu kommen.

Da jede Äußerung oder Handlung völlig unterschiedlichen Motiven und Intentionen entspringen kann, ist es nicht gefahrlos möglich, unserem Instinkt zu vertrauen, wenn er uns sagt, was ein Kommentar oder eine Handlung »bedeutet«. Die instinktive Reaktion eines Mitglieds der !Kung auf ein Geschenk kann ganz anders ausfallen als die eines Angehörigen des neuguineischen Stammes, der *moka* praktiziert. Das Bewußtwerden dieser Tatsache könnte ein Schlüssel zur Verbesserung von Gesprächen und Beziehungen zwischen Männern und Frauen sein. Wir würden alle gut daran tun, unseren automatischen Reaktionen auf das, was andere sagen, zu mißtrauen, insbesondere, wenn unsere automatische Reaktion negativ ist. Statt dessen sollten wir versuchen, die Dinge aus der Perspektive des anderen zu sehen. Wenn sie erst einmal wissen, daß Männer und Frauen oft ganz unterschiedliche Vorstellungen von der Welt und von Gesprächsstilen haben, entwickeln die Menschen große Kreativität beim Aufspüren der Auswirkungen dieser Kluft auf ihre eigene Partnerschaft.

Kommunikationswege öffnen

Viele Experten teilen uns mit, daß wir alles falsch machen und unser Verhalten ändern sollten – was meistens einfacher klingt, als es ist. Ein Sensibilitätstraining bewertet Männer nach weiblichen Maßstäben, versucht, sie dazu zu bringen, mehr so zu reden wie Frauen. Ein Selbstbehauptungstraining beurteilt Frauen nach männlichen Maßstäben und versucht, sie dazu zu bringen, mehr so zu reden wie Männer. Ohne Zweifel kann vielen Menschen geholfen werden, wenn sie lernen, sensibler oder selbstsicherer zu werden. Aber wenigen Menschen wird dadurch geholfen, daß man ihnen sagt, sie würden alles falsch machen. Und unter Umständen ist am Verhalten von Menschen kaum etwas falsch, auch wenn nur Streit dabei herauskommt. Das Problem kann darin liegen, daß jeder der Partner innerhalb eines anderen Systems operiert, einen anderen Genderlekt spricht.

Eine offensichtliche Frage ist: Kann Genderlekt gelernt werden? Können Menschen ihren Gesprächsstil ändern? Sie können – wenn sie es wirklich wollern – bis zu einem gewissen Grade. Aber diejenigen, die diese Frage stellen, wollen selten ihren eigenen Gesprächsstil ändern. Gewöhnlich wollen sie ihren Partner zur Reparatur schicken: Sie hätten gern, daß er oder sie sich ändert. Die Änderung des eigenen Gesprächsstils ist gewöhnlich weit weniger ansprechend, weil es nicht nur das Verhalten, sondern auch das Selbstbild betrifft. Daher ist es ein realistischerer Ansatz, wenn wir lernen, die Mitteilungen des anderen zu verstehen und die eigenen Mitteilungen auf eine Art und Weise zu erklären, die der Partner verstehen und akzeptieren kann.

Ein Verständnis der Genderlekte macht Veränderungen – den Versuch, anders zu sprechen – möglich, wenn wir es wollen. Aber auch wenn niemand sich ändert, verbessert das Verstehen der Genderlekte eine Beziehung. Wenn Menschen sich erst einmal bewußt geworden sind, daß ihre Partner einen anderen Gesprächsstil haben, sind sie eher bereit, Unterschiede zu akzeptieren, ohne sich, ihrem Partner oder der Beziehung die Schuld zu geben. Der größte Fehler ist zu glauben, es gäbe eine richtige Art des Zuhörens, Redens, Sich-Unterhaltens – oder eine richtige Art, eine Beziehung zu führen. Nichts tut mehr weh, als gesagt zu bekommen, unsere Absichten seien schlecht, wenn wir wissen, daß sie gut sind, oder gesagt zu bekommen, wir würden etwas falsch machen, wenn wir wissen, daß wir es einfach nur auf die uns eigene Art und Weise tun.

Wenn man Stilunterschiede nicht als das erkennt, was sie sind, zieht man Schlüsse über die Persönlichkeit (»Du bist unlogisch«, »Du bist unsicher«, »Du bist ichbezogen«) oder die Intentionen (»Du hörst nie zu«, »Du unterdrückst mich«) des Partners. Wenn Stilunterschiede als solche erkannt werden, nimmt ihnen das den Stachel. Zu glauben: »du interessierst dich nicht für mich«, »du liebst mich nicht so, wie ich dich liebe« oder »du willst mir meine Freiheit nehmen«, ist ein gräßliches Gefühl. Die Überzeugung, daß »du eine andere Art hast zu zeigen, daß du zuhörst« oder »daß du mich liebst«, ermöglicht es, Verhaltensänderungen zu verlangen oder sie vorzunehmen, ohne dem anderen die Schuld zuzuschieben oder die Schuld auf sich zu nehmen.

Wenn wir die Unterschiede in dem, was ich Gesprächsstil nenne, verstehen, sind wir vielleicht noch immer nicht in der Lage, die Entstehung von Meinungsverschiedenheiten zu verhindern, aber wir haben eine größere Chance zu vermeiden, daß sie außer Kontrolle geraten. Wenn ernsthafte Kommunikationsversuche in einer Sackgasse enden und ein geliebter Partner irrational und stur zu sein scheint, können die verschiedenen Sprachen, die Männer und Frauen sprechen, die Grundlagen unseres Lebens erschüttern. Zu verstehen, wie der andere redet, ist ein Riesensprung hinweg über den Graben, der die Verständigung zwischen Frauen und Männern so schwierig macht, und ein Riesenschritt hin zur Öffnung von Kommunikationswegen.

Anmerkungen

Genaue Literaturangaben zu den zitierten wissenschaftlichen Studien finden sich in der Bibliographie. Bei mehreren Artikeln oder Büchern vom selben Autor wird mit einer Anmerkung auf die jeweilige Quelle verwiesen.

Bibliographische Hinweise auf sekundäre Quellen wie Zeitungsartikel o. ä. sind in den Anmerkungen aufgeführt.

Vorwort

12 Meine Untersuchung über Indirektheit in Gesprächen trägt den Titel: »Ethnic Style in Male-Female Conversation«.

12 Eine ähnliche Zurückhaltung ist bei Untersuchungen erkennbar, die Minderheiten betreffen. Andrew Hacker (»Affirmative Action: The New Look«, *The New York Review of Books*, 12. Okt. 1989, S. 68) berichtet zum Beispiel von einem Vorfall, bei dem schwarze Organisationen die Zurückziehung eines Handbuches verlangten, das vom New York State Department of Education herausgegeben wurde und in dem erklärt wurde, daß Schwarze und Weiße ein unterschiedliches Lernverhalten haben. Obwohl die Untersuchung von einer schwarzen Wissenschaftlerin, Janice Hale-Benson, durchgeführt wurde, brandmarkten die Gegner die Ergebnisse als rassistisch. Dazu Hacker: »Die Frage ist natürlich, ob die von Hale-Benson analysierten Tendenzen als anders oder auch als minderwertig gedeutet werden.« Das Schlüsselwort ist »gedeutet«. Die Reaktionen von Lesern können sich von den Absichten des Autors erheblich unterscheiden.

13 Mein Artikel »Did You Say What I Just Heard?« erschien am 12. Okt. 1986 in der *Washington Post*, S. 3. Die *Toronto Star*-Version erschien (ohne mein Wissen) unter dem Titel »Why We Should Also Listen Between the Lines« am 16. Nov. 1986, S. D1. Bei dem Lehrbuch, das Auszüge aus dieser gekürzten Version enthält, handelt es sich um *People in Perspective* (2. Auflage). Hrsg. von Wayne Sproule (Scarborough, Ontario: Prentice Hall Canada, 1988). Der Text folgte der *Star*-Version, obwohl ich meine Einwilligung nur unter der Voraussetzung gegeben hatte, daß die gestrichene Textstelle eingefügt würde.

15 Die Metapher des ›Unter-den-Teppich-Kehrens‹ stammt von Robin Lakoff. Ich habe diesen Vergleich zum erstenmal 1973 gehört, als ich Lakoffs Seminar am Linguistic Institute der University of Michigan besuchte.

15 Abby Abinanti. »Lawyer«, *Women and Work: Photographs and Perso-*

nal Writings. Hrsg. v. Maureen R. Michelsen: Fotografien von Michael R. Dressler u. Maureen R. Michelsen (Pasadena, CA 1986), S. 52.

I
Andere Worte, andere Welten

20 Der Begriff »Bindung« als weibliches Ziel und Motiv wird Leser an Carol Gilligans einflußreiches Buch über die moralische Entwicklung von Mädchen erinnern. Ich habe sie in meinen Ausführungen nicht zitiert, weil meine Status-Bindungs-Theorie ein direktes Ergebnis der Macht-Solidarität-Dimension, eines grundlegenden linguistischen Konzepts, ist. Dieses Konzept, das Roger Brown und Albert Gilman mit ihrem 1960 erschienenen Artikel »The Pronouns of Power and Solidarity« einführten, wurde von Paul Friedrich in seinem 1972 veröffentlichten Artikel »Social Context and Semantic Feature: The Russian Pronominal Usage« weiterentwickelt und wird in der linguistischen Literatur häufig behandelt (vgl. Kapitel I »Address Forms« in Ralph Fasolds *The Sociolinguistics of Language*). Die motivierende Kraft dieser Verhaltensmechanismen in Gesprächen ist eines der Hauptthemen meines 1986 erschienenen Buches *That's Not What I Meant!*, das ein Kapitel mit dem Titel »Power and Solidarity« umfaßt. In diesem Buch verwende ich die Begriffe *Status* und *Bindung*, weil mir bewußt wurde, daß die anderen Ausdrücke für Laien andere Konnotationen haben als für Soziolinguisten: *Macht* wird im normalen Sprachgebrauch mit absichtlicher Machtausübung verbunden, und der Begriff *Solidarität* weckt Assoziationen mit den politischen Entwicklungen in Polen.
25 Das Zitat vom Tom Whittaker erschien in »A Salute to Everyday Heroes«, *Newsweek*, 10. Juli 1989, S. 46.
30 Der Begriff »Rahmen« geht auf Gregory Bateson zurück, »Eine Theorie des Spiels und der Phantasie«, *Ökologie des Geistes*. Erving Goffman entwickelte das Konzept der Rahmenbildung in seinem Buch *Rahmenanalyse* und in dem Kapitel »Footing« in *Forms of Talk*.
30 Goffman erörtert Gesprächsaufstellungen in *Rahmenanalyse* und »Footing«.
38 Für Riessman werden keine Seitenangaben zitiert, da ihr Buch noch nicht vorlag, als dieses in Druck ging.
38 »The Pros and Cons of an Academic Career: Six Views from Binghamton«, *The Chronicle of Higher Education*, 25. Januar 1989, S. A.15.
41 Barrie Thorne hat ausführlich untersucht, wie oft Jungen und Mädchen zusammen und wie oft sie unter sich spielen. Siehe zum Beispiel ihren Artikel »Girls and Boys Together... Bust Mostly Apart: Gender Arrangements in Elementary Schools«.
44 Der Begriff *Position* ist eine Anleihe bei Bronwyn Davies. Vgl. Davies u. Harré: »Positioning: Conversation and the Production of Selves«.
46 Alice Walker in einem Interview in der *Diane Rehm Show*, WAMU, Washington DC, 31. August 1989.

II
Asymmetrien: wenn Frauen und Männer aneinander vorbeireden

51 Die Christophers diskutierten über ihr Buch *Mixed Blessings* in der *Diane Rehm Show*, WAMU, Washington DC, 6. Juni 1989.

52 Der Begriff *Problemgespräch* ist eine Anleihe bei Gail Jefferson. Vgl. zum Beispiel ihren Artikel »On the Sequential Organization of Troubles-Talk in Ordinary Conversation«.

52 Das Zitat stammt aus einer Rezension von Alice Adams *After You've Gone*, die unter dem Titel »Clobbering Her Ex« in der *New York Times Book Review* erschien, 8. Oktober 1989, S. 27.

53 Bruce Dorval filmte Gespräche von Freunden und Freundinnen unterschiedlichen Alters. In dem von ihm herausgegebenen Buch *Conversational Coherence and Its Development* beschreibt er, wie die Aufnahmen zustande kamen und nach welchen Kriterien sie zusammengestellt wurden. Das Buch umfaßt einige Kapitel mit Gesprächsanalysen von Wissenschaftlern aus anderen Fachbereichen. Mein Essay über die geschlechtsspezifischen Unterschiede, die sich in diesen Gesprächsaufzeichnungen zeigen, ist in Dorvals Buch enthalten. Dieser Beitrag bildet auch die Grundlage für Kapitel IX dieses Buches.

54 Die Auszüge stammen ursprünglich aus Transkriptionen von Bruce Dorval und seinen Assistenten. Ich habe die Umschriften überarbeitet und die Interpunktion an einigen Stellen verändert, um die Texte für Nicht-Experten verständlicher und lesbarer zu machen. Für die Gesprächsauszüge in diesem Buch gelten folgende Regeln: Parenthese deutet auf beiläufige Betonung der Aussage (verringertes Tempo und verringerte Lautstärke; flache Betonung). / ? / bedeutet, daß die Äußerung unverständlich war. Ein Bindestrich nach einem Wort zeigt an, daß der Sprecher das Wort oder den Satz genau an dieser Stelle abbrach. Es handelt sich dabei im allgemeinen eher um ein leichtes Stocken oder falschen Start als um eine abrupte Selbstunterbrechung. Kursivschrift weist darauf hin, daß ein Wort oder Satz besonders stark betont wird. Drei eingeklammerte Punkte und Leerschritte zeigen eine Auslassung von mehreren Sätzen an. Drei eingeklammerte Punkte ohne Leerschritte bedeuten, daß eine Pause eintrat. **Fettdruck** weist darauf hin, daß die so markierten Äußerungen für den Aspekt, den ich mit dem jeweiligen Beispiel belegen will, besonders wichtig sind.

58 Wie alle anderen in diesem Buch zitierten Kurzgeschichten von Alice Mattison stammt »New Haven« aus *Great Wits* (New York: William Morrow, 1988). Dieses Zitat findet sich auf S. 63.

58 Mattison, »New Haven«, S. 64.

59 Matthison, »The Knitting«, S. 36.

61 Auf diese alternative Deutungsmöglichkeit des Verhaltens der Jungen, die die Probleme des Freundes leugnen, machte mich Ralph Fasold aufmerksam.

75 Mattison, »The Colorful Alphabet«, S. 125.

III
»Leg die Zeitung weg und unterhalte dich mit mir!«: Beziehungssprache und Berichtssparache

77 Connie Eble (S. 469) bezieht sich auf Gerald Carsons (S. 55) Beschreibung der »Klemmen«. In Carsons Worten: »In East Hampton, New York, legte man Klemmen an zu flinke Zungen...«

Zu den Autoren, die den geschichtlichen Hintergrund »weiblicher Geschwätzigkeit« erörtern, gehören Dennis Baron, Connie Eble, Alette Hill und Cheris Kramarae. Ein Artikel von Deborah James und Janice Drakich gibt einen Überblick über wissenschaftliche Untersuchungen, die sich mit der Frage beschäftigen, wer mehr redet: Männer oder Frauen.

80 Viele Wissenschaftler haben belegt, daß man Frauen unterstellt, sie würden mehr reden, auch wenn sie genausolange sprechen wie Männer; unter anderem Dale Spender (*Man Made Language*) und Carole Edelsky (»Who's Got the Floor?«). Myra und David Sadker (»Sexism in the Schoolroom of the '80s«) berichten, daß eine überwältigende Mehrheit von Lehrern, denen gefilmte Klassendiskussionen vorgeführt wurden, der Ansicht war, daß die Mädchen mehr gesagt hätten, obwohl die Jungen in Wahrheit dreimal soviel redeten wie die Mädchen.

80 Der Politologe Andrew Hacker hat in seiner Rezension von Anthony Pietropintos u. Jacqueline Simenauers *Husbands and Wives: A Nationwide Survey of Marriage* (New York: Times Books, 1979) außerdem darauf hingewiesen, daß Frauen mangelnde Kommunikation häufig als Scheidungsgrund angeben, während Männer, die an denselben Ehen teilgenommen hatten, darin nur selten eine Ursache sahen. (Hacker, »Divorce à la Mode«, *The New York Review of Books*, 3. Mai 1979, S. 24)

82 Ich beziehe mich hier wiederum auf Maltz und Borker, die diesbezügliche Forschungsergebnisse zusammenfassen und auswerten, so zum Beispiel Untersuchungen von Marjorie Harness Goodwin, Barrie Thorne, Donna Eder und Maureen Hallinan, Pamela Fishman und Janet Lever.

82 Die Beobachtung, daß Männer ihre Frauen als besten Freund bezeichnen, während Frauen eher andere Frauen benennen, ist häufig gemacht worden. Vgl. zum Beispiel Robert Sternberg und Susan Grajek, »The Nature of Love«.

91 Smeal war zu Gast in der *Mike Cuthbert Show*, WAMU, Washington DC, 17. Januar 1989.

91 Rehms Äußerung wird von Patricia Brennan zitiert: »Diane Rehm Making a Foray from Radio to TV«, *The Washington Post TV Week*, 28. Aug.–3. Sept. 1988, S. 8.

91 »Hinter den Kulissen« ist ein Ausdruck von Erving Goffman, *Wir alle spielen Theater. Die Selbstdarstellung im Alltag*. München: Piper, 1988.

95 Roberts und Jupp stellen die Ergebnisse ihrer Untersuchung 1985 am Linguistic Institute der Georgetown University vor.

IV
Klatsch

101 Marge Piercy, »*Fly Away Home*« (New York: Summit, 1984), S. 235.
101 Eurdora Welty, *Eine Stimme finden* (Stuttgart: Klett-Cotta, 1990), S. 29.
102 Mary Catherine Bateson, S. 227.
102 Mattison, »New Haven«, S. 63.
104 Ann Packer, »Mendocino«, *The New Yorker*, 6. Juni 1988, S. 38.
108 Ursula Le Guin, »In and Out«, *The New Yorker*, 16. Januar 1989, S. 30.
110 Edna O'Brien, »The Widow«, *The New Yorker*, 23. Januar 1989, S. 31.
112 Dan Balz, »The Public Politics of Rumor«, *The Washington Post*, 8. Juni 1989. S. A1, A10.
113 Nora Ephron, *Quetschkartoffeln gegen Trübsinn* (München: Droemer Knaur, 1984), S. 129.
115 Penelope Eckert, die das Verhalten von High-School-Schülern untersuchte, fand heraus, daß die Bereitschaft von Jungen, über Probleme zu sprechen, auch davon abhing, ob die Jungen »Sportler« oder »Schlappschwänze« waren, die erste Gruppe sprach nicht über Probleme, die zweite tat es.
118 Stephens, S. 13.
119 N. R. Kleinfield, »The Whistle Blower's Morning After«, *The New York Times*, 9. November 1986, Teil 3, S. 1. Die Detaildiskussion in diesem Kapitel stützt sich auf mein Buch *Talking Voices: Repetition, Dialogue, and Imagery in Conversational Discourse*.
120 Die Einzelheit aus Russel Bakers Buch *The Good Times* stammt aus »Restless in His Laurels«, einer Rezension zu Bakers Buch von R. Z. Shepard, *Time*, 5. Juni 1989, S. 83–84.
122 Celia Fremlin, *The Jealous One* (Chicago: Academy, 1985), S. 16–17. Steve Barish machte mich auf diese Stelle aufmerksam.
123 Mattison, »Sleeping Giant«, S. 124.
126 Den Artikel über die Partnerschaft von Sherry Turner und Linda Rabitt schrieb Randy Reiland, *The Washingtonian*, Juni 1988, S. 34.
126 Elizabeth Loftus, »Trials of an Expert Witness«, »My Turn«-Kolumne, *Newsweek*, 29. Juni 1987, S. 10.
129 Die Talk-Show, auf die ich mich hier beziehe, war *Donahue*. Ich habe die Äußerungen der Zuschauer und des Gastes entsprechend meines Verständnisses von der Show paraphrasiert. Eine Umschrift vom Verlauf der Sendung ist als *Donahue*-Transkription #031188 bei Multimedia Entertainment, Inc., erhältlich.
130 Von dieser Untersuchung männlicher und weiblicher Therapeuten berichtet *Psychiatry '86*, August 1986, S. 1, 6.

V
»Ich werd's dir erklären«: dozieren und zuhören

138 Ich beziehe mich auf Aries (1982).
138 Ebenfalls Aries (1976).
140 Fox, S. 61.
141 Mr. H.s Ansicht über weibliches Schreiben erinnerte mich an einige Äußerungen männlicher Kritiker über die Romane einer zeitgenössischen griechischen Schriftstellerin, Lilika Nakos. Weil ihre Romane den typischen Charakter der Konversationssprache einfangen, schätzen einige Kritiker die Leistung Nakos' falsch ein. Ein Kritiker bezeichnete ihre meisterhafte Prosa zum Beispiel als »spontanen Erguß«. Ein anderer urteilte, daß Nakos' Bücher »nicht Literatur, sondern Konversation« seien. Ich zitiere diese und andere Kommentare in meinem Buch *Lilika Nakos*.
142 Jules Feiffer, *Grown Ups* (New York: Samuel French, 1982), S. 7–8, 8–9 und 26–27).
149 A. R. Gurney, »Conversation Piece«, »My Turn«-Kolumne, *Newsweek*, 26. Juni 1989, S. 10–11.
150 So Aries (1976).
153 Maltz und Borker haben die ursprüngliche Untersuchung nicht durchgeführt, sondern die Forschungsergebnisse anderer Wissenschaftler ausgewertet. Daß Frauen mehr Fragen stellen und mehr Zuhörreaktionen zeigen, geht auf eine Untersuchung von Pamela Fishman und Lynette Hirschman zurück. Diese beiden Wissenschaftlerinnen wie auch Fred Strodtbeck und Richard Mann haben außerdem festgestellt, daß Frauen mehr positive Reaktionen zeigen.
156 So Aries (1976).
157 Frederick Bartholome, »War with Japan«, *The New Yorker*, 12. Dezember 1988, S. 44, 45.
160 Der Brief war von Evelyn Aron, Mexiko City, Mexiko, und erschien in *Psychology Today*, Mai 1988, S. 5.

VI
Gemeinsam und gegeneinander: Sprechweisen im Streit

161 Amy Sheldon und Campbell Leaper geben in ihren Artikeln einen Überblick über Forschungsergebnisse zu Geschlecht und Sprache.
162 Das Zitat ist von Ong, S. 51.
163 Blumstein und Schwartz, S. 212.
165 Sachs, S. 183.
165 Genaue Seitenangaben zu Goodwins Buch fehlen, da ihr Buch noch nicht vorlag, als dieses in Druck ging.
167 Sachs, S. 180–181.

168 Rodger Kamenetz, »Confessions of a Meddling Dad«, *Working Mother*, Mai 1989, S. 224.
169 Die vertikalen Linien zeigen Überlappungen an: Beide Mädchen sprechen auf einmal.
170 Sowohl Janet Lever (1978) als auch Goodwin haben beobachtet, daß Jungen wettbewerbsorientierte Spiele bevorzugen.
171 Diese häufig erhobenen Vorwürfe führten zu offenen Konfrontationen und wurden von einem dritten Mädchen in Gang gesetzt, die die Kritik wiederholte. Der Streit drehte sich dann nicht um den ursprünglichen Vorwurf, sondern um die Kränkung, die es bedeutete, hinter dem Rücken anderer schlecht zu reden. Dasselbe Verhaltensmuster wird von Amy Shuman beschrieben, die ebenfalls schwarze Mädchen einer Junior High School in Philadelphia untersuchte.
175 Corsaro und Rizzo, S. 63.
176 Eva Hoffman, *Lost in Translation: A Life in a New Language* (New York: E. P. Dutton, 1989), S. 18–19.
177 Corsaro und Rizzo, S. 34.
180 Jane Shapiro, »Volpone«, *The New Yorker*, 30. Nov. 1987, S. 39.
191 Anne Tyler, *Die Reisen des Mr. Leary* (Frankfurt a. M.: Fischer, 1989), S. 285.
192 Ich beziehe mich auf Frank (1988).
193 Die Studenten, die die geschlechtsspezifischen Unterschiede bei diesen Gesprächen dokumentierten, waren Elizabeth Nowell und Lalzarliani Malsawma.
193 Der Titel dieses Kapitels stützt sich auf Johnstones Artikel, »Community and Contest«.
195 Die Zitate von Fox stammen jeweils von den Seiten 62, 65 u. 61.
197 Ich beziehe mich auf Lever (1978).
197 So Eckert (1990).
197 Das Zitat ist von Lever (1978), S. 478.
199 Walter Ong stützt sich bei der Feststellung, daß erfolgreiche Frauen über herausragende »berufliche Kompetenz« verfügen, auf Beobachtungen von Beverly und Otis Duncan.
200 Die Äußerung Oprah Winfreys wird von Mary-Ann Bendel zitiert, »TV's Super Women«, *Ladies' Home Journal*, März 1988, S. 170.
202 Jayne Meadows wird von Richard Meryman zitiert, »The Jayne Meadows Story«, *Lear's*, Juni 1989, S. 84. Steve Allen äußerte seine Meinung in einem Interview in der *Diane Rehm Show*, WAMU, Washington DC, 11. Okt. 1989.

VII
Wer unterbricht wen?: von Dominanz und Kontrolle

Dieses Kapitel stützt sich auf meinen Artikel »Interpreting Interruption in Conversation«.

206 Die Wissenschaftler, die am häufigsten zitiert werden, wenn belegt werden soll, daß Männer Frauen unterbrechen, sind Candace West und Don Zimmerman (zum Beispiel West und Zimmerman, 1983, 1985; Zimmerman und West, 1975). Aber auch viele andere Wissenschaftler sind zu ähnlichen Ergebnissen gekommen (so zum Beispiel Eakins und Eakins, Greif). Deborah James und Janice Drakich stellen gerade einen Überblick über wissenschaftliche Untersuchungen zu Gesprächsunterbrechungen zusammen.

208 Die Ansicht, daß die Verletzung von Sprecherrechten relativ ist, wird von Stephen Murray vertreten.

209 Dieses Beispiel stammt von West und Zimmerman, 1983, S. 105. Die eingeklammerten Zahlen zeigen Pausensekunden an. Vertikale Linien zeigen Überlappungen: Zwei Sprecher reden auf einmal.

211 Greenwoods Transkription mit einigen kleinen Änderungen bei den Namen bzw., um die Lesbarkeit zu verbessern. Vertikale Linien zeigen Einklinkungen: Der zweite Sprecher setzte ein, ohne zu unterbrechen, aber auch ohne erkennbare Pause.

216 Die Analyse von Gesprächen, an denen Wissenschaftler selbst teilnehmen, ist gängige Praxis unter Soziolinguisten. Man ist der Ansicht, daß der Verlust an Objektivität durch zwei entscheidende Vorzüge aufgehoben wird: Man hat die Möglichkeit, spontane Gespräche aufzuzeichnen, und ist über die Gesprächssituation besser informiert.

217 Ich habe den Begriff »Einklinkung« (*latching*) von Sacks, Schegloff und Jefferson übernommen. Jane Falk prägte den Begriff des »Konversationsduetts« und beschrieb das Phänomen, daß zwei Sprecher sich eine Gesprächsrolle teilen.

223 Janice Hornyak zeichnete diesen Gesprächsausschnitt auf, fertigte eine Umschrift an und analysierte ihn im Frühling 1989 im Rahmen meiner Diskursanalyse an der Georgetown University.

226 Von meinen Untersuchungsergebnissen zur Indirektheit im griechischen und amerikanischen Gesprächsstil berichte ich in Tannen (1982).

226 Der Auszug aus Durrells Brief an Miller stammt aus Vivian Gornicks »Masters of Self-Congratulation«, einer Rezension von *The Durrell-Miller Letters*, hrsg. von Ian S. MacNiven, in der *New York Times Book Review*, 20. Nov. 1988, S. 47.

227 Das Zitat von Nancy Reagan stammt aus ihrem Buch, *My Turn*, wie es auszugsweise in *Newsweek*, 23. Oktober 1989, S. 66, abgedruckt wurde.

229 Die Ansicht, daß Maltz, Borker und ich mit der interkulturellen These

tatsächlich Herrschaftsverhältnisse verschleiern, wird überzeugend von Nancy Henley und Cheris Kramarae vertreten.
233 Lorrie Moore, »You're Ugly Too«, *The New Yorker*, 3. Juli 1989, S. 34, 38, 40.

VIII
Wehe, du machst das!

238 Ich beziehe mich auf Carol Gilligans Ausführungen zu Matina Horners Forschungsergebnissen.
240 Weitere authentische Mädchengespräche finden sich bei Penelope Eckert und Donna Eder.
243 Bergman, S. 11–12; Gilligan, S. 47–48.
246 Der Nachruf von Jane Hines Reis auf ihre Schwester Joyce Hines erschien in *AlumNotes: Hunter College High School Alumanae/i Association*, Herbst 1988, S. 3–4.
248 Der Artikel »Sexes: Who's Talking?« von Carol Krucoff erschien in der *Washington Post*, 9. November 1981, S. D5.
249 Das Forschungsprojekt, auf das ich mich hier beziehe, wird in Tannen (1982) beschrieben.
251 So Thorne, Kramarae und Henley in einem Artikel, in dem Vorträge von Männern und Frauen verglichen wurden. Sie zitieren viele Studien, die belegen, daß Frauen und Männer anders beurteilt werden, wenn sie genauso sprechen.
252 Vgl. Komarovsky, S. 13, 162, 158, 159, 162 und 353.
253 Erica Jong, *Angst vorm Fliegen* (Frankfurt 1976), S. 129–131.
259 Ursula LeGuin, »In and Out«, *The New Yorker*, 16. Januar 1989, S. 31.
260 So Aries (1982).
262 Elizabeth Griffith faßt die Diskussion über reine Mädchenschulen in ihrem Artikel »The Case for Girls' Schools« zusammen, *The Washington Post Education Review*, 6. August 1989. M. Elizabeth Tidball beschreibt eigene Studien und Forschungsergebnisse anderer, die belegen, daß Absolvierung reiner Frauencolleges überdurchschnittliche Leistungen erbringen. Myra und David Sadkers Untersuchungen zeigen, daß Mädchen bei der Ko-Edukation zu »Zuschauern« werden: Sie werden weit seltener aufgerufen; ihre tatsächlichen Beiträge werden weniger gewürdigt und diskutiert; und Lehrer neigen dazu, Mädchen Aufgaben abzunehmen, statt ihnen zu erklären, wie sie sie selbst ausführen können.
262 So Aries (1976).
266 Die *St. Louis Post Dispatch* veröffentlichte am 12. Oktober 1984 unter der Überschrift »Language Keeps Women in Their Place« einen redaktionellen Beitrag von mir. Derselbe Beitrag erschien unter der Überschrift »How the Instilled Gender Sense of Words Handicapped Ferraro«, *Baltimore Evening Sun*, 9. November 1984, S. A15. Die letzten beiden Abschnitte dieses Kapitels basieren auf diesem Beitrag.

267 Der *Newsweek*-Artikel erschien am 6. August 1989, S. 17.
269 Das Foto von Ferraro und ihrer Familie wurde in *Newsweek* veröffentlicht, 27. August 1984, S. 21.

IX
»Sieh mich an, wenn ich mir dir spreche!«: Wortwechsel in wechselndem Alter

271 Bruce Dorval, dessen Projekt von der Society for Research in Child Development unterstützt wurde, bat mich und andere Wissenschaftler aus unterschiedlichen Fachbereichen, seine Videoaufnahmen zu analysieren. Wie in den Anmerkungen zu Kapitel II erwähnt, beschreibt Dorval in seiner Veröffentlichung *Conversational Coherence and Its Development* die Vorgehensweise und das Ziel der Untersuchung, gibt Beispielgespräche und die Gesprächsanalysen der eingeladenen Wissenschaftler wieder. Dieses Kapitel basiert sowohl auf meinem Beitrag zu jenem Buch: »Gender Differences in Conversational Coherence: Physical Alignment and Topical Cohesion«, als auch auf ähnlichem Material, das in »Gender Differences in Topical Coherence: Creating Involvement with Best Friends' Talk« vorgestellt wurde.
283 Thorne, S. 170.
283 Zu einem späteren Zeitpunkt habe ich weitere der von Dorval gefilmten Gespräche angesehen, in denen ich das hier beschriebene Verhaltensmuster ebenfalls bestätigt fand.
302 Was wie ein anfänglicher Versprecher wirkt (Marsha: »Du hast so eine – du hast so eine selbstsichere Haltung«), wurde durch eine Unterbrechung ausgelöst. Zwischen diesen beiden Sätzen betrat der Versuchsleiter – wie das Experiment es vorsah – den Raum und erinnerte die Sprecherinnen kurz an die Aufgabenstellung.

X
Mit der Asymmetrie leben: Kommunikationswege öffnen

311 Gene LePere, *Never Pass This Way Again* (Bethesda, MD: Adler u. Adler, 1987).
313 Vgl. Watzlawick, Beavin und Jackson, die zahlreiche Beispielfälle komplementärer Schismogenese anführen.
314 Hier und im weiteren Verlauf des Kapitels beziehe ich mich auf Goffmans Essay »Darstellung der Geschlechter« in seinem Buch *Geschlecht und Werbung*.
316 »In the Crook of His Neck« in *Circling Home* (Washington DC: Scripta Humanistica, 1989), S. 27–28.
319 »Darstellung der Geschlechter«.

325 *American Couples*, S. 73–76, 163.
329 Cronk bezieht sich bei seiner Beschreibung der !Kung der Kalahari auf den Anthropologen Richard Lee von der Universität von Toronto. Er führt das *Moka*-Ritual auf die Berg-Hagen-Völker Neuguineas zurück und gibt ähnliche Beispiele von den Kwakiutl aus Britisch-Kolumbien, wobei er anmerkt, daß Anthropologen im allgemeinen einen Begriff aus der Sprache der Chinook-Indianer, *Potlatch*, verwenden, um Zeremonien zu beschreiben, die mit der Übergabe von Besitz zusammenhängen. Ich danke Ralph Fasold, der mich auf diesen Artikel aufmerksam machte.

Bibliographie

Anderson, Elaine S. *Learning to Speak with Style*. Ph. D. Diss., Stanford University, 1977.

Aries, Elizabeth. »Interaction Pattern and Themes of Male, Female, and Mixed Groups«. *Small Group Behavior* 7 : 1.7–18 (1976).

Aries, Elizabeth. »Verbal and Nonverbal Behavior in Single-Sex and Mixed Sex-Groups: Are Traditional Sex Roles Changing?« *Psychological Reports* 51 : 127–134 (1982).

Aries, Elizabeth. »Gender and Communication.« In: Phillip Shaver u. Clyde Hendrick (Hrsg.) *Sex and Gender*. Newbury Park, CA: Sage, 1987, 149–176.

Baron, Dennis. *Grammar and Gender*. New Haven, CT: Yale University Press, 1986.

Bateson, Gregory. *Ökologie des Geistes*. Frankfurt a. M.: Suhrkamp, 1985.

Bateson, Mary Catherine. *Mit den Augen einer Tochter: Meine Erinnerung an Margaret Mead und Gregory Bateson*. Reinbek b. Hamburg: Rowohlt, 1986.

Becker, A. L. »Attunement: An Essay in Philology and Logophilia.« In: Paul V. Kroskrity (Hrsg.) *On the Ethnography of Communication: The Legacy of Sapir*, Essays in honor of Harry Hoijer, 1984. Los Angeles: UCLA Department of Anthropology, 1988, 109–146.

Beeman, William O. *Language, Status, and Power in Iran*. Bloomington: Indiana Press, 1986.

Befu, Harami. »An Ethnography of Dinner Entertainment in Japan.« In: Takie Sugiyama Lebra u. William P. Lebra (Hrsg.) *Japanese Culture and Behavior*. Honolulu: University of Hawaii Press, 1986 (1974), 108–120.

Bennett, Adrian. »Interruptions and the Interpretation of Conversation.« *Discourse Processes* 4 : 2.171–188 (1981).

Blumstein, Philip u. Pepper Schwartz. *American Couples: Money, Work, Sex*. New York: William Morrow, 1984.

Bohn, Emil u. Randall Stutman. »Sex-Role Differences in the Relational Control Dimension of Dyadic Interaction.« *Women's Studies in Communication* 6.96–104 (1983).

Bradley, Patricia Hayes. »The Folk-Linguistics of Women's Speech: An Empirical Examination.« *Communication Monographs* 48.73–90 (1981).

Brooks-Gunn, Jeanne u. Wendy Schempp Matthews. *He & She: How Children Develop Their Sex Role Identity*. Englewood Cliffs, NJ: Prentice Hall, 1979.

Brown, Penelope. »Gender Politeness, and Confrontation in Tenejapa.« *Discourses Processes* 13 : 1 (1990).

Brown, Roger u. Albert Gilman. »The Pronous of Power and Solidarity.« In: Thomas Seboek (Hrsg.) *Style in Language*. Cambridge, MA: M. I. T. Press, 1960, 253–276.

Caraveli, Anna. »The Bitter Wounding: The Lament as Social Protest in Rural Greece.« In: Jill Dubisch (Hrsg.) *Gender and Power in Rural Greece*. Princetown Univ. Press: 1986, 169–194.

Carson, Gerald. *The Polite Americans: A Wide-Angle View of Our More or Less Good Manners over 300 Years*. New York: William Morrow, 1966.

Chafe, Wallace. »Humor as a Disabling Mechanism.« *American Behavioral Scientist*. 30 : 3.16–25 (1987).

Cheepen, Christine. *The Predictability of Informal Conversation*. London: Pinter. New York: Columbia University Press, 1988.

Coates, Jennifer. *Women, Men, and Language*. London: Longman, 1986.

Condry, John u. Sandra Condry. »Sex Differences: A Study of the Eye of the Beholder.« *Child Development* 47.812–819 (1976).

Conley, John M., William M. O'Barr u. E. Allen Lind. »The Power of Language: Presentational Style in the Courtroom.« *Duke Law Journal*, Nr. 6, Vol. 1978 (1979).

Corsaro, William u. Thomas Rizzo. »Disputes in the Peer Culture of American and Italian Nursery School Children.« In: Allen Grimshaw (Hrsg.) *Conflict Talk*. Cambridge: Cambridge University Press, 1990, 21–66.

Cronk, Lee. »Strings Attached.« *The Sciences*, Mai / Juni (1989), 2–4.

Davies, Bronwyn u. Rom Harré. »Positioning: Conversation and the Production of Selves.« *Journal of the Theory of Social Behaviour*. 20 : 1 (1990).

Deakins, Alice H. *Talk at the Top: Topics at Lunch*. Ms., English Department, William Paterson College, 1989.

Dorval, Bruce (Hrsg.). *Conversational Coherence and Its Development*. Norwood, NJ: Ablex, 1990.

Dubisch, Jill. »Culture Enters Through the Kitchen: Women, Food, and Social Boundaries in Rural Greece.« *Gender and Power in Rural Greece*. Hrsg. v. Jill Dubisch. Princeton, NJ: Princeton University Press, 1986, 195–214.

Duncan, Beverley u. Otis Dudley Duncan. *Sex Typing and Social Roles*. Unter Mitarbeit von James A. McRae, Jr. New York: Academic Press, 1978.

Eakins, Barbara Westbrook u. R. Gene Eakins. *Sex Differences in Communication*. Boston: Houghton Mifflin, 1978.

Eble, Connie C. »Etiquette Books as Linguistic Authority.« In: Peter A. Reich (Hrsg.) *The Second LACUS Forum 1975*. Columbia, SC: Hornbeam, 1976, 468–475.

Eckert, Penelope. *Jocks and Burnouts*. New York: Teachers College Press, 1989.

Eckert, Penelope. »Cooperative Competition in Adolescent ›Girl Talk‹.« *Discourse Processes* 13 : 1 (1990).

Edelsky, Carole. »Who's Got the Floor?« *Language in Society* 10.383–421 (1981).

Eder, Donna. »Serious and Playful Disputes: Variation in Conflict Talk Among Female Adolescents.« In: Allen Grimshaw (Hrsg.) *Conflict Talk*. Cambridge: Cambridge University Press, 1990, 67–84.

Eder, Donna u. Maureen Hallinan. »Sex Differences in Children's Friendships.« *American Sociological Review* 43.237–250 (1978).

Eder, Donna u. Stephanie Sanford. »The Development and Maintenance of Interactional Norms Among Early Adolescents.« In: Patricia A. Adler u. Peter Adler (Hrsg.) *Sociological Studies of Child Development*. Vol. 1. Greenwich, CT: JAI Press, 1986, 283–300.

Erickson, Frederick. »Social Construction of Discourse Coherence in a Family Dinner Table Conversation.« In: Bruce Dorval (Hrsg.) *Conversational Coherence and Its Development*. Norwood, NJ: Ablex, 1990, 207–238.

Esposito, Anita. »Sex Differences in Children's Conversations.« *Language and Speech* 22, Pt. 3, 213–220 (1979).

Falk, Jane. »The Conversational Duet.« In: *Proceedings of the Sixth Annual Meeting of the Berkeley Linguistics Society*, 507–514. Berkeley, CA: Department of Linguistics, University of California, 1980.

Fasold, Ralph W. *The Sociolinguistics of Language*. Oxford: Basil Blackwell, 1990.

Fishman, Pamela M. »Interaction: The Work Women Do.« *Social Problems* 25:4.397–406 (1978). Überarb. Version in *Language, Gender and Society*. Hrsg. v. Barrie Thorne, Cheris Kramarae u. Nancy Henley. Rowley, MA: Newbury House, 1983, 89–101.

Fox, Thomas. »Gender Interests in Reading and Writing.« *The Social Uses of Writing: Politics and Pedagogy*. Norwood, NJ: Ablex, 1990, 51–70.

Frank, Jane. »A Comparison of Intimate Conversations: Pragmatic Theory Applied to Examples of Invented and Actual Dialog.« *The SECOL Review* 12:3.186–208 (1988).

Frank, Jane. »Communicating ›by Pairs‹: Agreeing and Disagreeing Among Married Couples.« Ms., Georgetown University, 1989.

Friedrich, Paul. »Social Context and Semantic Feature: The Russian Pronominal Usage.« In: John J. Gumperz u. Dell Hymes (Hrsg.) *Directions in Sociolinguistics*. New York: Holt, Rinehart and Winston, 1972, 270–300 (Nachdruck, Oxford: Basil Blackwell).

Geis, Michael L. *The Language of Politics*. New York: SpringerVerlag, 1987.

Gilligan, Carol. *Die andere Stimme: Lebenskonflikt und Moral der Frau*. München: Piper, 1984.

Gleason, Jean Berko. »Sex Differences in Parent-Child Interaction.« In: Susan U. Philips, Susan Steele u. Christine Tanz (Hrsg.) *Language, Gender, and Sex in Comparative Perspective*. Cambridge: Cambridge University Press, 1987, 189–199.

Gleason, Jean Berko u. Esther Blank Greif. »Men's Speech to Young Children.« In: Barrie Thorne, Cheris Kramarae u. Nancy Henley (Hrsg.) *Language, Gender, and Society*. Rowley, MA: Newbury House, 1983, 140–150.

Goffman, Erving. *Wir alle spielen Theater. Die Selbstdarstellung im Alltag*. München: Piper, 1988.

Goffman, Erving. *Interaktionsrituale*. Frankfurt a. M.: Suhrkamp, 1971.

Goffman, Erving. *Rahmenanalyse. Ein Versuch über die Organisation von Alltagserfahrungen*. Frankfurt a. M.: Suhrkamp, 1977.

Goffman, Erving. »Darstellung der Geschlechter.« In: *Geschlecht und Werbung*. Frankfurt a. M.: Suhrkamp, 1981, 7–44.

Goffman, Erving. »Footings.« In: *Forms of Talk*. Philadelphia: University of Pennsylvania Press, 1981, 124–159.

Goodwin, Marjorie Harness u. Charles Goodwin. »Children's Arguing.« In: Susan U. Philips, Susan Steele u. Christine Tanz (Hrsg.) *Language, Gender, and Sex in Comparative Perspective*. Cambridge: Cambridge University Press, 1987, 200–248.

Greenwood, Alice: *Discourse Variation and Social Comfort: A Study of Topic Initiation and Interruption Patterns in the Dinner Conversation of Preadolescent Children*. Ph. D. Diss., City University of New York, 1989.

Greif, Esther Blank. »Sex Differences in Parent-Child Conversations.« *Women's Studies International Quarterly* 3 : 2 / 3.253–258 (1980).

Hayashi, Reiko. »Simultaneous Talk – from the Perspective of Floor Management of English and Japanese Speakers.« *World Englishes* 7 : 3.269–288 (1988).

Henley, Nancy u. Cheris Kramarae. »Miscommunication, Gender and Power.« In: Nikolas Coupland, John Wiemann u. Howard Giles (Hrsg.) *Handbook of Miscommunication and Problematic Talk*. Bristol: Multilingual Matters (in Vorbereitung).

Hill, Alette Olin. *Mother Tongue, Father Time: A Decade of Linguistic Revolt*. Bloomington: Indiana University Press, 1986.

Hirschman, Lynette. »Female-Male Differences in Conversational Interaction.« Paper presented at the annual meeting of the Linguistic Society of America, San Diego, CA, 1973.

Hoffman, Eva. *Lost in Translation: A Life in a New Language*. New York: E. P. Dutton, 1989.

Horner, Matina S. »Toward an Understanding of Achievement-Related Conflicts in Women.« *Journal of Social Issues* 28.157–175 (1972).

Hughes, Linda A. »But That's Not *Really* Mean': Competing in a Cooperative Mode.« *Sex Roles* 19 : 11 / 12.669–687 (1988).

James, Deborah u. Janice Drakich. »Understanding Gender Differences in Amount of Talk.« Ms., Linguistics Department, University of Toronto, Scarborough Campus, 1989.

Jefferson, Gail. »On the Sequential Organization of Troubles-Talk in Ordinary Conversation.« *Social Problems* 35 : 4.418–441 (1988).

Johnstone, Barbara. »Community and Contest: How Women and Men

Construct Their Worlds in Conversational Narrative.« Paper presented at Women in America: Legacies of Race and Ethnicity, Georgetown University, Washington DC, 1989.

Kalcik, Susan. »›...Like Ann's Gynecologist or the Time I Was Almost Raped‹: Personal Narratives in Women's Rap Groups.« *Journal of American Folklore* 88:3–11 (1975). Nachgedruckt in: Claire R. Farrer (Hrsg.) *Women and Folklore*. Austin: University of Texas Press.

Keenan, Elinor. »Norm-makers, Norm-breakers: Uses of Speech by Men and Women in a Malagasy Community.« In: Richard Bauman u. Joel Sherzer (Hrsg.) *Explorations in the Ethnography of Speaking*. Cambridge: Cambridge University Press, 1974.

Keller, Evelyn Fox. *Liebe, Macht und Erkenntnis. Männl. od. weibl. Wissenschaft*. München: Hanser, 1986.

Kennedy, Robinette. »Women's Friendships on Crete: A Psychological Perspective.« In: Jill Dubisch (Hrsg.) *Gender and Power in Rural Greece*. Princeton, NJ: Princeton University Press, 1986, 121–138.

Kochman, Thomas. Black and White Styles in Conflict. Chicago, 1981.

Komarovsky, Mirra. *Blue Collar Marriage*. New York: Vintage, 1962

Kramarae, Cheris. *Women and Men Speaking*. Rowley, MA, 1981

Kuipers, Joel C. »Talking About Troubles: Gender Differences in Weyewa Speech Use.« *American Ethnologist* 13 : 3.448–462 (1986).

Labov, William. »The Linguistic Consequences of Being a Lame.« *Language in the Inner City*. Philadelphia: University of Pennsylvania Press, 1972, 255–292.

Lakoff, Robin. *Language and Women's Place*. New York, 1975.

Lange, Deborah. »Using *Like* to Introduce Constructed Dialogue: How *Like* Contributes to Discourse Coherence.« Master's Thesis, Georgetown University, 1988.

Leaper, Campbell. »The Sequencing of Power and Involvement in Girls' and Boys' Talk.« Ms. submitted for publication, Psychology Department, University of California, Santa Cruz, 1988.

Leet-Pellegrini, H. M. »Conversational Dominance as a Function of Gender and Expertise.» In: Howard Giles, W. Peter Robinson u. Philip M. Smith (Hrsg.) *Language: Social Psychological Perspectives*. Oxford: Pergamon, 1980.

Leffler, Ann, D. L. Gillespie u. J. C. Conaty. »The Effects of Status Differentiation on Nonverbal Behavior.« *Social Psychology Quarterly* 45:3.153–161 (1982).

Lehtonen, Jaakko u. Kari Sajavaara. »The Silent Finn.« In: Deborah Tannen u. Muriel Saville-Troike (Hrsg.) *Perspectives on Silence*. Norwood, NJ: Ablex, 1985.

Lever, Janet. »Sex Differences in the Complexity of Children's Play and Games.« *American Sociological Review* 43.471–483 (1978).

Linde, Charlotte. »The Use of Narrative in the Negotiation of Values: Group Identity in an Airborne Police Agency.« Paper presented at the

annual meeting of the Linguistic Society of America, New Orleans, 1988.
Macke, Anne Statham u. Laurel Walum Richardson, mit Judith Cook. *Sex Typed Teaching Styles of University Professors and Student Reactions.* Columbus: Ohio State University Research Foundation, 1980.
Maltz, Daniel N. u. Ruth A. Borker. »A Cultural Approach to Male-Female Miscommunication.« In: John J. Gumperz (Hrsg.) *Language and Social Identity*. Cambridge: Cambridge University Press, 1982, 196–216.
Mitchell, Carol. »Some Differences in Male and Female Joke-Telling.« In: Rosan A. Jordan u. Susan J. Kalcik (Hrsg.) *Women Folklore, Women's Culture*. Philadelphia: University of Pennsylvania Press, 1985, 163–186.
Moerman, Michael. »Finding Life in Dry Dust.« *Talking Culture: Ethnography and Conversation Analysis*. Philadelphia: University of Pennsylvania Press, 1987, 19–30.
Murray, Stephen O. »Toward a Model of Members' Methods for Recognizing Interruptions.« *Language in Society* 13:31–41 (1985).
Newcombe, Nora u. Diane Arnkoff. »Effects of Speech Style and Sex of Speaker on Person Perception.« *Journal of Personality and Social Psychology* 37.1293–1303 (1979).
Newman, Barbara Miller. *Interpersonal Behavior and Preferences for Exploration in Adolescent Boys: A Small Group Study*. Ph.D. Diss., University of Michigan, 1971.
Ong, Walter J., S.J. *Fighting for Life: Contest, Sexuality, and Consciousness*. Ithaca, NY: Cornell University Press, 1981. Paperback: Amherst, MA: University of Massachusetts Press, 1989.
Philipsen, Gerry. »Speaking ›Like a Man‹ in Teamsterville: Culture Patterns of Role Enactment in an Urban Neighbourhood.« *Quarterly Journal of Speech* 61.13–22 (1975).
Reisman, Karl. »Contrapunctal Conversations in an Antiguan Village.« In: Richard Bauman u. Joel Sherzer (Hrsg.) *Explorations in the Ethnography of Speeking*. Cambridge: Cambridge University Press, 1974, 110–124.
Riessman, Catherine Kohler. *Divorce Talk: Women and Men Make Sense of Personal Relationships*. New Brunswick, NJ: Rutgers University Press (in Vorbereitung).
Sachs, Jacqueling. »Young Children's Language Use in Pretend Play.« In: Susan U. Philips, Susan Steele u. Christine Tanz (Hrsg.) *Language, Gender, and Sex in Comparative Perspective*. Cambridge: Cambridge University Press, 1987, 178–188.
Sacks, Harvey, Emanuel A. Schegloff u. Gail Jefferson. »A Simplest Systematics for the Organization of Turntaking for Conversation.« *Language* 50:4.696–735 (1974).
Sadker, Myra u. David Sadker. »Sexism in the Schoolroom of the '80s.« *Psychology Today*, März 1985, 54–57.
Sadker, Myra u. David Sadker. »Sexism in the Classroom: From Grade School to Graduate School.« *Phi Delta Kappan* 67:7 (1986).

Sattel, Jack W. »Men, Inexpressiveness, and Power.« In: Barrie Thorne, Cheris Kramarae u. Nancy Henley (Hrsg.) *Language, Gender and Society*. Rowley, MA: Newbury House, 1983, 119–124.

Schiffrin, Deborah. »Jewish Argument as Sociability.» *Language in Society* 13:3.311–335 (1984).

Scollon, Ron. »The Rhythmic Integration of Ordinary Talk.« In: Deborah Tannen (Hrsg.) *Analyzing Discourse: Text and Talk. Georgetown University Round Table on Linguistics 1981*. Washington DC: Georgetown University Press, 1982.

Scollon, Ron u. Suzanne B. K. Scollon. *Narrative, Literacy and Face in Interethnic Communication*. Norwood, NJ: Ablex, 1981.

Sheldon, Amy. »Pickle Fights: Gendered Talk in Preschool Disputes.« *Discourse Processes* 13:1 (1990).

Sherzer, Joel. »A Diversity of Voices: Men's and Women's Speech in Ethnographic Perspective.« In: Susan U. Philips, Susan Steele u. Christine Tanz (Hrsg.) *Language Gender, and Sex in Comparative Perspective*. Cambridge: Cambridge University Press, 1987, 95–120.

Shultz, Jeffrey, Susan Florio u. Frederick Erickson. »Where's the Floor? Aspects of the Cultural Organization of Social Relationships in Communication at Home and at School.« In: Perry Gilmore u. Alan Glatthorn (Hrsg.) *Ethnography and Education: children in and out of School*. Washington DC: Center for Applied Linguistics, 1982, 88–123 (Vertrieb: Ablex, Norwood, NJ).

Shuman, Amy. *Storytelling Rights: The Uses of Oral and Written Texts by Urban Adolescents*. Cambridge: Cambridge University Press, 1986.

Siegler, David M. u. Robert S. Siegler. »Stereotypes of Males' and Females' Speech.« *Psychological Reports* 39.167–170 (1976).

Smith, Frances. *Gender and the Framing of Exegetical Authority in Sermon Performances*. Ph. D. Diss., Georgetown University, 1990.

Spender, Dale. *Man Made Language*. London 1980.

Stephens, Mitchell. *A History of News: From the Drum to the Satellite*. New York: Viking, 1988.

Sternberg, Robert J. u. Susan Grajek. »The Nature of Love.« *Journal of Personality and Social Psychology* 47.312–329 (1984).

Strodtbeck, Fred L. u. Richard D. Mann. »Sex Role Differentiation in Jury Deliberations.« *Sociometry* 19.3–11 (1956).

Swacker, Marjorie. »Women's Verbal Behavior at Learned and Professional Conferences.« In: Betty Lou Dubois u. Isabel Crouch (Hrsg.) *The Sociology of the Languages of American Women*. San Antonio: Trinity University, 1976, 155–160.

Tannen, Deborah. »Ethnic Style in Male-Female Conversation.« In: John J. Gumperz (Hrsg.) *Language and Social Identity*. Cambridge: Cambridge University Press, 1982, 217–231.

Tannen, Deborah. *Lilika Nakos*. Boston: G. K. Hall, 1983.

Tannen, Deborah. *Conversational Style: Analyzing Talk Among Friends*. Norwood, NJ: Ablex, 1984.

Tannen, Deborah: *That's Not What I Meant! How Conversational Style Makes or Breaks Your Relations with Others*. New York: William Morrow, 1986.
Tannen, Deborah. »Interpreting Interruption in Conversation.« In: Bradley Music, Randolph Graczyk u. Caroline Wiltshire (Hrsg.) *Papers from the 25th Annual Regional Meeting of the Chicago Linguistic Society. Part Two: Parasession on Language in Context*. Chicago: Chicago Linguistic Society, 1989, 266–287.
Tannen, Deborah. *Talking Voices: Repetition, Dialogue, and Imagery in Conversational Discourse*. Cambridge: Cambridge University Press, 1989.
Tannen, Deborah. »Gender Differences in Conversational Coherence: Physical Alignment and Topical Cohesion.« In: Bruce Dorval (Hrsg.) *Conversational Coherence and Its Development*. Norwood, NJ: Ablex, 1990, 167–206.
Tannen, Deborah. »Gender Differences in Topical Coherence: Creating Involvement in Best Friends' Talk.« *Discourse Processes* 13 : 1 (1990).
Thorne, Barrie. »Girls and Boys Together... but Mostly Apart: Gender Arrangements in Elementary Schools.« In: Willard W. Hartup u. Zick Rubin (Hrsg.) *Relationships and Development*. Hillsdale, NJ: Erlbaum, 1986, 167–184.
Thorne, Barrie, Cheris Kramarae u. Nancy Henley. »Language, Gender and Society: Opening a Second Decade of Research.« In: Barrie Thorne, Cheris Kramarae u. Nancy Henley (Hrsg.) *Language, Gender and Society*. Rowley, MA: Newbury House, 1983, 7–24.
Tidball, M. Elizabeth. »Women's Colleges: Exceptional Conditions, Not Exceptional Talent, Produce High Achievers.« In: Carol S. Pearson, Donna L. Shavlik u. Judith G. Touchton (Hrsg.) *Educating the Majority: Women Challenge the Tradition*. New York: Macmillan, 1989, 157–172.
Wall, Harriet M. u. Anita Barry. »Student Expectations for Male and Female Instructor Behavior.« In: Roy E. Cheatham (Hrsg.) *Women in Higher Education: Traditions, Transitions and Revolutions*. Proceedings for Women in Higher Education Conferences. St. Louis: Saint Louis University, Metropolitan College u. SAASS, Inc., 1985, 283–291.
Watson, Karen A. »Transferable Communicative Routines.« *Language in Society* 4.53–72 (1975).
Watzlawick, Paul, Janet Helmick Beavin u. Don D. Jackson. *Menschliche Kommunikation*. Bern: Huber, 1972.
West, Candace u. Don H. Zimmerman. »Small Insults: A Study of Interruptions in Cross-Sex Conversations Between Unacquainted Persons.« In: Barrie Thorne, Cheris Kramarae u. Nancy Henley (Hrsg.) *Language, Gender and Society*. Rowley, MA: Newbury House, 1983, 103–117.
West, Candace u. Don H. Zimmerman. »Gender, Language, and Discourse.« *Handbook of Discourse Analysis*. Vol. 4: *Discourse Analysis in*

Society, hrsg. v. Teun A. van Dijk. London: Academic Press, 1985, 103–124.
White, Jane J. »The Power of Politeness in the Classroom: Cultural Codes That Create and Constrain Knowledge Construction.« *Journal of Curriculum and Supervision* 4:4.298–321 (1989).
Yamada, Haru. *American and Japanese Topic Management Strategies in Business Conversations*. Ph. D. Diss., Georgetown University, 1989.
Zimmerman, Don u. Candace West. »Sex Roles, Interruptions and Silences in Conversation.« In: Barrie Thorne u. Nancy Henley (Hrsg.) *Language and Sex: Difference and Dominance*. Rowley, MA: Newbury House, 1975, 105–129.

Register

Abinanti, Abby 15
Adams, Alice 52, 335
Afrika 329
– Frauen in 230
– Gesprächsstil in 227
– !Kung, Geschenke bei den 329–330, 343
Afro-Amerikaner 229
– Gesprächsstil 227
– Interaktion bei Kindern 44–46
– Klischee von 227
– Lernverhalten 333
Allen, Steve 202
AlumNotes: Hunter College High School, Alumnae / i Association, s. Collegestudenten
Anderson, Elaine 167, 344
Angeben 240–247
Anpassung 202–204, 328
Anteilnahme, s. auch Verbundenheit 161, 325
Antigua, Gesprächsstil auf 222
Arabische Frauen 230
Arabischer Gesprächsstil 227
Aries, Elizabeth 138–139, 142, 150, 156, 233, 260, 262, 338, 341, 344
Armenischer Gesprächsstil 227
Arnkoff, Diane 251, 349
Aron, Evelyn 338
Atchison, Charles und Jeanne 119
Athapaskischer Gesprächsstil 221
Aufstellung 30–33, 133, 154, 308–310, 334
– physische 271–272, 284–286, 297–300, 314–320
Autofahren 31–33, 62–64, 65
Autorität 137, 140, 170, 238
– Anerkennung von 275, 279–280
– Konflikt zwischen Weiblichkeit und 263–270
– Verspotten von 27, 276–278, 281, 291–292, 323–324

Baker, Russel 120, 337
Bali 105
Baltimore Evening Sun 341
Balz, Dan 337
Barish, Steve 337
Baron, Dennis 336, 344
Barry, Anita 265–266, 351
Barthelme, Frederick 157–159, 338
Bateson, Gregory 28, 313, 334, 344
Bateson, Mary Catherine 102, 337, 344
Beavin, Janet Helmick 342, 351
Becker, A. L. 298, 344
Beeman, William 305, 344
Befehle erteilen 41, 165–166, 169, 170–171
Befu, Harumi 64, 249–250, 334
Bendel, Mary Ann 339
Bennet, Adrian 208
Bergman, Ingmar 242–243, 245
Berichtssprache 76–100, 213, 229, 230–232, 262
Beschützen 31–33
Beschützer, Männer als 176, 320–323, 325
Beziehungssprache 76–100, 153, 213, 222, 229, 230–232, 246, 248, 262, 280, 283–284, 285, 287–289
Bindung 24
Blumstein, Philip 159, 163, 325, 328, 338, 344
Bohn, Emil 344

Borker, Ruth 40–41, 153, 336, 338, 340–341, 349
Bradley, Patricia Hayes 251, 344
Brennan, Patricia 336
Breslin, Jimmy 120
Brice, Fanny 93
Britisch-Kolumbien 343
Brooks-Gunn, Jeanne 344
Brown, Penelope 187, 345
Brown, Roger 334, 345
Bush, Barbara 230

Caraveli, Anna 105, 117, 345
Carlson, Ron 52
Carson, Gerald 336, 345
Chafe, Wallace 150, 345
Cheepen, Christine 128, 345
Chicago, Judy 132
Christopher, Barbara u. William 51, 335
Chronicle of Higher Education, The 38, 334
Coates, Jennifer 76, 345
Collegestudenten, Mitteilungsblatt ehemaliger 341
Condry, John u. Sandra 252, 345
Conley, John 345
Cook, Judith 252, 349
Corsaro, William 174–175, 177–179, 339, 345
Cronk, Lee 329–330, 343, 345

Dagwood 84
Davies, Bronwyn 334, 345
Deakins, Alice 260-261, 345
Debatte 162
Details, Erzählen von 102, 117–125, 130
Deutsche Eltern, Briefe von 109
Dialog 290
Diane Rehm Show 91, 335, 339
Dinner Party 132
Direkte Rede, s. Dialog
discussione 174–175
Divorce American Style 81, 83, 96
Dominanz, s. auch Herrschaft 17, 64, 135, 206–237, 309, 325
Donahue 337
Dorval, Bruce,
– Videoaufnahmen von Gesprächen zwischen Freunden 53–48, 60–62, 239, 271–310, 335, 342, 345
Dozieren, s. auch Vortrag 131–160
Drakich, Janice 222, 336, 347
Dressler, Michael R. 334
Dubisch, Jill 117, 345
Duo, Gesprächs- 217
Duncan, Beverley u. Otis 339, 345
Durrell, Lawrence 226, 340

Eakins, Barbara u. Gene 77, 340, 345
Eble, Connie 77, 336, 345
Eckert, Penelope 113, 116, 197, 240, 337, 339, 341, 345
Edelsky, Carole 223, 336, 346
Eder, Donna 46, 113, 116, 336, 341, 346
Eindruckschinden durch Erwähnung prominenter Bekannter 34
Einklinken 217, 340
Eltern-Kind-Komplex 320
Eltern und Kinder 109, 149
Emerson, Ralph Waldo 126
Ephron, Nora 112, 337
Erickson, Frederick 146–148, 222, 346, 350
Esposito, Anita 346
Englische Männer, Gesprächsstil bei 327
Entschuldigen 255–259
Er-sagte-sie-sagte 198

Falk, Jane 340, 346
Familientherapie, s. auch Psychotherapie 297
Fanshel, David 225, 348
Fasold, Ralph 334, 335, 343, 346
Feiffer, Jules 142–146, 338
Feilschen 311–312
Ferraro, Geraldine 229, 267–268, 342

Finnischer Gesprächsstil 221
Fishman, Pamela 336, 338, 346
Flirten 122–123, 236, 298
Florio, Susan 146, 222, 350
Fox, Thomas 139–142, 195–197, 338, 339, 346
Frageanhängsel 251–252
Frank, Jane 173, 192, 339, 346
Freiheit 37–40, 89–90, 313
- Männer und 163–173, 327
Fremlin, Celia 121–122, 337
Freundschaft 102–105, 292–294, 301–302
- beste Freunde 82–83, 129, 286–288
Friedrich, Paul 334, 346

Gegenseitige Abhängigkeit 140, 328
Geheimnisse, Erzählen von 102–105, 110, 112–113, 115–117
Geis, Michael 268, 346
Gemeinschaft, Schaffung von 25
Gemischte Schulen, Nachteil von 262, 341
Gerücht 110–112
Geschäft
- Management 198–199
- Gespräche 125–126, 260–261
Geschenke 329–330
Geschichten erzählen 142–148, 192–195, 274–275, 279–281, 285–286
Gesprächsführung 308–310
Gilligan, Carol 243–245, 334, 341, 346
Gilman, Albert 334, 345
Gleason, Jean Berko 166, 346
Goffman, Erving 30–33, 314, 319–320, 334, 336, 342, 347
Goodwin, Charles 198, 347
Goodwin, Marjorie Harness 44–45, 115, 165–166, 186, 198, 238, 336, 338, 347
Gorbatschowa, Raissa 227
Gornick, Vivian 340
Grajek, Susan 336, 350
Greene, Bob 120
Greenwood, Alice 90, 211–214, 283, 340, 347
Greif, Esther Blank 340, 347
Griechenland 131–132, 156, 269
- Feilschen 312
- Frauenfreundschaften in 116
- Frauenklagen 105, 117
- Klatsch in 117
Griechisch-amerikanischer Gesprächsstil 226
Griechischer Gesprächsstil 173–174, 226, 227, 249, 340
Griffith, Elisabeth 341
Gründe, Angabe von 169–173
Gurney, A. R. 149, 338

Hacker, Andrew 333, 336
Hale-Benson, Janice 333
Hallinan, Maureen 336
Harré, Rom 334, 345
Hawaianischer Gesprächsstil 222
Hawthorne, Nathaniel 141
Hayashi, Reiko 222
Helfen 28–30, 68–70, 73
Henley, Nancy 341, 347, 351
Herausfordern 134, 137, 183–185
Herrschaft, s. auch Dominanz 72
Hill, Alette Olin 336, 347
Hines, Joyce 341
Hirschman, Lynette 338, 347
Hoffman, Eva 176, 339, 347
Horner, Matina 238, 341, 347
Hornyak, Janice 223–225, 340
Hughes, Linda 186–187, 347
Hypnose 186

Indianer, amerikanische 15–16
- athapaskische 221
Indirektheit 12, 187–190, 226, 248–250, 283–284, 307, 340
Informationen 118
- Bitte um 62–65
- Geben von 63–64, 68–70,

131–135, 155–157, 158–159, 160, 322–323
Interkulturelle Kommunikation
– Mann-Frau-Gespräch als 17, 40–46, 185, 229, 298, 312–313
Interview spielen 278
Italienischer Gesprächsstil 174–176, 227
Italo-amerikanischer Gesprächsstil 151–152, 222, 229
Iwan der Schreckliche 126

Jackson, Don D. 342, 351
James, Deborah 222, 336, 340, 347
Japanische Dinnerunterhaltung 64
Japanischer Gesprächsstil 222, 249
Jefferson, Gail 335, 340, 347, 349
Johnstone, Barbara 193–194, 339, 347–348
Jong, Erica 253–255, 341
Journalismus 111–112, 119–120, 267–268
Jüdischer Gesprächsstil 173, 221–222, 225, 226–227
– in Osteuropa 227
– in Deutschland 227
Juden 228–230
– Klischee 226–230
Jupp, Tom 95–96, 336
Jurastudium 15–16

Kalcik, Susan 222, 348
Kalifornien, Gesprächsstil in 221, 228
Kamenetz, Rodger 168, 339
Kap Verde, Gesprächsstil 227
Karibik, Frauen in der 230
Katalanen 204–205
Keenan, Elinor 250, 348
Keller, Evelyn Fox 72, 348
Kennedy, John 120
Kennedy, Robinette 116, 348
Kinder, Interaktion der 40–46, 53–58, 82–84, 88, 90, 164–171, 174–176, 177–179, 186–187, 197–198, 211–214, 222, 239–240, 251, 262, 271–297, 298–300
Klagen, rituelle 105, 107
Klassenunterschiede 152
Klatsch 101–130, 186
Kleinfield, N. R. 337
Kochman, Thomas 227
Körpersprache 260–261, 269–270, 271–272, 274, 279, 282–283, 284–286, 290, 294–295, 297–300, 305, 314–320
Koloniales Amerika 77
Komarovsky, Mirra 152, 252, 341, 348
Komplementäre Schismogenese 313
Konflikt, s. auch Streit 37, 161–205, 292–294, 326–327
Kooperative Überlappung 214–220, 221–225, 228
Kramarae, Cheris 336, 340–341, 348, 351
Kreta 116
Kritik, indirekte 188–189
Krucoff, Carol 341
Kuipers, Joel 105, 348
Kulissen, hinter den 92, 97
Kulturelle Unterschiede 221–222, 225–227
!Kung, Geschenke bei den 329–330, 343
Kwakiutl, Geschenke bei den 343

Labov, William 225, 348
Ladies' Home Journal 339
Lakoff, Robin 251, 267, 333, 348
Landers, Ann 80, 84, 143
Lange, Deborah 261, 287, 348
Laß uns 163, 164–166
Leaper, Campbell 283, 338, 348
Lear's 339
Lee, Richard 343
Leet-Pellegrini 135–138, 139, 142, 348
Leffler, Ann 348
Le Guin, Ursula 108, 259, 337, 341

Lehren 38–40, 68–70, 278
Lehtonen, Jaakko 221, 348
LePere, Gene 311–312, 313, 343
Lernverhalten bei weißen Kindern 333
Lesbische Frauen 159, 325
Levantinische Frauen 230
Lever, Janet 197–198, 336, 339, 348
Lind, E. Allen 345
Linde, Charlotte 324, 348–349
Literarisches Schreiben, Kurs für 139–142, 195–197
Lob 71
Loftus, Elizabeth 126, 337
Logik 94–95, 162, 248, 332

Macht und Solidarität 334
Macke, Anne 252, 349
MacNiven, Ian S. 340
Madagaskar 250
– Gesprächsstil auf 250
Malsawma, Lalzarliani 339
Maltz, Daniel 40–41, 153, 336, 338, 340–341, 349
Manager, Frauen als 198–199, 238
Manipulation, Vorwurf der 238
Mann, Richard 338, 350
Matthews, Wendy Schempp 344
Mattison, Alice 58–59, 74–75, 102–103, 123, 335, 337
Maya-Indianer 187
Mead, Margaret 102
Meadows, Jayne 202, 339
Meinungsverschiedenheiten 301
Meryman, Richard 339
Metamitteilungen 28–29, 49, 63, 121, 171, 190
Mexiko 63–64, 187
Michelsen, Maureen 333–334
Mike Cuthbert Show 336
Miller, Henry 226, 340
Mitchell, Carol 93–94, 349
Mitgefühl 24
Mittelwesten, Gesprächsstil im amerikanischen 221
Moerman, Michael 222, 349
Moore, Lorrie 233–236, 341
Murray, Stephen 209, 340

Nakos, Lilika 338
Necken 176, 272, 276, 277, 279, 300
Neuengland, Gesprächsstil in 221
Neuguinea, Geschenke in 329–330, 343
New York, jüdischer Gesprächsstil in 221, 225, 228
New York Review of Books 333, 336
New York Times 96, 119, 145, 337
New York Times Book Review 335, 340
New Yorker 337, 339, 341
New Yorker, Klischee der 230
Newcombe, Nora 251, 349
Newman, Barbara Miller 150, 349
Newsweek 267, 337, 340, 342
Nörgelnde Frau, Klischee der 27–28
Norwegischer Gesprächsstil 221
Nowell, Elizabeth 339

O'Barr, William M. 345
O'Brien, Edna 110–111, 112, 337
Öffentliches Sprechen 76–100, 229
Ohnmacht, sprachliche
– bei weiblicher Sprache 247–250
Ong, Walter 161–162, 338, 339, 349
Osteuropäische Frauen 230

Packer, Ann 104, 337
Pantoffelheld, Klischee vom 164
Pause 100, 221–222
People 119
Philipsen, Gerrey 151–152, 349
Piercy, Marge 101, 337
Position 334
Potlatch 343
Predigt 166
Privates Sprechen 76–100, 229
Problemgespräch 48–62, 105–107, 111, 281, 298–299, 308–310, 335

Problemlöser, Männer als 48–49, 50–51
Professoren
– Männer als 38–40, 265–266
– Frauen als 38–40, 252, 265–266
Protektion, s. Beschützen
Psychiatry 337
Psychology Today 160, 338
Psychotherapie 130, 225
s. auch Familientherapie

Rabbit, Linda 337
Rahmen 30–33, 52, 65, 169, 247, 264, 280, 286, 334
Reagan, Nancy 227, 286, 340
Reagan, Ronald 267
Rehm, Diane, s. auch *Diane Rehm Show* 91, 336
Reiland, Randy 337
Reis, Jane Hines 341
Reisman, Karl 222
Redseligkeit, s. wortreich
Reisen des Mr. Leary, Die 191–192, 318
Reparieren von Gegenständen 65–67, 70
Reynolds, Debbie 81, 83, 96
Richardson, Laurel 252, 349
Richtung, Fragen nach der 62–64, 67
Riessman, Catherine Kohler 38, 115, 327, 334, 349
Rivers, Joan 93
Rizzo, Thomas 174–175, 177–179, 339, 345
Roberts, Celia 95–96, 336
Romney-Brown, Cheryl 315–318
Rooney, Mickey 268
Russischer Gesprächsstil 227

Sachs, Jacqueline 164–165, 167–168, 170–171, 251, 338, 349
Sachverstand 135–138, 156
Sacks, Harvey 340, 349
Sadker, David u. Myra 336, 341, 349
St. Louis Post-Dispatch 341
Sajavaara, Kari 221, 348
Sattel, Jack W. 253–255, 350
Schegloff, Emanuel 340, 349
Scheidung 38, 122, 201, 206, 327, 336
Schiffrin, Deborah 173, 350
Schwartz, Pepper 159, 163, 325, 328, 338, 344
Schwarze Amerikaner, s. Afro-Amerikaner
Schwedischer Gesprächsstil 221
Schweigen 224, 252–255
– Frauen u. 76, 90–92, 97–98, 99–100
– Männer u. 76–77, 80–81, 84–86, 87, 88–89, 252–255, 320–321
Schwule Männer 159, 325
Schuldzuweisungen, Vermeidung von 99–100, 129–130
Scollon, Ron 221, 298, 350
Scollon, Suzanne 221, 350
Selbstbewußtsein, Training von 130, 331
Sensibilität, Training von 331
Shapiro, Jane 180–182, 339
Sheldon, Amy 42–44, 284, 338, 350
Shepard, R. Z. 337
Sherzer, Joel 105, 350
Shultz, Jeffrey 222, 350
Shuman, Amy 339, 350
Siegler, David u. Robert 251, 350
Simenauer, Jacqueline 336
Skandinavischer Gesprächsstil 221
Slawischer Gesprächsstil 227
Small Talk 108
Smeal, Eleanor 91, 336
Smith, Frances 166, 350
Soziolinguistischer Ansatz bei Beziehungen 16–17
Sprichwörter 76–77, 250
Spanischer Gesprächsstil 204, 227
Spender, Dale 80, 336, 350
Sproule, Mitchell 333

Stereotyp, s. auch Klischee 229–230
Sternberg, Robert 336, 350
Streich spielen 150
Streiten, siehe auch Konflikt 173–183, 190–192, 204–205, 301–305
Strodtbeck, Fred 338, 350
Stutman, Randall 344
Südamerikanische Frauen 230
Südamerikanischer Gesprächsstil 227
Südeuropäische Frauen 230
Swacker, Marjorie 77–78, 350
Sympathie, s. auch Mitgefühl 24

Talk Show 91–92, 129
Tempo 221–222
Tenejapa-Gesprächsstil 187–188
Thailändischer Gesprächsstil 22
Thema 260–262, 272, 285–286, 287–288, 289–290, 305
– Wechsel im 272, 291, 329
Thorne, Barrie 283, 334, 336, 341, 351
Tidball, M. Elizabeth 341, 351
Tiefstapeln 305
Toronto Star 14, 333
Türkei, Feilschen in der 311–312
Turner, Sherry 337
Tyler, Anne 191–192, 339
Tut mit leid, Mehrdeutigkeit von 257

Übereinstimmung 182–183, 300–305
Überlappung 329
– kooperative 214–220
– unkooperative 233
Und, als Satzende 224–225
Unterbrechung 155, 206–237
– Feststellen von 207–222, 237
– von Frauen im Gespräch mit Männern 232–236, 236–237
– von Männern im Gespräch mit Frauen 230–232, 236–237

Van Dyke, Dick 81, 83
Verankerungsblick 271
Verbundenheit, s. auch Anteilnahme 176, 280, 325
Vortrag, s. auch Dozieren 131–160

Walker, Alice 46–47, 334
Wall, Harriet 265–266, 351
Washington Post 13, 112, 333, 336, 341
Washingtonian 337
Watson, Karen 222, 351
Watzlawick, Paul 342, 351
Wayne, John 268
Welty, Eudora 101–102, 337
West, Candace 208–209, 340, 351–352
White, Jane 282–283, 352
Whittaker, Tom 25, 334
Winfrey, Oprah 200, 339
Wirtschaftsteil von Zeitungen 119
Wissenschaftliche Tagung 69–70
Witze erzählen 93–94, 150–151, 233–236, 276–278, 283, s. auch Streich spielen
Wortreiche Frauen 77, 80–82, 86–88, 206–207
Wortreiche Männer 76, 77–78, 99–100
Wut 199–201, 203, 286–288

Yamada, Haru 352

Zeitung, Männer und 84–86, 117–118
– s. auch Journalismus
Zimmerman, Don 208–209, 340, 351–352
Zögern 306
Zuhause, gemütliches 89–90
Zuhören 131–160
– Reaktionen beim 153
Zweifel, Ausdruck von 86–88